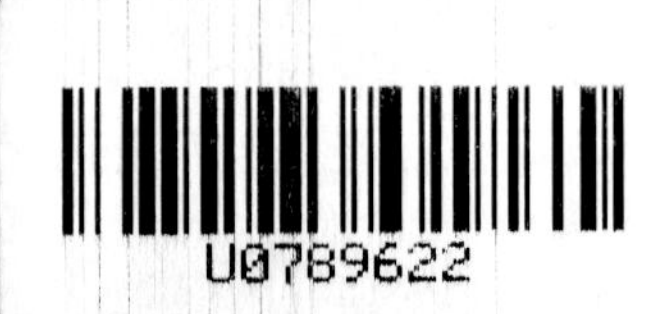

金陵全書

丙編·檔案類

南京近代教育檔案

南京市立第一民衆教育館

南京市檔案館 編

南京出版傳媒集團
南京出版社

圖書在版編目（CIP）數據

南京近代教育檔案. 南京市立第一民衆教育館 / 南京市檔案館編
. -- 南京 : 南京出版社, 2021.4
（金陵全書）
ISBN 978-7-5533-3226-0

Ⅰ. ①南… Ⅱ. ①南… Ⅲ. ①地方教育—教育史—史料—南京—近代②國民教育—文化館—史料—南京—近代
Ⅳ. ①G527.531

中國版本圖書館CIP數據核字（2021）第059444號

書　　名　**【金陵全書】（丙編・檔案類）**
南京近代教育檔案・南京市立第一民衆教育館
編　　者　南京市檔案館
出版發行　南京出版傳媒集團
南　京　出　版　社
社址：南京市太平門街53號　　郵編：210016
網址：http://www.njcbs.cn　　電子信箱：njcbs1988@163.com
聯系電話：025-83283893、83283864（營銷）　025-83112257（編務）

出 版 人　項曉寧
出 品 人　盧海鳴
策　　劃　盧海鳴　朱天樂
責任編輯　徐　智
裝幀設計　王　俊
責任印製　楊福彬

製　　版　上海雅昌藝術印刷有限公司
印　　刷　上海雅昌藝術印刷有限公司
開　　本　889毫米 × 1194毫米　1/16
印　　張　32.5
版　　次　2021年4月第1版
印　　次　2021年4月第1次印刷
書　　號　ISBN 978-7-5533-3226-0
定　　價　1000.00 元

用微信或京東APP掃碼購書　　用淘寶APP掃碼購書

目録

壹　概況及規程

貳 教學及活動

爲呈報一九四六年度工作月報表的一組文件

爲合辦聾啞補習班的一組文件

爲呈報一九四七年度工作月報表的一組文件

爲舉辦踢毽比賽的一組文件

開辦第一期南京市民間藝術人員訓練班的一組文件

爲呈報一九四八年度工作月報表的一組文件

叁 經費使用管理

南京市立第一民衆教育館

壹 概況及規程

南京市立第一民众教育馆组织规则 三十五年一月

第一条 本馆隶属于南京市政府社会局定名为南京市立第一民众教育馆

第二条 本馆以灌输民众知识培养民众道德锻炼民众体魄训练民众技能健全民众组织改进民众生活为宗旨

第三条 本馆暂设左列五组各组视事业之繁简得分别设股办事

甲、总务组 文书会计庶务及其他不属于各部之事项属之

乙、教导组 民众学校补习学校图书阅览健康活动家事指导及普通讲演等属之

丙、实验辅导组 调查统计研究实验视察辅导及民教工作人员之进修与训练等属之

丁、艺术组 电影幻灯播音戏剧歌咏音乐及各项展览等属之

戊、生计组 职业指导农业推广工艺改良及合作组织等属之

第四条 本馆设馆长一人由南京市政府社会局遴选合格人员委任之

第五条 本馆每组设主任一人干事及助理干事各若干人由馆长遴选合格人员呈请南京市社会局核准后聘任之

第六条 本馆为谋馆务之推进得联络地方热心社会教育人士组织各种委员

南京市立第一民衆教育館組織規則（一九四六年一月）

檔號：1018-1-7

会，其规则另订之。

第七条　本馆每月举行馆务会议一次，其会议规则另订之。

第八条　本馆经费分配之标准：薪工占百分之五十，事业设备费占百分之四十，办公费占百分之十。

第九条　本馆办事细则及各项规则另订之。

第十条　本规则经呈市社会局核转呈奉市政府备案后公布施行，如有未尽事宜得随时呈请修正之。

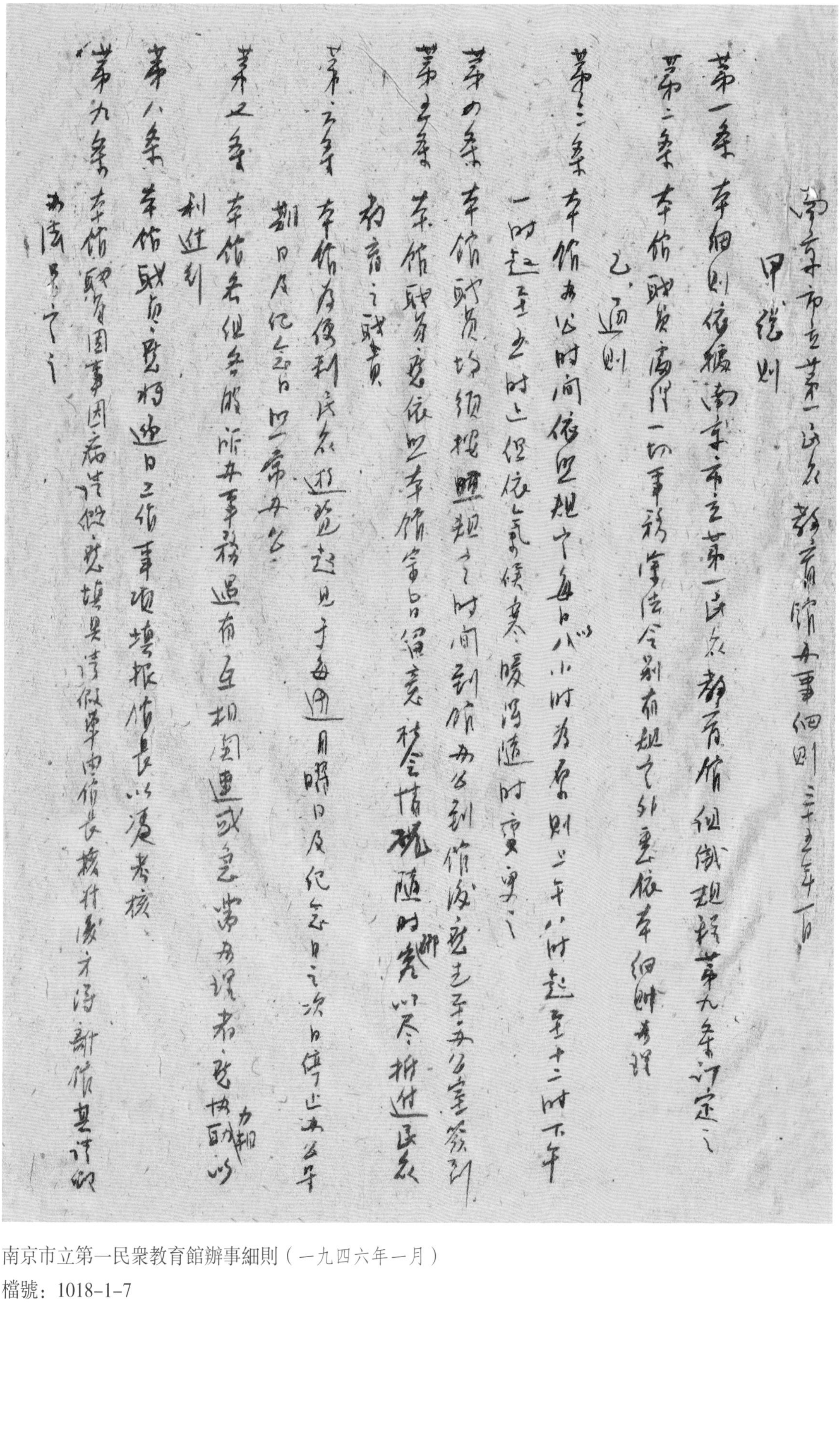
南京市立第一民衆教育館辦事細則　三十五年一月

甲　總則

第一條　本細則依據南京市立第一民衆教育館組織規程第九條訂定之

第二條　本館職員處理一切事務除法令別有規定外悉依本細則辦理

乙　通則

第三條　本館辦公時間依照規定每日八小時為原則上午八時起至十二時下午一時起至五時止但依氣候寒暖得隨時變更之

第四條　本館職員均須按照規定之時間到館辦公到館後應至辦公室簽到

第五條　本館職員應依照本館宗旨留意社會情况隨時設法以盡指導民衆教育之職責

第六條　本館為便利民衆遊覽起見于每週月曜日及紀念日之次日停止辦公星期日及紀念日照常辦公

第七條　本館各組各股所辦事務遇有互相關連或急需辦理者應協力辦理以利進行

第八條　本館職員應將逐日工作事項填報館長以憑考核

第九條　本館職員因事因病請假應填具請假單由館長核准後方得離館其請假辦法另定之

南京市立第一民衆教育館辦事細則（一九四六年一月）

檔號：1018-1-7

第十条　本馆为谋馆务之推进，应举行下列各种会议

(1)馆务会议　以本馆全体职员组织之，由馆长召集之

(2)临时会议　于必要时举行，由各组主任提议，请馆长召集之

(3)辅导会议　由馆长、各组主任及教育行政机关代表组织之，以馆长为主席

每半年开会一次

六、细则

第十一条　本馆依据组织规则暂设左列五组，分别掌理之事项按其性质分列如次

A　总务组

(1)撰拟文稿及典守印信　(2)编制预算决算　(3)掌管经费出纳及案据账册

(4)登记及保管公产公物　(5)经营购置修缮及各项设备　(6)办理不属于其他各组事项

B　教导组

(1)订定分年进度计划并及所在区域之失学民众补习教育　(2)办理规模完备之民众学校

(3)办理各种补习学校、函授学校及学术讲座　(4)办理书报杂志阅览、编印民众读物并征存地方文献　(5)协助推进保甲制度及地方自治　(6)协助壮丁训练或自卫训练

(7)办理健康教育指导及民众体育运动　(8)办理家庭教育指导家事改良　(9)办理通俗演讲

(10)办理其他关于教导事项

C　研究辅导组

(3)協助本區公私立中小學學校兼辦社會教育(4)會同本館各組或其他機關舉辦本區公私立民衆教育館各種社教人員之訓練(5)出版民衆教育進修刊物及發表實驗報告介紹教材教法(6)會同本館各組或其他機關舉辦本區有關社會教育各種實驗或示範事項(7)辦理其他關於研究輔導事項

D 藝術組

(1)辦理電影教育施教區一切工作(2)辦理播音教育指導區一切工作

(3)辦理戲劇表演介紹劇本並組織民衆戲劇隊(4)辦理各項展覽及各種宣傳事宜。

南京市立第一民衆教育館巡迴放映教育電影實施辦法

第一條　本館為實施電化教育提倡民衆正當娛樂特商同文國[illegible]處接洽巡迴放映教育電影免費招待民衆

第二條　本館為便於實施巡迴放映電影起見特訂定本辦法

第三條　本館巡迴電影以每週放映三次為原則放映時間每週月曜水曜金曜下午七時至九時但遇天雨或其他例外時得酌量變更之

第四條　本館放映電影地點暫擇下列各處巡迴

一、月曜　夫子廟姚家巷基督教佈道所

二、水曜　朝天宮廣場

三、金曜

第五條　本館放映電影除水曜金曜均同朝天宮廣場外月曜在姚家

南京市立第一民衆教育館巡回放映教育電影實施辦法（一九四六年一月）

檔號：1018-1-48

第三條　本館巡迴電影以每週放映三次為原則，放映時間每週月曜、水曜、金曜下午七時至九時，但遇天雨或其他例外時得酌量變更之。

第四條　本館放映電影地點暫擬下列各處巡迴：

一、月曜　夫子廟姚家巷基督教佈道所

二、水曜　朝天宮廣場

三、金曜

第五條　本館放映電影除水曜本館前面朝天廣場外，月曜在姚家巷基督教佈道所放映時一律憑券入場，以資限制而維秩序。

第六條　每週月曜上午由館發給通告知附近民眾免費憑入場券（九時開始分發，發完為止）。

第七條　本館巡迴放映電影時，可先函請附近區警署派員到場勤。

第八條　本館為放映教育電影的所需技術人員，其薪給在本館經費項下支給之。

原第八條改（九），（九）改（十）。

第三條　本館巡迴電影以每週放映三次為原則，放映時間每週月曜、水曜、金曜下午七時至九時，但遇天雨或其他例外時得酌量變更之。

第四條　本館放映電影地點暫擇下列各處巡迴：

一、月曜　夫子廟姚家巷基督教佈道所

二、水曜　新大宮廣場

三、金曜

第五條　本館放映電影除水曜、金曜都用露天廣場外，月曜在姚家巷基督教佈道所放映時一律憑券入場，以資限制而維秩序。

第六條　每週月曜上午由館發給通告，知照附近民衆免費索取入場券（九時開始分發，額完為止）。

第七條　本館巡迴放映電影時應先函請附近憲警機關派員到場協助

第八條　放映維持秩序

第九條　本館巡迴放映電影除經常用費歸本館另某經費項下支用外，如需開支費應編製預算呈請社會局核撥之。

第十條　本辦法由本館擬訂呈請社會局核准施行之。

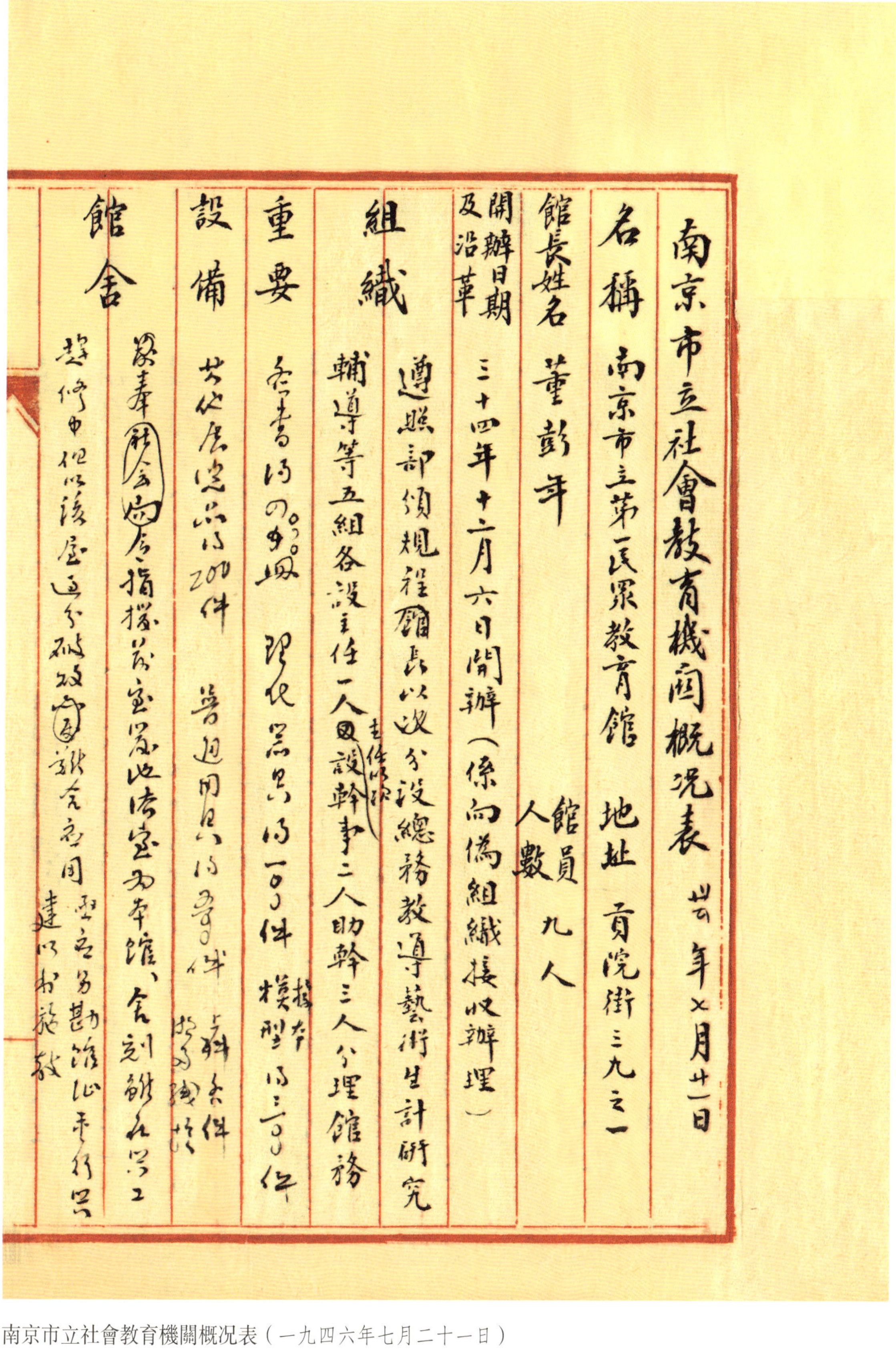

南京市立社會教育機關概況表　卅五年七月廿一日

名稱　南京市立第一民眾教育館　地址　貢院街三九之一

館長姓名　董彭年　館員人數　九人

開辦日期及沿革　三十四年十二月六日開辦（係向偽組織接收辦理）

組織　遵照部頒規程館長以次分設總務教導藝術生計研究輔導等五組各設主任一人（主任暫缺）因設幹事二人助幹三人分理館務

重要設備　圖書約四千冊　理化器具約一百件　標本模型約三百件　古代展覽品約200件　普通用具約五百件　[illegible]

館舍　原奉[illegible]令指撥[illegible]為本館、[illegible]　現修中　但以該屋過於破敗[illegible]

南京市立社會教育機關概況表（一九四六年七月二十一日）

檔號：1018-1-10

按照部頒規程規定其百分比爲 薪工50% 事業費40% 辦公費10%

現有主要事業	書報閱覽室　民衆茶園　棋藝室　口琴訓練班　問字問事代筆處　輪迴教育電影　輪迴畫片展覽
計劃舉辦事業	籌設成人婦女識字班　開放各展覽室　備行電化教育　成立「說書改進協會」　成立巡迴書庫　遵照國策舉辦各項教育活動
經費情形	本年六月份計領一百三十四萬九千二百六十元（內經常費爲六萬三千二百六十元　生活補助費爲一百二十八萬六千元）分配百分比約如下　職工薪津95%　事業費3%　辦公費2%
困難與希望	館舍零落破舊　事業費辦公費支配困難　館員太少　圖書儀器標本模型均感缺乏　以上各點希望賜予改善
備註	一、本館放映電影係與美國新聞處合辦並自備機件以利播放 二、本館同人待遇較之江蘇省立民教館相差懸殊，似應重行核撥，以期減少差額，俾免內部之不平之感

南京市婦女生活教育訓練班組織計劃規程

一、名称：定名為「南京市婦女生活教育訓練班」

二、宗旨：為貫輸其公民知識國民道德生活技能衛生常識施以普通基本教育及生活教育用以激發其自力更生為宗旨

三、籌設：由南京市立第一民衆教育館南京市婦女會中國紅十字南京分會南京市新生活運動促進會四機關合作辦理

四、組織：由籌設之四機關成立班務委員會設班主任一人綜理本班班務下設三組(一)總務組設組長一人職掌文書會計庶務等事宜(二)教務組設組長一人職掌教材課程等事宜(三)生活指導組設正副組長各一人職掌訓育等事宜

五、班址：暫設第一民教館

六、施教對象：第一期為中西餐館女侍及歌女下期由班務會議另訂

南京市婦女生活教育訓練班組織計劃規程（一九四七年九月十七日）

檔號：1018-1-15

行決定之
七、課程：以切合實際生活需要内容力求充實，包括識字教育、
生活教育、健康教育、公民、國語、常識、算術等
八、授課期間：第一期暫定六週，每日二小時，上課時間由教務組決定之
九、級別：分甲乙兩級，甲級爲有小學程度或同等學力者，乙級爲
初識文字者
十、入班資格：凡年在十四歲以上卅五歲以下屬於本市居民而有
固定住址者均可報名參加，不收學雜費用，書籍由本
班供給（文具自備）
十一、名額：第一期每級暫定五十名，兩級合爲壹佰名，必要時酌予
增減之
十二、經費：開辦費暫由四機關籌措，經常費用請市政府教
育局及有關機關補助之
十三、備案：本組織計劃規程經班務會議通過後報請南京市教育局
備案

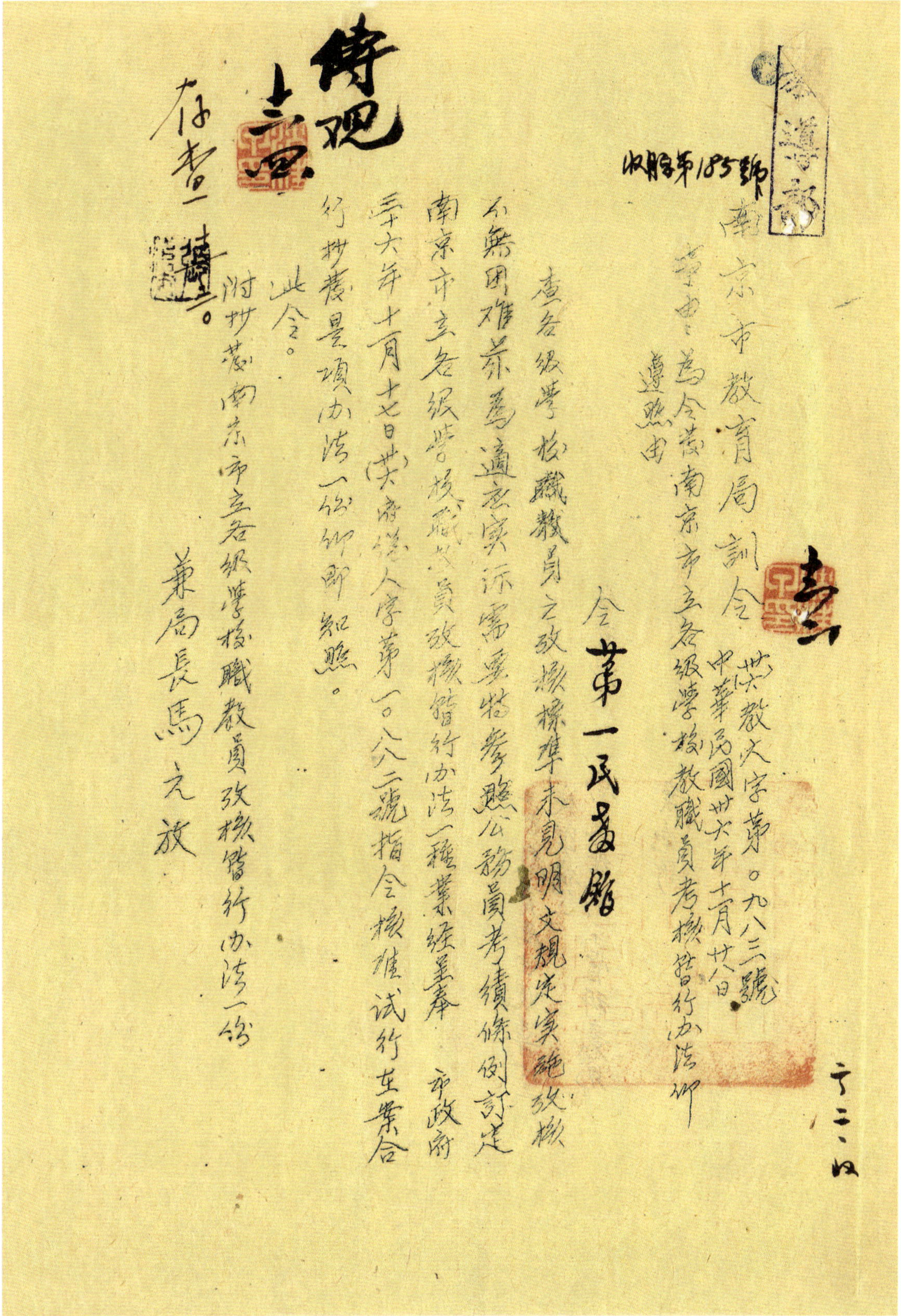
收字第185號

南京市教育局訓令　卅六教次字第〇九八三號　中華民國卅六年十一月廿八日

事由：為令發南京市立各級學校教職員考核暫行辦法仰遵照由

令第一民眾館

查各級學校職教員之考核標準未見明文規定，實施考核不無困難，茲為適應實際需要，特參照公務員考績條例訂定南京市立各級學校職教員考核暫行辦法一種，業經呈奉市政府三十六年十一月十七日（卅六）府秘人字第一〇八二號指令核准試行在案，合行抄發是項辦法一份，仰即知照。

此令。

附抄發南京市立各級學校職教員考核暫行辦法一份

兼局長馬元放

存查

南京市教育局爲令發南京市立各級學校教職員考核暫行辦法給市立第一民衆教育館的訓令

（一九四七年十一月二十八日）

附：暫行辦法

檔號：1018-1-11

一、南京市立各級學校職教員考核暂行办法

二、本办法參照公務員考績條例訂定之

本市市立各級學校職教員之考核分工作學識操行三項每項最高分數如左：

一、工作五十分

二、學識二十五分

三、操行二十五分

三、前項工作分數之評定应參酌本市學校視導標準規定各項目

依前項評定各項分數合計為總分數列八十分以上者為一等七十分以上者為二等六十分以上者為三等不滿六十分者為四等不滿五十分者為五等

四、總分數列三等以上者為合格列四等以下者為不合格但列三等以上而工作不滿三十分操行或學識有一不滿十五分者仍為不合格其獎懲办法如左

一、列一等者調升或加薪

二、列二等者記功或嘉獎

三、列三等者不予獎懲

四、列四等者減薪或記过

五、列五等者免職

五、各級學校教職員之考績由校長初核呈报教育局由視導室督學複核後报由局長參酌主管科意見決定獎懲之

六、各校校長由教育局督學初核報由局長參酌主管科意見決定獎懲之

七、本办法由教育局訂定报請市政府備案施行

南京市立第一民衆教育館民衆識字處辦法綱要

一、本館為便於推行識字教育，加緊掃除文盲工作，並研究改進識字教育實施方式起見，特設立民衆識字處，負責推進之。

二、本處暫設於本館社會服務處內（宜於市立二部及社會服務處各設施教站一處）

三、本處設總幹事一人，綜理處務，並設幹事若干人輪流担任施教事宜，其施教輪值表另訂之。

四、本處施教方式暫分下列三大類：

（一）固定場所固定時間（核心式）之：按照受教者之職業性質分組集會，分別召集來館或就其工作場所分期

南京市立第一民衆教育館民衆識字處辦法綱要（一九四七年十二月）

檔號：1018-1-30

派員集体施教之

（二）固定場所不固定時間（向心式）之：以本館或本館指定之識字站為施教中心場所，以各種方法誘導民衆自動前來由館指定專人負責隨時施教。

（三）不固定場所不固定時間（離心式）之：經常由館派員輪流訪往本館所在或附近之學者住所或工作場所並隨時施教之。

五、施教課本或教材由本館供給暫不收費以全書本或小冊之 細則另訂之

六、識字教學綱要另訂之

七、每次施教完畢應隨時將經過情形填載識字教

日學紀錄表其紀錄表格式另訂之。

八、本辦法經區域聯合會議通過並呈局備查後施行之。

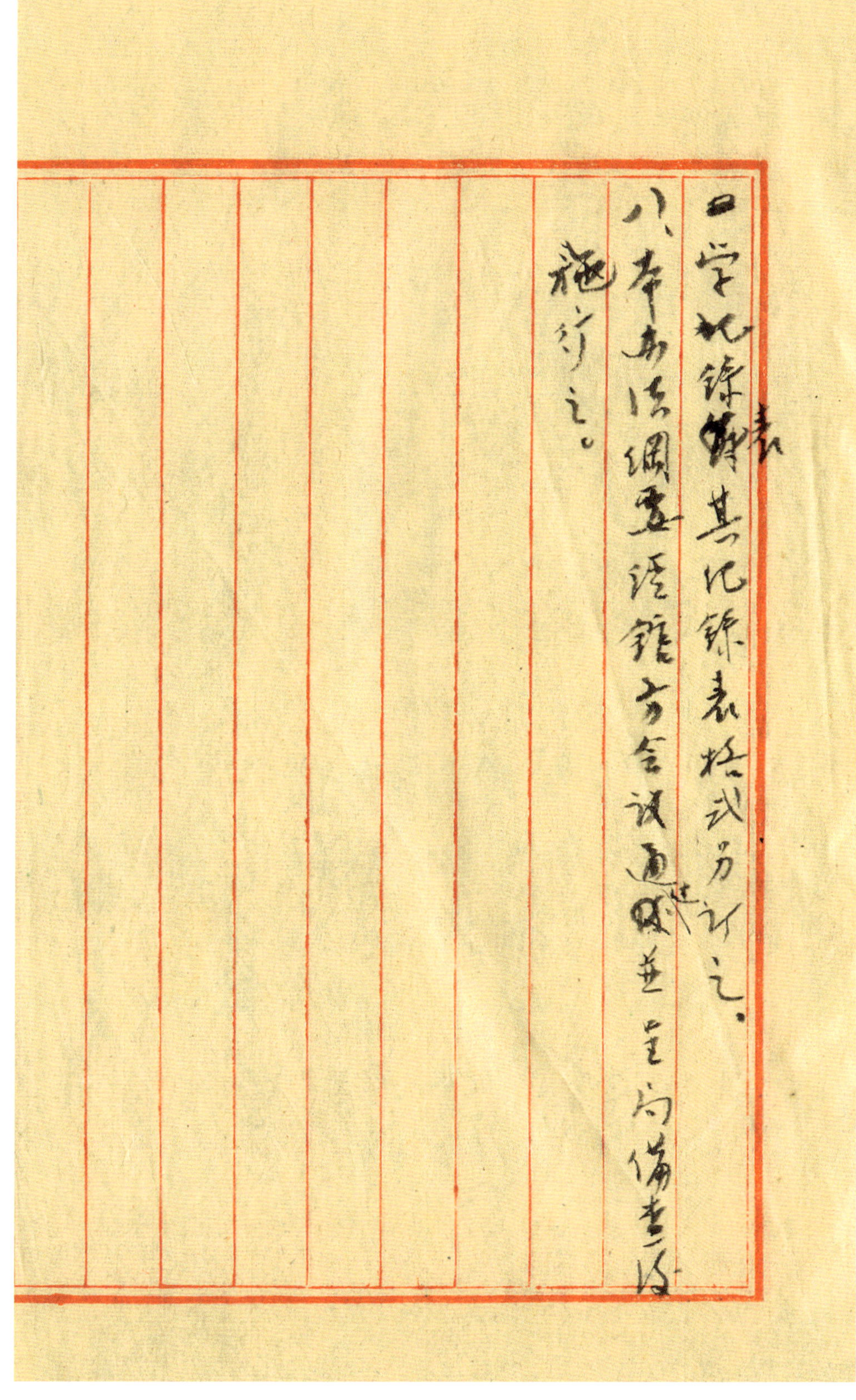

本館概況一覽表

館名	南京市立第一民衆教育館
館址	白下路243號
館長姓名	陳嘯青
電話號碼	24018
成立年月	十六年七月
復館年月	三十四年十二月

館史概略

本市市區自十六年七月即有通俗教育館之設立，二十一年春改設首都實驗民衆教育館，館址設於三牌樓，旋撥鼓樓為總館，三牌樓為分館，並從二十三年起改稱鼓樓民衆教育館，建抗戰期間館舍被佔，勝利後又為首都警察廳暫借未還，權於三十四年十二月在貢院街三十九號之一復員，派董前館長接收偽民衆教育館設備，並一度利用永安商場樓房二間為辦公處所，後又為市府指作他用，另撥欞星門前六角亭及播音台為施教之用，以夫子廟第五十七號及貢院街原址為館址，三十六年八月董前館長調局，改派沈萬館長接充。

職員

職別	人數	性別	人數
館長	1	男	13
主任	3		
幹事	7	女	3
助幹	5		
合計	16	合計	16
工友	5		

設備

類別	項目	數量
圖書	中文	1317冊
	西文	198冊
	合計	1515冊
儀器	物理	61件
	化學	61件
	合計	122件
模型標本	衛生	26件4組
	動物	124件9組
	植物	33件6組
	礦物	3組
	合計	273件22組
音樂器具		24
美術器具		68
體育器具		26

附設

班別	級別	人數	性別	人數
中級補習班	一上	45	男	3
			女	14
	一下	17	男	10
			女	7
	合計	62		
婦女生活訓練班	甲組	36		
	乙組	52		
	合計	88		
口琴訓練班（第十四屆）	高	14	男	14
			女	0
	初	22	男	18
			女	4
	合計	36		

經費

類別	項目	金額
經常費	薪俸費	$2250.00
	辦公費	$55[illegible],000.00
	事業費	$790,000.00
	特別辦公費	$40,000.00
生活補助費	員	$23,050,000.00
	工	$2,976,000.00
合計		$27452250.00

館舍概況

部別	室別	數量
一部	辦公室	1
	教室	2
	寢室	3
	貯藏室	1
	陳列室	1
	診療室	1
	休閒活動室	1
二部	閱報室	1
	閱書室	1
	陳列室	2
	藏書室	1
合計		15

傢具概況

名稱	數量
玻璃標本枱	11
玻璃陳列枱	10
方棋桌	5
雙層六角陳列櫥	1
公文櫥	3
書櫥	9
四人椅	10
陳列桌	65
課桌	34
課凳	38
會議桌	1
乒乓桌	1
玻璃佈告欄	8
九屜桌	1
三屜桌	12
椅子	15
木床	6
掛牌	2
圖畫板	2
其他	143
合計	389

南京市立第一民衆教育館概況一覽表及組織規則（一九四七年）

檔號：1018-1-1

職別	姓名	性別	年齡	籍貫	學歷	經歷	到館年月	通訊處
館長兼總務部主任	沈桂甲	男	37	江蘇興化			卅六年八月	
教導部主任	張治安	男	31	南京			卅五年十月	
藝術部主任	金有彩	女	35	江蘇吳縣			卅四年十二月	
	王宗幹	男	28	西康巴安			卅六年九月	
幹事	王士俊	男	24	安徽無為			卅六年九月	
幹事	張玉奇	男	37	江蘇高郵			卅四年十二月	
幹事	施慕柏	男	34	安徽石埭			卅四年十二月	
幹事	周澧亭	男	55	江蘇東台			卅六年九月	
幹事	趙柏生	男	29	江蘇武進			卅六年九月	
助理幹事	朱祖培	男	25	江蘇寶應			卅五年六月	
助理幹事	王妙詞	女	33	重慶			卅六年九月	
助理幹事	陳玉衡	男	42	江蘇鹽城			卅六年九月	
助理幹事	孫國賢	男	37	南京			卅四年十二月	
助理幹事	任健	男	19	江蘇興化			卅六年十月	
兒童樂園管理員	成應錚	男	38	江蘇興化			卅六年八月	

南京市立第一民衆教育館組織規則

卅六年度上學期製

南京市立第一民衆教育館 組織規則

1 本館隸屬於南京市政府教育局定名爲南京市立第一民衆教育館

2 本館以灌輸民衆知識培養民衆道德鍛鍊民衆體魄訓練民衆技能健全民衆組織改善民衆生活爲宗旨

3 本館暫設左列四部視事業之繁簡得分別設股辦事

(一)總務部　文書會計庶務及其他不屬於各部之事項屬之

(二)教導部　民衆學校補習學校圖書閱覽健康教育家事指導通俗演講及視察輔導等屬之

(三)藝術部　電影幻燈播音戲劇音樂及各項展覽等屬之

(四)生計部　職業指導農業推廣工藝改良及合作組織等屬之

4 本館設館長一人由南京市政府教育局遴選合格人員委任之

5 本館每部設主任一人幹事及助理幹事各若干人由館長遴選合格人員呈請南京市教育局核定後聘任之

6 本館爲謀館務之推進得聘各地方熱心社會教育人士組織各種委員會其規則另訂之

7 本館每月舉行館務會議一次其會議規則另訂之

8 本館經費分配之標準薪工佔百分之九十四點六事業設備費佔百分之三公費佔百分之二特別費佔百分之四

9 本館辦事細則及各項規則另訂之

10 本規則經南京市教育局核准呈奉市政府備案後公佈施行如有未盡事宜得隨時呈請修正之

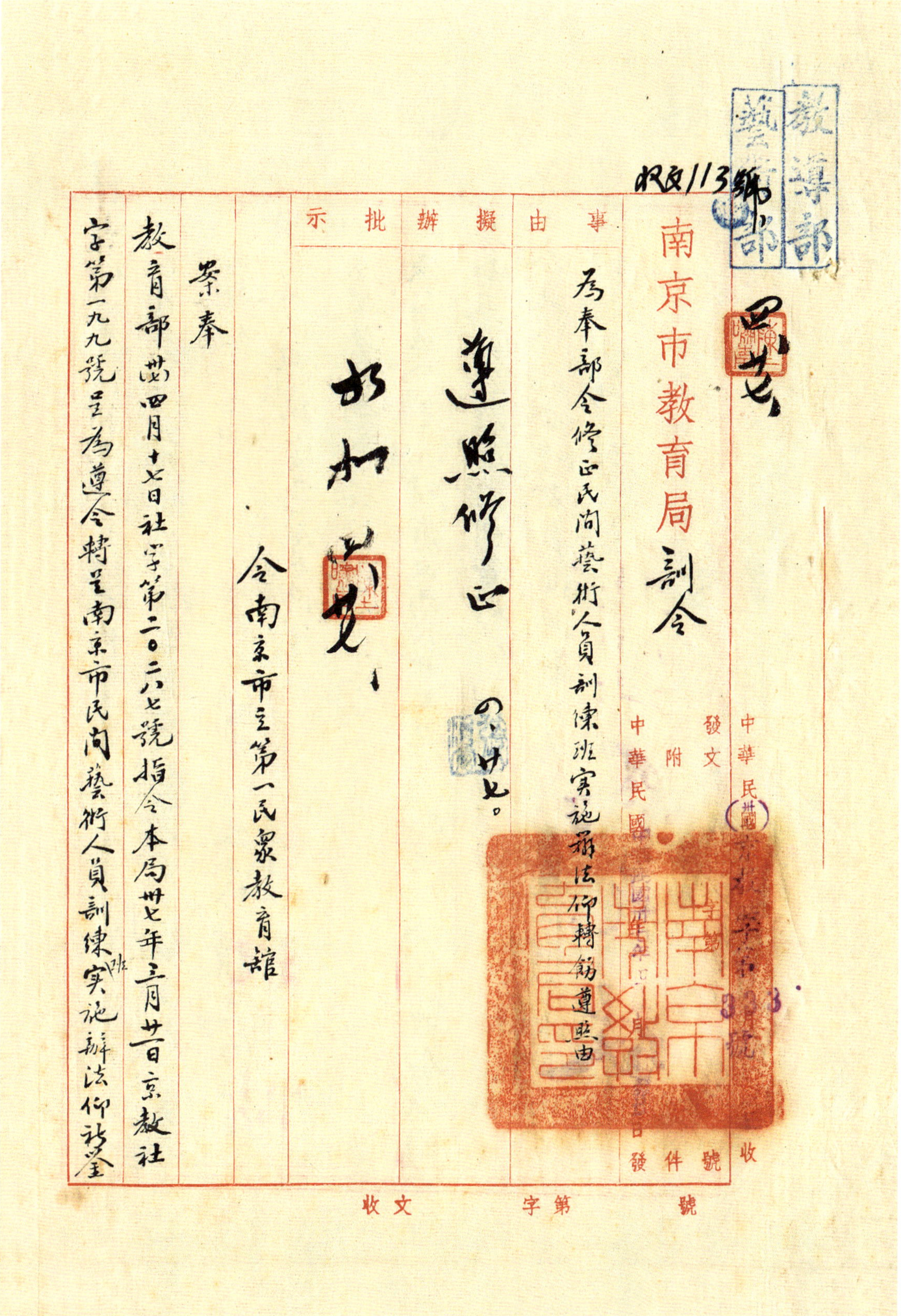

收文113號

南京市教育局訓令

事由：爲奉部令修正民間藝術人員訓練班實施辦法仰轉飭遵照由

擬辦：遵照修正 四、廿七。

批示：如擬 四廿七

令南京市立第一民衆教育館

案奉

教育部卅七年四月十七日社字第二〇二八七號指令本局卅七年三月廿日京教社字第一九九號呈爲遵令轉呈南京市民間藝術人員訓練班實施辦法仰祈鑒

中華民國 年 月 日收

發文 字第 號

附件

中華民國 年 月 日發

收文 字第 號

南京市教育局爲奉教育部關于修正民間藝術人員訓練班實施辦法的指令給市立第一民衆教育館的訓令

（一九四八年四月）

附：實施辦法

檔號：1018-1-8

核由閱悉，呈件均悉，茲核示於下：

（一）原辦法二、應改為「以灌輸普通常識，增加基本訓練，啟發民族思想，務期健全從業人員之知能，促使協助社教工作之推進為宗旨」

（二）原辦法四、「校」字下應加「內」字

（三）原辦法五、「調訓」應改為「訓練」二字

（四）原辦法八、「上午九時」應改為「八時」上課，「一小時」應改為「二小時」，餘准備查。仰知照並轉飭知照，件存。此令

等因奉此，合行令仰轉飭遵照辦理具報為要。

此令

兼局長 馬元放

監印 華韻清

南京市民間藝術人員訓練班實施辦法

一、名稱　定名為南京市民間藝術人員訓練班

二、宗旨　以灌輸普通常識增加基本學問啓發民族思想務期健全從業人員之知能促使協助社教工作之推進為宗旨

三、組織　由南京市民間藝術改進會南京市立第一民衆教育館會同辦理

設班主任一人綜理本班班務下設二組(一)總務組職掌文書會計庶務等事宜由民教館負責辦理(二)教導組職掌教材課程訓導等事宜由

民間藝術改進會負責辦理

四、班址　暫設白下路市立第一民眾教育館附設補習學校內

五、施教對象　以本市從事民間藝術職業人員為施教對象分期分組調訓第一期以說書業為主以後各期分別另行確定

六、班級　第一期暫開一班

七、名額　每班暫定四十名必要時酌予增減

八、授課期間　每期暫定壹個月每日上午八時至十時上課二小時必要時得視實際情形酌量延長或縮短之

九、課程　以精神訓練為主課程內容及教學時數另定之

辦

請抄寫人注意錯字

十、入班資格　除本市民間藝術改進會會員必須參加外其他凡在本市從事民間藝術工作而有固定住址者均可報名參加

十一、經費　由會辦機關呈請教育局撥發並分向各有關機關申請補助

十二、備案　本辦法經主辦機關會擬後呈報南京市教育局備案

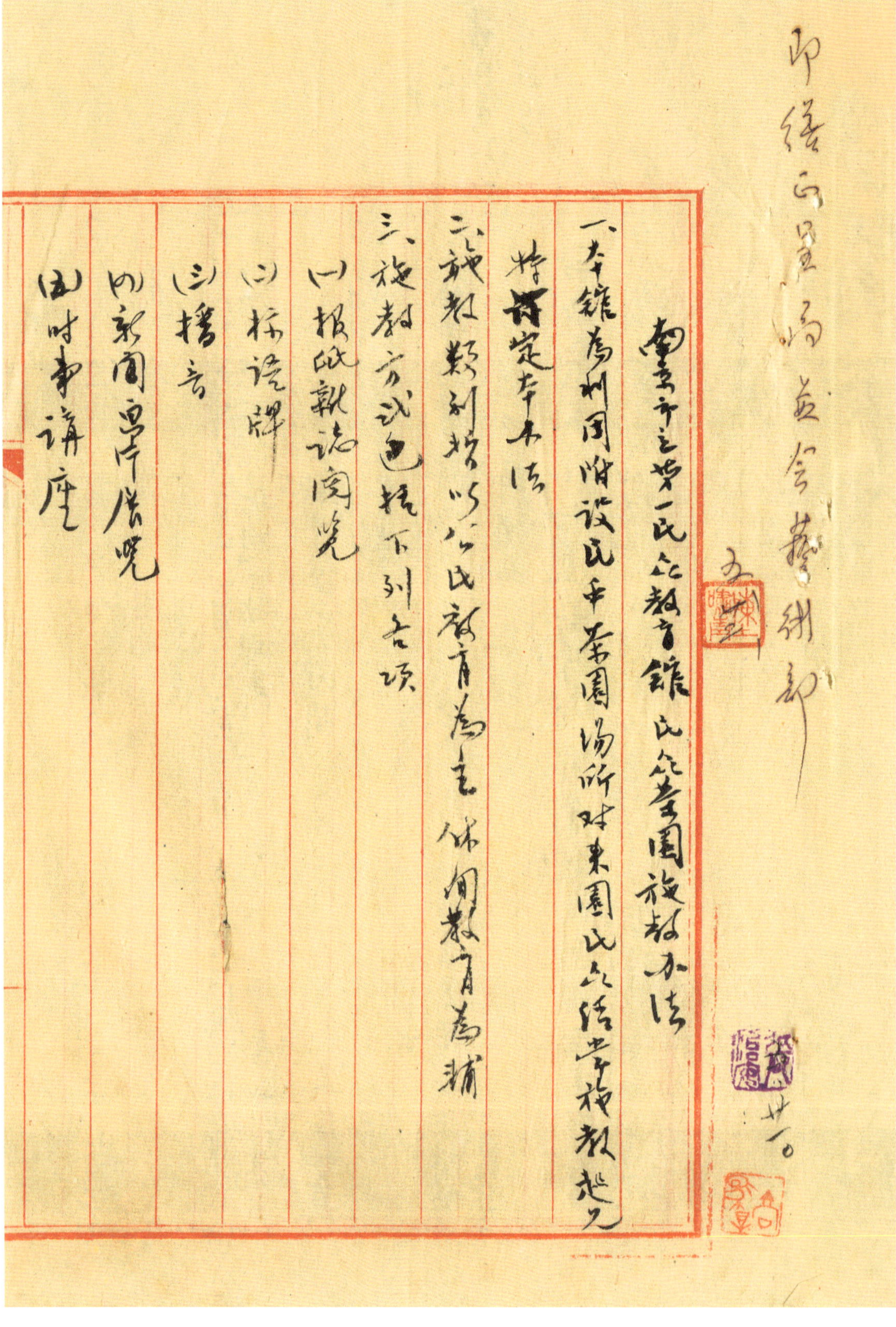

即繕正呈局並分令警察部

南京市立第一民眾教育館民眾茶園施教辦法

一、本館為利用附設民眾茶園場所對來園民眾經常施教起見特訂定本辦法

二、施教類別以公民教育為主 休閒教育為輔

三、施教方式包括下列各項

(一)報紙雜誌閱覽

(二)標語牌

(三)播音

(四)新聞畫片展覽

(五)時事講座

南京市立第一民衆教育館民衆茶園施教辦法（一九四八年五月二十二日）

檔號：1018-1-20

(六)其他

四、備製含有教育意味標語牌若干塊掛園内之周邊並定期換製

五、增訂時刊報章供衆閱覽並裝置播音設備經常收播有關教育節目

六、配合時機分别舉行新聞畫片展覽及時事講座等項活動以廣宣傳

七、施教時間除報章閱覽及特定項目外暫定每日午後四至六時必要時得延長之

八、施教事宜由本館教導部會同藝術部共負辦理之

九、施教時間內由館指定專人（一人）輪流擔任施教工作其

施教人員輪值表另訂之

十、施教應行備置之設備另訂之

十一、施教需用[illegible]其經費以第十條規定項下均

可支用

十二、本辦法自呈　局核准後施行之

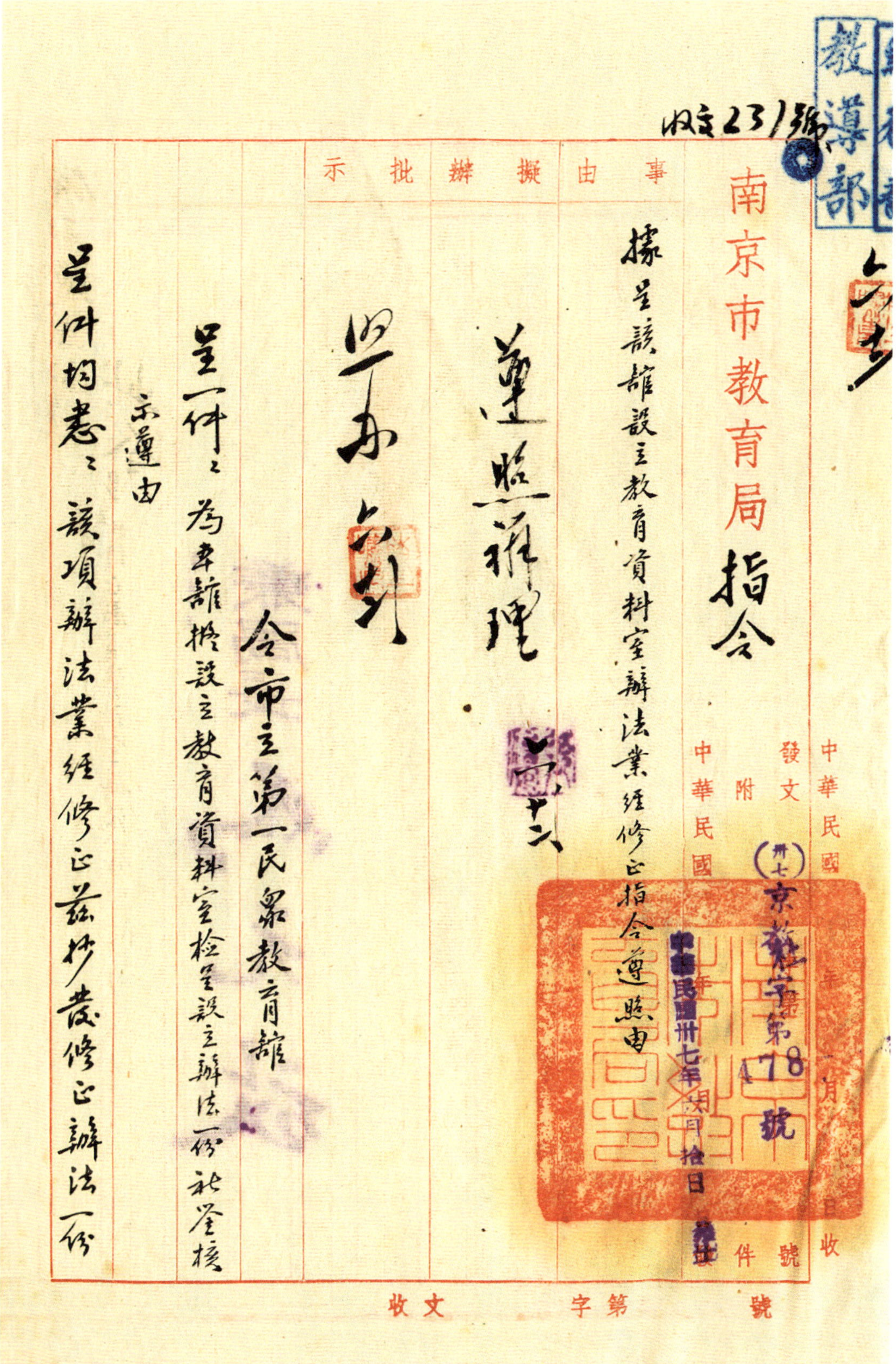
南京市教育局指令

事由 據呈該館設立教育資料室辦法業經修正指令遵照由

擬辦 遵照辦理

令市立第一民衆教育館

呈一件，為本館擬設立教育資料室，檢呈設立辦法一份，祈鑒核示遵由。

呈件均悉。該項辦法業經修正，茲抄發修正辦法一份

中華民國卅七年六月拾日

發文京教社字第178號

南京市教育局爲市立第一民衆教育館設立教育資料室辦法業經修正，遵照辦理給該館的指令

（一九四八年六月十日）

附：辦法

檔號：1018-1-11

仰即遵照辦理
此令
附修正教育資料室辦法一份
兼局長 馬元放
監印 李韻清
校對 王智

南京市立第一民衆教育館設立教育資料室辦法

一、本館爲蒐集本市各項教育設施資料及有關教育重要文獻專供團體暨個人參考觀摩起見特設立教育資料室

二、本室工作暫定如左

(一)各項教育資料之蒐集

(二)各項教育資料之整理及保管

(三)各項教育資料之展覽及流通

(四)其他

三、本室蒐集教育資料範圍暫定如左

甲、關於教育重要文獻方面

南京市教育局

(一)各類教育之基本法令及計劃方案

(二)全國性教育設施統計材料

(三)教育部及各省市縣教育廳局公報

(四)各級各類之教育專名書籍

(五)各地之著名教育雜志刊物

(六)其他有關教育文獻資料

乙 關於本市教育設施資料方面

(一)本市教育情況統計資料

(二)本市教育沿革歷史資料

(三)本市公私立各級各類學校及教育團体之行政組織與設施概況

（四）本市公私立各級各類學校教學方面之特異資料

（五）本市公私立各級各類學校訓導方面之特異資料

（六）本市公私立各級各類學校之自製教具

（七）本市公私立各級各類學校教師著作材料

（八）本市公私立各級各類學校及教育團體之印行刊物

（九）本市公私立各級各類學校及教育團體之教育實驗資料

（十）本市公私立各級各類學校及教育團體之教育計劃方案

（十一）本市教育人員之進修與福利設施資料

（十二）其他有關本市教育設施資料

四、本室各項業務由館長指定館中職員一人負責辦理之

五、本室資料除由本館分別逕函本市公私立各級各類學校及教育團體徵集外并呈請 教育局轉函各省市（縣）教育廳局（科）徵求

六、本室設備費用呈請 教育局撥發經常費用在本館事業費項下酌予開支

七、本室資料借閱規則另訂之

八、本室開放時間另訂之

九、本辦法呈准 教育局備案後施行

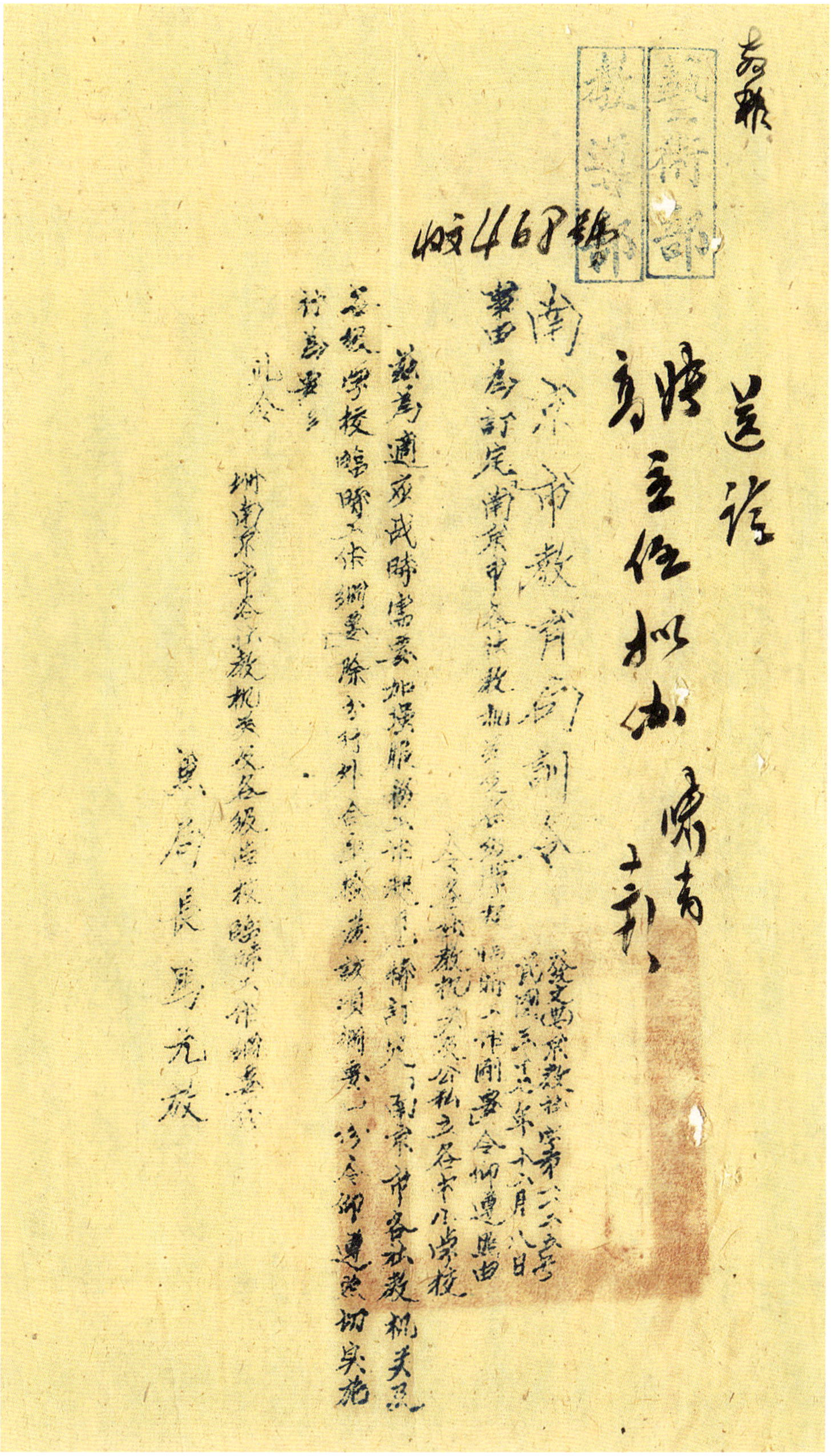
南京市教育局訓令
發文教字第二六六七號
中華民國三十七年十二月八日
事由：爲訂定南京市各社教機關及各級學校臨時工作綱要令仰遵照由
令各社教機關及公私立各中小學校
茲爲適應戰時需要，加強服務工作起見，特訂定南京市各社教機關暨各級學校臨時工作綱要一種，除分行外，合亟檢發該項綱要一份，令仰遵照切實施行爲要。
此令。
附南京市各社教機關及各級學校臨時工作綱要一份
局長 馬元放

南京市教育局爲訂定南京市各社教機關及各級學校臨時工作綱要令仰遵照的訓令
（一九四八年十二月八日）

附：臨時工作綱要

檔號：1018-1-11

南京市各社教机关及各级学校战时工作纲要　卅年十一月

一、各社教机关业务与各级学校课外活动以应戡乱时事，宣扬国策及协助军人慰劳服务为中心工作。

二、各社教机关与各级学校其他不急要之业务与课外活动得酌予减少或暂停。

三、社教机关临时之工作如左：

1、报导时势、宣扬国策　各民众教育馆、图书馆应办理有关之书报阅览、编贴壁报及负责讲演等工作，补习学校、民众学校应对学生经常讲述时势，并作精神讲话，电化教育辅导处应作有关之放映、广播等宣效。

2、慰劳服务　体育场应举办各项劳军球赛，民众教育馆应举办慰劳服务及讲演，电化教育辅导处应举办慰劳广播，补习学校及民众学校应指导学生组织服务队，负责队务切实进行。

四、各级学校之临时工作如左：

1、讲述时势、宣扬国策　各中小学教师应对学生分析时事，并须于科目时讲话，各中小学应编贴时事壁报以广宣传，由教师指导学生办理之。

2、慰劳服务　各中小学课外应依实际情形，于指导学生推行社会教育时兼劝募慰劳金、慰劳品，并鼓励慰劳信，中学生并须组织服务队为过境军人服务，此项工作应与本市慰劳分会密切联系。

南京市立第一民衆教育館

貳 教學及活動

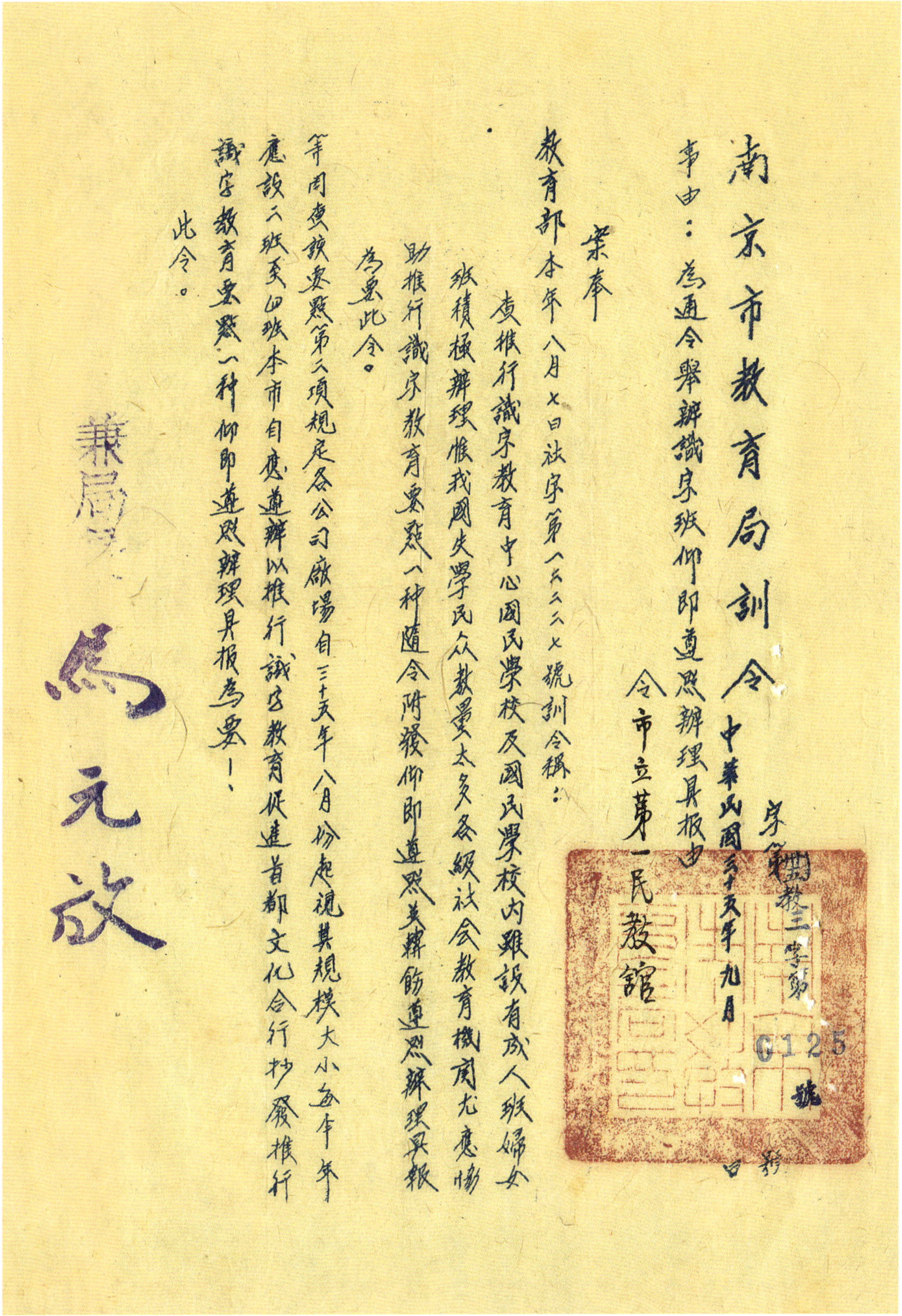
南京市教育局訓令

事由：爲通令舉辦識字班仰即遵照辦理具報由

中華民國三十五年九月 日 發

教字第 0125 號

令市立第一民教館

案奉

教育部本年八月七日社字第一六六六七號訓令稱：

查推行識字教育中心國民學校及國民學校内雖設有成人班婦女班積極辦理惟我國失學民衆數量太多各級社會教育機關尤應協助推行識字教育要點一種隨令附發仰即遵照並轉飭遵照辦理具報爲要此令。

等因查該要點第二項規定各公司廠場自三十五年八月份起視其規模大小每年應設二班至四班本市自應遵辦以推行識字教育促進首都文化合行抄發推行識字教育要點一種仰即遵照辦理具報爲要！

此令。

兼局長 馬元放

南京市教育局爲通令舉辦識字班仰即遵照辦理給市立第一民衆教育館的訓令（一九四六年九月）

附：社會教育機關推行識字教育要點

檔號：1018-1-5

社會教育機關推行識字教育要點

一、各省市縣社會教育機關自三十五年八月份起應一律增設識字班省市社會教育機關每所每半年至少附設二班縣市社教机關每所每半年至少增設一班

二、各中等以上學校及各公司廠場自三十五年八月份起視其規模大小每校及每公司廠場每半年應設二班至四班

三、所有識字教育班均應如期舉辦可能時並應逐年增加以求普及

四、每班每年補助經費由各省市教育廳處局於本部發給識字教育補助費項下統籌支配

五、各机關團体及私人辦理識字教育班其成績優良者得受政府之獎勵

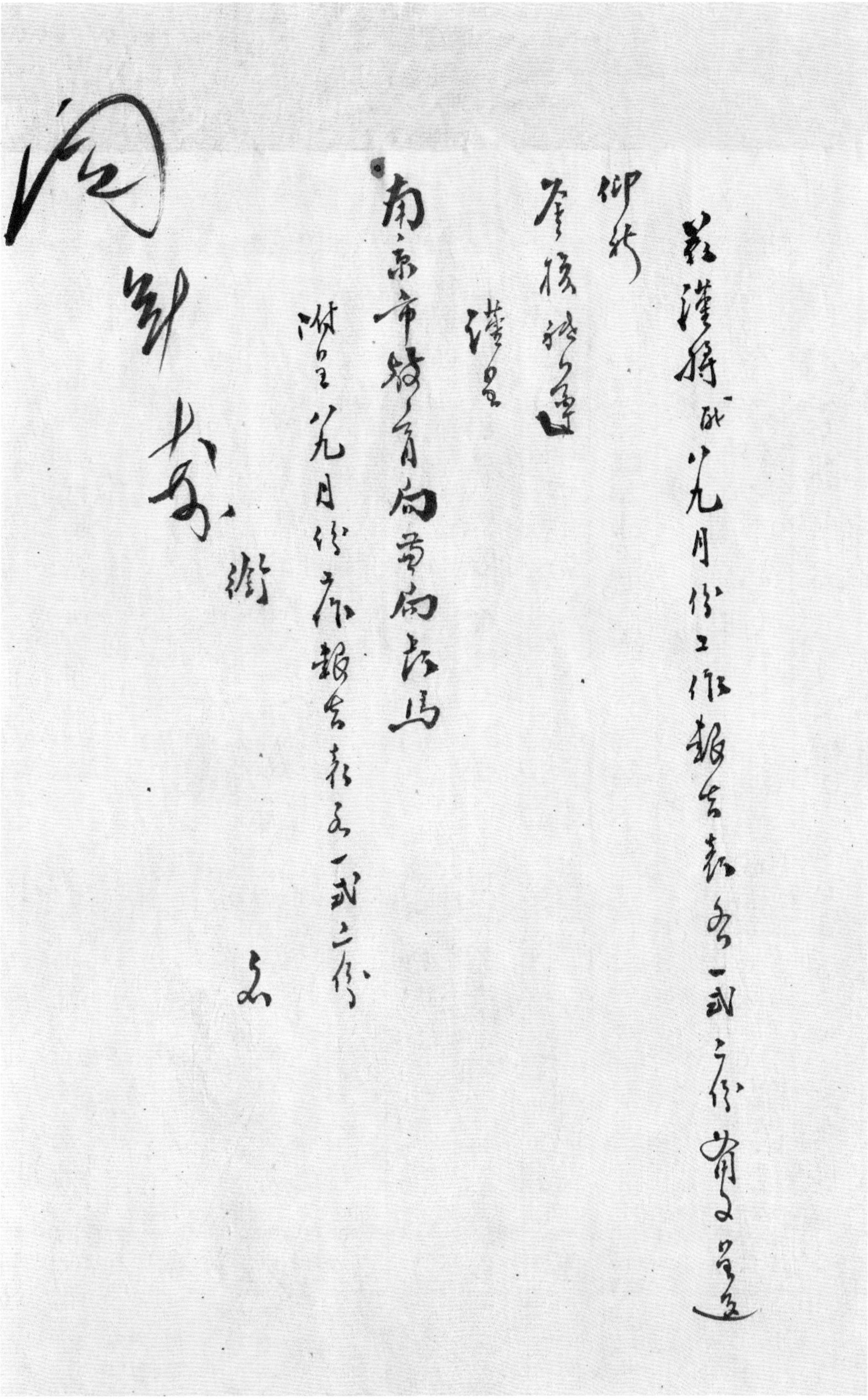
謹將敝館八九月份工作報告表各一式二份賫文呈送
仰祈
鑒核辦理
謹呈
南京市教育局局長馬
附呈八九月份工作報告表各一式二份
閱

爲呈報一九四六年度工作月報表的一組文件

南京市立第一民衆教育館爲報八、九月份工作報告表給市教育局的呈文及附件

（一九四六年十月二十四日）

檔號：1018-1-10

閱　劉　十廿六

267258

八月份工作報告要報

甲、中心工作

一、測驗工作　已發根據國內外大多數擬就選擇性測驗器十
種送付鉛印並首就大批印刷分向本館閱覽室民來
茶園及市立各書館新會服務處中山處徵求參桑一面
派員在各民眾場所分別舉行測驗

二、改進談話　聯絡市黨部縣黨部召集談話人談話
會商擬定內容如經發紀寓電等手續如函遵照
國策根據時局並與地方各界以來身心之宣傳以利
秋收

附（一）八月份工作報告

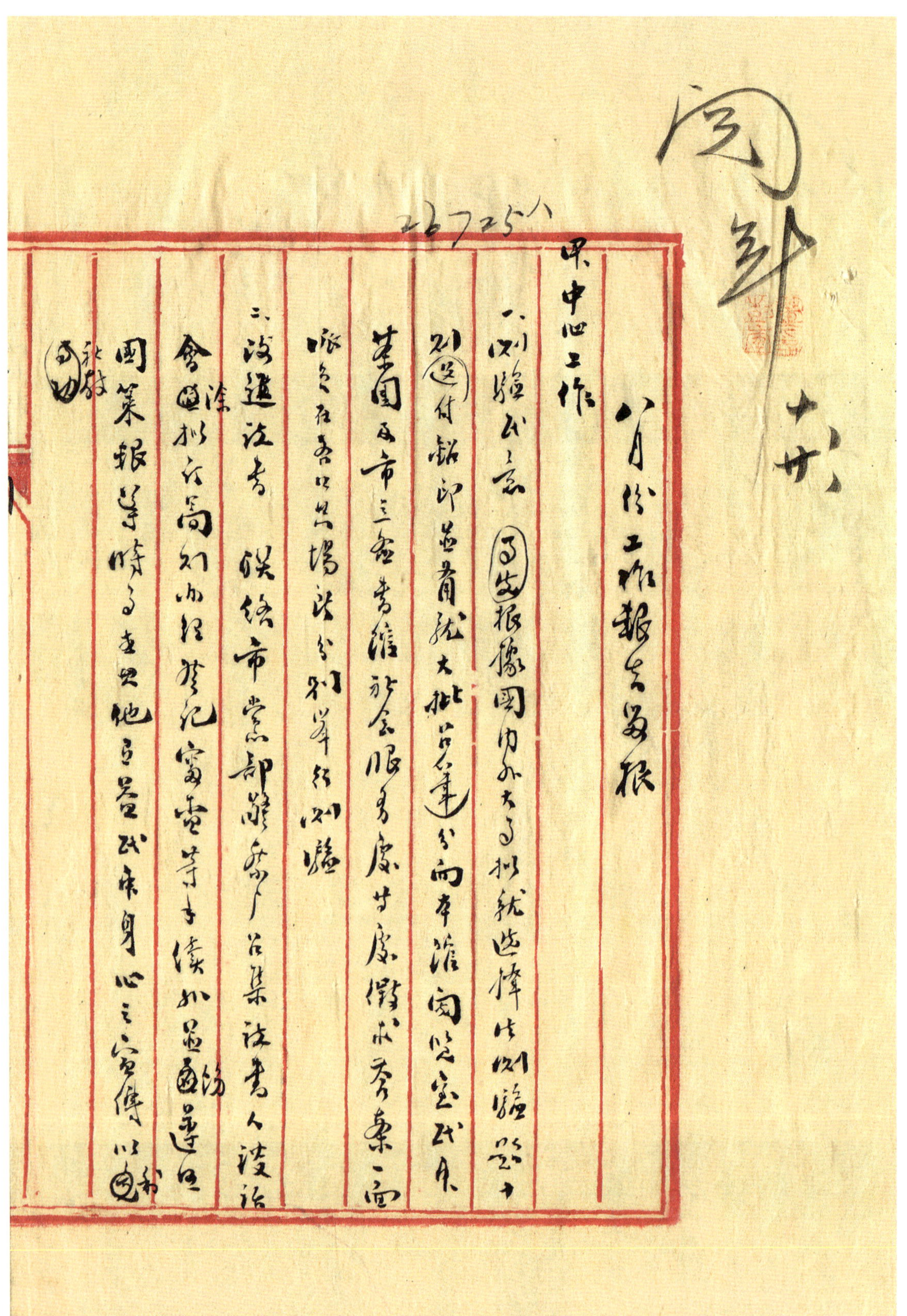

三、商請大中日報社於每週月附出版該校週刊一頁專為刊載該校理論與該校實施之情形及一般青年之文字

四、籌設教師節，以為紀念孔子聖誕，除參加市政府紀念會外，另籌備擴大紀念，擴請公濟週徵求各界參加演講，慰勞市內塾師，並送以紀念品

乙、繼續上月份工作

一、辦理青年軍復員工作

二、繼續主持新運會第二組組務工作

三、繼續該會東華同施校

丙、其他

一、造具調查財產目錄

二、办理装置水電估價

三、放映教育電影

四、舉行太平洋戰爭畫片展覽

丁、本月份未結束工作

一、改良測驗整理尚待結束

二、改訂週刊繼續發行

戊、預定下月工作

一、籌備抗戰建國週年紀念大會

二、規劃設立兒童樂園

三、擬洽成立村信站

閱
十八

乙、工作困難

一、館舍問題迄未獲適當解决

二、兼加以工作人員臨去每多犯為此牽彼或〻之態度，依徵令人困難

三、調製各種目錄以館舍窄隘什物堆集編錄殊感困難

庚、本月份會議

舉行卅五年度第一學期第一次館務會議，議決舉辦

二、出席臨時集會負責人談話會若干項

九月份工作報告簡報

甲 中心工作

一、慶祝勝利週年紀念 全体工作人員除參加首都紀念會外
並於雞鳴通衢及菜場張貼標語及開會宣傳鼓勵市民各就
本位努力建國多做工作痛改積習保持勝利成果

二、籌劃附設兒童樂園 武廟花園即將結束擬設兒
童樂園內設鞦韆滑梯溜板及兒童運動器械適當玩具
以供兒童遊樂洋鐵飛輪劃船正在規劃之中

三、接修附近之鄉公路 城南附近鄉公會及經與各富公
要校修路第三次修治市政個別申請修治各項以服務所有

附（二）九月份工作報告

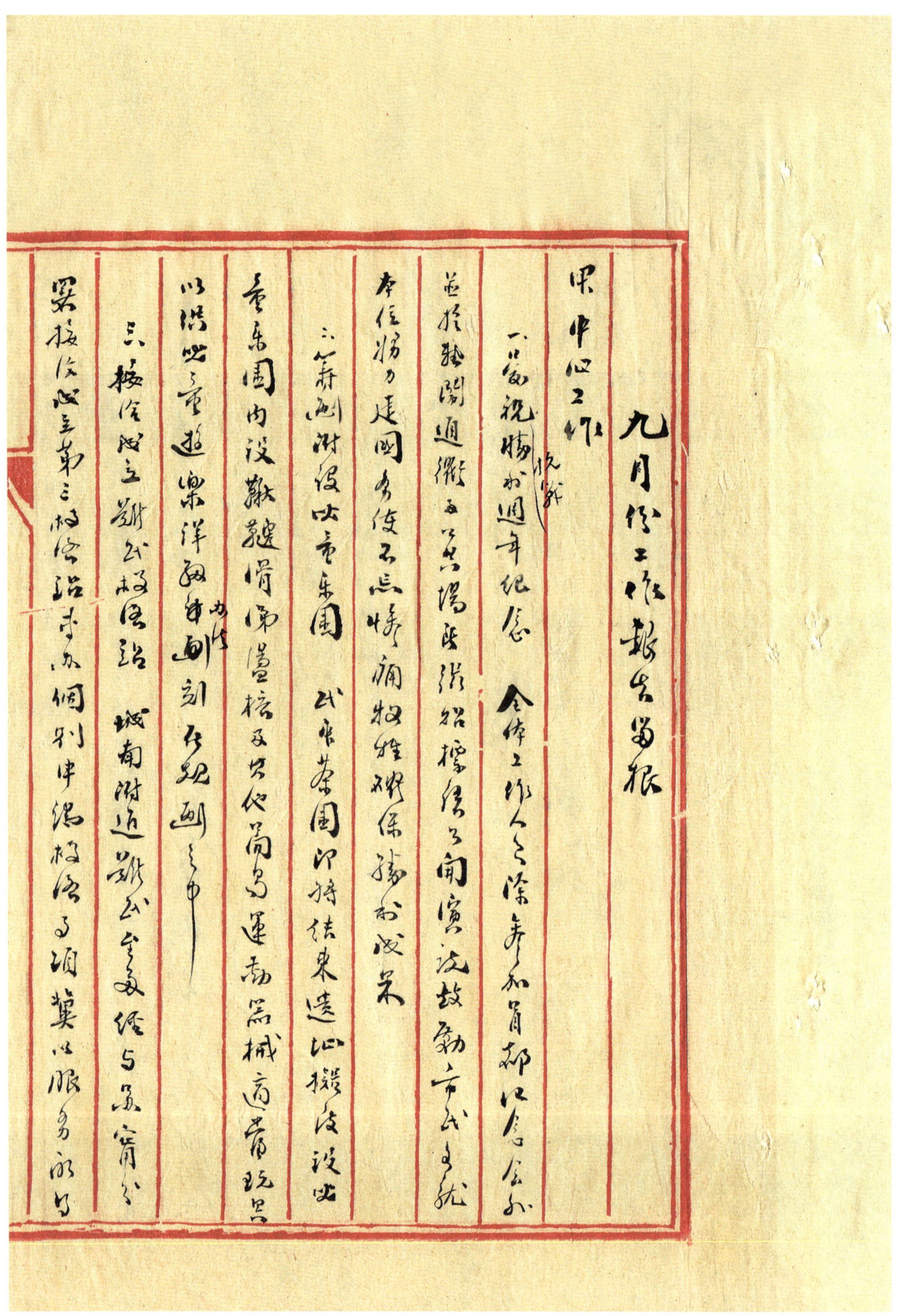

信仰，可以利用機會隨時施教

四、籌備小學比賽　根據地形形勢，並延聘得評判，並準備一切報名手續，擬發國貨白米作口糧獎品，比賽以資提倡，藉表發統

乙、繼續上月份工作

一、辦理武上宮測驗統計表，並將結果分寄呈向各方，以供採擇

二、繼續在武定茶園施教

三、繼續（完成）調製財產目錄工作

丙、其他

六、国立社教学院商借职员到馆实习

二、指派馆员参加省大教育人员训练班受训

一、自本馆迁入夫子庙五十七号办公

四、奉令拨借偏游艺馆舍与慧园街小学暂用

丁、本月份未结案件

一、接洽工作尚待商谈

二、收回东园待付实施

戊、预定下月份工作

一、筹备成立小学校

二、布置新馆舍

三、绘制统计图表

四、拟订下年事业计划及行事历

閱 鈞 十廿

五、整理屋舍

己、本困難

一、科學儀器急待開辦，原有各款實不敷

二、本校開始籌措各科，進而未能辦成

庚、本月份會議

一、舉行第二次談話會議，推舉人員分辦理校務由備試之事

二、關於流行病口罩防疫等籌備事項

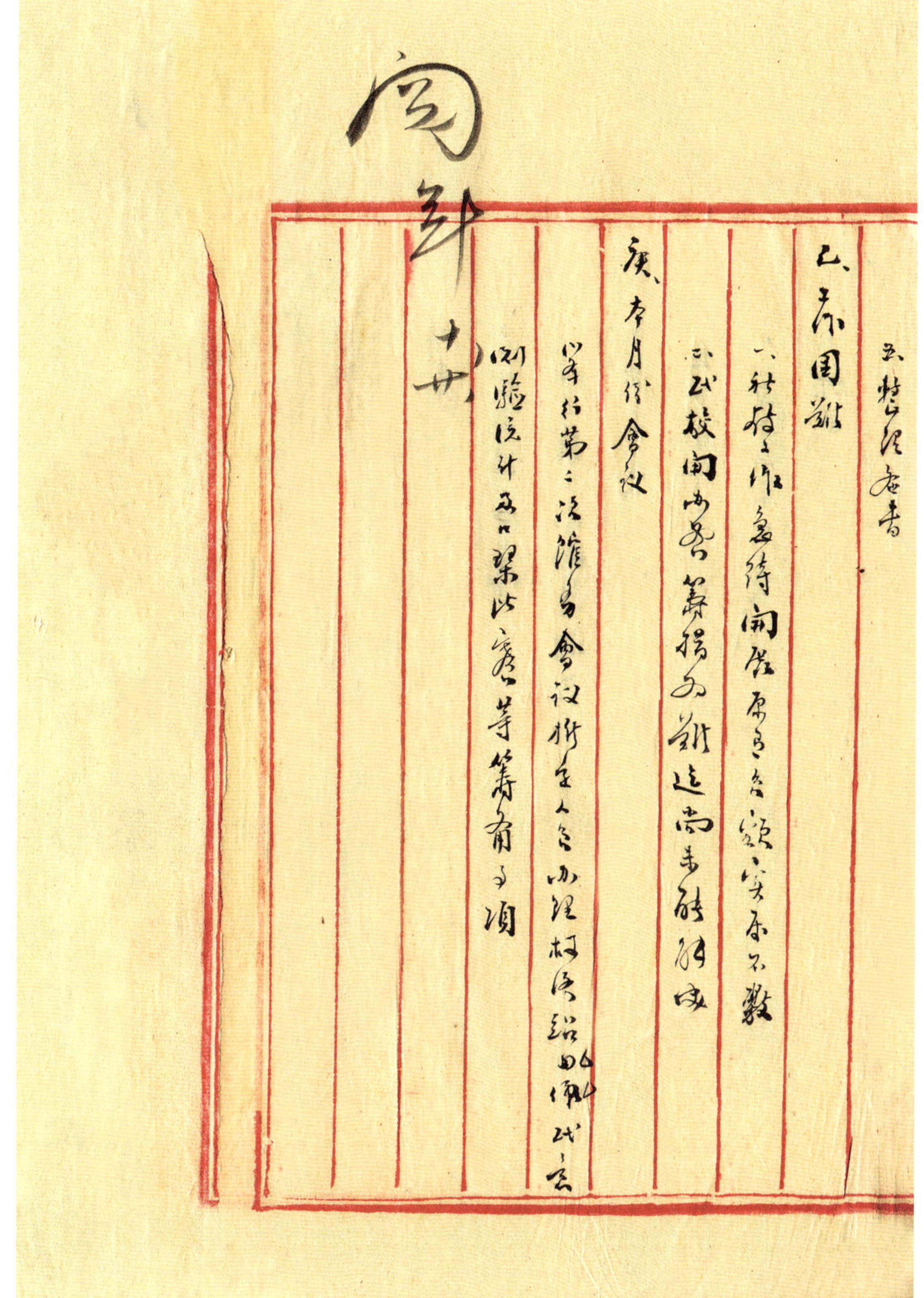

查我館八月份工作報告表經呈報鈞局鑒核在案
茲將我館十月份工作報告表一式兩份
備文呈送仰祈
鑒核存轉
謹呈
附

南京市立第一民衆教育館爲報十月份工作報告表給市教育局的呈文（一九四六年十一月十日）

附：十月份工作報告

檔號：1018-1-10

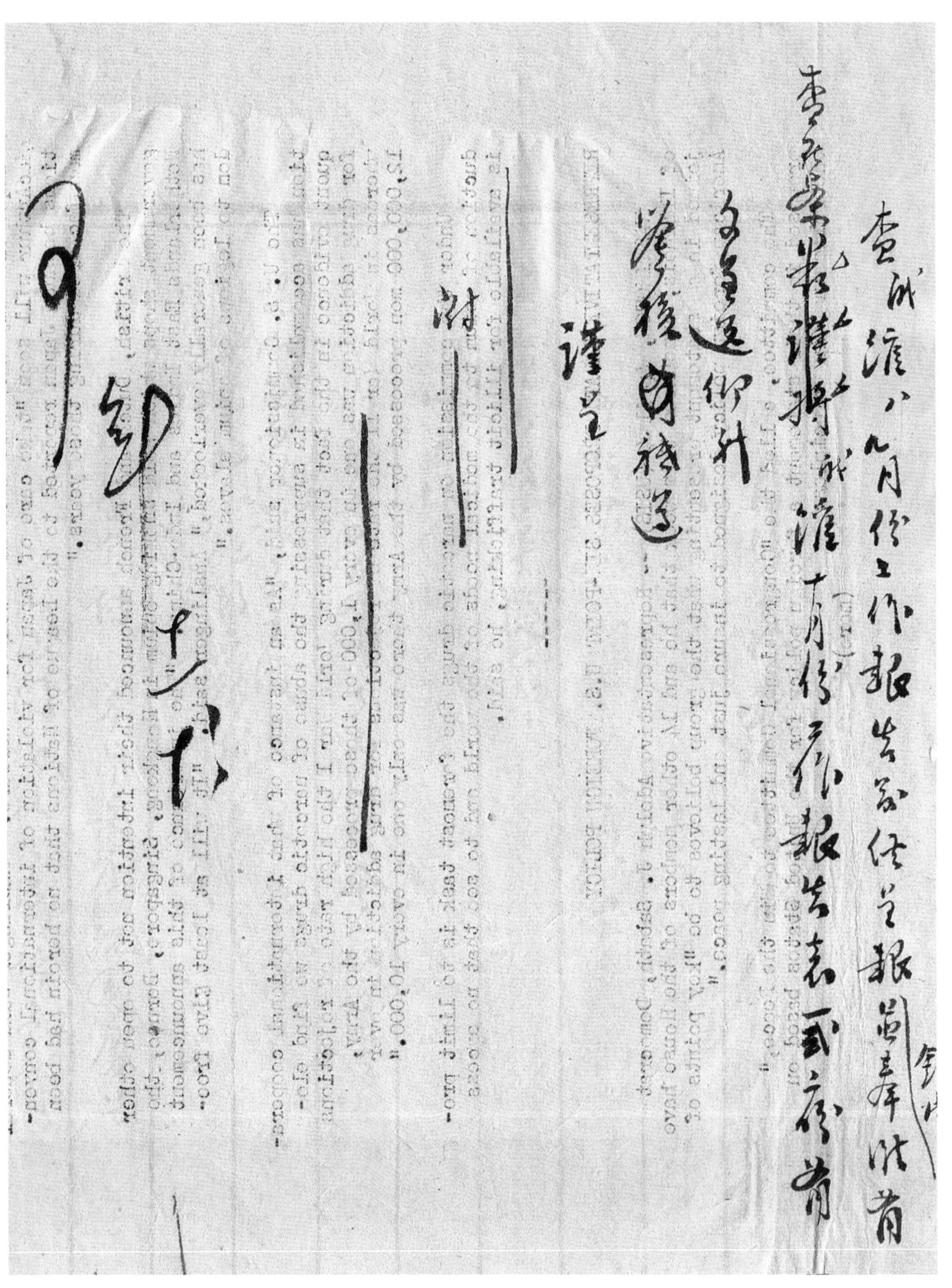

呈報卅十八

十月份工作報告留根

一、會議事項

舉行第三次館務會議及口琴獨奏比賽慶祝

主席六秩華誕籌備會議

二、中心工作

1、口琴比賽　本館假校友會場訂定辦法由專家評判征求

獎品並由館報名手續異常踴躍是日參加者計有百人觀眾約二千人

協辦者有他主任胡書記指導　比賽

比賽結果編成　等　名並蒙諸　傳向長汪臨頒獎

2、科學宣傳　本館為慶祝國慶並遵令舉辦擴大科

學運動以發揚中國請金陵大學指導博士張某在此集

除於民眾教育通刊撰文

園舉行演講，講述如何使南京市民認識首都時代建

設之路；(二)以通俗淺顯易懂之標語、壁報分張通

衢；(三)編造特刊，業經專案呈報。

六、蔣總裁華誕　本月卅日為[redacted]本館

為指導民眾切(?)報告，擬發文告，宣述建國要點(?)

~~實施各地總裁壽誕紀念宣傳週~~宣揚　主席之崇高人

格與豐功偉業，以期激勵市民共體景仰之忱；外並發

貼標語(?)

廿、籌備菊展　本館為提倡園藝培養市民欣

賞能力起見，特於下月上旬舉行菊花展覽會，除分向

京市近郊各農場、苗圃、園藝集合並計劃搬運佈置等

6、以筹备处之代笔向予如之，并借拨律宫西南首之六角亭

5、以筹备处迁播音教育

手续上以搬运器用所费场地狭隘为缘顺不进行整

且拟以最低价目出售门票以求秩序而资挹注

三、其他工作

为青年传播电台洽商成立传播演讲艺术实施传播教育

拟定工作计划及行事历

佈置夫子庙五十七号馆舍

结束民众茶园

四、继续原有工作

计划扩充民校周刊篇幅

继续办理游艺登记

五、未来工作

整理圖書及編目工作

繪製統計圖表

六、預定工作

開放新館

籌備慶祝本館復興週年紀念事項

繼續徵求書報並發行本館通訊中心工作

七、工作困難

公共集會缺乏適當場所

雜誌書報購置經費不敷

Anslinger said that in the campaign to control narcotics "we have had complete cooperation of all countries except Japan and one or two others. Japan was one of the worst violators." He said Japan produced heroin, a high

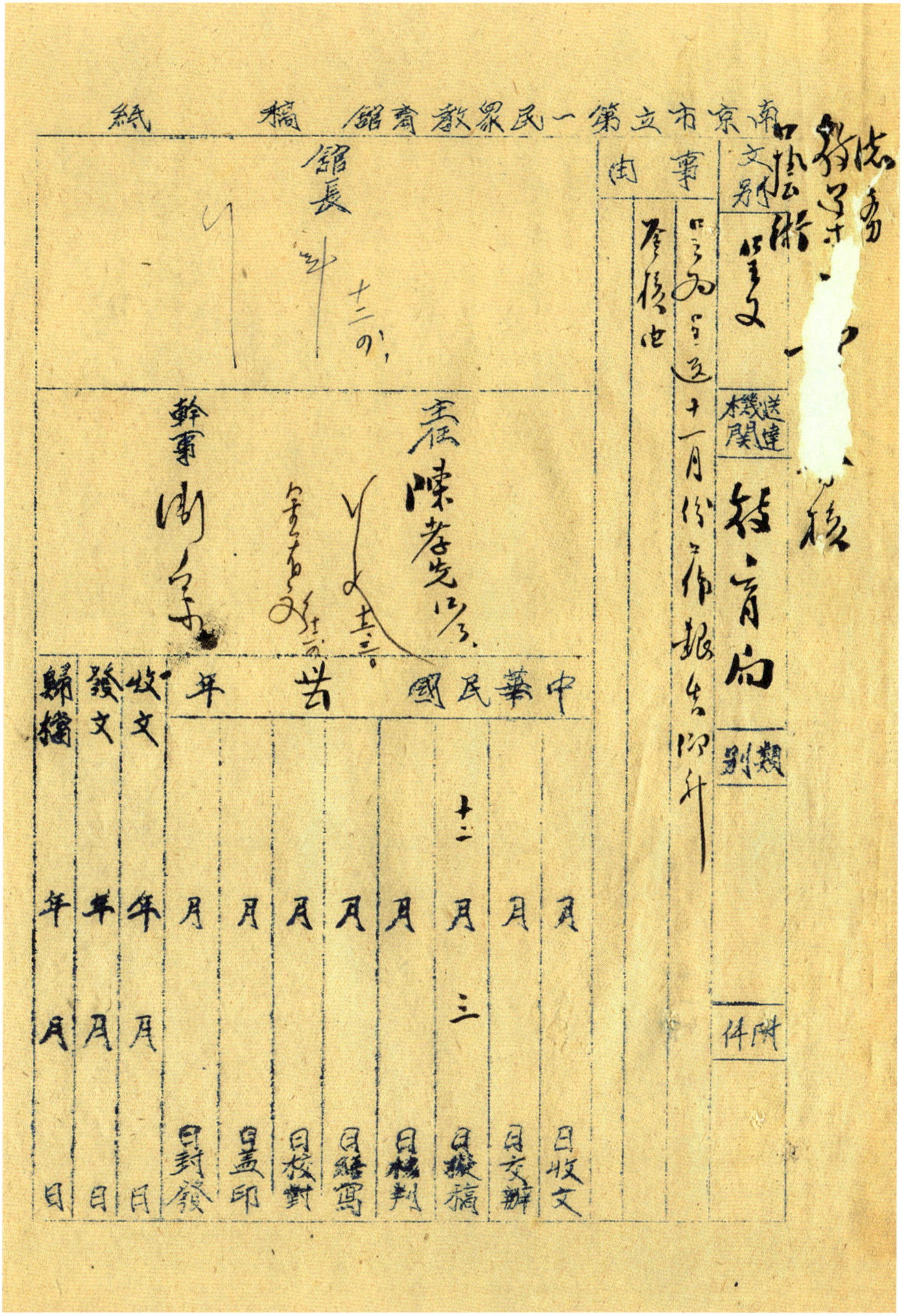

南京市立第一民衆教育館稿紙

文別	呈
送達機關	教育局
類別	
附件	
事由	
館長	
幹事	

中華民國　年　月　日

收文	文辦	擬稿	核判	繕寫	校對	蓋印	封發	收文	發文	歸檔
月日	月日	十二月三日	月日	月日	月日	月日	月日	年月日	年月日	年月日

南京市立第一民衆教育館爲報十一月份工作報告表給市教育局的呈文（一九四六年十二月六日）

附：十一月份工作報告表

檔號：1018-1-10

竊查本館十月份工作報告表前經呈送在案茲

謹將十一月份工作報告表備文呈送仰祈

鑒核祗遵

謹呈

南京市教育局局長馬

附呈十一月份工作報告表一份

（全銜）

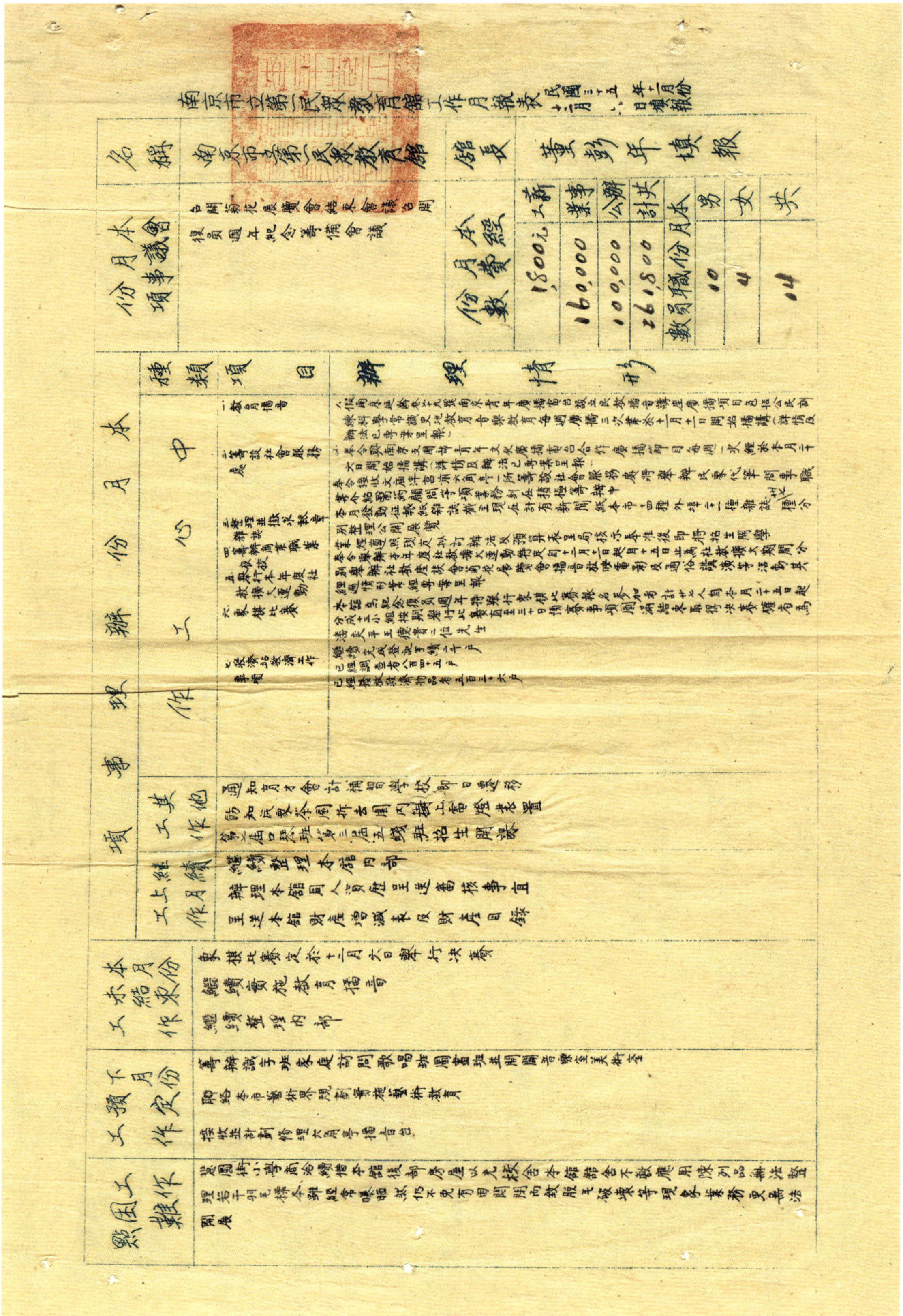

南京市立第一民眾教育館工作月報表 民國三十五年十二月份 十二月 日填報

名稱	南京市立第一民眾教育館	館長	董彭年 填報

本月份會議事項	本月份經費數		本月份職員數	
召開菊花展覽會結束會議 召開職員週年紀念籌備會議	薪工	18,000元	男	10
	事業	160,000	女	4
	辦公	100,000	共	14
	共計	261,800		

本月份辦理事項

種類	項目	辦理情形
中心工作	一、教育播音	八、假南京基督教青年會八號南京青年廣播電台設立民教播音講座，廣播項目包括公民訓練、科學常識、史地教育、音樂教育，每週廣播三次，業於十二月十一日開始播講（詳情及辦法已專案呈報）
	二、籌設社會服務處	七、奉令與南京支團部青年文化服務處電台合作廣播，即日每週一次，繼於本月二十六日開始播講（詳情及辦法已專案呈報）
	三、整理並擬定改進本館工作	奉令接收文廟洋宮前六角亭一所，籌設社會服務處，將舉辦代筆問事、職業介紹、問字等項業務，刻在積極籌備中
	四、籌辦商業職業學校	本月發動征集報紙雜誌，前已呈現在計有新聞紙本市十四種、外埠十二種，雜誌三十種，分別整理公開展覽
	五、舉行本年度社教擴大運動	奉令經營並改進民眾劇場，現正擬訂辦法及預算呈表局核示，奉准後即將招生開學
	六、象棋比賽	奉令舉辦本年度社教擴大運動，自十二月十二日起至十五日止為社教擴大運動周，分別舉辦社教展覽會、播音、話劇、電影、演講及通俗講演等活動，其經過情形業經專案呈報
		本館為紀念週年舉行象棋比賽，參加者有四十八人，自本月二十五日起分成十二小組舉行比賽，至三十日決賽
	七、救濟站救濟工作	繼續完成登記手續二十戶；已經調查者八百四十五戶；已經發放救濟物品者五百三十六戶
其他工作		通知本月份會計補習學校即日選務；防知民眾參觀冬季周；第二屆口琴班、第三屆國語班招生開課
上月繼續工作		繼續整理本館內部；辦理本館人員履歷呈送核事宜；呈送本館財產增減表及財產目錄

本月份未結束工作	象棋比賽定於十二月六日舉行決賽；繼續實施教育播音；繼續整理內部
下月份預定工作	籌辦識字班、家庭訪問、歌唱班、圖畫班並開闢音樂室、美術室；聯絡本市藝術界，規劃實施藝術教育；接收並計劃修理六角亭播音台
困難工作	港園街小學商洽遷讓本館後部房屋以充校舍，本館館舍不敷應用，陳列品無法整理若干，引起擁擠，本館雖經函催，該校仍不克有所問內，致服務現象業務無法開展

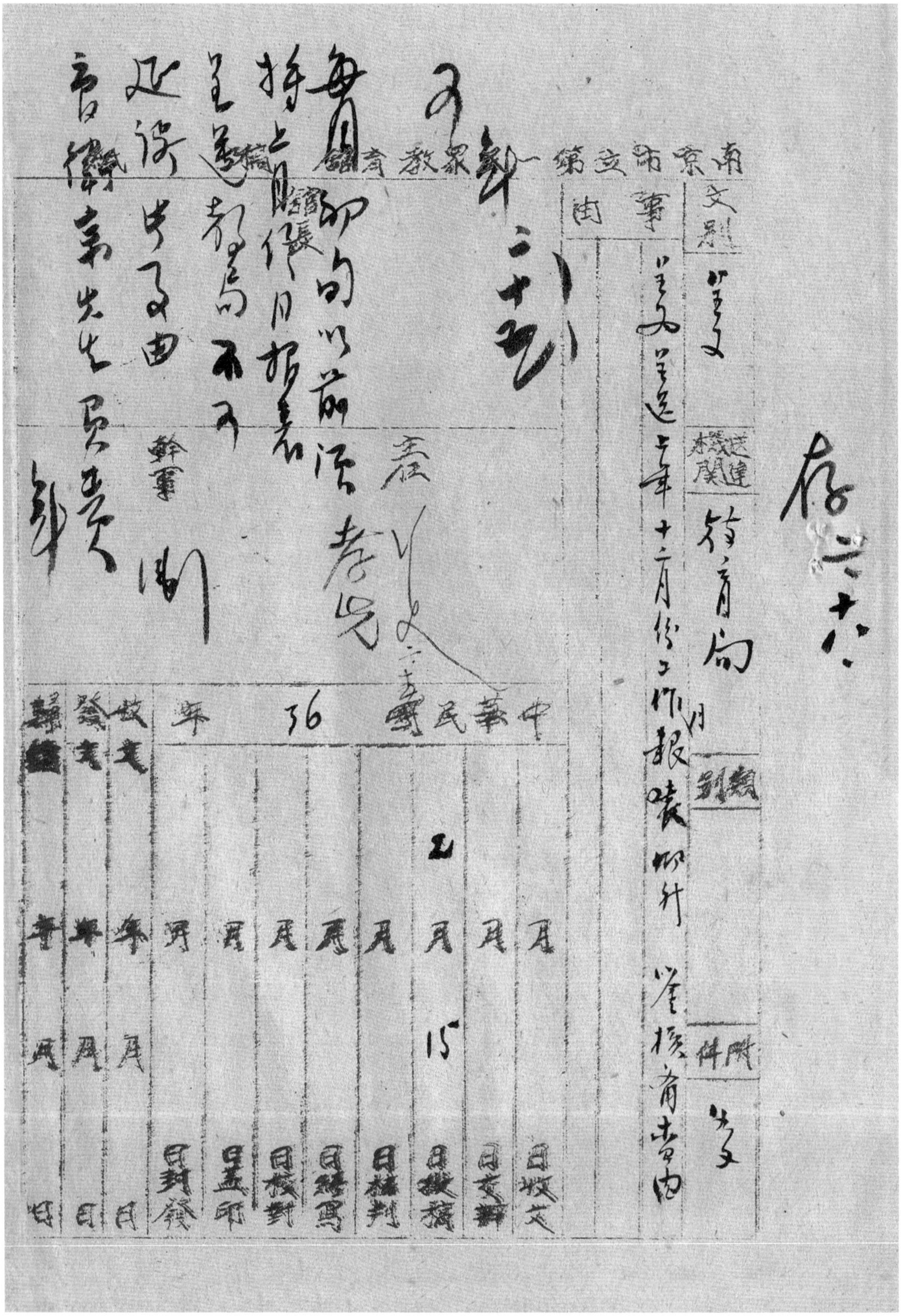

南京市立第一民衆教育館爲報十二月份工作報告表給市教育局的呈文（一九四七年二月十八日）

附：十二月份工作報告表

檔號：1018-1-10

呈谨将本馆七年十二月份工作月报表随文呈送仰祈
鉴核备查
谨呈
南京市教育局兼局长马
附工作月报表一份

南京市立第一民眾教育館工作月報表 民國卅[illegible]年[illegible]月份[illegible]日填報

名稱	南京市立第一民眾教育館
館長	董彭年填報
本月份會議事項	召集[illegible]祝元旦[illegible] 審[illegible]籌備會議

本月份經費數	
薪工	1800
事業	100,000
辦公	160,000
共計	261,800

本月份職員數	
男	10
女	4
共	14

本月份辦理事項

種類	項目	辦理情形
中心工作	舉行復員週年紀念	十二月六日為本館復員週年紀念，為謀切實檢討[illegible]策勵未來起見，特發行復員週年紀念特刊，並舉行象棋比賽，並假中華劇場舉行紀念[illegible]，以[illegible]精[illegible]科長[illegible]蒞[illegible]，以資紀念
中心工作	[illegible]報[illegible]	本館為充實書報[illegible]便於讀者[illegible]起見，特[illegible]中[illegible]重要報章[illegible]計「南京日報」「中國時報」[illegible]「新中國」[illegible]月刊[illegible]
中心工作	舉行禁煙禁毒宣傳	為配合政府宣傳禁[illegible]，特舉辦禁煙禁毒[illegible]於大會[illegible]，印禁煙禁毒標語[illegible]於[illegible]日分別[illegible]化[illegible]，[illegible]禁煙[illegible]，[illegible]並於[illegible]事業[illegible]報
其他工作	舉行[illegible]	[illegible]
繼續上月工作	[illegible]部[illegible]南[illegible]紀念[illegible]大會	[illegible]部於大會[illegible]工作[illegible]，[illegible]部[illegible]報[illegible]，日下午[illegible]年[illegible]講[illegible]，[illegible]通[illegible]於[illegible]

本月份未結束工作	徵集戲劇[illegible]物品	本館為[illegible]起[illegible]，[illegible]向[illegible]各自動捐贈食用物品於元旦日[illegible]
下月份預定工作	籌[illegible]教育[illegible]	本館以普及教育為[illegible]，[illegible]作[illegible]，[illegible]林[illegible]
工作困難點	[illegible]	[illegible]向[illegible]，館原有物品[illegible]整理[illegible]

項		本月份未結束工作	下月份預定工作	工作困難點
其他工作	繼續上月工作			
設計新館舍建築圖樣 通告本市補習學校即日進行	繼續實施家庭訪問 辦理戲劇[illegible]事項 小學補習班	救濟諮詢事項 慰問下關難胞 代發、材料[illegible]展覽	擬集[illegible]本市[illegible] 刊行卅六年度工作計劃，另行呈請 編製卅五年度工作總報告	本館內部不敷[illegible]不堪[illegible]市衛 生工務行政當局予以改善，以免[illegible] [illegible]報[illegible]報章即有被指失職之

[illegible]

被[illegible]因之報紙經費[illegible]
頗為[illegible]月由[illegible]經理[illegible]
缺乏[illegible]

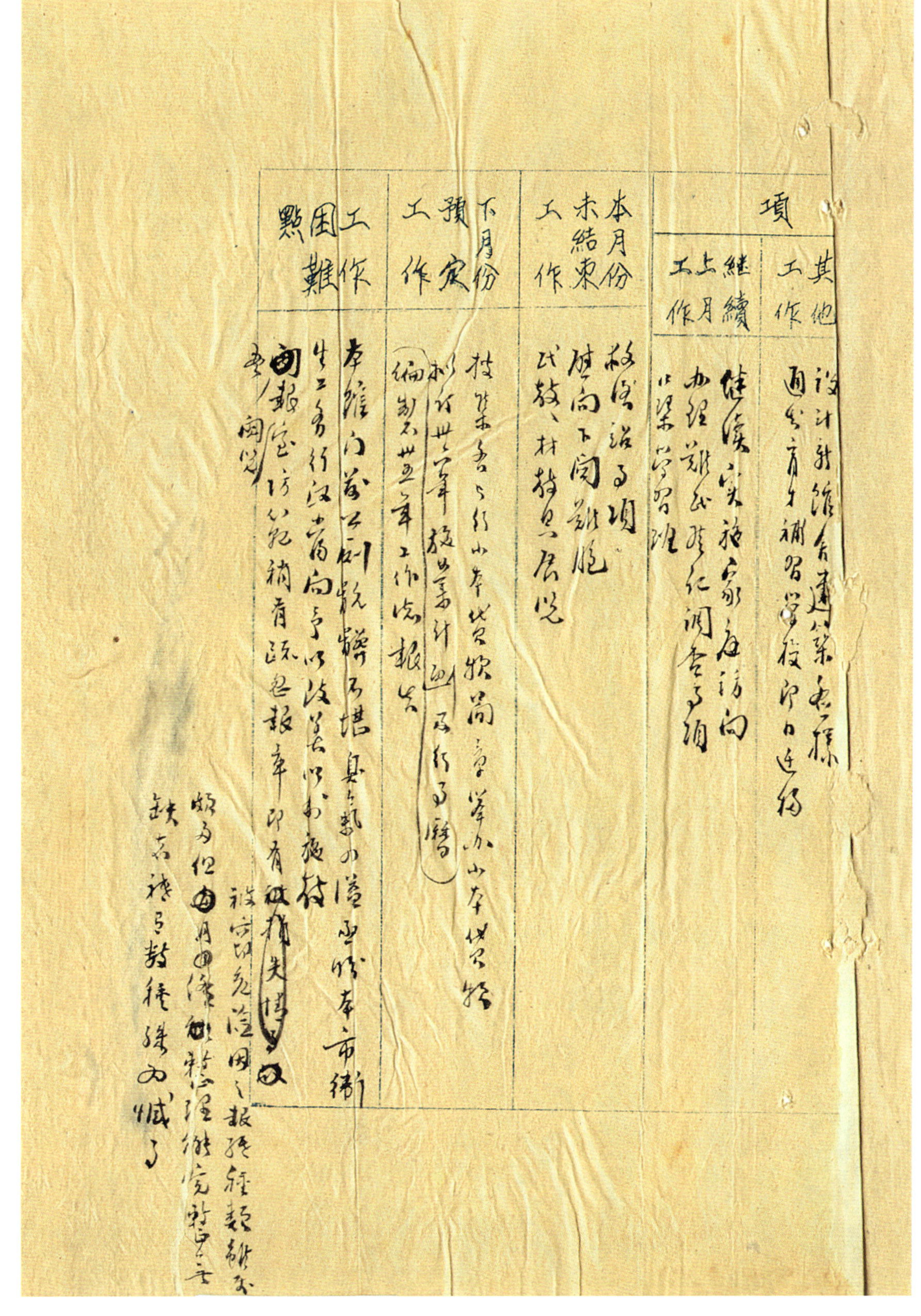

南京市立第一民衆教育館卅五年度第一學期工作總概況

茲謹將本館卅五年度第一學期工作概況分列如左

一 組織

本館遵照 局令暫分教導、生計、藝術、總務等四部，下設各股分掌業務，另組織各種委員會辦理各項施教事宜（組織系統表另附）

二 館舍

本館奉 令於本年度遷入夫子廟五十七號前寶發池浴室為臨時館址（大小計十一間），貢院街三十九號民衆閱覽室仍尚作閱覽書報場所，館舍經呈准修建之時忽奉 局令將後部（大小四間）館舍撥借慧園街國民小學校充臨時教室，迄至卅六年元月卅一日方遷讓完竣

三 經費

本學期本館經常費經 局核定員工薪俸計乙千六百元，辦公費於萬元，事業費於六萬元，臨時費經呈 准撥發共計遷移費、修建費、裝置電燈、自來水、電話等五項臨時費，除修建臨時費因房屋

南京市立第一民衆教育館一九四六年度第一學期工作總概況（一九四七年一月）

檔號：1018-1-10

设备施工费款未曾报销手续均已呈　厅待核，经常费报销已呈送至十二月份。

四、员工人数

本馆遵照　厅核定设馆长一员，主任四员（馆长兼任一员），干事六员，助理干事四员，工友六名（员工名册另附）。

五、工作概况

甲、经常工作

本学期各月份本馆中心工作报告，迄至十二月份止，已逐月呈　厅核鉴，兹再按月分列如左：

八月份中心工作

甲、民意测验　根据国内外大事拟就选择法测验十则，铅印三万份，分向公共娱乐场所征求各界答案，计历七周，参加人数共计二万六千七百二十五人。

乙、改进说书　联络市党部及警察所召集说书人谈话会，拟订简则，办理审查登记等手续，并劝导当场宣扬国策、报导时事，发扬道德，以宏社教。

丙、发行周刊　假大中日报每周月曜发行民众教育周刊一页，登载民教理论、民教实施方法及一般有关灌输民智、民德等文字，迄已出至第　期

4、纪念孔诞及庆祝教师节　除参加市府纪念会外并撰制标语（函青年报发表）举行公开讲演等

5、其他　奉令办理青年军复员宣传、办理新运会第二区联络，于本月四日至民众茶园施教、调制财产目录、装置收音机、举行战时画片展览并列一项工作

迄未成立不应列在本月份

九月份中心工作

1、庆祝抗战胜利周年纪念　全体人员除参加首都纪念会外并撰贴标语，分任公开讲演、

2、筹设儿童乐园　拟于民众茶园结束后改设儿童乐园以供游玩（计划）

3、接洽成立难民救济站（办理难民登记）　派员向行总第分署接洽成立第三救济站（[illegible]）

4、筹办口琴比赛　拟于国庆日举行口琴比赛会分访接洽会址拟（派员）比赛章则聘请评判及报名手续

5、其他　在民众茶园施教、财产目录调制完成　民意测验结束并将结果分寄有关各方以供採择

十月份中心工作

1、口琴比赛　国庆日假夫子庙金谷酒家举行口琴比赛大会　选手计三十二人参观者约二千人比赛结果录取田祖谢雄飞

謝彩生、李慶年，乙組蕭自元、劉英超、夏祝平、仲子衡等七名，恭請局長頒發獎品。

二、科學宣傳 國慶日適值本館舉辦擴大科學運動，敦請黨德哲學博士張武在民衆茶園舉行講演，題為「如何使南京市民走向原子時代建設之路」，聽衆約七八百人，并繕貼標語壁報分別通衢。

[redacted]

四、籌備菊展 本館為提倡園藝培養民衆欣賞能力起見，特擬舉行菊花展覽會，除分函本市各公私農場徵集外，並計劃搬運佈置等事宜。

五、開始民教廣播 本館由青年廣播電台接洽成立廣播講座。

六、其他 佈置館舍，清潔民衆茶園，繼續辦理難民登記及調查，整理圖書及儀器，統計圖表，及徵求書報等。

十一月份中心工作

一、教育播音 奉令與三青團南京支團青年文化廣播電台合作

广播民教节目讲座每周一次于本月廿六日开始但南京青年
广播电台每周三次之民教讲座仍继续办理

2、筹设社会服务处 奉呈准自接收文庙洋房前六角亭筹设
社会服务处本办代筹向已职业介绍、顾问、医药等业务

3、整理并征求报章杂志 本月发动广告征集报章杂志截至本月
计报有本京十四种外埠廿一种杂志廿七种公开阅览

4、筹办商民补习夜校 拟定办法及预算呈局核示

5、举行本年度社教扩大运动 奉令本办社教扩大运
动分别本办社教座谈会、菊花展览会、播音、放映电影及通俗
讲演、测验、竞赛、座谈会等案呈报

6、救济难民 继续完成登记手续计二千六户已调查共八百〇十五户
已发放救济物品共五百卅六户 办案

8、其他 整理及拆除难民棚茶园各项装置、口琴第七届训练班及五线谱第三届训练班招生
上课、办理本馆职员、演讲、历史、展览等项

7、举办识字图书展览会 为鼓励人民学习精神并铭……特函请识字教育会举办……

1. 十二月份中心工作

1. 本館復員週年紀念　本月六日為本館復員週年紀念日，是日上午九時假夫子廟中華戲茶所舉行儀式，並請楊部長任主任致詞

2. 象棋比賽　本館為提倡民眾正當娛樂，訓練手腦并用起見，舉行是項比賽，事先擬定章則，辦理報名，聘請評判，向外預賽，並接洽場所，佈置會堂等事項，經洽借夫子廟中華戲茶所為公開表演地點，並於本月六日舉行決賽，結果王德貴獲冠軍，參觀者約二千餘人

3. 發行復員週年紀念特刊　本館為檢討過去策勵未來工作起見，特編印紀念特刊[illegible]百份，分贈各方，以收攻石之效

4. 禁烟禁毒宣傳　本館奉令辦理禁烟禁毒宣傳，除將民教週刊改為特刊外，並撰貼標語[illegible]擬就講演稿，分交青年文化及本青年電台[illegible]廣播（旁註：宣傳禁烟毒 標語）

5. 民族復興節宣傳　本月廿五日為民族復興節，事先特舉行宣傳工作籌備會，決議全體職員分任撰述[illegible]張貼巨型壁報及電台廣播詞，是日[illegible]貼標語及播音[illegible]

7. 其他　陸續辦理難民調查[illegible]擬修建六角亭計劃等項

6. 華小老先生書展　本館為提倡藝術，曾舉行華小老先生書展

卅六年元月份中心工作

1、庆祝卅六年元旦暨宪法颁布　本日广贴标语并拟就讲词在电台广播（随报）

2、组织元旦下关难民慰问团　本馆发起成立卅六年元旦下关难民慰问团，分函向各商业团体征集慰问实物，蒙各方赞助捐献食用物品甚多，是日上午九时邀请教育科长各社团代表及新闻记者乘车前往下关慰问难民并分赠物品

3、民教教材教具展览会　自元旦日起三日止分列本馆所有民教教材教具假贡院街民众阅览室举行展览会，参观者共〇千余人，日约数十人。

4、筹办小本贷款所　为服务社会起见拟即成立，拟订章则及预算待呈局核示

5、张贴春节壁报　由本馆全体职员分任撰述庆祝春节文稿

6、筹备新建馆址　本馆奉令改建新馆舍于夫子庙旧址，因详就图样呈局核准，已拨付修建筑费，兴建造，现正筹备呈送详

宫栅户调查表及简图呈局转送市府饬令迁让并调查工作场所以便兴建

丁、其他　计划整理馆舍、修制图表、组织唱歌班、继续广播、发放难民救济物品通知等项（由本校编制半班）

六、工作困难要点

甲、（工作急待）原有经费不敷支配开支

乙、教材教具简陋陈旧　渴望整理及充实

丙、事业繁杂　员工不敷分配　现有工作人员备极

丁、辛劳　殊须精神上之安慰

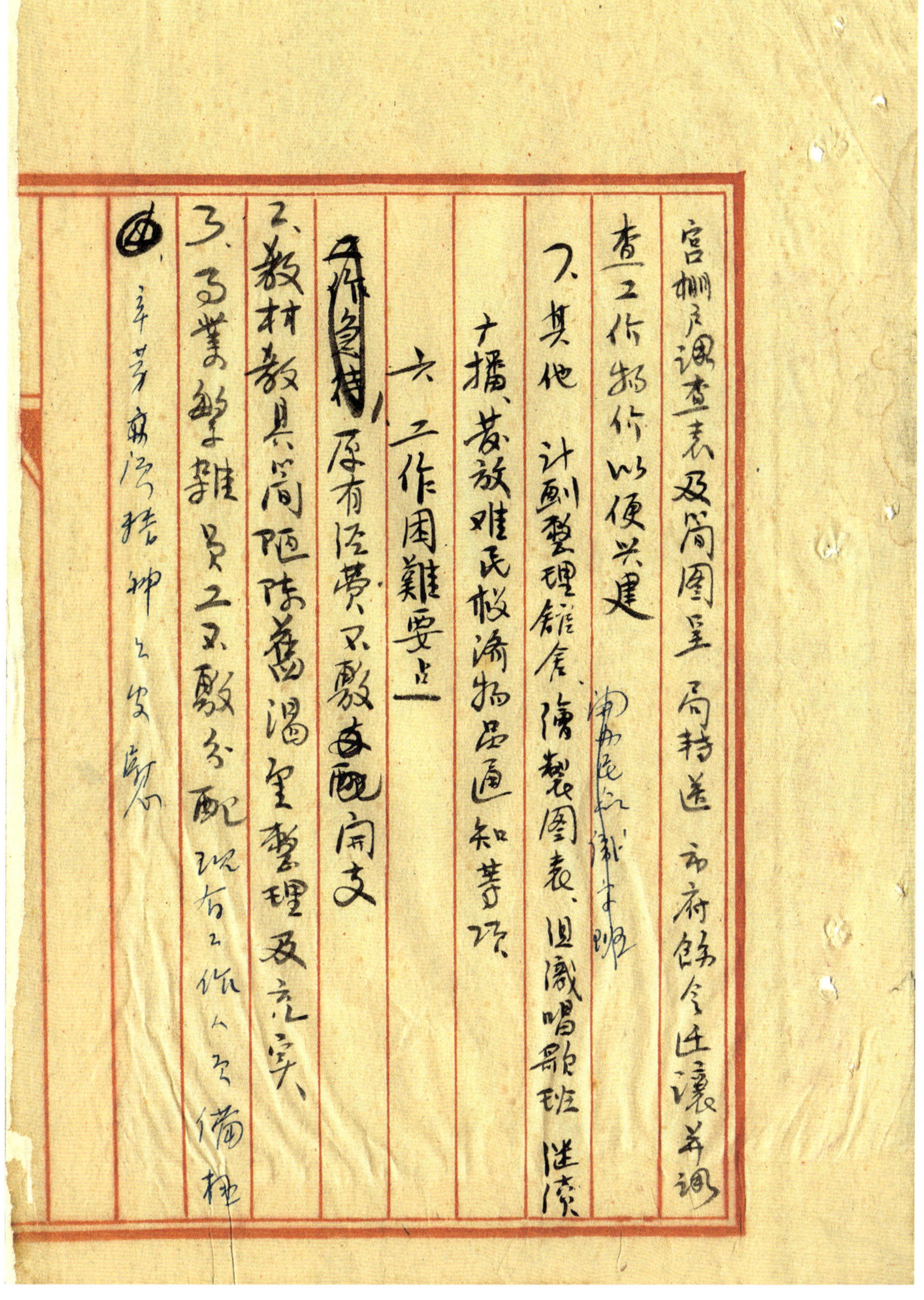

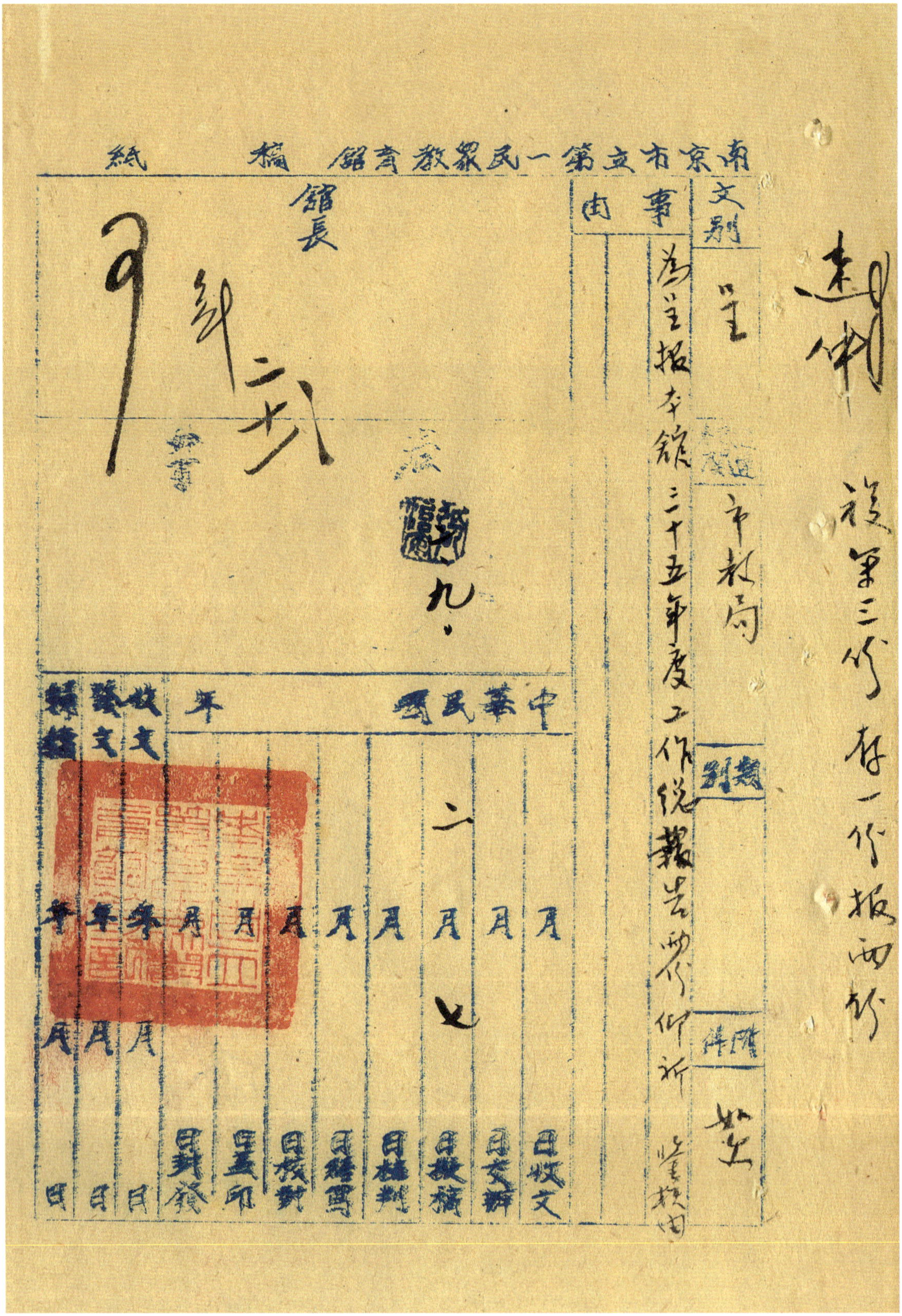
南京市立第一民衆教育館稿紙

文別	呈
事由	爲呈報本館三十五年度工作總報告兩份仰祈鑒核由
受文者	市教局
附件	如文

複第三份存一份報兩份

中華民國　年二月七日

南京市立第一民衆教育館爲呈送本館一九四六年度工作總報告給市教育局的呈文（一九四七年二月十一日）

附：工作總報告

檔號：1018-1-10

查職館廿五年度已告結束茲遵照規案將本館一年來業務施實情形造具工作總報告一份隨文呈請鑒核，如示祇遵。

謹呈

教育局長馬

（全銜）董[illegible]

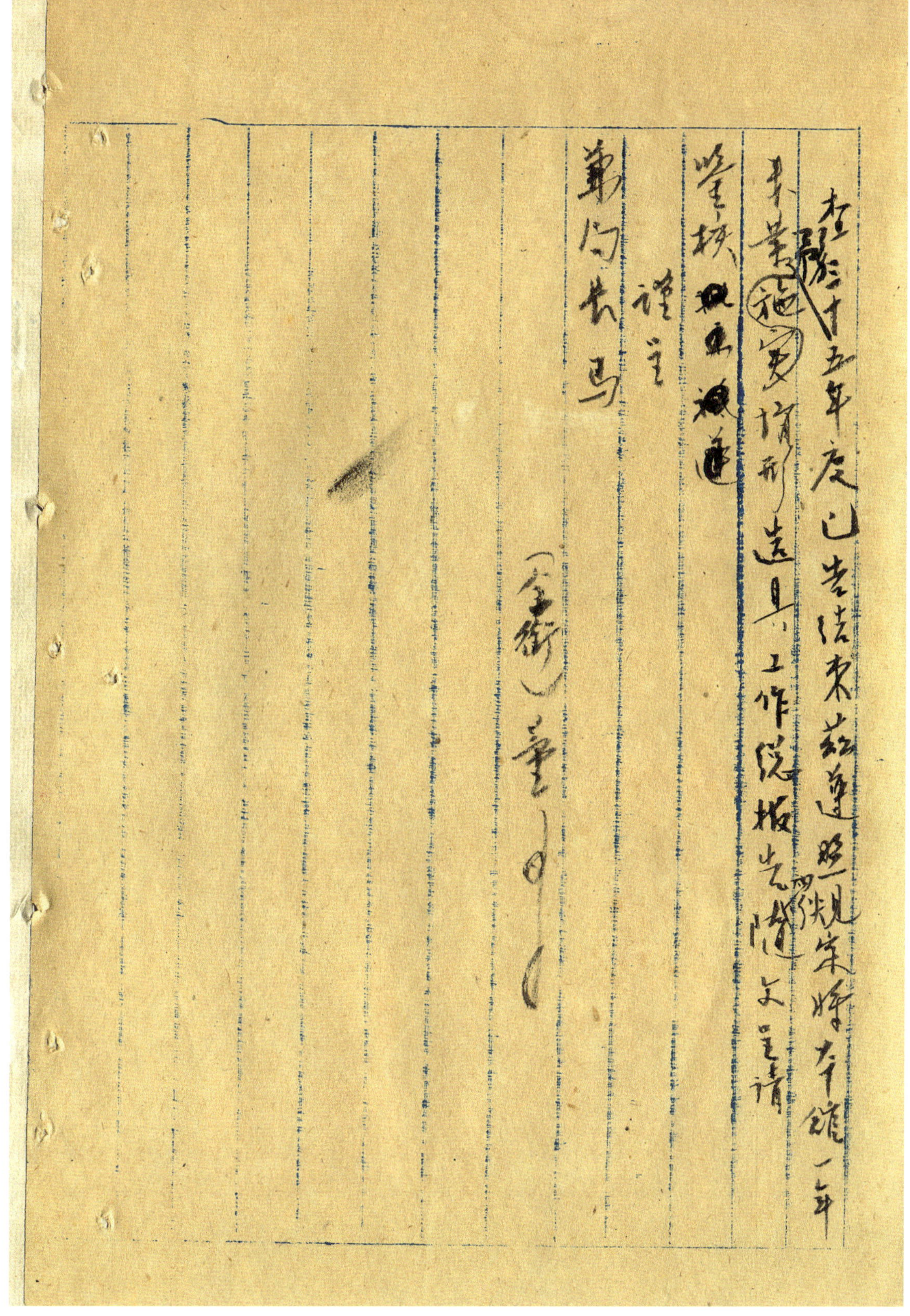

南京市立第一民衆教育館卅五年度工作總報告

查三十五年度已告結束謹遵照規定將本館一年來業務實施情況依組織分別列舉各項事業辦理經過情形及其效果與困難等項藉資檢討並策將來：

甲、工作概況

一、教導部分

(一)充實書報閲覽室 本館原有書報閲覽室設備既極簡陋內容更不充實自接辦後除增加室內設備外並分函各大都市報社書局徵集報紙雜誌現計有定期報紙四十餘種定期雜誌刊物卅餘種經常供衆閲覽

(二)整理圖書 本館所藏圖書多零亂蕪雜接收後即經檢查分別收拾除將數

偽期間各項圖書印刷刊物等件彙集至準繼續外並分期整理分類編目造具清
冊現計有中文圖書一三一七冊西文圖書一九八冊合計一五一五冊
三、出版「民眾教育」週刊 為增強社教宣傳及便於報道本館業務實施起見特假本市
大中日報第二版每逢星期日關刊民眾教育欄內容除適合一般市民閱讀淺顯之民
教理論文字外並刊有關職業指導時事評述民間文藝科學常識及漫畫等自出版
後已連續至第廿八期其中各種專題佔四分之一憲法及公民常識佔四分之一餘民教理論
民間文藝等佔四分之二。
四、開辦民眾茶園 本館為推行休閒教育特於本館閱覽室旁空地設立民眾茶園每
日在規定開放時間內對來園飲茶民眾供給各種報紙雜誌及畫片外並播送教育
唱片或舉行通俗演講以增加民眾普通常識。

(四)辦理各項康樂活動　為提倡民間正當娛樂，指導民衆業餘活動起見，特儘量利用時機舉辦下列各項康樂活動

1.發起春節龍燈比賽、日寇投降後區民衆抑鬱八載，本館為鼓舞民衆新生之氣，俾參加建國工作起見，特派員商得本市各區公所發起於元宵日舉行龍燈比賽，藉以振奮人心，參加單位計有十三個，參加比賽民衆約有二百餘人，優良者發給獎品獎狀，盛極一時。

2.踢毽比賽　於二月二十四日舉行踢毽比賽，參加比賽者計有一百廿六名，分為兒童、成人、表演三組比賽，結果各組錄取三名，當場發給優勝獎品，並攝影數幀以為紀念

3.划船比賽　於五月二十六日在玄武湖舉行划船比賽，參加比賽者計分男子團體組、男子個人組、女子團體組、女子個人組，比賽時並由本館指派專人發行船賽快報，報告會場

花架盆比賽結果優勝者分別頒發獎品、

4.參加清潔運動、本市為喚起市民注意清潔特訂期聯合各界舉行清潔運動、

本館担任第三區第二隊各項工作除張貼標語街頭宣講外並檢查食館旅舍及各

公共場所清潔、

5.協助辦理體育節事宜 九月九日為體育節本市教育當局為提高民衆

運動水準曾舉行游泳爬山及各項球賽本館特派員協助辦理一切

6.象棋比賽、參加比賽人數計廿七人採用淘汰制自十一月二十五日起每日下午二時開始比

賽十二月六日公開舉行決賽除由本館同人分組照料外並聘請象棋名手羅天揚

先生担任評判

六辦理通俗演講 為提高民衆知識水準宣達政令及激發愛國思想起見特

配合各種紀念節日及各項社會運動舉行通俗演講計農民節一次還都紀念三次清潔運動二次孔聖誕辰一次兒童節一次雙十節國防科學化運動一次社教擴大運動一次[redacted]兩次禁煙宣傳一次復興節一次慶祝制定憲法三次合共舉行二十次

七、舉行民意測驗 本館為徵詢民意俾供政府選擇起見特就當前重要問題編纂選擇法測驗題三萬份由工作同人分赴各公共場所舉行測驗七日間計參加測驗者三萬餘人將測驗結果統計後除送各報刊登及公佈適中地點外並分寄政府機關以便參攷採擇

八、組織說書改進會 說書事業流傳甚廣民眾思想至巨說書人員又多態度卑陋識材不當本館為求整頓改進特組織本市說書改進會召集夫子廟區全體說書人員暨各有關機關舉行座談會指示改進各點並整理說書人員登記事項

九、各種紀念節日暨各項社會運動有關宣傳事宜 為利用時機加強宣傳工作起見特

分别於各種紀念節日暨各項社會運動期間展開宣傳工作，舉行通俗演講外，其經過情形簡略如次：

1.卅五年元旦　以慶祝抗戰勝利闡揚抗戰功績為宣傳中心，計編寫報四大幅，漫畫廿幅，標語三百份

2.農民節　以奬崇農業，提倡農村風俗改良為宣傳中心，計編寫壁報一幅，特刊一期，標語一百份

3.革命先烈紀念日　以闡述先烈革命奮鬥史蹟為宣傳中心，計編寫壁報兩幅，印刷品四百張，標語兩百份

4.革命政府紀念日　以憲政憲法為宣傳中心，計抄製標語兩百份，憲法座談會一次

5.兒童節　以兒童保育為中心除由本館主管人撰紀念論文送登報章外並協助本市兒童節紀念大會辦理宣傳事宜

6.婦女節　以婦女問題為中心除舉行婦女職業問題座談會外並張貼宣傳標語

7.清潔運動　以公共衛生為宣傳中心繪製小幅漫畫十六幅及標語一百份

8.教師節　以尊師重道闡述孔聖德行為中心計編寫壁報一幅抄製標語六十份

9.雙十節　以國防科學化為宣傳中心舉行國防科學講座一次講題為如何使南京走上原子時建設之路

10.社教擴大運動　以推行社教暨善教實施為宣傳中心計製標語二百份

刊印專號一期電台廣播一次

11.慶祝 主席華誕 於民教週刊撰文宣揚功業外並張貼標語等

12.禁烟宣傳 於民教週刊編寫禁烟特輯一期標語五十份電台廣播一次

13.民族復興節 為紀念雲南起義暨民族復興節激發民衆革命意識起見特舉行擴大宣傳除舉行講演外並編寫壁報一大幅標語一百份

十.協助辦理新運工作 京市新生活運動促進會展開工作後經商定由本館工作同人輪流參加設計糾察等項工作

二.藝術部分

(一)放映電影 為實施電化教育特商請美國新聞處經常放映幻燈及影片內容多係科學教育時事新聞等放映地點多散佈城南朝天宮南門城外

等地放映~~次數~~合計廿八次，其中有七次係配合紀念日或社會運動期間放映者

（二）教育廣播　為謀增強教育效能，特先後與京市青年廣播電台及三民主義青年團南京支團青年文化廣播電台商定教育廣播辦法，按期實施播音教育（廣播時間前者為每星期一、三、五下午四時，後者為每星期一午後四時半）。廣播內容包括公民訓練、科學常識、史地教育、音樂教育等項，自開始廣播後已連續至第五十三次

（三）實施音樂教育　為增高民衆音樂水準，提倡正當音樂，特分別舉辦下列各項音樂活動

1、口琴訓練班　自三月開始上課，迄今已結束第七期，每期上課四星期，每週授課兩小時，分初高兩級教學，均由本館所聘請口琴名家鮑明珊先生担任，現結

業人數共計兩百餘人

2.五線譜訓練班　自十一月份開始上課由本館藝術部金主任担任教導每期授課四星期每星期三次每次一小時現已結束兩期畢業學生計有卅餘人

3.舉辦口琴演奏比賽大會　為增加本市民衆對於音樂興趣起見特於雙十節上午九時假金谷酒家舉行口琴比賽大會分甲乙兩組參加比賽者計廿七人參觀民衆達七百人結果錄取優勝者甲組三名乙組四名並恭請馬局長頒發獎品

四、舉辦各項展覽會

1.抗戰畫片展覽會　由本館蒐集各種抗戰畫片於還都紀念日分在新街口夫子廟兩處公開展覽參觀民衆兩處合一萬六千餘人、

2.兒童教育畫片展覽 於四月四日在新街口及本館閱覽室室外連續舉行兒童教育畫片展覽三天畫片係商借美國新聞處並由本館分製說明標簽觀衆極為踴躍

3.時事新聞畫片展覽 經商請美國新聞處分期於一月十八日二月七日二月廿四三月一日四月十八日四月廿日五月九日六月十二日在本館閱覽室舉行展覽每期約有五百餘幀每次觀衆均在三千人以上

4.菊花展覽會 為提倡民衆園藝興趣增高種植知能特自十二月三日起自十二月十五日止在本館民衆茶園舉行菊花展覽會參加單位有自力、幸福、平湖農場等展覽盆數約在三千以上內有佳種百餘盆於展覽期間除製菊花種植標本及菊花培植法表格八幅外並指派專人隨時講解

六、其他各項展覽會　武訓畫傳展覽會連續舉行三天　虎畫展覽會自舉行五天　朱氏畫展舉行一週　參觀者日必數千人　均由本館協理辦理。

（五）繪製各項統計圖表　先後分別繪製本館行政圖六幅各項活動統計圖表十二幀宣傳畫表卅八件

（六）整理科學儀器標本　本館前經接收各項科學儀器標本類多零亂殘缺經分期分別整理加製標簽現已全部告竣

三、生計部分

（一）設立第三救濟站　為服務民眾救濟貧民特聯合善後救濟總署蘇寧分署共同辦理第三救濟站事先並指派專員前往蘇寧分署所辦社會個案工作人員訓練班受訓於十月正式成立第三救濟站按期辦理登記調查等項工作現第二

期業經結束兩期中請登記貧民總共達六千餘人

二、籌設商業補習夜校　為提高民眾商業職業知能起見擬舉辦商業補習夜校經擬訂辦法及預算呈　局核示中

三、籌辦小本貸款所　為救濟一般商營小本生意之貧戶防止高利貸剝削起見擬即成立小本貸款所刻正擬訂實施辦法俟呈准後開始辦理

四、總務部分

(一)修整館舍　最初接收時之館舍僅有貢院街廿九號之一書報閱覽室一隅之地館內一切物件俱堆存此數間屋內同人處理工作雖覓一座位竟不可得後再經向市府請求始獲撥永安商場二樓全部未經旬日此全部二樓又撥與審計部本館僅存一間房屋為同人辦公之處嗣後始由市府撥夫子廟五十七號

並發給浴室撥款重修，業經遷折，方於本年九月全部修成，同人始獲一較妥定之辦公處所，然大部房屋一時仍無法闢置。

(二)訂定各項章則辦法　為謀推行政務便利起見，特分别訂定本館職員服務規約、公文處理辦法、職員請假辦法、領用公物辦法等項章則。

(三)整理財產暨檔案　分期整理財產及檔案卷宗，分類編目，造具清册，以便查考保管。

(四)籌建新館舍及籌設社會服務處　本館新館址經局令指定夫子廟孔聖廟遺址前空地興建，業經勘定完竣，並已繪製建築圖樣及估價清單，呈局核辦中。又本館為利於推進社教服務民衆起見，特呈准局方准予利用文廟泮宮前公產大開亭一所，暨市遷廣播台一座，設立社會服務處，刻已完成接收

工作俟局方撥款到館即可興工改建

(五)其他，凡不屬於其他各部之經常各項工作如撰擬文件及編製預決算掌管經費出納購置保管各項設備等以及配合各部經常辦理各項固定事業與臨時活動等項有關總務事宜

乙、工作效果檢討

本館復員一年來業務實施在上半年度隸屬於社會局期間因館舍不定波折屢屢致不進行滯緩除於人力財力兼限制之可能條件下略有設施推進外多偏重於整理工作及至七月本市教育局恢復以來獲蒙 主管多方指導協助始能確定館舍得能有一較安定之辦公處所各項業務方得循序展開固定事業如書報閱覽民衆教育週刊通俗演講教育廣播、口琴訓練班五課語訓練班

設立救濟站等項均能按照計劃經常實施獲得預期效果臨時活動包括各項原案比賽活動各類展覽以及各紀念節日宣傳事宜平均每月份舉行二項至三項每次活動尤能與民衆打成一片博得社會各界人士一致之贊許雖同人等終日疲於奔命然為服務民衆亦至所願也

丙 工作困難

綜以上各項業務實施經過情形雖多能依照規定分別實施然距預期計劃仍嫌稍遠而時有綆短汲深之懼固有人事不臧之處而亦具客觀條件不足之實茲將困難各點條述於次

(一)館舍遷徙不定遷移至再致預計工作計劃不得不滯緩實現雖後經 市府撥文夫子廟五十七號宝發記為固定館舍又因修建費時且大部房舍又奉令

暫借瑩園街小學應用因而施業場所仍屬一籌莫展

(二)經費拮据在八月份以前每月辦公費事業費共僅十六元八月份以後亦祇月增加十元際此物價高昂期間區區之數實無法兼顧各項事業之推進

(三)識字班未能即時遵辦除因以上場所經費兩項原因外而尤感困難者厥為區內失學成人多係營商終日多在工作中招生大成問題雖盡勸導之責亦無如何效果以後若無適當行政力量之強迫恐難望有效惟本館現已研究計劃以其他技巧收各種業務之實效之實方可應用

(四)原有各項施教工具多係舊失修屢經搬遷損毀頗多亟待專款修整完

(五)事業繁雜員工不敷分配而現有工作人員總極辛勞係期於可能條件

之下增加員工外並需充分之精神上安慰與激勵

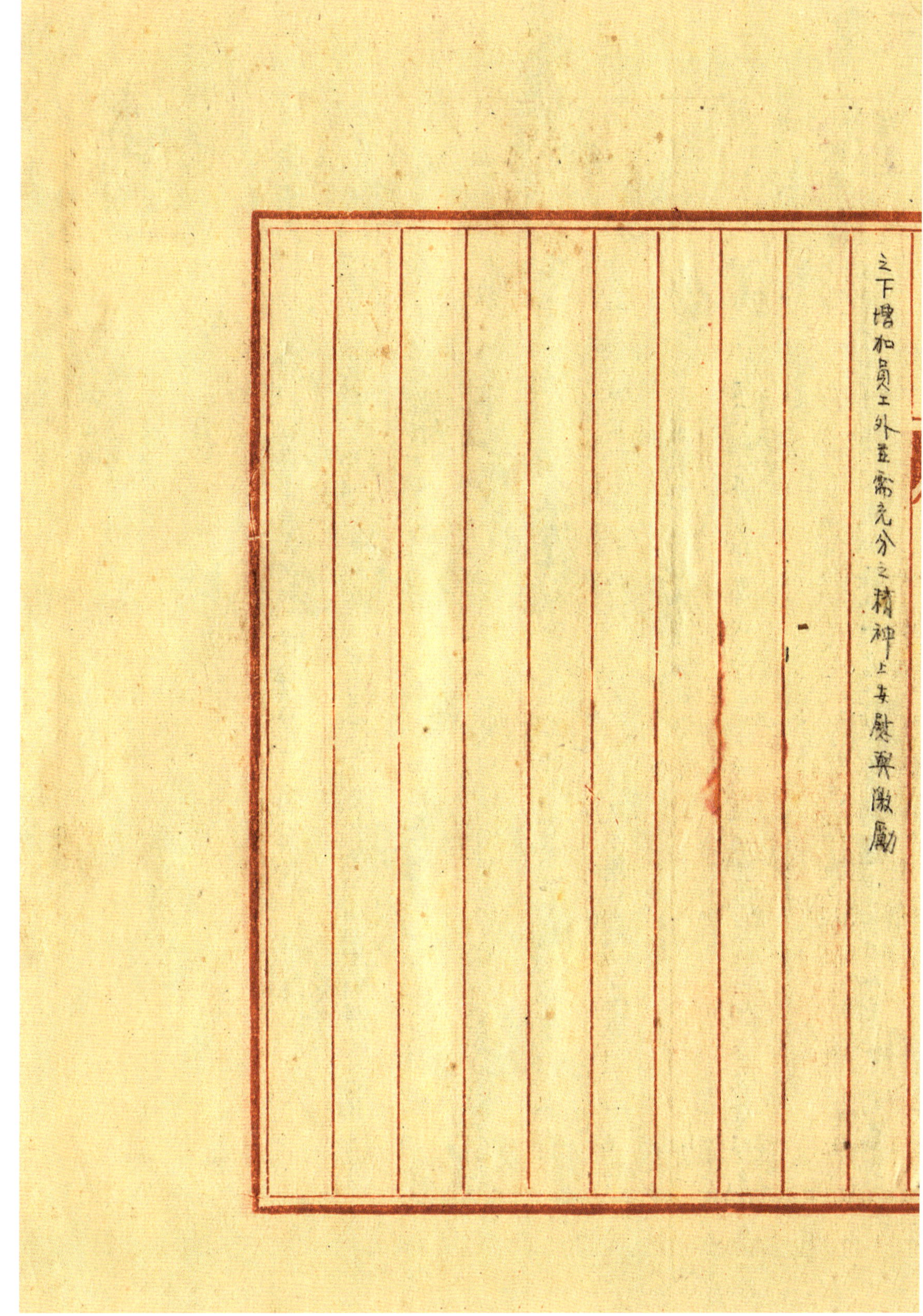

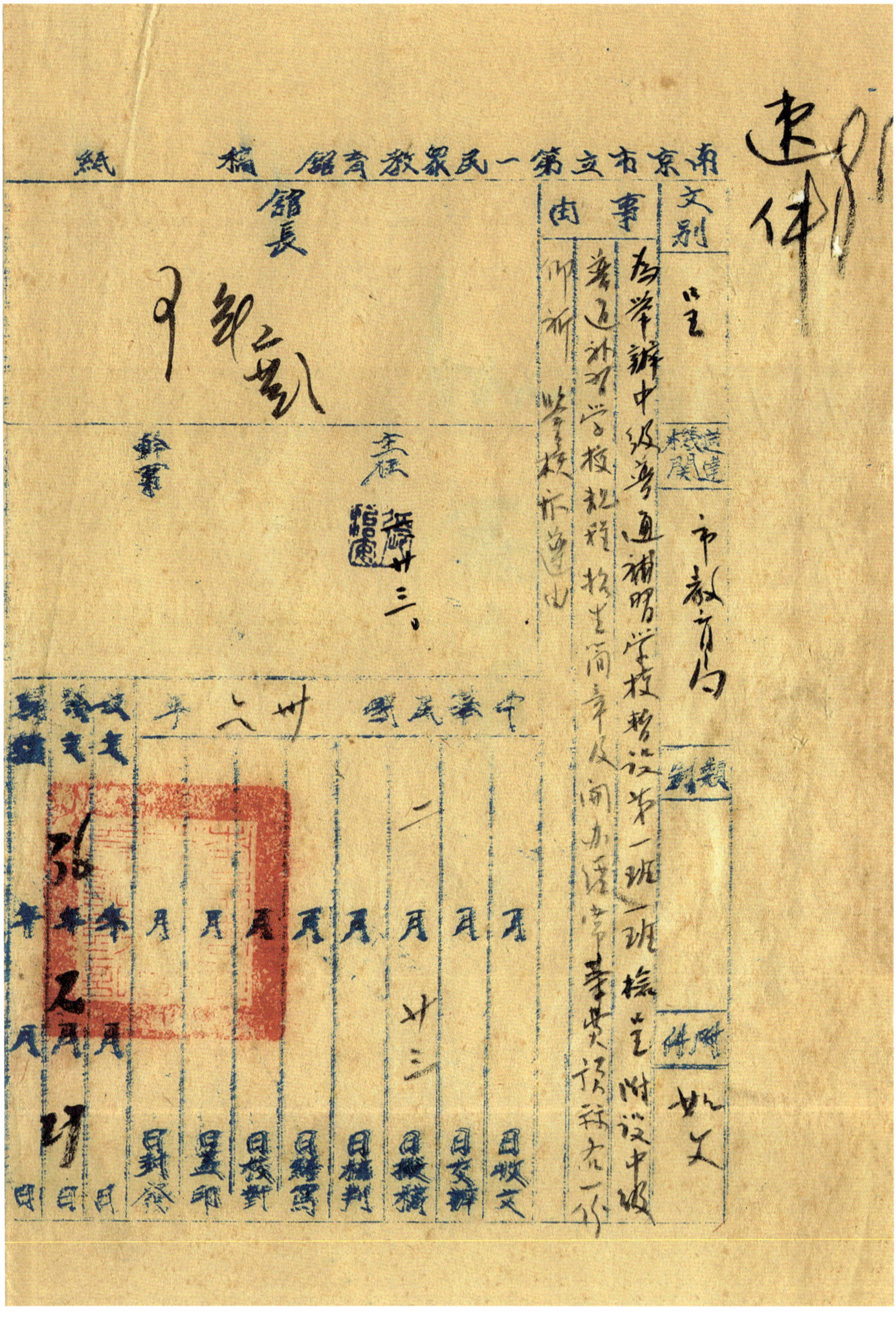
南京市立第一民衆教育館稿紙

文別：呈

事由：為舉辦中級普通補習學校暫設第一班一班，檢呈附設中級普通補習學校規程、招生簡章及開辦經常費預算表各一份，仰祈鑒核示遵由

送達機關：市教育局

附件：如文

館長

中華民國卅六年

二月廿三日收文

月日交辦

月日擬稿

月日繕寫

月日校對

月日蓋印

月日封發

南京市立第一民衆教育館爲舉辦中級普通補習學校給市教育局的呈文及附件

（一九四七年二月二十三日）

檔號：1018-1-12

速件

本縣為救濟失學青年補充民众学識提高社会文化起見擬[illegible]筹办中級普通補習学校[illegible]依照三十三年十月國民政府公佈之補習学校法及三十三年三月教育部公佈之補習学校規則擬訂[illegible]一份並檢同校生[illegible]簡章暨開辦經常費預算表一份隨文賫請

鑒核批示祇遵

謹呈

[illegible]局

（全銜）[illegible]

抄稿待編[illegible]

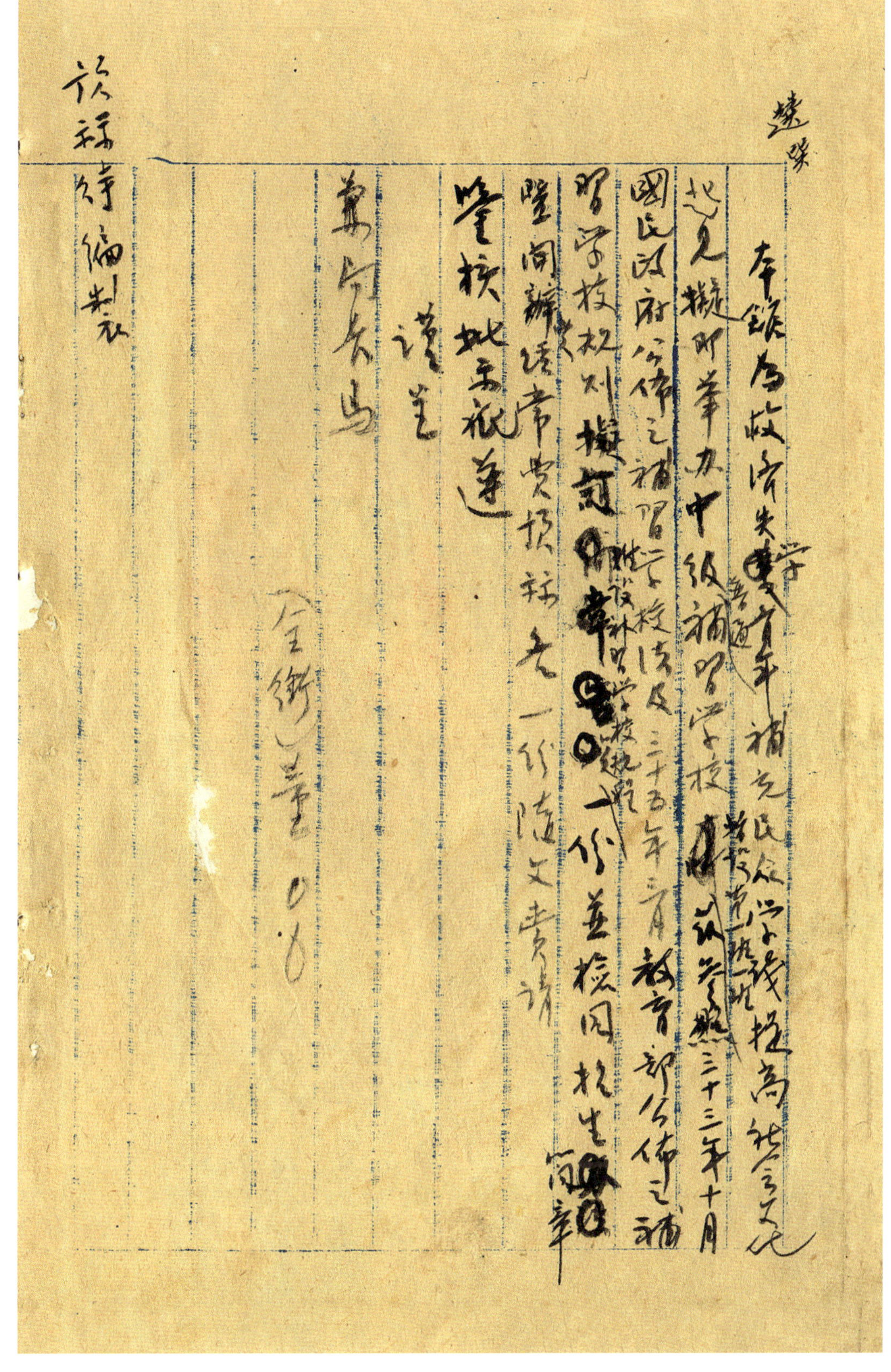

南京市立第一民众教育館附設中級補習學校辦法

一、本館為救濟失學青年輔助學校教育及补充民众學識提高社會文化起見特遵照三十六年十月國民政府公佈之補習學校法及三十五年三月教育部公佈之補習學校規則附設補習學校

二、定名為南京市立第一民众教育館附設中級補習學校（以下簡稱本校）

三、本校設校長一人由館長兼任下設教導總務組教導組各設主任一人組員若干人均由館長就館中遴選適當人員兼任之教員以聘用專任為原則必要

附（一）南京市立第一民衆教育館附設中級補習學校辦法

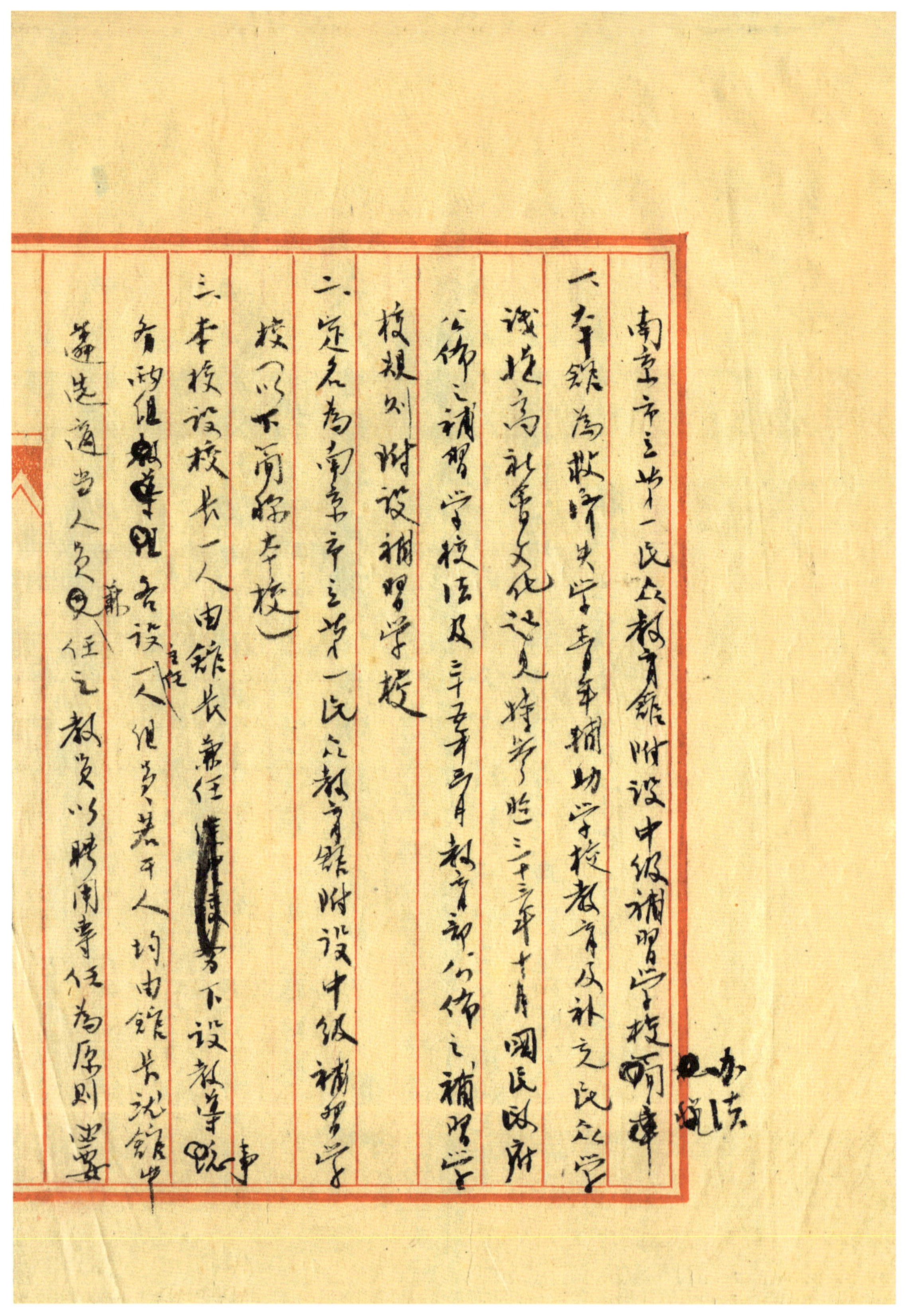

時得由本館職員兼任之

四、本校班次暫分為第一第二兩班（視實際需要得增設）其補習學科及教材程度相當於初級中學之一年級二年級三年級、

五、本校教學時間暫定採用每日晚間上課，每日上課三小時，每週授課十八小時，學期以十四週計算

六、補習學科為公民、國文、數學、自然科學、史地、英文、算術各科課程標準照中國初級中學各科課程標準，各科教學依時數為初級中學各科依時數之三分之二，詳細時數[illegible]

七、補習學校之學生不分性別凡在十三足歲以上曾在中心國民學校高級部畢業者或具有同等學力者均可報考，但持有正式學校畢業文憑及最近一

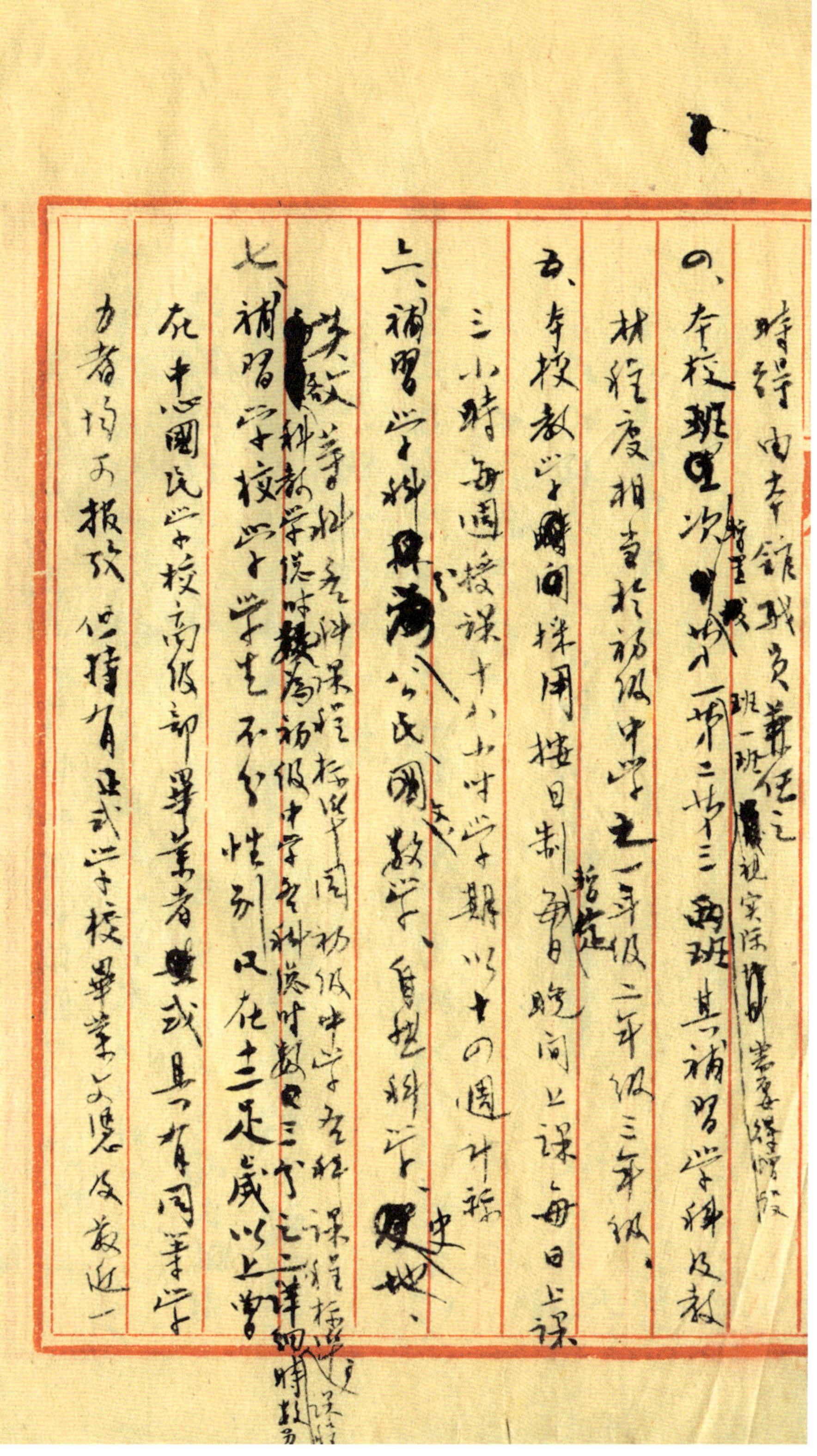

学期成绩报告单者得免除入学试验

八、本校不收学费，[redacted]酌收讲义费每人每科每学期一元，灯油费每人全期一元，杂费洋一元。

九、本校学生在[redacted]每一班修习某一学科或全部学科[redacted]修业完毕，经试验成绩及格者由校发给某科或某班[redacted]学业及格证书。修毕全级三班各学科并经试验及格者由校呈局发给毕业证书[redacted]

十、本校开办费呈请向捐募，经常费由学生杂费项下开支，不足之数拟由馆中事业费项下酌予

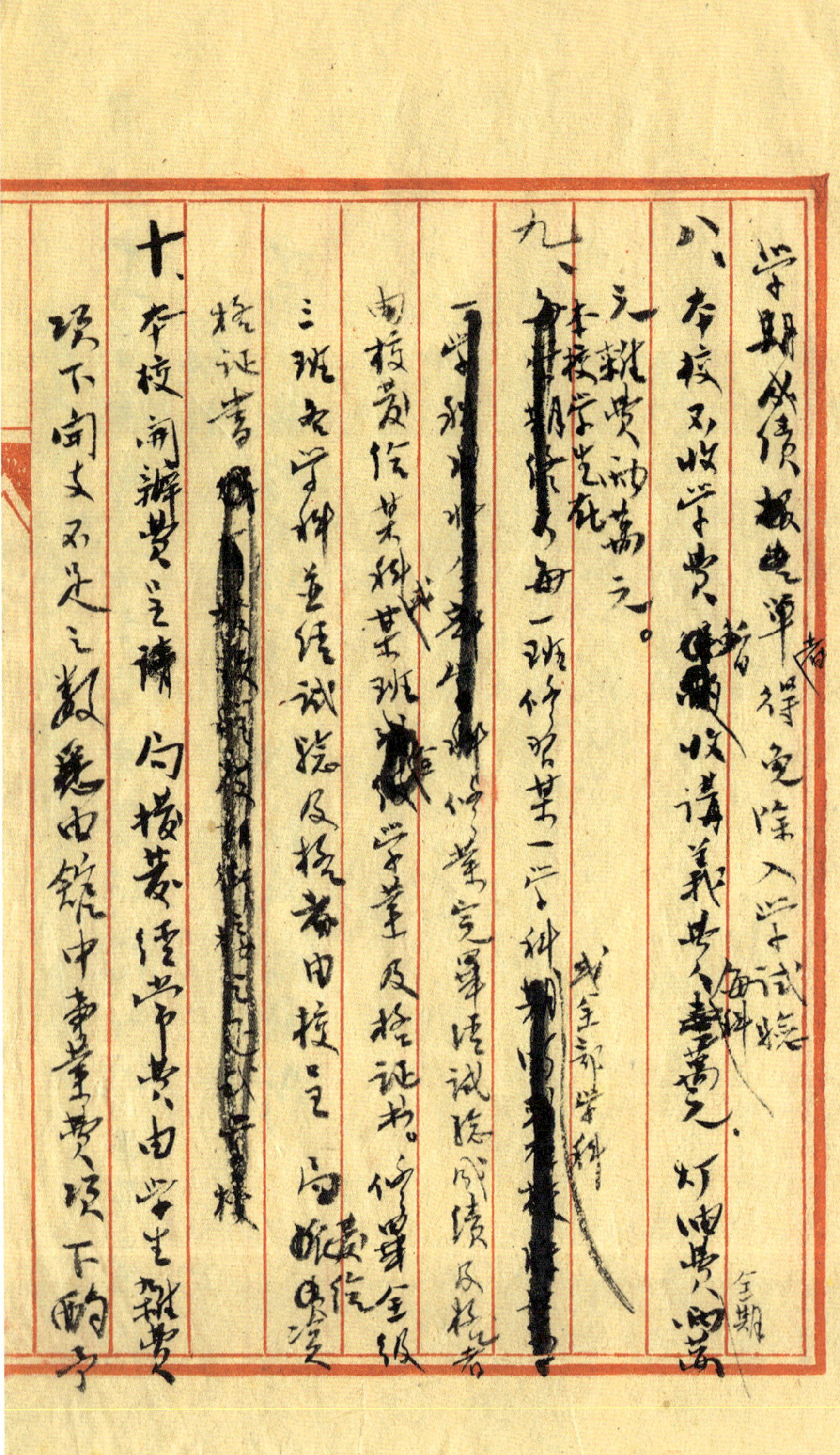

補助，其開辦經常等費預算另訂之

十六、本簡校簡章如有未盡事宜得隨時修正並呈局備核

十七、本簡校簡章經呈 局核准后施行

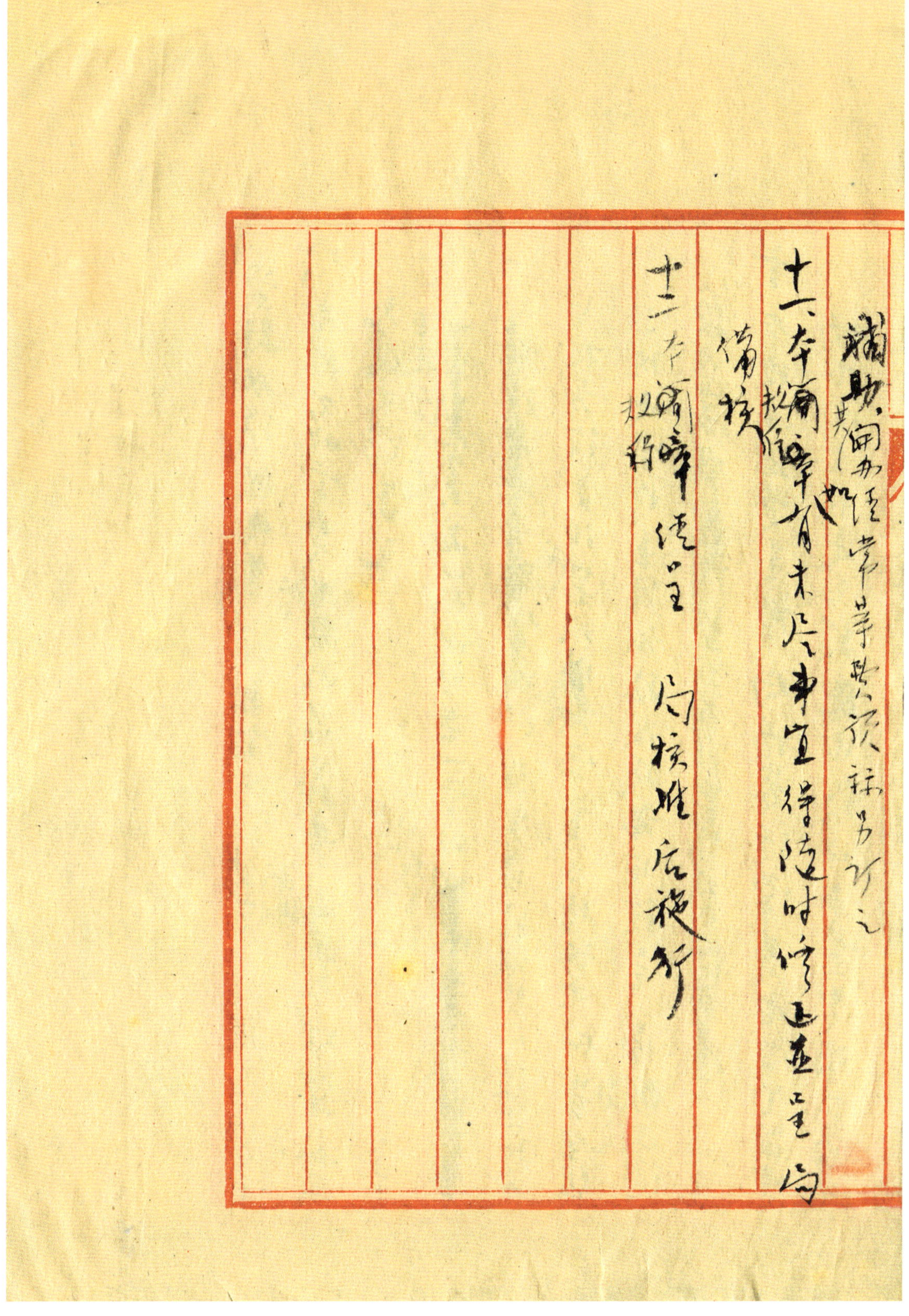

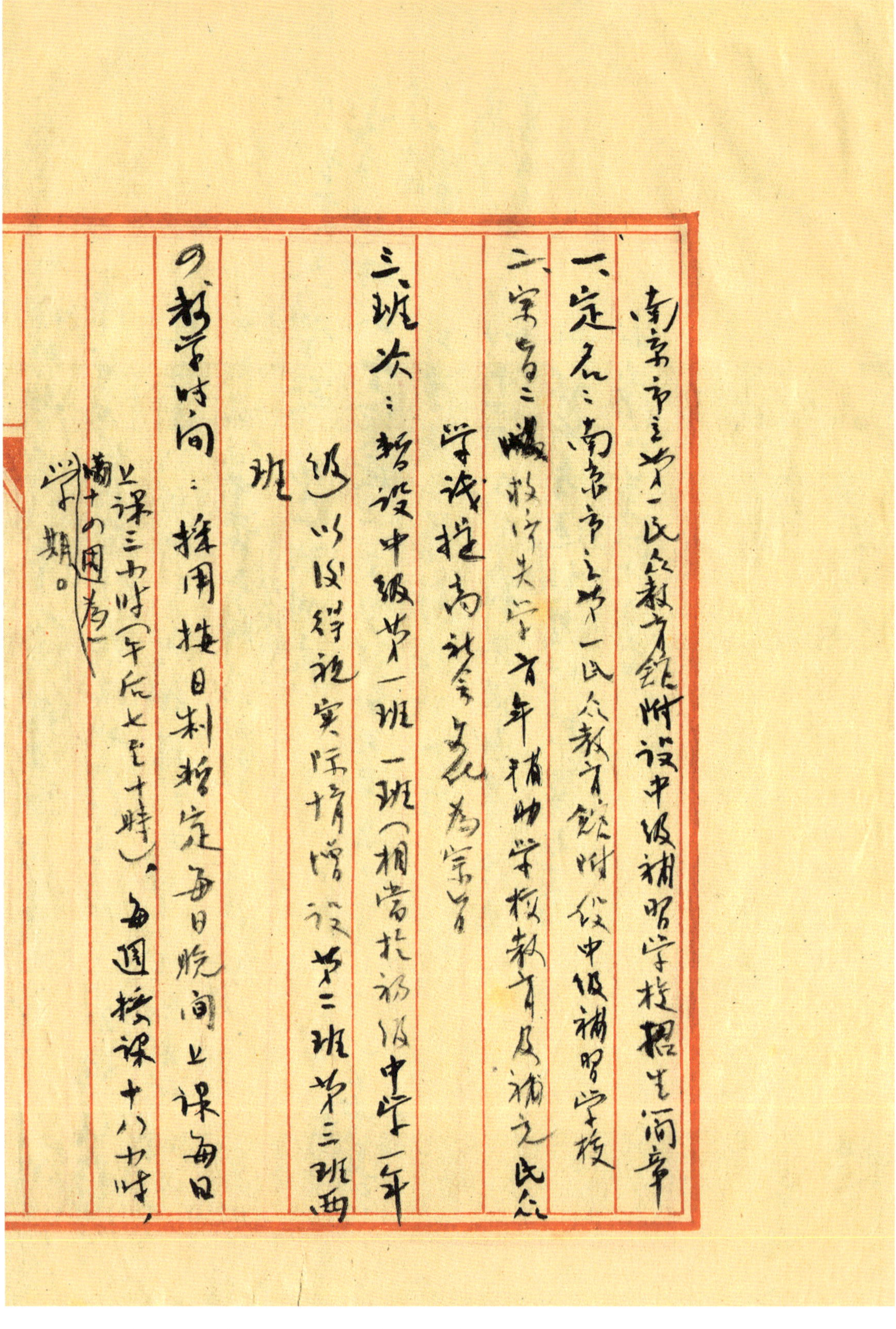

南京市立第一民众教育館附設中级補習学校招生简章

一、定名：南京市立第一民众教育館附設中级補習学校

二、宗旨：以救濟失学青年補助学校教育及補充民众学识提高社会文化為宗旨

三、班次：暂設中级第一班一班（相當於初级中学一年级）以後得視實際情形增設第二班第三班两班

四、教学时间：採用隔日制暂定每日晚间上课每日上课三小时（午后七至十時），每週授课十八小时，滿十八週為一学期。

附（二）南京市立第一民衆教育館附設中級補習學校招生簡章

七、納費：學費免收，講義費每名每科乙万元，燈油費全期兩万元，雜費兩万元

五、補習學科：分公民、國文、英文、自然科學（博物、生理衛生、物理、化學）、歷史、地理等科（各科課程標準完全同初級中學各科課程標準，各科教學時數各為初級中學各科暫定時數三分之二）。

六、學額：共一班卅名

八、入學資格：不分性別，凡年滿十二足歲以上曾具左列資格之一者，得報考入學

（一）中心國民學校高級部畢業者

（二）初級普通補習學校畢業者

（三）有同等學力者

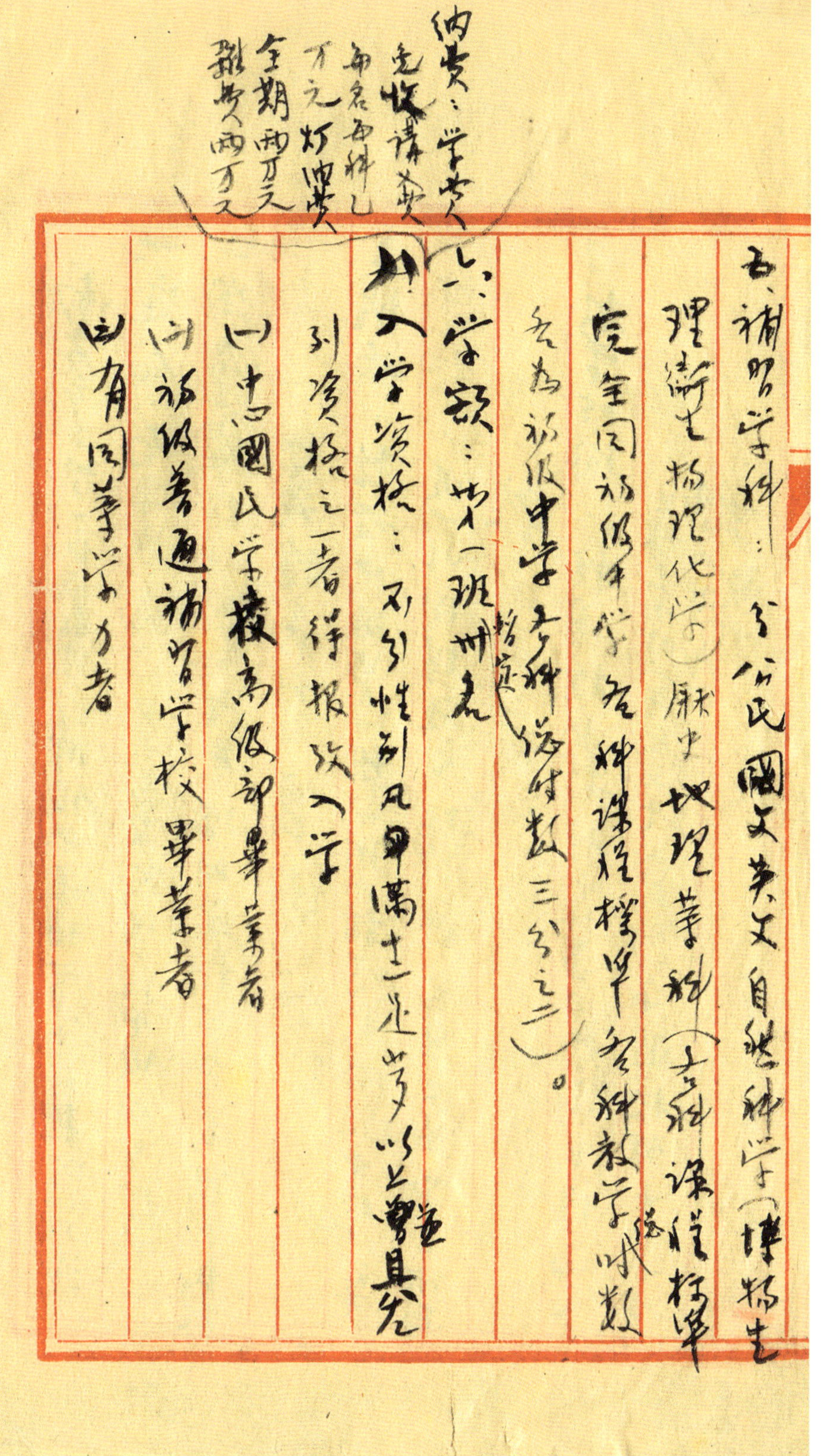

九、考試科目：國文、公民常識。但持有畢業證書及最後一學期成績單成績及格者得免入學考試

十、考試日期地点：六月九日上午十時本館（祠五十七號）

十一、報名日期地点：自即日起至考試前一日止共□祠五十七號本館

十二、校址：附設夫子祠五十七號本館之內

十三、備註：本校學生在每一班修習某一學科或全部學科修業完畢經試驗成績及格者由校發給某科或某班學業及格證書修業全級三班各學科並經試驗及格者由

校呈高發給資格證書。此項證書
均可據以投考程度相銜接之正式學校。
萬校長
董〇〇

可
鈞二廿八

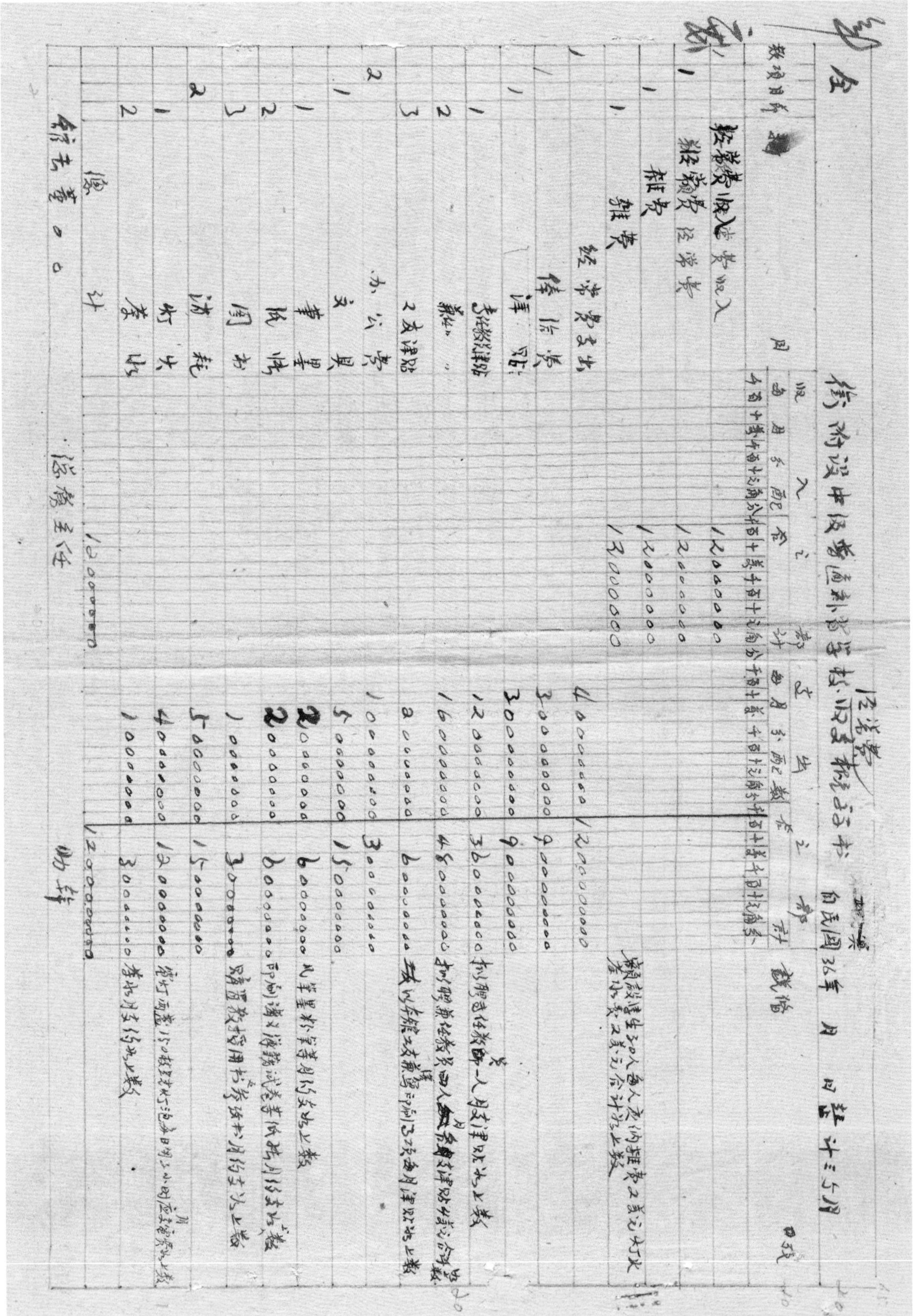

全 銜附設中級普通補習學校經常費收支概算書

自民國36年 月 日起計三个月

款	項	目	節	科目	收入之部 每月分配數	收入之部 合計	支出之部 每月分配數	支出之部 合計	説明
1				經常費收入		1200000000			
	1			經常費		1200000000			
		1		雜費		1200000000			
			1	雜費		1200000000			額設學生30人每人應納雜費2萬元火燈茶水費2萬元合計如上數
1				經常費支出			400000000	1200000000	
	1			俸給費			300000000	900000000	
		1		津貼			300000000	900000000	
			1	專任教員津貼			120000000	360000000	擬聘專任教員一人月支津貼如上數
			2	兼任〃〃			160000000	480000000	擬聘兼任教員四人每月各支津貼4萬元合計如上數
			3	工友津貼			20000000	60000000	以本館工友兼任繕寫印刷工作每月津貼如上數
	2			辦公費			100000000	300000000	
		1		文具			50000000	150000000	
			1	筆墨			20000000	60000000	凡筆墨粉筆等月約支如上數
			2	紙張			20000000	60000000	印刷講義簿籍試卷等紙張月約支如上數
			3	圖書			10000000	30000000	購置教授用書参考書月約支如上數
		2		消耗			50000000	150000000	
			1	燈火			40000000	120000000	電燈兩盞150支光燈泡每日開三小時月應支電費如上數
			2	茶水			10000000	30000000	茶水月支約如上數
				總計		1200000000		1200000000	

館長董〇〇　總務主任　助幹

附（三）南京市立第一民衆教育館附設中級普通補習學校經常費收支概算書

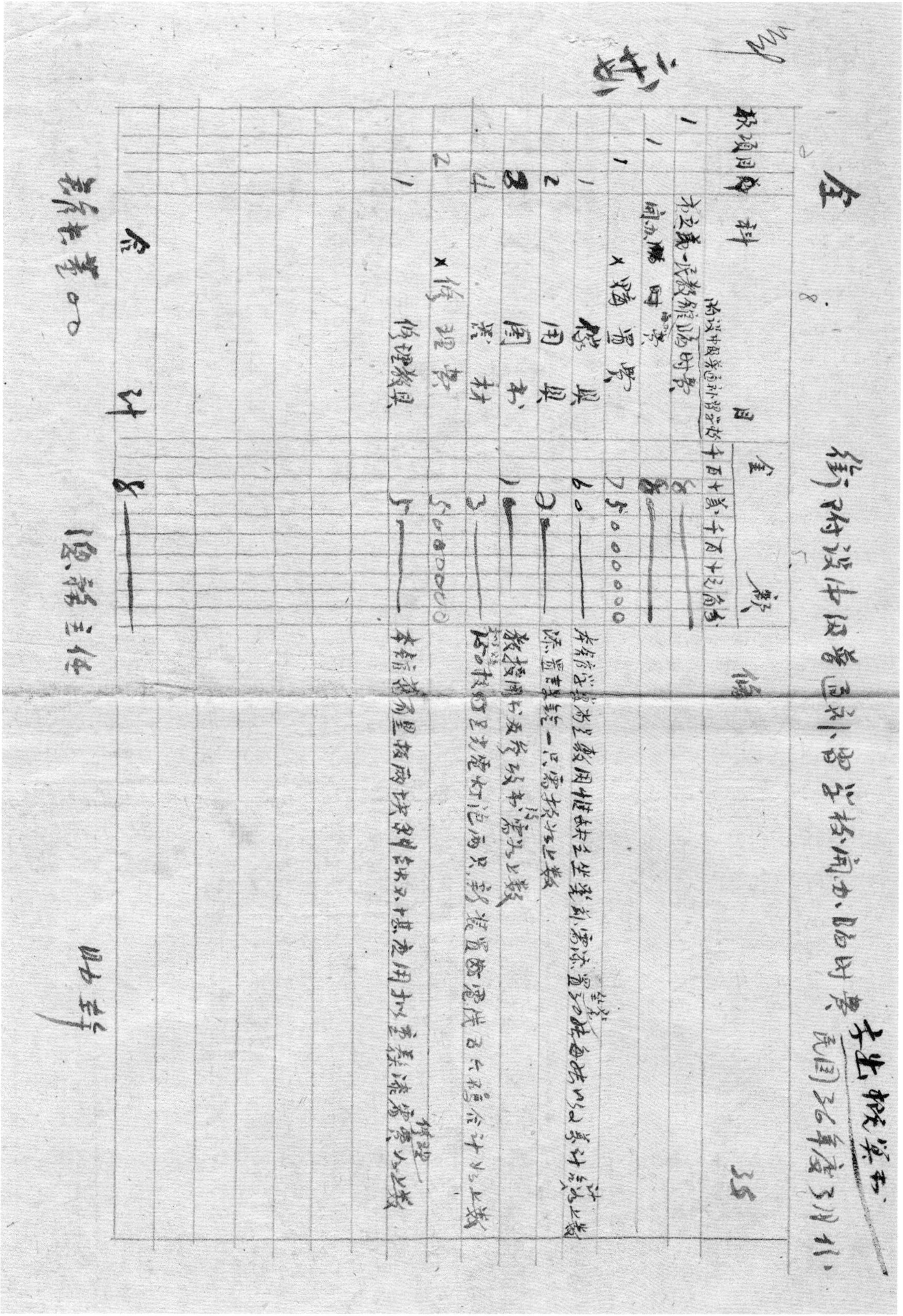

全

市立第一民众教育馆附设中级普通补习学校开办临时费支出概算书

民国36年度3月份

款	项	目	节	科目	金额（千百十万千百十元角分）	备考
1				市立第一民众教育馆临时费（附设中级普通补习学校）	8——	
	1			开办临时费	8——	
		1		×购置费	75000000	
			1	校具	60——	本馆学塾尚无教用桌椅，需添置坐凳30张，每张以2万计，计如上数
			2	用具	2——	添置时钟一只，需款如上数
			3	图书	1——	教授用书及参考书约需如上数
			4	器材	3——	150支光电灯泡两只，新装置电线5丈，合计如上数
		2		×修理费	50000000	
			1	修理教具	5——	本馆旧有黑板两块剥蚀不堪应用，拟重髹漆，需修理费如上数
				合计	8——	

馆长董○○　　总务主任　　助干

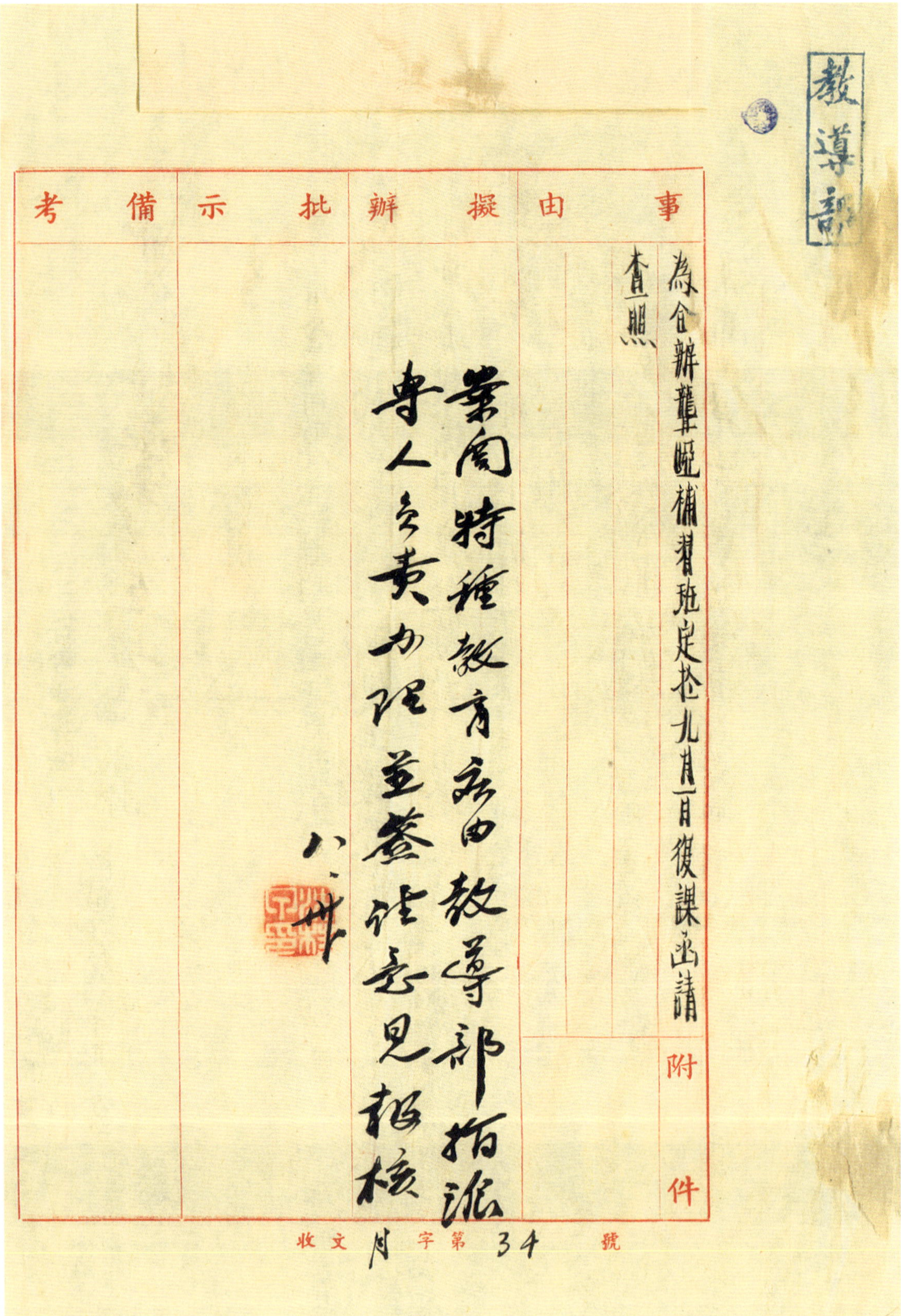

教導部

事由	擬辦	批示	備考
為合辦聾啞補習班定於九月一日復課函請查照 附件	業因特種教育應由教導部指派專人負責辦理並簽注意見報核 八、卅		

收文 月 字第 34 號

爲合辦聾啞補習班的一組文件

中華聾啞生活互助社爲合辦聾啞補習班定于九月一日復課給南京市立第一民衆教育館的公函

（一九四七年八月三十日）

檔號：1018-1-30

字第　號　年　月　日　時到

中華聾啞生活互助社公函　慈字第八十四号

案查本社與
貴館合辦聾啞補習班業已授完初級成人班課本
第二冊適因炎暑凌人不便上課於七月十五日放假休
息現屆秋涼理應繼續茲訂於九月一日復課時間仍
為下午八時至十時相應函達即希
查照並祈
協助進行至紉公誼此致
南京市立第一民衆教育館館長沈

理事長趙中民

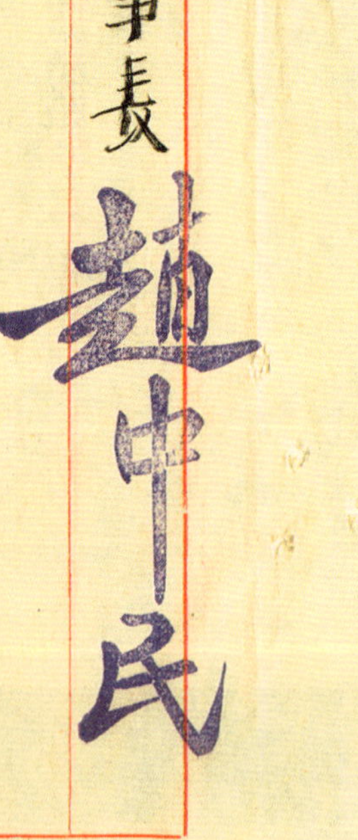

中華民國卅六年八月卅日

監印

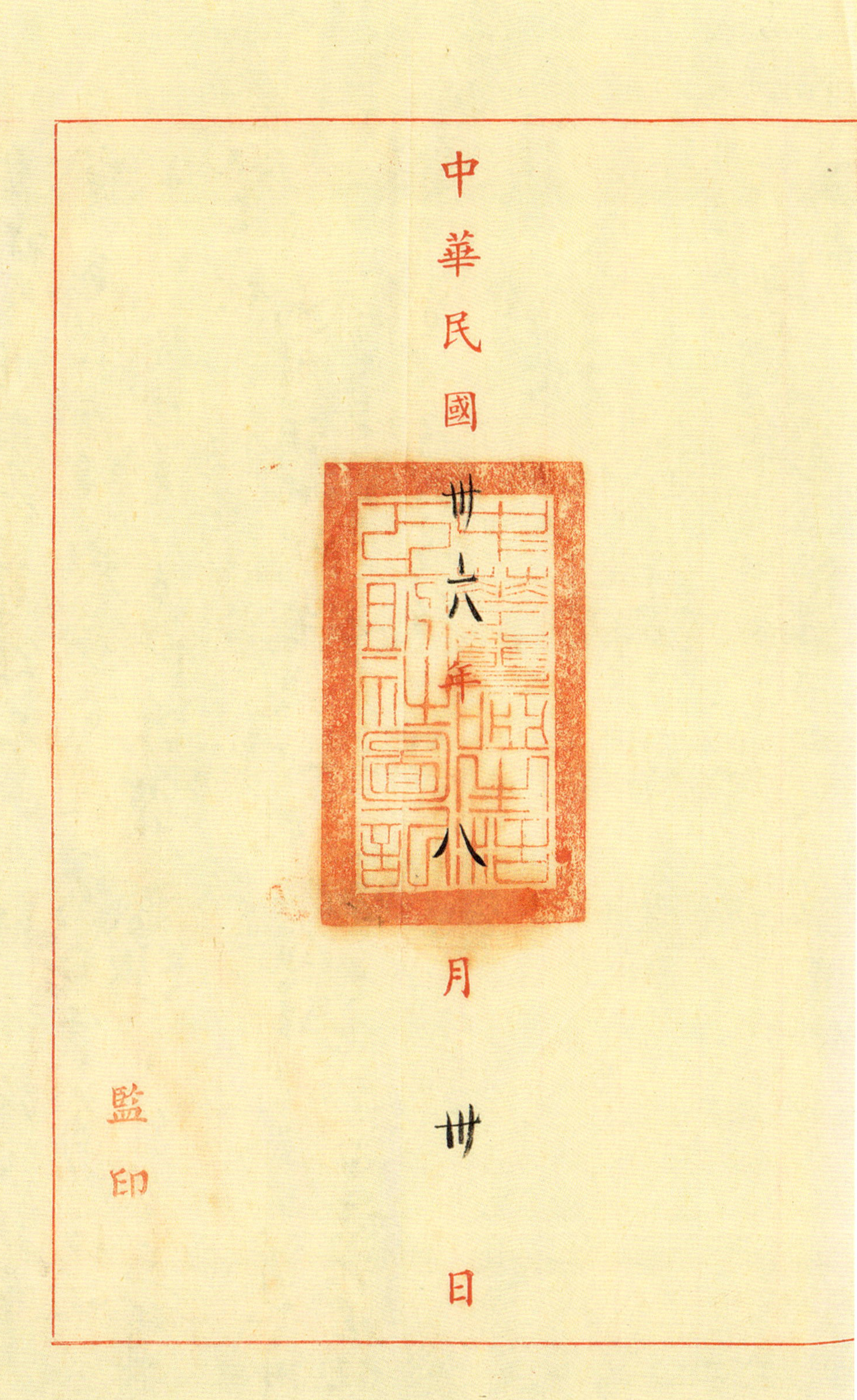

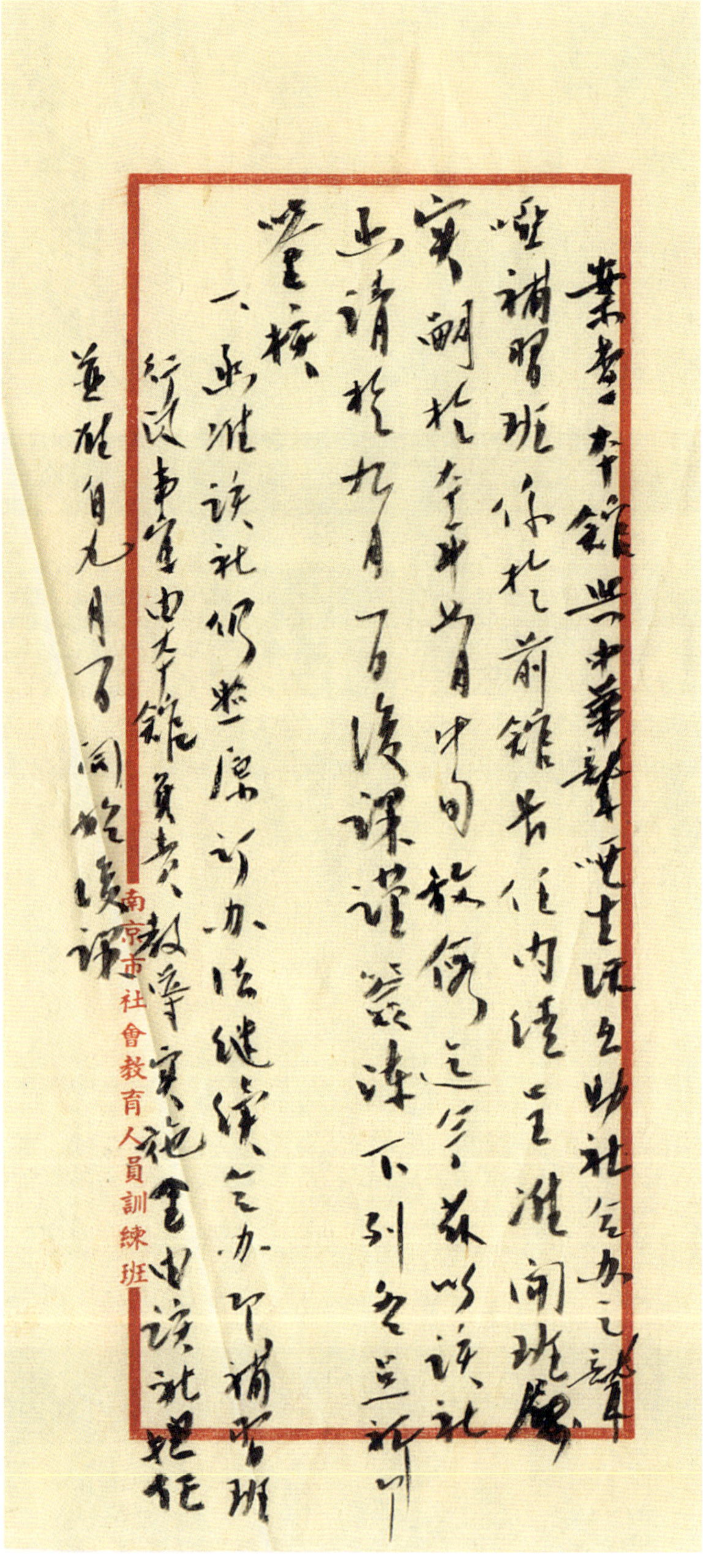

案查本館與中華聾啞生活互助社合辦之聾啞補習班，係於前館長任内請准開班有案，嗣於本年暑期中因教師乏人，茲以該社函請於九月下旬復課，謹簽請下列各點，祈

鑒核

一、函准該社仍照原訂辦法繼續合辦，即補習班行政事宜由本館負責，教導實施全由該社担任

並擬自九月下旬開始復課

南京市立第一民衆教育館教導部辦理意見（一九四七年八月三十日）

檔號：1018-1-30

二、本館以往貴司借院開上課所需電費無法負担，尚請該館自行設法。

三、本館黑板所存無多，尚請該社館 社會部前補助費項下添置一方。

四、諸本屆補習班所有事宜擬請 指派本部幹事王宗韓先生負責辦理。

職

南京市社會教育人員訓練班

速復

如擬

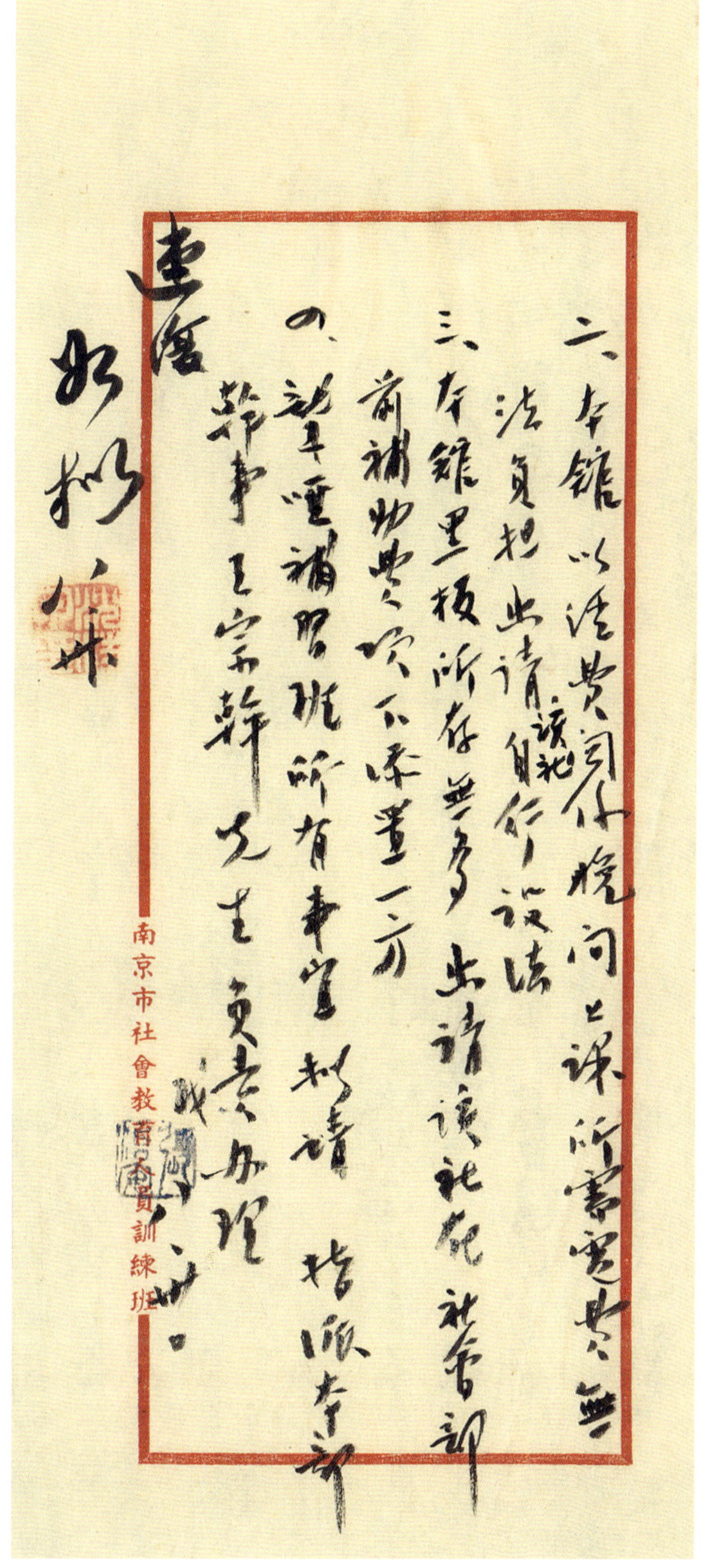

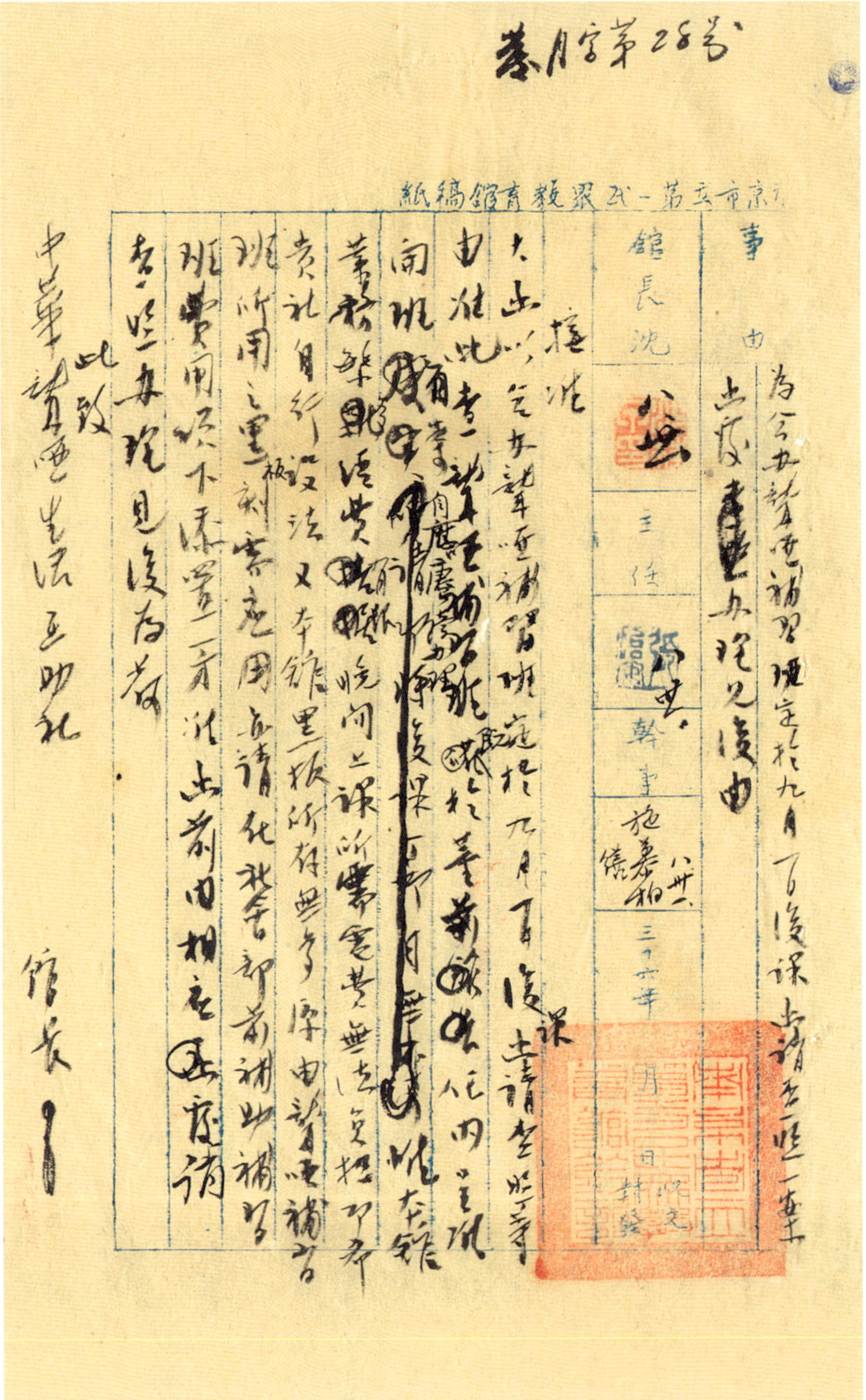
南京市立第一民衆教育館稿紙

事由

館長沈

主任

幹事

中華聾啞生活互助社

此致

館長

南京市立第一民衆教育館給中華聾啞生活互助社的公函（一九四七年八月三十一日）

檔號：1018-1-30

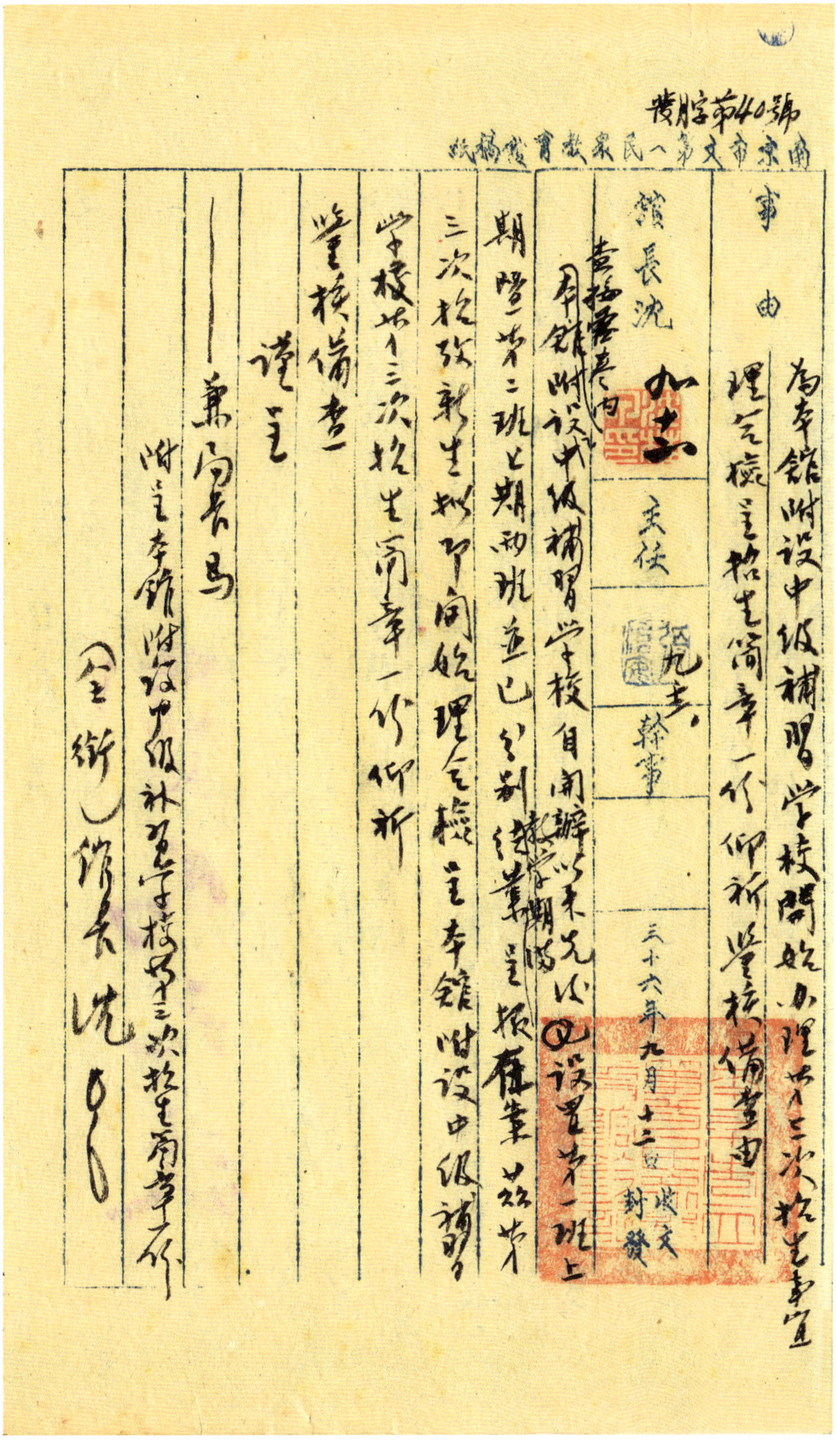

第40號 字第 月 發

南京市立第一民眾教育館稿紙

事由：為本館附設中級補習學校開始辦理第三次招生事宜理合檢呈招生簡章一份仰祈鑒核備查由

館長沈
主任
幹事

查本館附設中級補習學校自開辦以來先後設置第一班上期暨第二班上期兩班並已分別結業呈報在案茲第三次招收新生擬即開始辦理合檢呈本館附設中級補習學校第三次招生簡章一份仰祈
鑒核備查
謹呈
兼局長馬
附呈本館附設中級補習學校第三次招生簡章一份
（全銜）館長沈○○

三十六年九月十二日 收文 封發

爲開辦附設中級補習學校的一組文件

南京市立第一民衆教育館爲開始辦理第三次招生事宜給市教育局的呈文（一九四七年九月十二日）

附：第三次招生簡章

檔號：1018-1-12

南京市立第一民衆教育館附設中級補習學校第二次招生簡章

一、定名：南京市立第一民衆教育館附設中級補習學校

二、宗旨：以救濟失學青年補助學校教育及補充國民學識提倡社會文化為宗旨

三、班次：「第一班」上、下期兩班（相當於初級中學一年級第一、二學期）

四、名額：各班暫定為三十名

五、教學時間：採用授日制初一下每日午後五至八時初一上每日午後二至五時每週授課十八小時滿十四週為一學期

六、課程：除音体美勞外其餘各科完全同初級中學各科課程標準各科教學總時數各為初中各科總時數三分之二以上

七、納費：學費免收雜費全期十四週共六萬元

八、入學資格：不分性別凡滿十二足歲以上並具下列資格之一者得報考入學（1）國民小學高級部畢業者（2）初級補習學校畢業者（3）同等學力者

九、報名日期及地點：自即日起至九月二十四日止在夫子廟五十七號本館

十、考試日期及地點：九月二十五日在夫子廟五十七號本館（持有小學畢業文憑或初中一上年級成績報告單者得免試入學）

十一、開學日期：九月二十八日

十二、校址：夫子廟五十七號本館內

十三、附註：修畢三班總考試及格由校呈　局核發初中畢業資格證明書持有此項證明書得報考正式高級中學

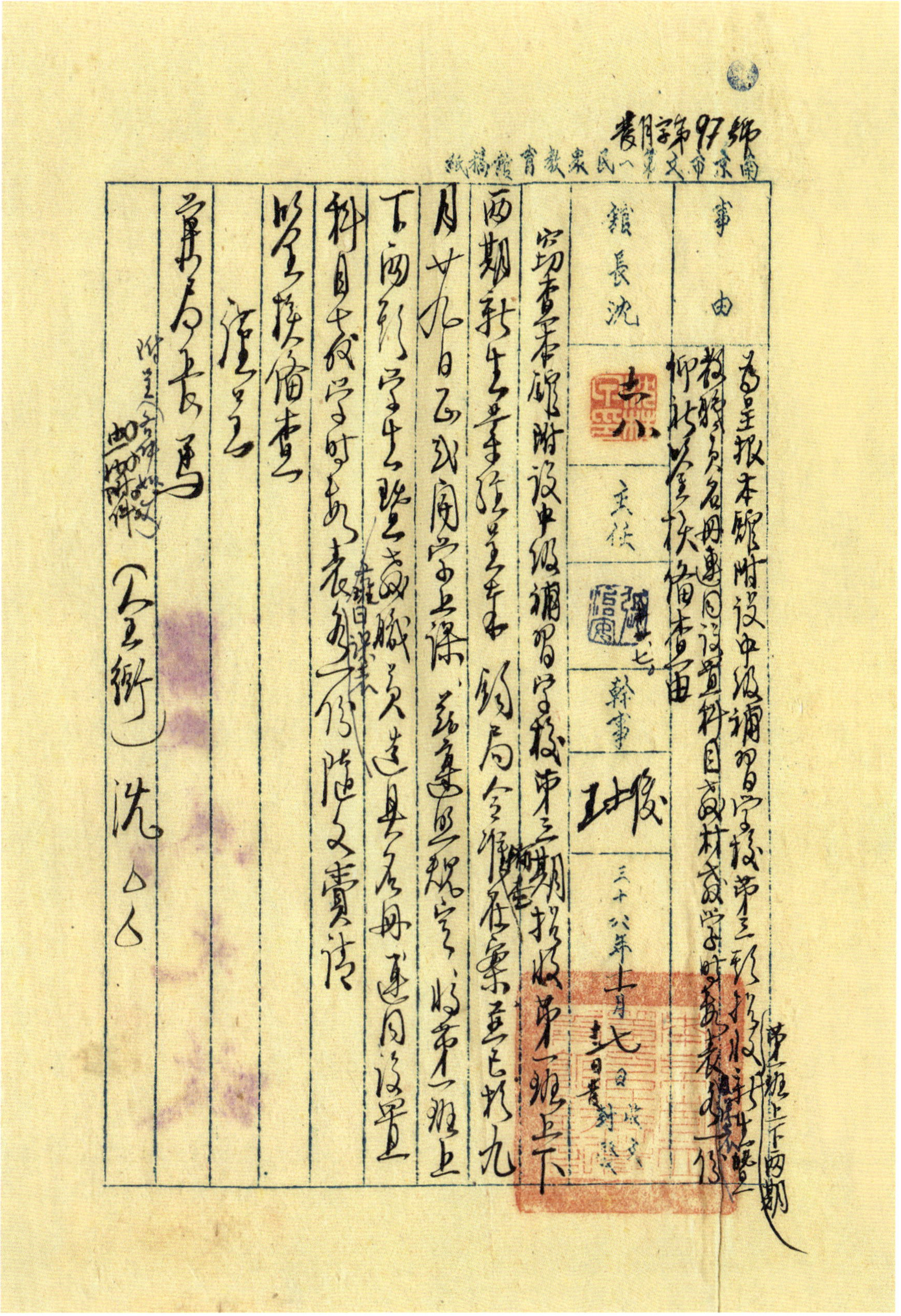
南京市立第一民衆教育館稿紙

事由：為呈報本館附設中級補習學校第三期招收第一班上下兩期新生暨設置科目及教學時數表仰祈鑒核備查由

館長沈

主任

幹事 王俊

三十六年十一月七日

竊查本館附設中級補習學校第三期招收第一班上下兩期新生業經呈奉鈞局令准備案並已於九月廿九日正式開學上課，茲為遵照規定，將第一班上下兩期學生職員名冊暨設置科目及教學時數表各一份隨文賫請鑒核備查。

謹呈

市教育局長馬

附呈（名冊、時數表各一份）

（全銜）沈○○

南京市立第一民衆教育館爲招收第一班上下兩期新生暨設置科目教學時數表等給市教育局的呈文及附件

（一九四七年十一月十三日）

檔號：1018-1-12

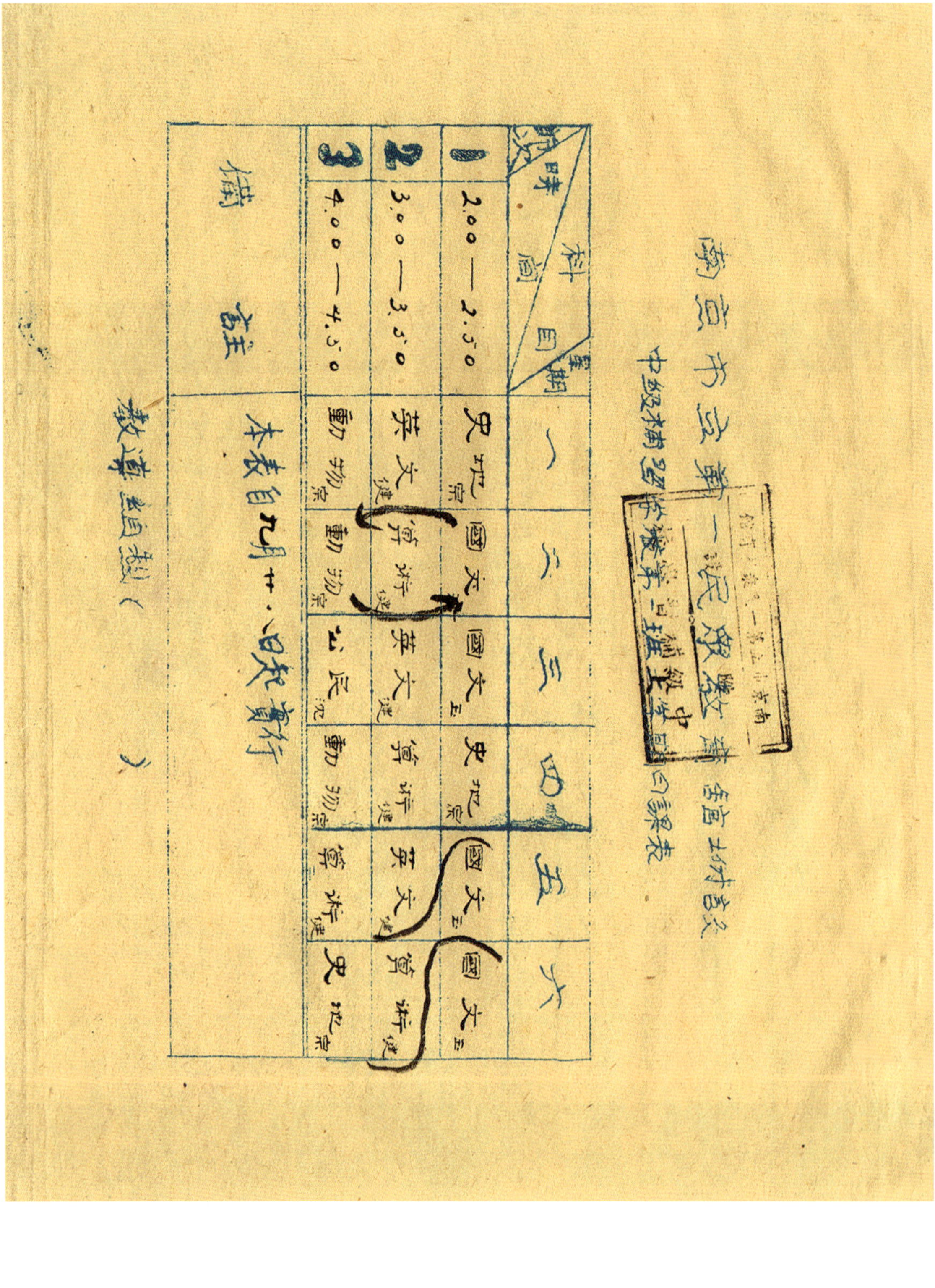

南京市立第一民眾教育館附設
中級補習學校第一班上學期日課表

時間 \ 星期		一	二	三	四	五	六
1	2.00—2.50	史地 宗	國文 王	國文 王	史地 宗	國文 王	國文 王
2	3.00—3.50	英文 捷	算術 捷	英文 捷	算術 捷	英文 捷	算術 捷
3	4.00—4.50	動物 宗	動物 宗	公民 沈	動物 宗	算術 捷	史地 宗
備註		本表自九月廿六日起實行					

教導主任（　　）

附（一）南京市立第一民衆教育館附設中級補習學校第一班上學期日課表

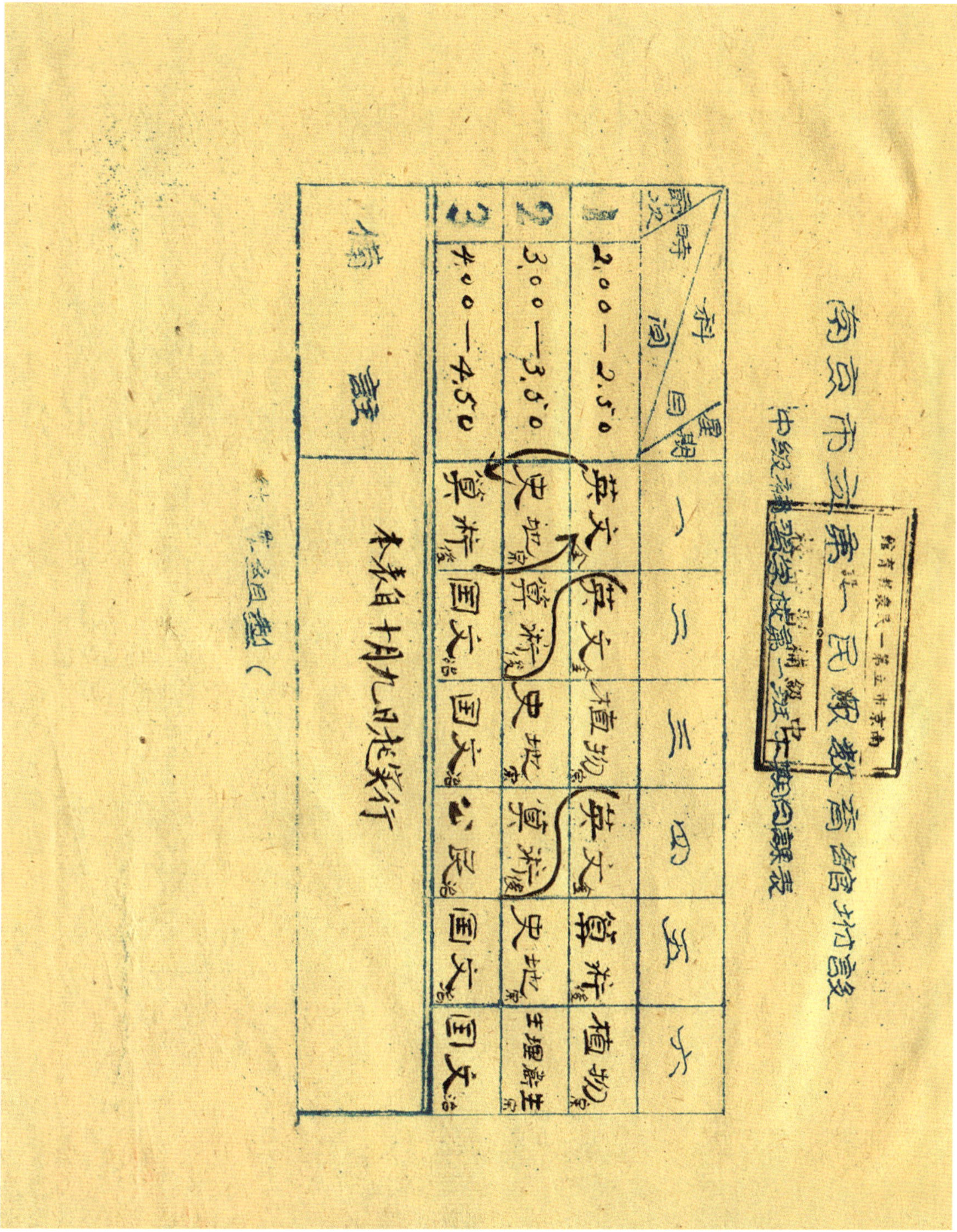

時間	一	二	三	四	五	六
2:00—2:50	英文	英文	植物	英文	算術	植物
3:00—3:50	史地	算術	史地	算術	史地	生理衛生
4:00—4:50	算術	國文	國文	公民	國文	國文
備考	本表自十月九日起實行					

附（二）南京市立第一民衆教育館附設中級補習學校第一班下學期日課表

南京市立第一民教館附設中級補習學校第三期第一班上下期（初上下期）設置科目教材教學進度一覽表 二十七年十月 日

科目	班別	每週教學時數	全期教學時數	教材根據	預計進度
公民	上一	一	一四	正中書局出版初級中學公民第一冊	全期每班上十五課
	下一	一	一四		
國文	上一	四	五六	正中書局出版初級中學國文甲編第一冊	全期選文卅篇作文十六篇
	下一	四	五六		
史地	上一	三	四二	正中書局出版[illegible]史地理第一二冊	全期各修畢第一、二冊
	下一	三	四二		
算術	上一	四	五六	正中書局出版初中算術上冊、商務印書館出版新算術下冊	修畢全冊
	下一	四	五六		
動物	上一	三	四二	正中書局出版初中動物學上下冊	修畢上下兩冊
	下一				
植物	上一			正中書局出版初中植物學上下冊	修畢上下兩冊
	下一	二	二八		
生理衛生	上一			正中書局出版初中生理衛生全冊	修畢全冊
	下一	一	一四		
英語	上一	三	四二	正中書局出版初中英語讀本第一二冊	
	下一	三	四二		
總計	上一	一八	二五二		
	下一	一八	二五二		

備註：
（一）本表所列科目及教學時數悉依據三十五年三月教育部公佈補習學校規則第四章第七章各項規定及參照教育部三十九年二月修正公佈之初級中學教學科目及各學科每週教學時數表訂定
（二）全期十四週教學總時數相當于初級中學教學時數三分之二強
（三）採用教材及教學進度悉依照初級中學課程標準訂定

附（三）南京市立第一民衆教育館附設中級補習學校第三期第一班上下期設置科目教材教學進度一覽表

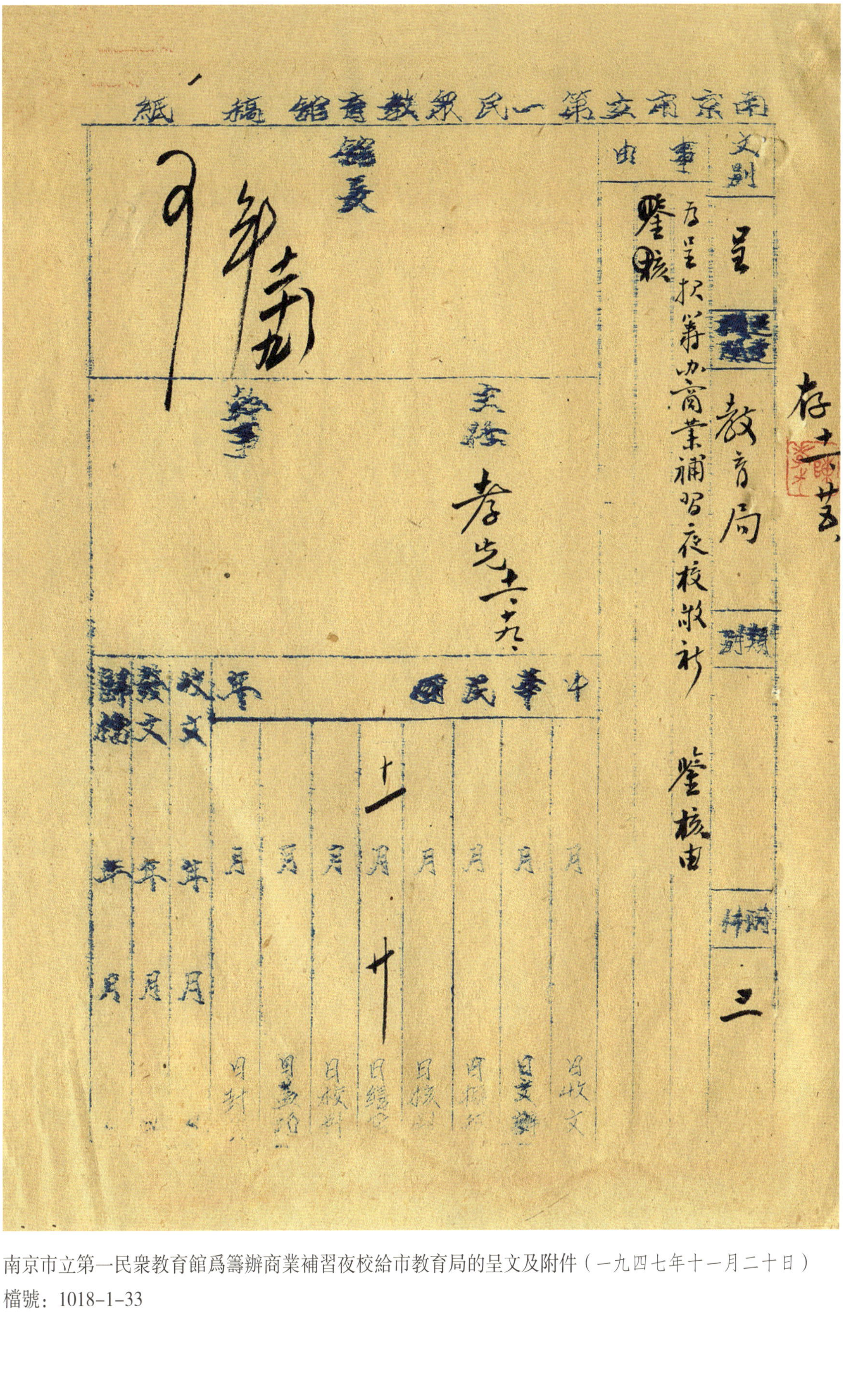

南京市立第一民衆教育館稿紙

文別：呈

受文者：教育局

事由：爲呈報籌辦商業補習夜校敬祈 鑒核由

附件：三

館長

主任 孝先 十一.十九

中華民國 年 十一 月 廿 日

收文 年 月 日　發文 年 月 日　歸檔 年 月 日

月 日收文　月 日交辦　月 日擬稿　月 日核稿　月 日繕寫　月 日校對　月 日蓋印　月 日封發

存 十一.廿五

南京市立第一民衆教育館爲籌辦商業補習夜校給市教育局的呈文及附件（一九四七年十一月二十日）

檔號：1018-1-33

查本館為推廣民衆教育並培養民衆商業生產之知識與技
術以輔導其正當就業之能力爰擬舉办商業補習夜校理合將
該夜校招生簡章課程時間分配表及收支概算書各乙份隨文
呈報敬祈
鑒核示遵（並准予備案）謹上
局長馬
（全 銜）董××

南京市立第一民教館附設商補習夜校辦法擬草

一、校舍教具：函知慧園街小學合借其桌椅黑板等用具。

二、教材：實用於商業生產技術及知識者。其細則由校務會議另訂之。

三、人員：教師－聘請館外適當人員或由本館同人兼任之。工友－以本館工友調充之。

四、經費：取用學生學費，如有不足之數則由本館酌量津貼之。其預算細則另訂

五、招生：俟呈國館核准後即行籌備招生。招生簡章另訂。

附（一）南京市立第一民衆教育館附設商業補習夜校辦法擬草

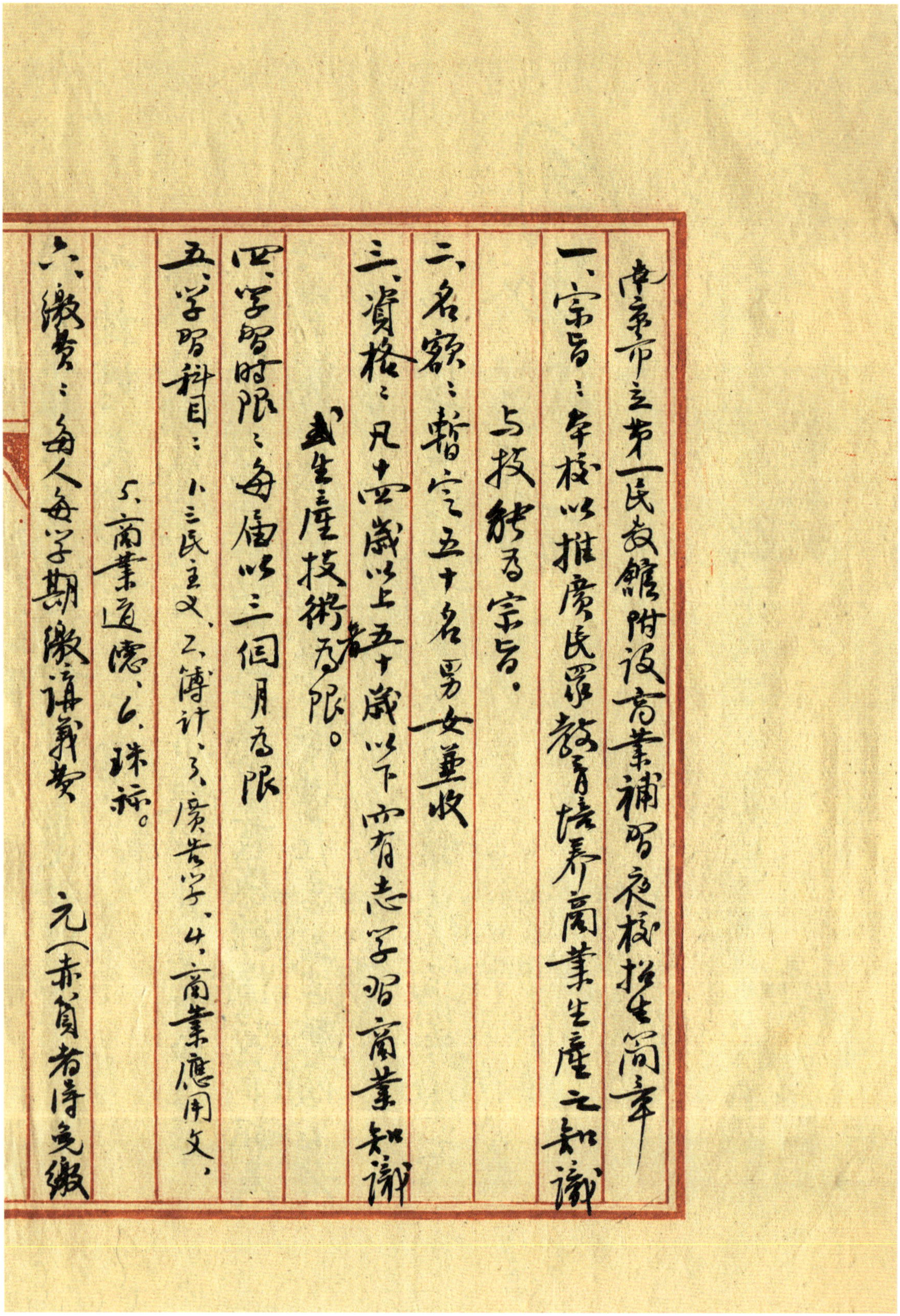

南京市立第一民教館附設商業補習夜校招生簡章

一、宗旨：本校以推廣民衆教育培養商業生產之知識與技能為宗旨。

二、名額：暫定五十名男女兼收

三、資格：凡十六歲以上五十歲以下而有志学習商業知識或生產技術者為限。

四、学習時限：每屆以三個月為限

五、学習科目：1.三民主义、2.簿計、3.廣告学、4.商業應用文、5.商業道德、6.珠算。

六、繳費：每人每学期繳講義費　元（赤貧者得免繳

附（二）南京市立第一民衆教育館附設商業補習夜校招生簡章

講義費惟須取得該住區內保甲長之證明）

七、校址：夫子廟五十七號本館。

八、報名日期及地點：自　月　日起至　月　日止每日上午九時至十一時下午二時至五時在民教館閱覽室報名。

九、學期終結後由本校發給修畢業證書，品學兼優良者本校得代為介紹工作。

十、本簡章如有未盡事項得由本館館務會議修補之。

閱

劉　十一、九

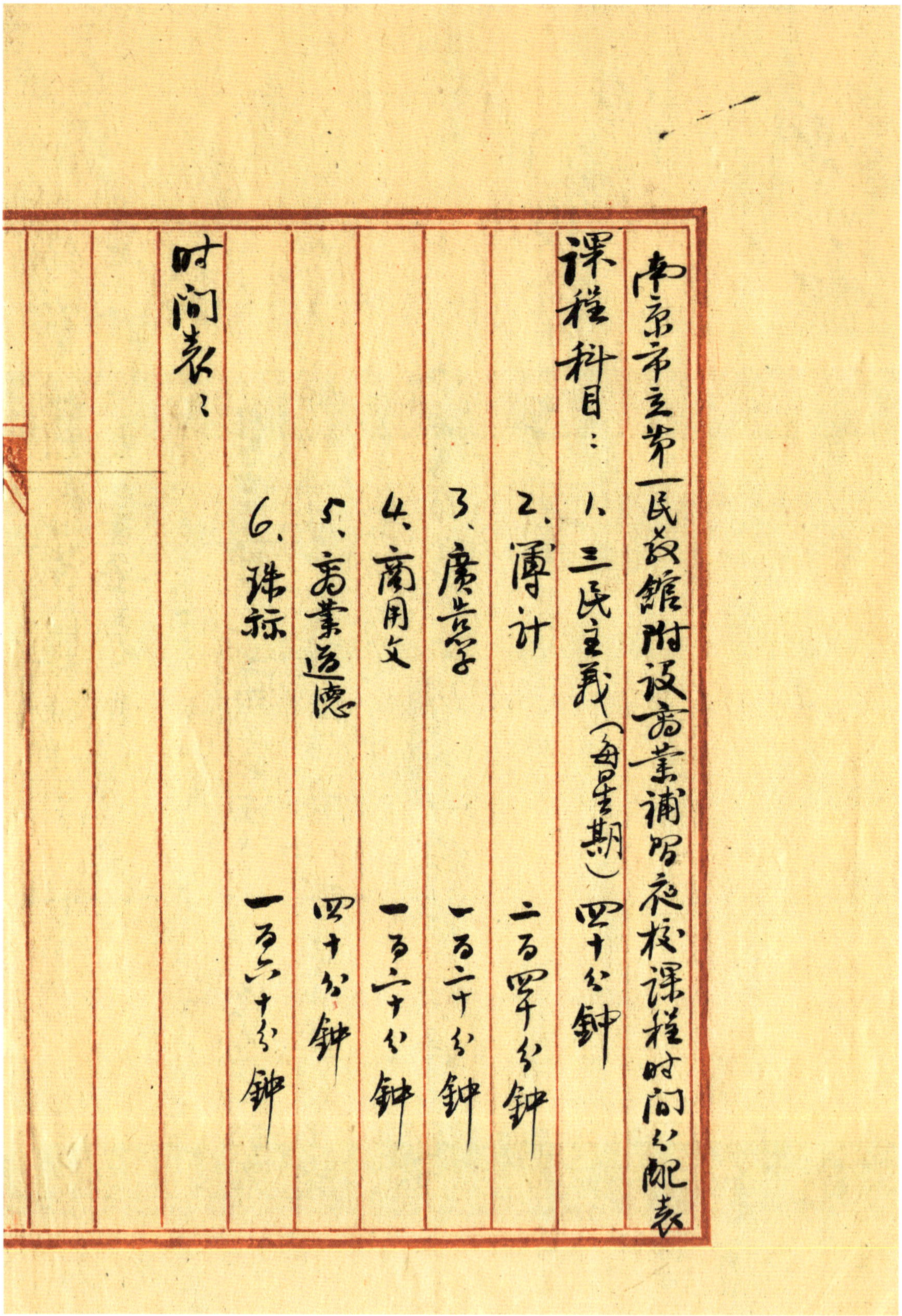

南京市立第一民教館附設商業補習夜校課程时間分配表

課程科目：

1、三民主義（每星期）四十分钟

2、簿計 二百四十分钟

3、廣告學 一百二十分钟

4、商用文 一百二十分钟

5、商業道德 四十分钟

6、珠算 一百六十分钟

时間表：

附（三）南京市立第一民衆教育館附設商業補習夜校課程時間分配表

阅

十一、九

星期 课程 时间	一	二	三	四	五	六
7—7.40	簿计	簿计	簿计	簿计	簿计	簿计
7.50—8.30	商用文	珠祘	商用文	珠祘	商用文	珠祘
8.40—9.20	三民主义	广告学	商业道德	广告学	珠祘	广告学

南京市立第一民眾教育館附設商民補習夜校收支概算書（表）　　及常門自民國　年　月　日起至　年　月　日止

項	目	節	科目	收入 每月分配數	收入 總計	支出 每月分配數	支出 總計	備註
1			京市第一民教館附設商民補習夜校費	9250000	27750000			
	1		經常費	9250000	27750000			額定招生50名@各擬收請義雜費每月3,000元又素質差者免收或收半數，辛數雜費以20名繳費計算合如上數
		1	請義費	600000	1800000			
		2	事業費	3250000	9750000			本館於區學費內之董費項下按月撥支補助費如上數
1			京市第一民教館附設商民補習夜校費			9250000	27750000	
	1		辦公費			9250000	27750000	
			灯火電費			700000	2100000	
		1	電費			400000	1200000	夜校教室裝置電灯兩盞其裝置及每月繳納電費約如上數
		2	茶水費			300000	900000	每日茶水暫定100元合計如上數
	2		文具			3750000	11250000	
		1	筆墨			500000	1500000	每月需粉筆2合@合1,800元油墨1听@听3,000合計如上數
		2	紙張			2700000	8100000	〃 〃蠟紙2簡@簡3,000元白報紙100張@3,000元合計如上數
		3	簿籍			500000	1500000	各科教科用書及參致書籍月支約如上數
		4	雜品			500000	1500000	黑板刷等雜件之購置月需約如上數
	3		津貼			4800000	14400000	
		1	膳津			4800000	14400000	擬聘專任及專任教職員等室4員參酌，市府教員出勤及加勤支散津膳數分法，習定員每月支精資津貼800員，辛受津貼800元月支合如上數
				27750000		27750000		

館長　　生計部主任　　幹事

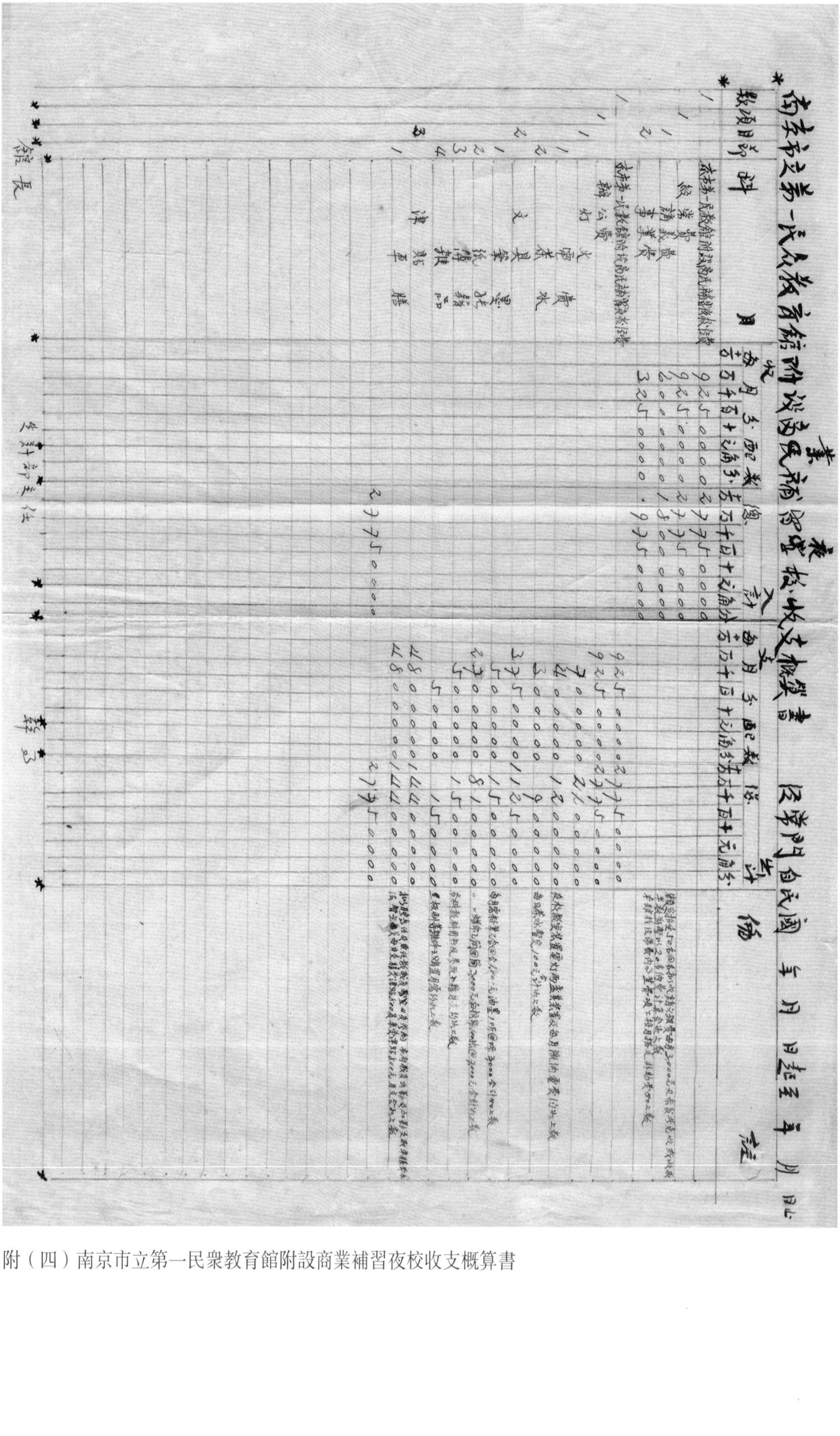

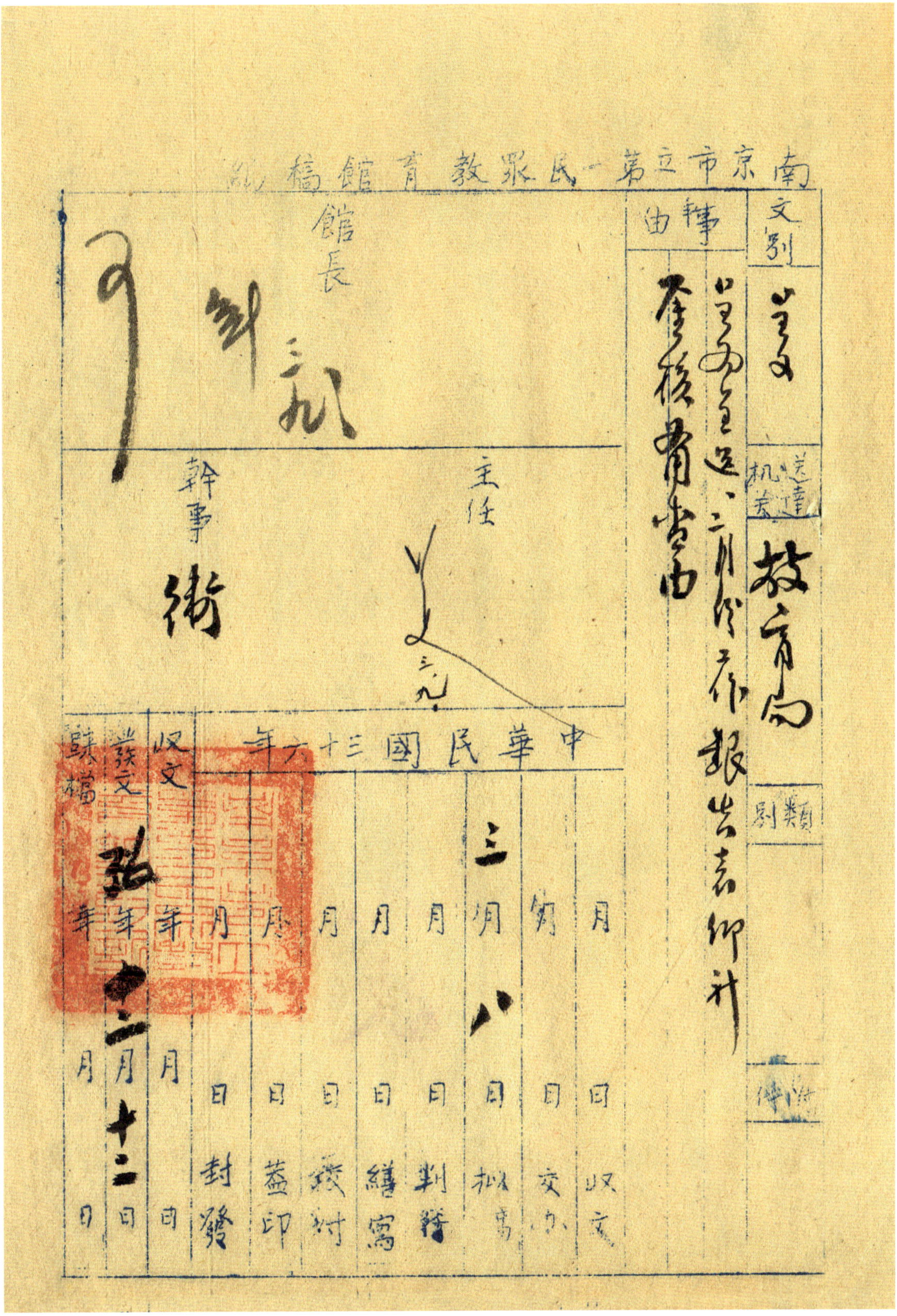
南京市立第一民衆教育館稿紙
文別：呈
送達機關：教育局
事由：呈送一二月份工作報告表仰祈鑒核備查由
館長
幹事 衛
主任
中華民國三十六年
收文 月 日 擬稿 三月八日 繕寫 月 日 校對 月 日 蓋印 月 日 封發 月 日
收文 年 月 日 發文 年 月 日 歸檔 年 月 日

爲呈報一九四七年度工作月報表的一組文件

南京市立第一民衆教育館爲報一、二月份工作報告表給市教育局的呈文及附件（一九四七年三月十二日）

檔號：1018-1-10

茲謹將本館一二月份工作報告表一份備文呈送鈞府
鑒核備查
謹呈
萬[illegible]館長[illegible]
附呈一二月份工作報告表一份

南京市立第一民眾教育館工作月誌表　民國　　年　　月份

| 名稱 | 南京市立第一民眾教育館 | 館長 | 董彭年 填報 |

本月議會事項

本月份事項

本經月費份數

本月份　薪　工業　公計　共

本月份職員　本　男女　共

種類項目　辦理情形

本月份辦理事項（中項情形）

工作　繼續工作　其他工作　工作上

未結束工作　預定下月工作　工作困難數

附（一）一月份工作報告表

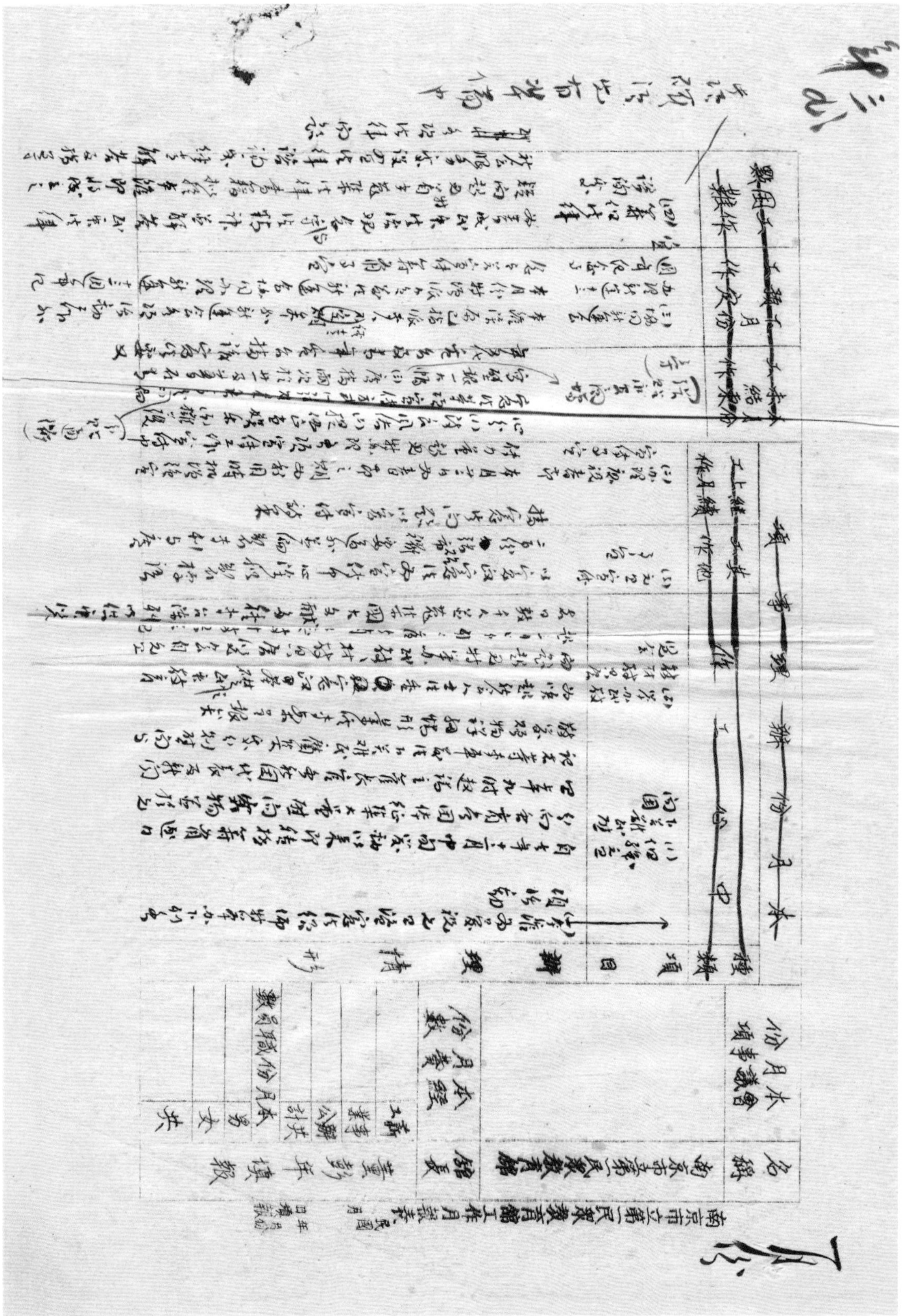

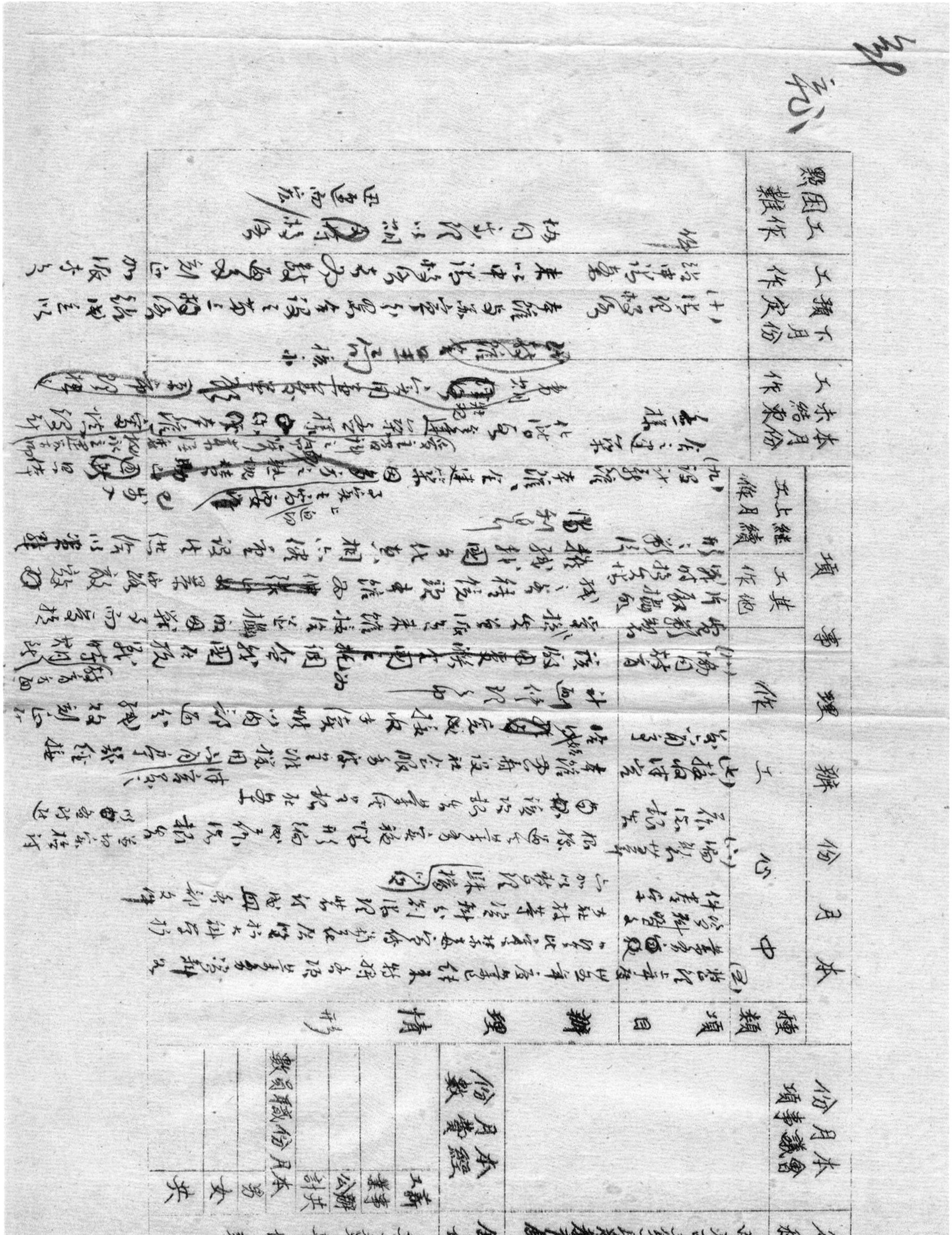

南京市立第一民眾教育館工作月報表　民國　年　月份　日填報

名稱	南京市立第一民眾教育館	館長　董彭年填報
本會議事項月份		
本經月份	薪工／事業公計共	本月份／職員數　男　女　共

種類項目	辦理情形
本月份辦理事項	
中心工作	（三）[草書，難以辨識] （二）[草書，難以辨識] （一）[草書，難以辨識]
其他工作	[草書，難以辨識]
繼續工作	[草書，難以辨識]
本月份未結束工作	[草書，難以辨識]
下月份預定工作	[草書，難以辨識]
工作困難點	[草書，難以辨識]

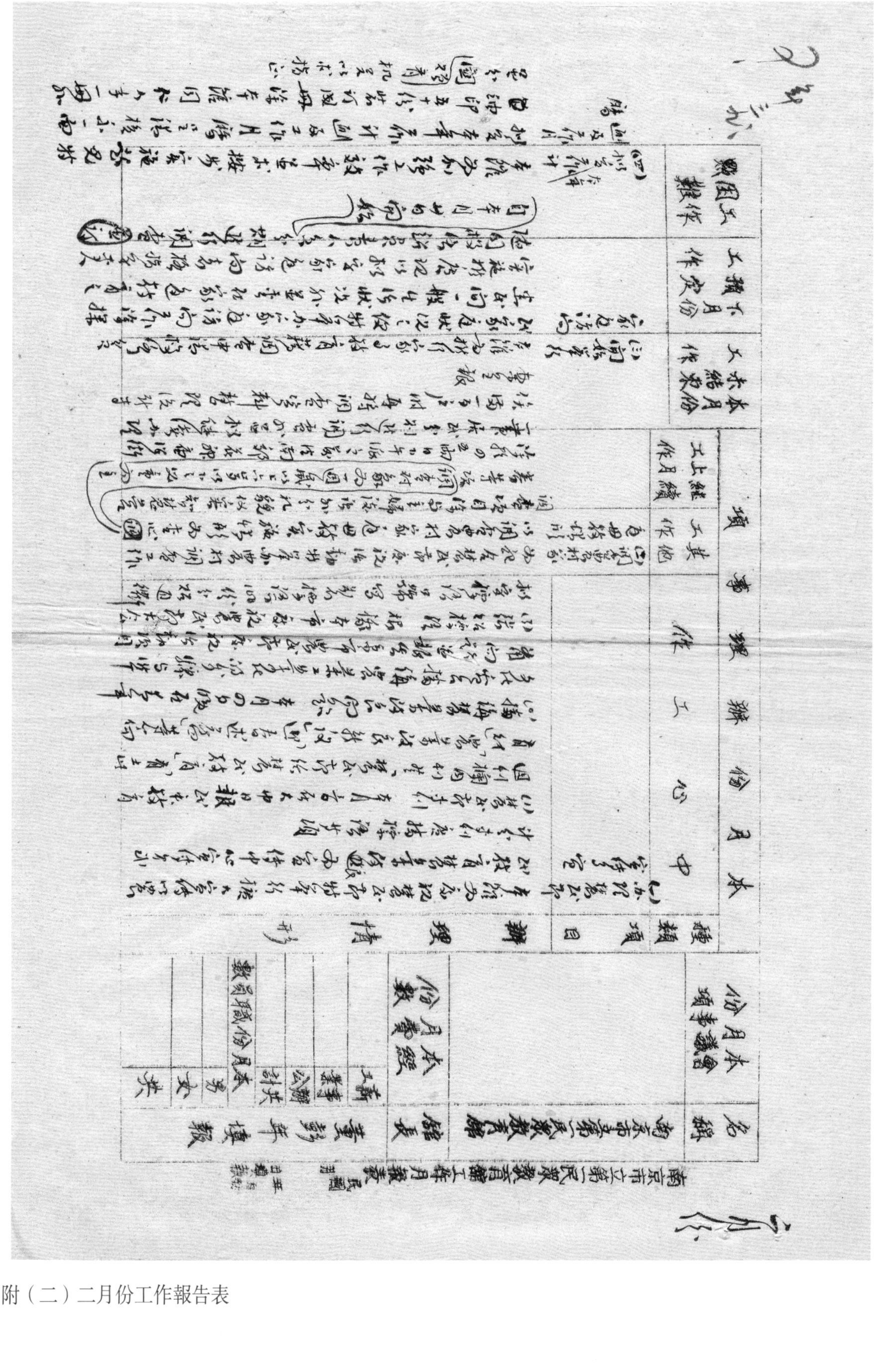

附（二）二月份工作報告表

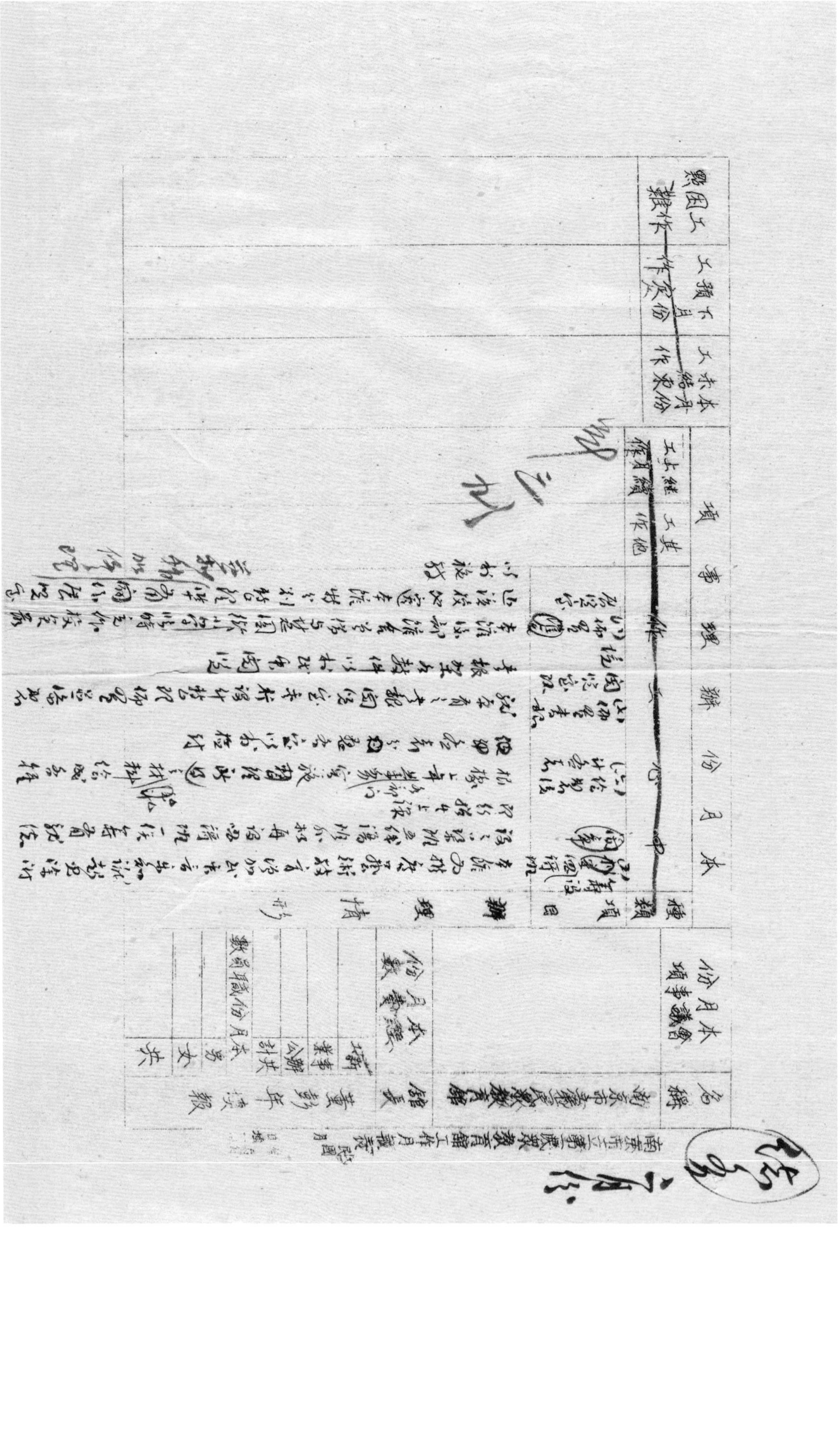
南京市立第三民眾教育館工作月報表
名稱
南京市立第三民眾教育館
館長
董彭年
填報
本月份會議事項
本月份經費數
新事業
辦公
共計
本月份職員數
男
女
共
本月份辦理事項
種類
項目
辦理情形
中心工作
其他工作
繼續上月工作
本月未結束工作
下月預定工作
工作困難點

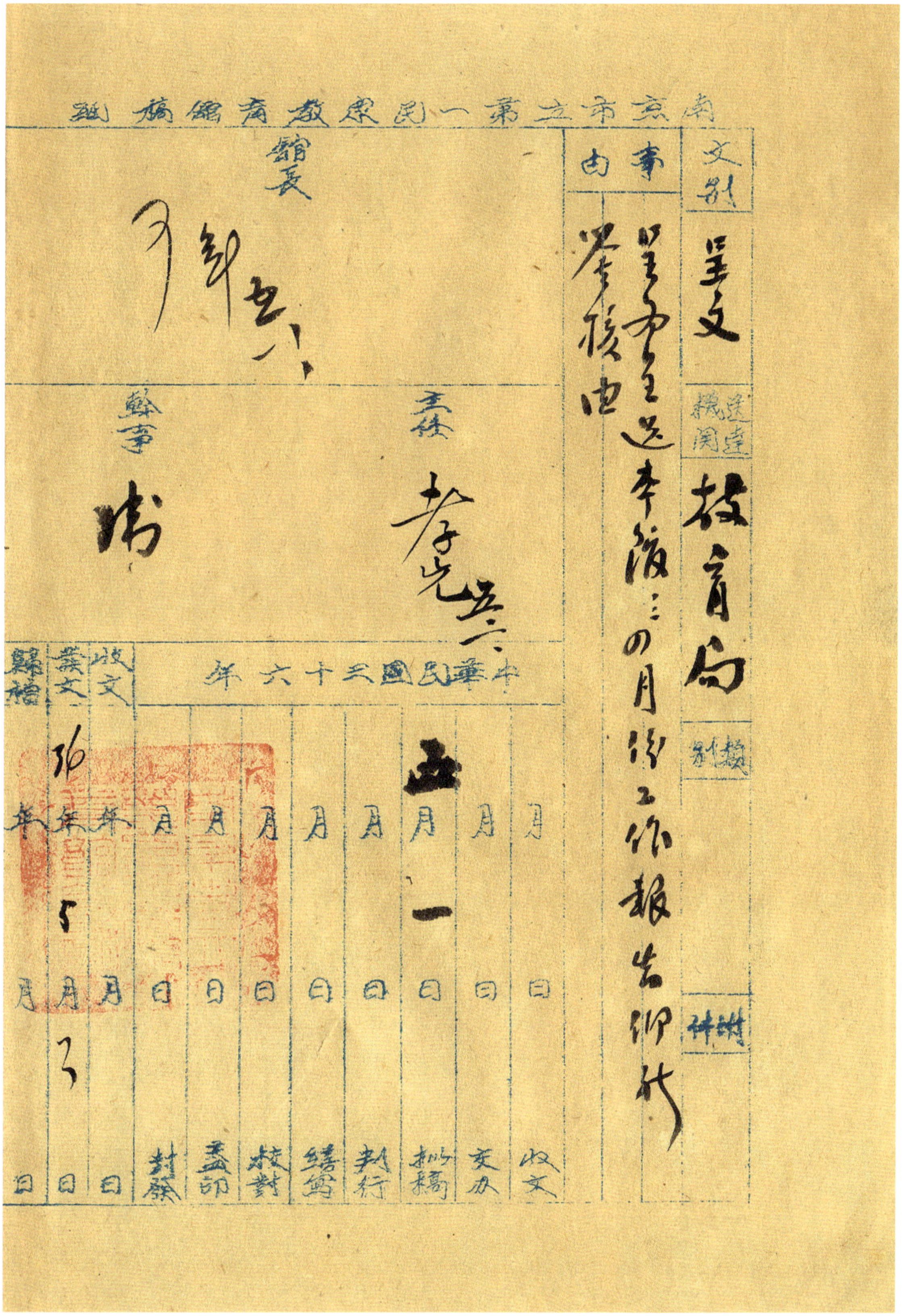
南京市立第一民衆教育館稿紙

文別：呈文

送達機關：教育局

事由：呈送本館三、四月份工作報告仰祈鑒核由

附件

館長

主任　5.6

幹事

中華民國三十六年　五月一日

收文　年　月　日

發文　36年5月3日

歸檔　年　月　日

收文　交办　擬稿　判行　繕寫　校對　蓋印　封發

南京市立第一民衆教育館爲報三、四月份工作報告表給市教育局的呈文及附件（一九四七年五月三日）

檔號：1018-1-10

茲謹將本館三四月份工作報告表各一份
前文呈送仰祈
鑒核備查
謹呈
兼局長馬
附呈三四月份工作報告一份

擬存 三月份

南京市立第一民衆教育館工作月報表　民國三十　年　月

事項	辦理經過情形
一、籌辦補習學校	本館爲救濟失學青年，推行補習教育起見，特參照三十二年十月國民政府公佈之補習學校法及卅五年三月教育部公佈之補習學校規則附設中級補習學校，呈准後即積極辦理，於本月廿日正式開學上課，詳情已專案呈報矣。（擬呈辦法[illegible]生章程）
六、籌設難童識字班	爲推行特種教育，救濟失學青年，特函商南京市中華難童[illegible]民互助社聯合辦理難童識字班一班。
三、充實報閱覽室	本月份繼續徵求各地報紙雜誌，計增加週刊五種，半月刊七種，月刊三種，不定期刊□種，外地報紙兩種，並添置報架兩座，雜誌架兩座及

附（一）三月份工作報告表

製表格三種

四、辦理紀念宣傳事宜	本月份宣傳活動以婦女問題及青年服務為中心。三八婦女節除廣播婦女問題外並編寫婦女節壁報一幅，革命先烈紀念日製表一幅，壁報一幀，內容包括革命先烈紀念日簡史、青年服務啟事等，並以製表格張貼一百（兩張合）份，廣播講演三次。
五、風箏比賽	為慶祝兒童節遵照部令舉行兒童運動（於本月四日在）外舉行風箏比賽，由本處提倡並擴大宣傳，徵求男女兒童參加，比賽日上午八時開始比賽，一時龍蛇飛舞，蝶影飛舞，觀者不下數人（另見一千份報）。
六、協助市府計劃	本處經請市府在東首空地重新設計開闢兒童樂園，繪製平面圖樣尺寸及運動器械計劃。
七、補設閱覽室	本館前以館舍窄隘，未有閱覽室，茲特補設以便利兒童閱覽。

（補敘）協助地方小學等三校…

（七、）附設小學送出後，即積極整理，擬將本年計劃佈置兒童閱覽。

紀要

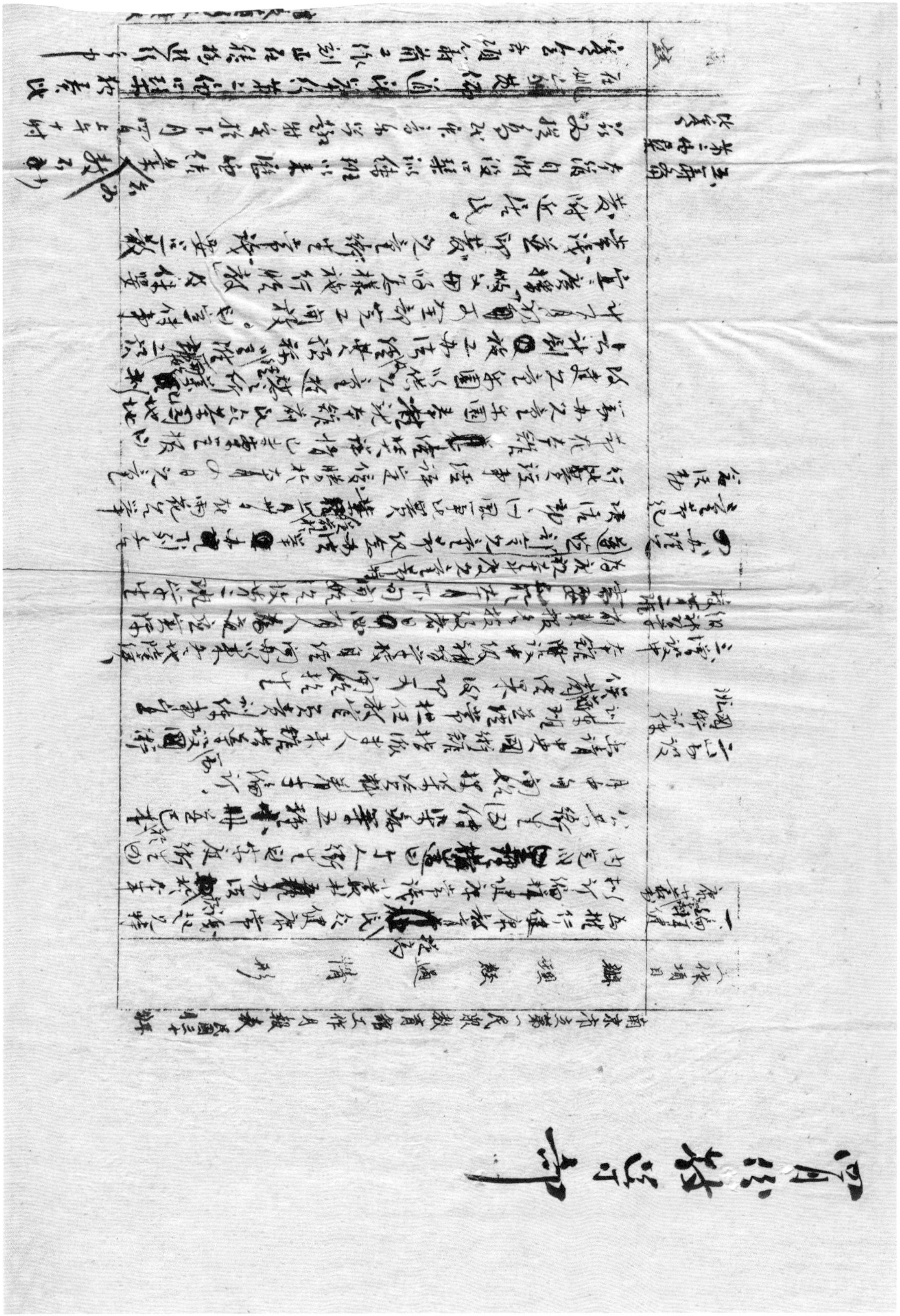

附（二）四月份工作報告表

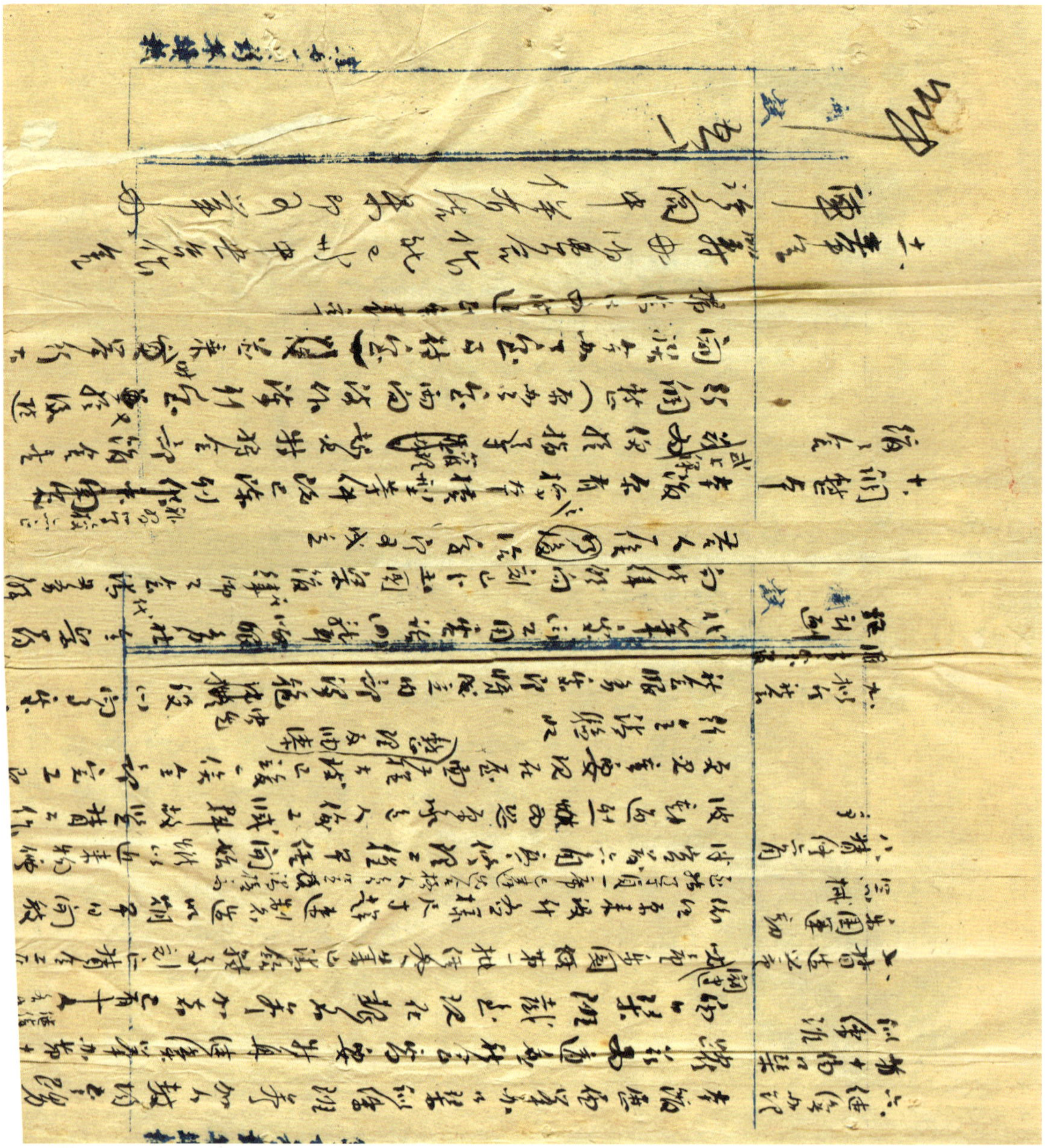

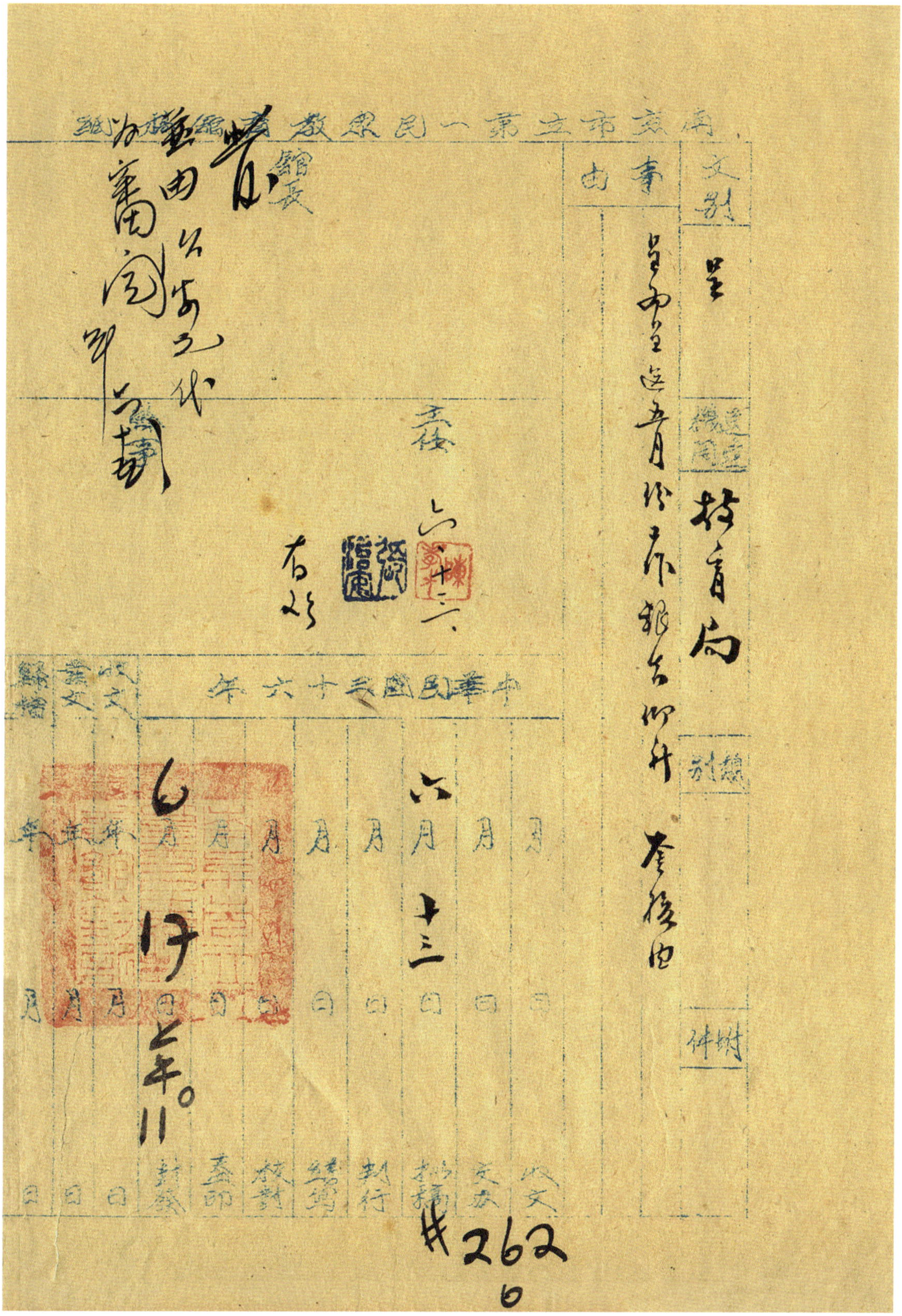
南京市立第一民衆教育館稿紙
文別
呈
事由
呈報五月份工作報告表仰祈鑒核由
教育局
中華民國三十六年
六月
十三
月
日
收文
發文
歸檔
封發
蓋印
校對
繕寫
判行
擬稿
交辦
收文

南京市立第一民衆教育館爲報五月份工作報告表給市教育局的呈文（一九四七年六月十七日）

附：五月份工作報告表

檔號：1018-1-10

是謹將本館五月份工作報告備文呈送仰祈

鑒核轉遞

謹呈

[illegible]局長馮

南京市立第一民眾教育館工作月報表　民國三十六年五月份

工作項目	辦理經過情形
一、[illegible]	本館為[illegible]
二、[illegible]	[illegible]
三、[illegible]	[illegible]
四、[illegible]	[illegible]
五、[illegible]	[illegible]
備考	

[illegible]

南京市立第一民衆教育館工作月報表　民國二十一年　月份

工作項目	辦理經過情形
六、籌備平劇組	開辦平劇班，各項手續均已就緒，擬即開始報名，一俟足額，即行開班
七、繼續辦理第十一屆音樂班	音樂訓練班開辦以來，以音樂爲[illegible]責，使於愛好音樂者咸能學習，第十屆本月畢業，第十一屆於本月廿六日正式上課，計有學生十八名
八、修建六角亭欄杆	六角亭之內部鐵欄已修綴完竣，但亭之四周之石磨(?)階段以及臨深(?)臨深有欹斜之處，特商同工務局，擇於添建欄杆，以便管理而昭慎重(?)
九、計劃修建兒童樂園	爲保持兒童樂園之內游樂設備起見，原計劃中之兩座破舊游具亦已添建木座一面，以便學生(?)加以之用。一面并呈請工務局籌辦
十、修整(?)公園內花樹	公園內各處花樹荊棘，因無人整理，頗形荒蕪，茲擬請工務局派員整理，並經函催，務於本月內(?)修整完竣，以資觀覽(?)云

備考

館長 [illegible] 填報

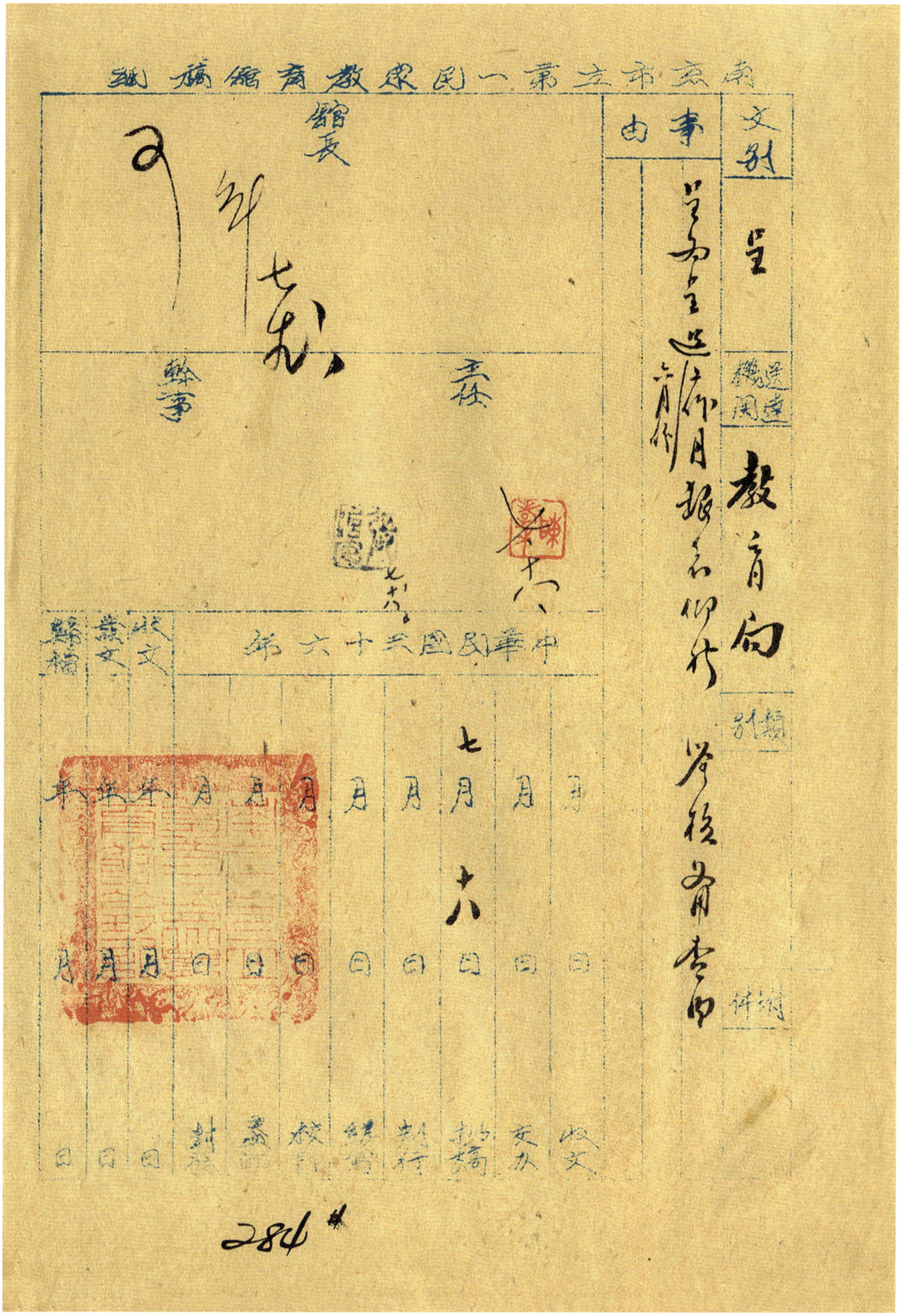

南京市立第一民衆教育館稿紙

文別 呈

機關 教育局

館長

中華民國三十六年 七月 十六日

收文 發文 歸檔

收文 交辦 擬稿 判行 繕寫 校對 蓋印 封發

284

南京市立第一民衆教育館爲報六月份工作報告表給市教育局的呈文（一九四七年七月十九日）

附：六月份工作報告表

檔號：1018-1-10

茲謹將六月份工作報告備文呈送仰祈

鑒核備查

謹呈

兼局長陳

附六月份工作月報表一份

銜　名

南京市立第一民众教育馆工作月报表

民国三十六年　月份

工作项目	办理经过情形
筹办作文识字班	本馆奉令以举办作文识字班一班，业已如期完成，兹又筹加作文识字班，请有识者经做先知，计聘请二人，于六月十五日起，每日上午加课，由海卫会同保甲长积极进行招生事宜，并备于七月一日正式开班上课
继续办理禁烟宣传	禁烟宣传工作自上月开始办理以来，除以本馆禁烟在该会禁烟通俗演讲禁烟壁报街头宣传等项外，本月仍继续办理下列各项： ①举行演说竞赛，参加份子计有学校四学生，各界工人商人等二十余人，经评判结果计录取优胜者八名，并奖予奖品以资鼓励
社会服务处正式开放	本馆社会服务处业已布置完竣，办公室自即正式开放，以利

工作時間之內暫行[illegible]
向[illegible]內(三)減少業務
經(等部)該處派[illegible]與京市
城有關盛中心[illegible]將
來業務[illegible]
仍當儘加推展
以利[illegible]

批 以重公園 正式開放 中山 南

(四)續製禁烟漫畫 本館為擴大宣傳勸戒吸
繪製巨幅禁毒漫畫一幅 內容包括連環
畫面十餘幅 其 ①[illegible] ②[illegible]
③買賣鴉片 ④[illegible] ⑤[illegible]
⑦[illegible] ⑧戒絕烟毒 ⑨有志竟成
⑩[illegible] 等幅尚稱醒目

(五)禁烟漫畫展覽 此項由內向各[illegible]征得禁
烟漫畫286幅 經由本館設計佈置於六月三日起在
本館閱覽室展覽三天 每日參觀群衆頗
為擁擠 六月十三日起復將原件在社會服
務處續展覽三天

本會[illegible]以重公園業務月初全部[illegible]
[illegible]以重公園[illegible]

請商[illegible]呈印正式南[illegible]
人員以南建之[illegible]
仰[illegible]
收入[illegible]
不得不停止開放

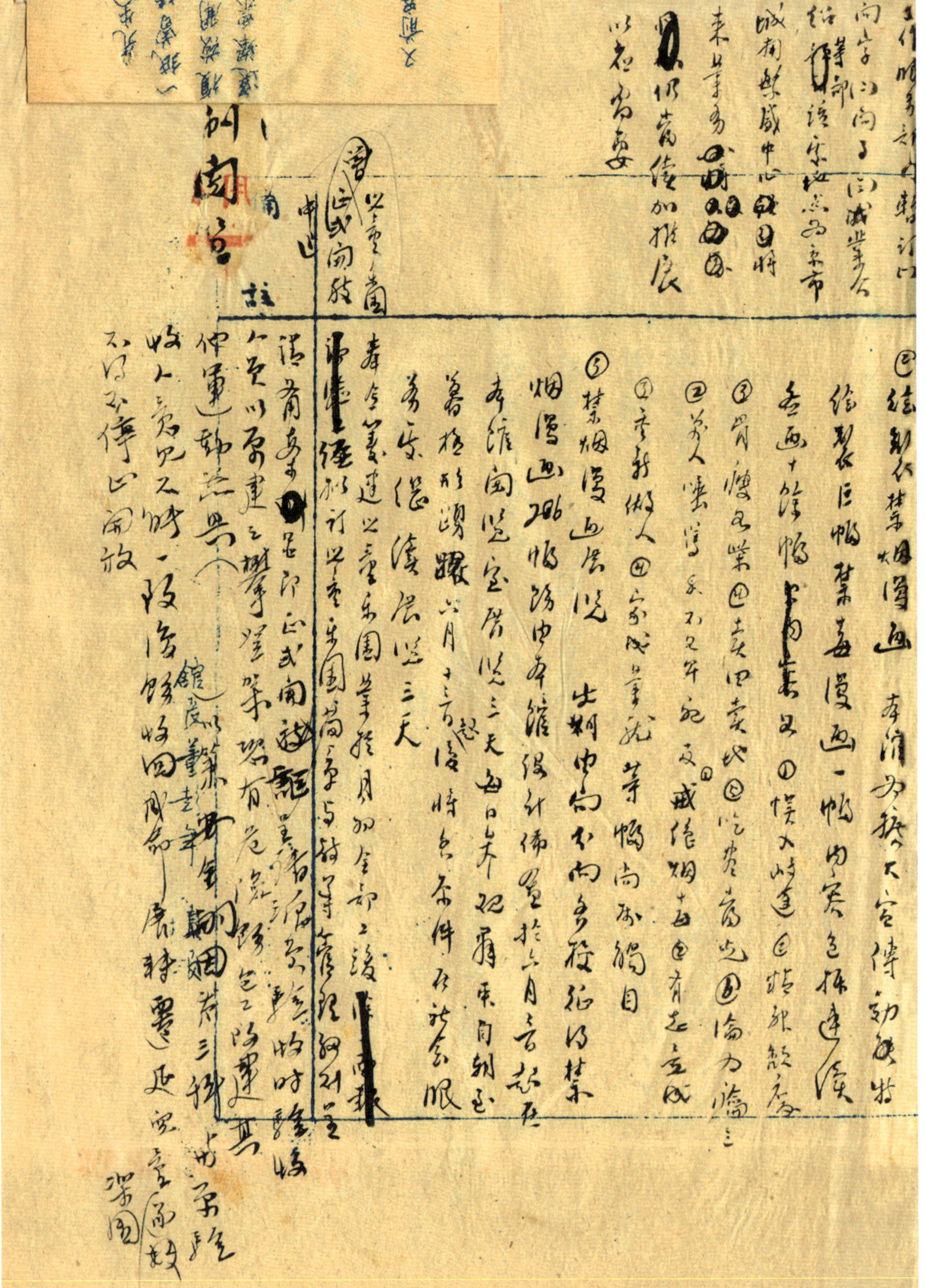

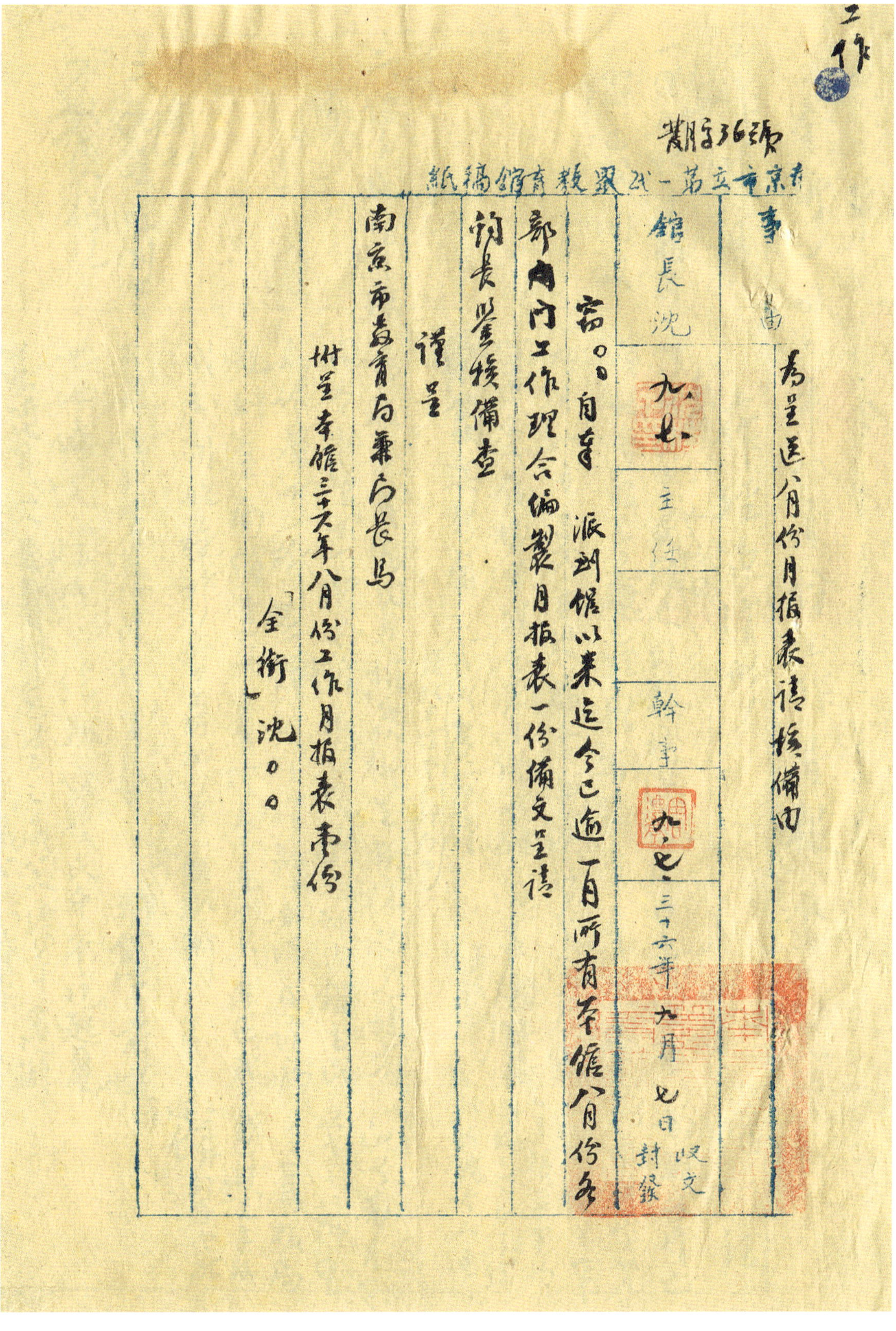
工作

檔字36號

南京市立第一民眾教育館稿紙

事由：爲呈送八月份月報表請核備由

館長 沈 九、七

主任

幹事 九、七

三十六年九月七日 封發

收文

案○○自奉派到館以來迄今已逾一月所有本館八月份各部門工作理合編製月報表一份備文呈請

鈞長鑒核備查

謹呈

南京市教育局兼局長馬

附呈本館三十六年八月份工作月報表壹份

全銜 沈○○

南京市立第一民衆教育館爲報八月份工作報告表給市教育局的呈文（一九四七年九月七日）

附：八月份工作報告表

檔號：1018-1-27

（全椒）[illegible]六月份工作月報表

工作項目	工作經過情形	備註
一、[illegible]	[illegible]	[illegible]
二、[illegible]	[illegible]	[illegible]
三、[illegible]	[illegible]	
四、[illegible]	[illegible]	
五、[illegible]	[illegible]	
六、[illegible]	[illegible]	

填報人 [illegible]

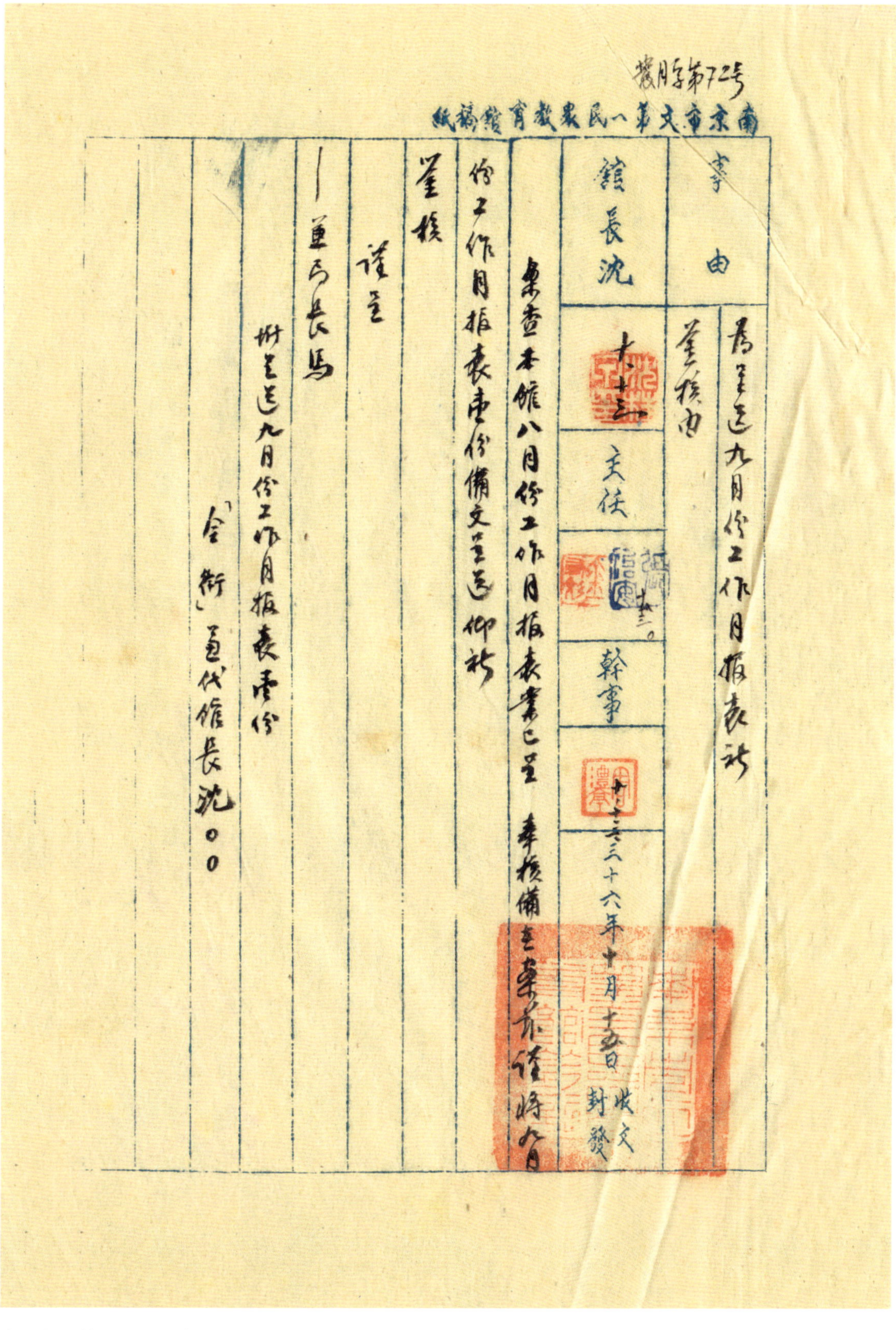

發月字第72号

南京市立第一民眾教育館稿紙

事由：為呈送九月份工作月報表祈鑒核由

館長沈

主任

幹事

中華民國三十六年十月十五日 收文 封發

案查本館八月份工作月報表業已呈奉核備在案茲將九月份工作月報表壹份備文呈送仰祈鑒核

謹呈

局長馬

計呈送九月份工作月報表壹份

「全銜」兼代館長沈〇〇

南京市立第一民衆教育館爲報九月份工作報告表給市教育局的呈文（一九四七年十月十五日）

附：九月份工作報告表

檔號：1018-1-27

南京市立第一民众教育馆工作月报表

三十六年九月份

工作项目	办理经过情形	备注
（一）本馆附设民众诊疗所施诊以来情形	本馆为服务贫病民众推广卫生教育起见与南京市卫生局第十一卫生所合办孔夫子庙民众诊疗所经呈奉钧府核备在案本所自上月十八日施诊以来每日到所就诊者甚多截止九月底止约三千余号以施诊日期计算每日平均约有 [illegible]	
（二）配合胜利纪念日及体育节举办各种宣传	本馆当以每日到所就诊者日见增多惟恐时间长久医药材料以为继续至后函请中国红十字会总会赐予补助旋承赠送药品十四种现已将该项药品名称及数量开单函询第十一卫生所如有需要可以本馆转赠补充	
（三）聋哑识字班复课	[illegible]	
（四）办理补习学校招生入学试验及上课事宜	本馆第三次中级补习学校第三次招生业经陈经核准并依照规定程序自二日起开始招生廿五日举行入学试验廿九日正式上课计初一上学生廿九名初一下学生十五名	
（五）筹设南京市妇女生活训练班	南京市妇女生活训练班系由南京市妇女会本市新生活运动促进会第一民众教育馆及中国红十字会南京分会四机关	

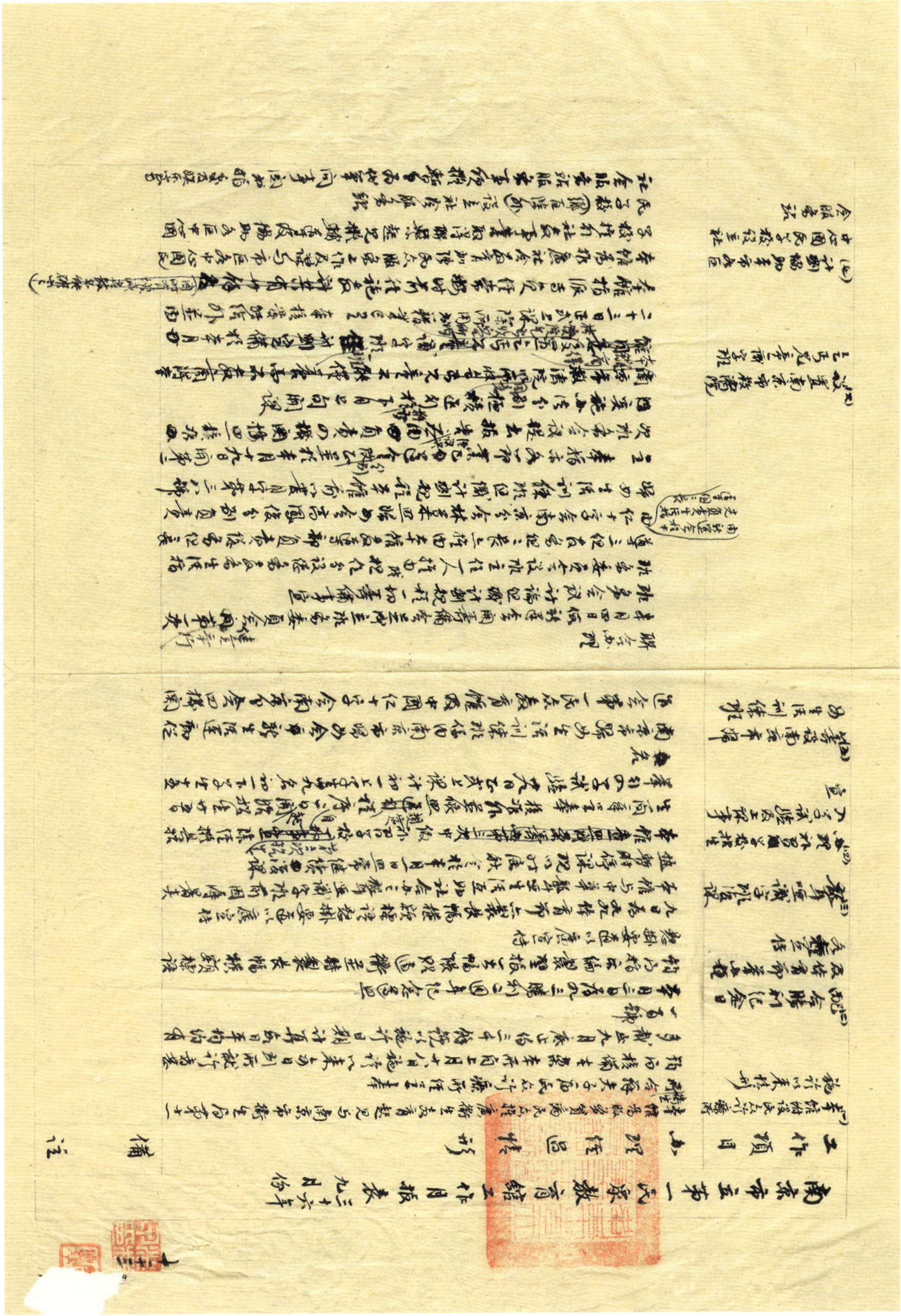
南京市立第一民眾教育館工作月報表 二十六年九月份

工作項目

工作情形

備註

工作項目	辦理經過情形	備註
	本館已將擬訂設立服務站辦法以目費字第五八號呈請 鈞局鑒核轉飭本市各區中心國民學校暨各西隅民教館及各區公所協助辦理在案一俟核准即協助切實進行	
(八)籌備本年國慶日華西科學化運動各項事宜	本年國慶日擴奉 鈞局令飭華西擴大科學化運動本館遵即籌備擬編有關科學化運動論文若干篇漫畫一巨幅若干幅屆時給金城暢張貼通衢以資紀念。	

黃萱佳並示

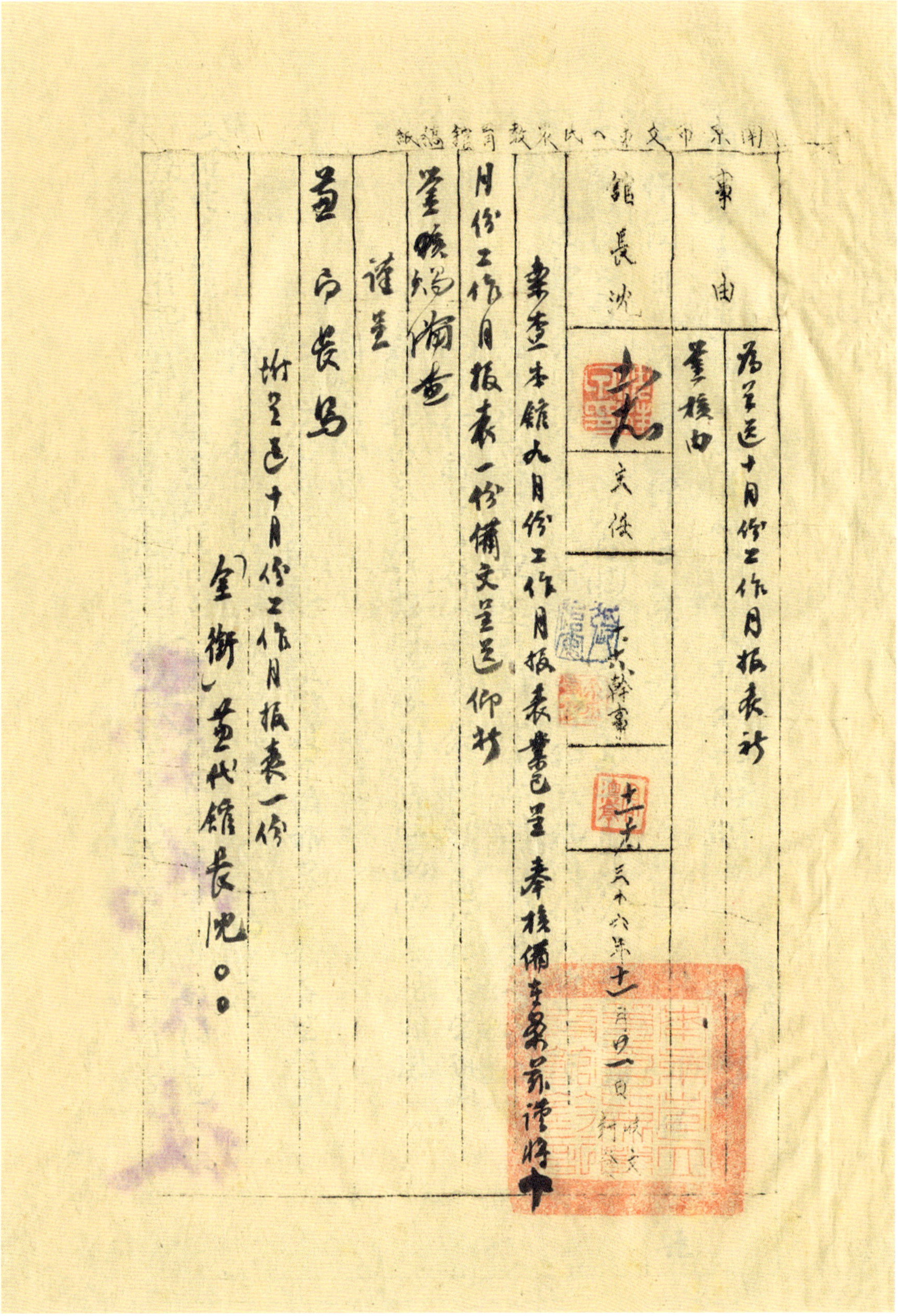

南京市立第一民衆教育館稿紙

事由：爲呈送十月份工作月報表祈鑒核由

館長沈

案查本館九月份工作月報表業已呈奉核備在案茲謹將十月份工作月報表一份備文呈送仰祈鑒核備查

謹呈

南京市教育局長馬

附呈送十月份工作月報表一份

全銜 董代館長沈○○

三十六年十一月廿一日

南京市立第一民衆教育館爲報十月份工作報告表給市教育局的呈文（一九四七年十一月二十一日）

附：十月份工作報告表

檔號：1018-1-27

南京市立第一民衆教育館工作月報表 三十六年十月份

士和

工作項目	辦理經過情形	備註
一、舉辦擴大科學化運動宣傳	遵奉　鈞局(卅六)教三字第六五六號訓令並根據部頒國慶日各級學校及各種社教機關擴大科學化運動工作要項之規定，於國慶日分別辦理宣傳事項二：(一)編繪科學標語、壁報，內容包括(1)通俗科學常識(2)科學家的事績傳略(3)科學漫畫(4)主席有關科學訓示；(二)通俗宣傳隊：就本館附設中級補習學校學生組織宣傳隊，深入民間作破除迷信及節約宣傳	
二、擬於本館診療所內增設花柳病科及沙眼防治所	本館為加強民衆服務工作及充實業務部門起見，擬商請中央衛生實驗院於本館診療所內合同設花柳病科及沙眼防治所，已奉　鈞局(卅六)教三字第　號指令暫緩設立，沙眼防治所仍在接洽中	
三、徵求書報	近因物價高漲，各書報雜誌出版社所贈書刊多數已停止贈送，本館為維繫民衆精神食糧起見，已普遍函請各地出版機關繼續優予賜贈	
四、收回夫子廟六角亭社會服務處	本館夫子廟六角亭前為國防部新聞局播音站借用，房屋經本館呈奉　鈞局令以國防部新聞局已電飭播音總隊第二中隊設法遷讓，該隊已於本月卅日將該亭全部讓出，當即派員役清除，仍將本館社會服務處遷入，並呈報在案	
五、油漆兒童樂園	本館第二部兒童樂園所有各種運動器械均未油漆，日曬夜露，風雨剝蝕，難以經久，經呈奉核准撥發油漆費壹百萬元，由本館自行辦理，函由招標，以估價最低之營造廠承辦，訂立合同，飭其如期完竣	

南京市立第一民众教育馆工作月报表 三十六年十月份

工作项目	办理经过情形	备注
六、筹办第四届口琴训练班	本馆第十四届口琴训练班经筹备招生聘请教师，已于本月廿一日开始训练，计共学员卅六人，分初高两级，于每星期二、五两日晚七至九时各授一小时	
七、附设妇女生活训练班开课及精神讲话	南京市妇女会、新生活运动促进会、中国红十字会南京分会及本馆四机关合办之南京市妇女生活训练班经积极筹备就绪，于本月十二日开学，举行分组试验，计共学生八十四人，分为甲乙两组施教，于十三日正式上课，并于九日假夫子庙第一国民学校大礼堂补行开学典礼，业已呈报在案。所有该班经常工作，除由负责四机关按照核定实施办法办理外，并先后敦请江苏徐州地方法院首席检察官沈法邦讲演法律常识，南区警察局韩局长讲演警察常识，新运会张组长讲演新生活运动要义	

填报者 戴沈〇

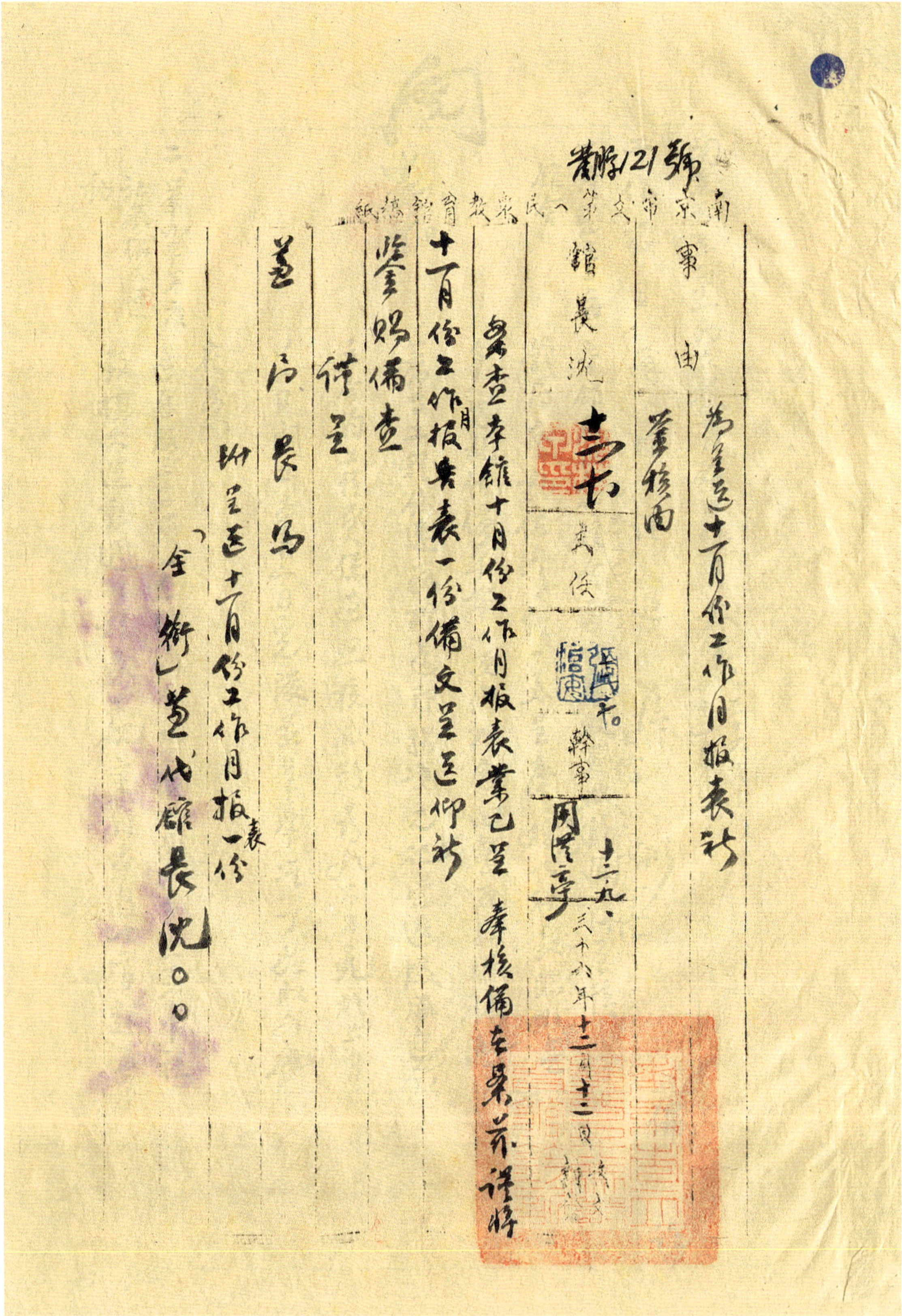
業務121號
南京市立第一民衆教育館擬稿紙
事由：爲呈送十一月份工作月報表祈鑒核由
館長沈
主任
幹事 周□亭 十二、九
案查本館十月份工作月報表業已呈奉核備在案，茲將十一月份工作月報表一份備文呈送，仰祈鑒賜備查。
謹呈
教育局長馬
附呈送十一月份工作月報表一份
全銜 館長沈○○
三十六年十二月十二日

南京市立第一民衆教育館爲報十一月份工作報告表給市教育局的呈文（一九四七年十二月十二日）

附：十一月份工作報告表

檔號：1018-1-27

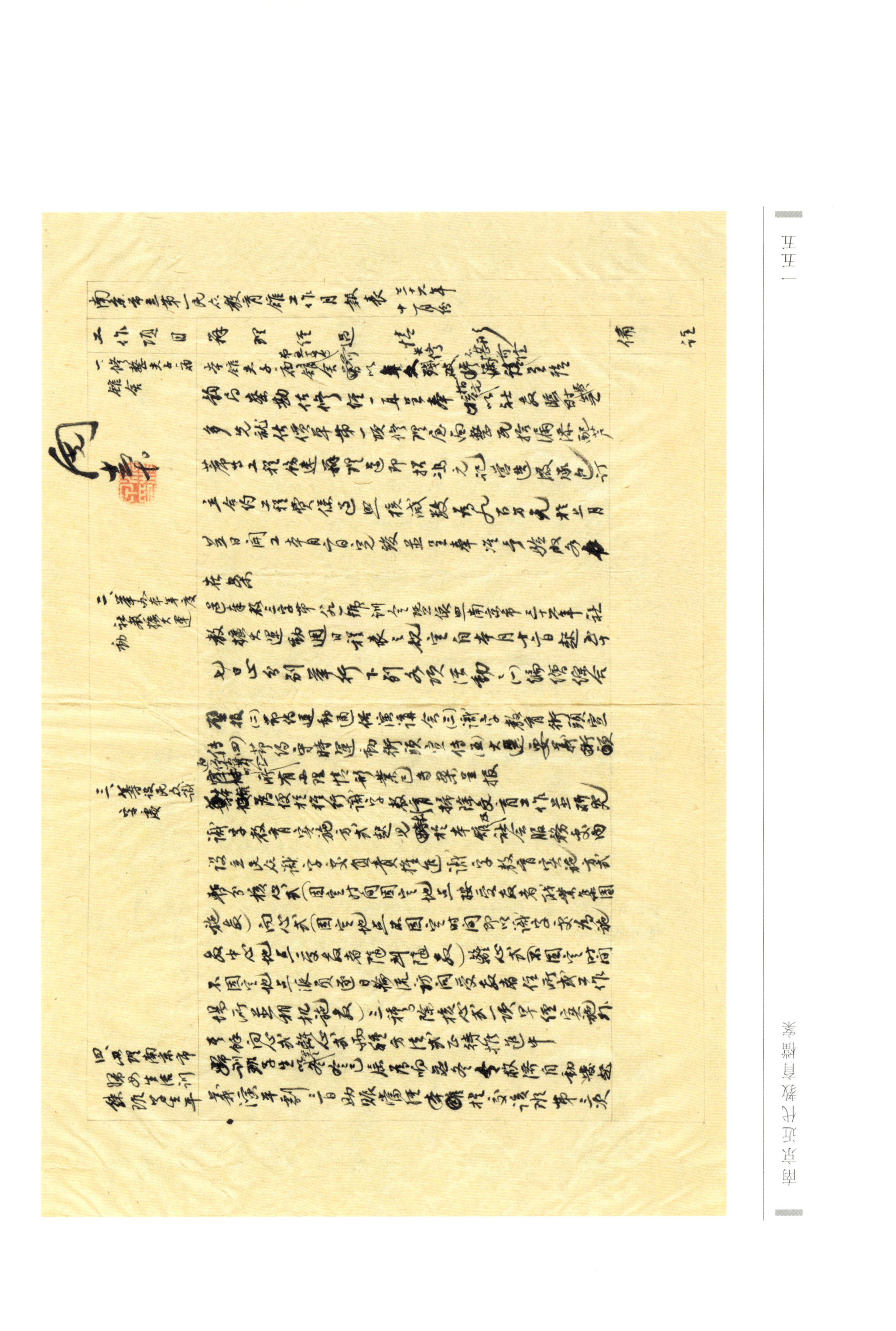

南京市立第一民众教育馆工作月报表 二十六年十月份

工作项目	办理经过	备注
一、修整本馆各部房屋	[illegible]	
二、举办本年度[illegible]运动	[illegible]	
三、[illegible]	[illegible]	
四、[illegible]	[illegible]	

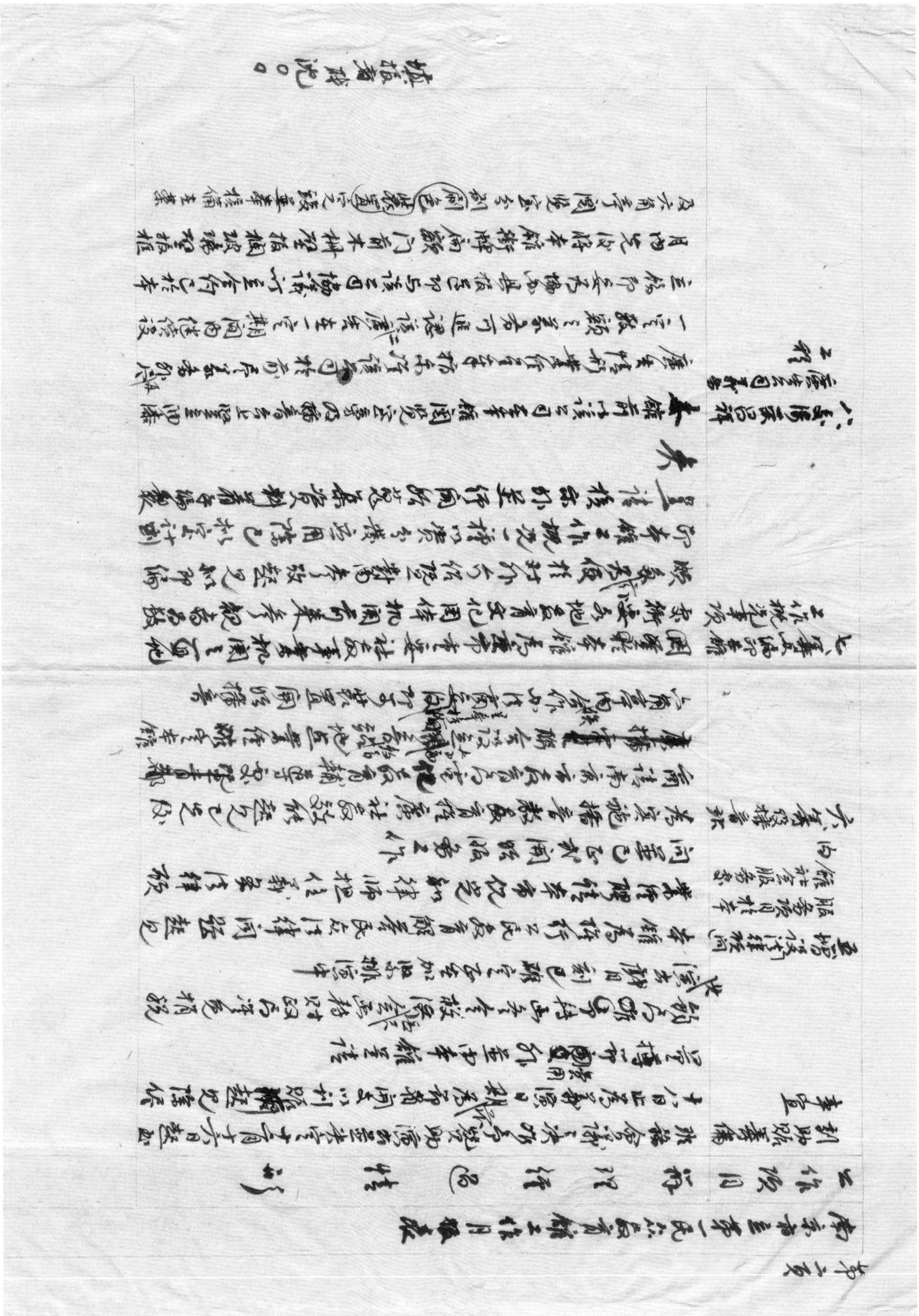

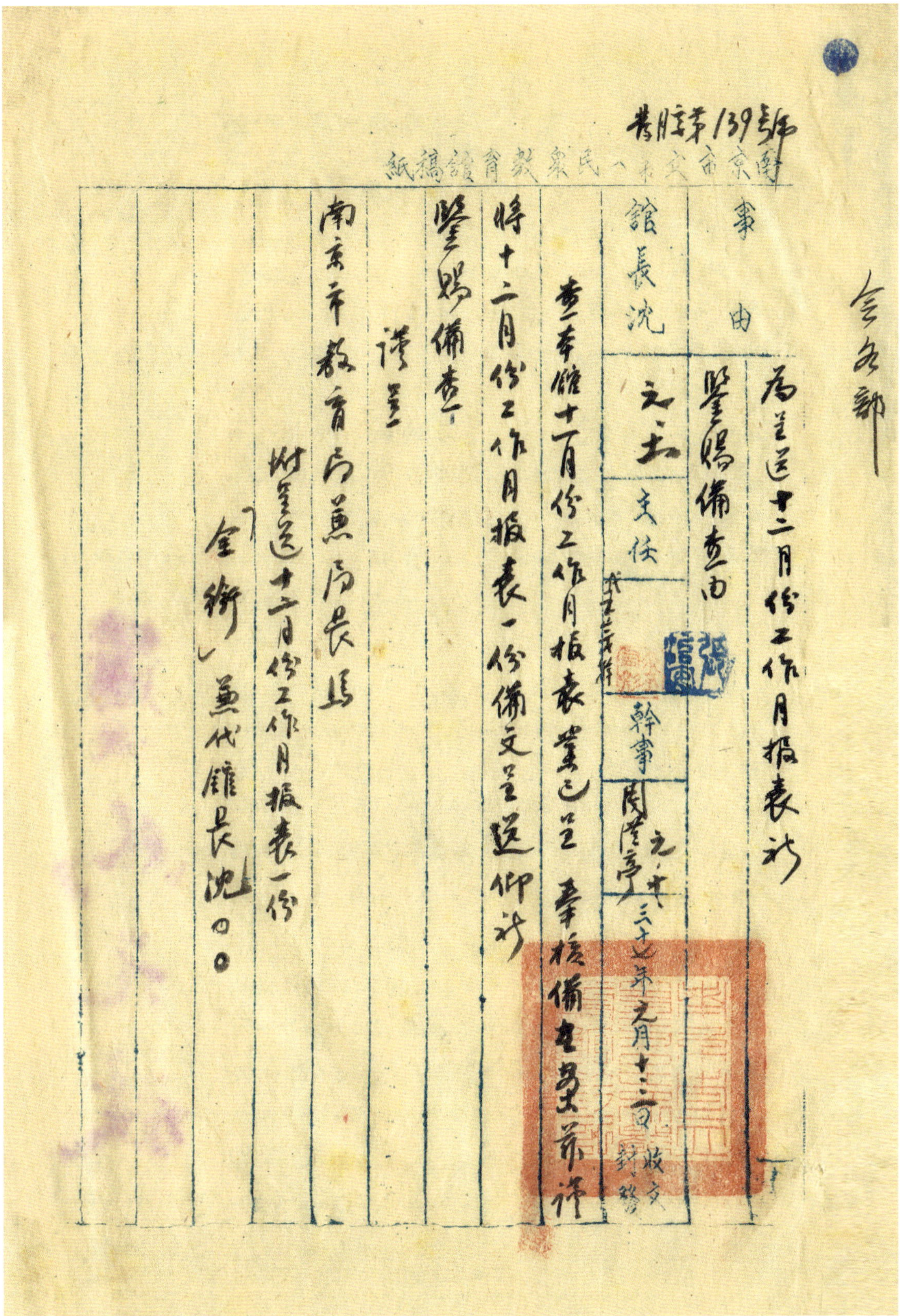

南京市立第一民衆教育館稿紙
貴字第139號
事由
爲呈送十二月份工作月報表祈鑒賜備查由
館長沈
主任
幹事
三十七年元月十三日
查本館十一月份工作月報表業已呈奉核備在案
茲將十二月份工作月報表一份備文呈送仰祈
鑒賜備查
謹呈
南京市教育局兼局長馬
附呈送十二月份工作月報表一份
全銜 兼代館長沈

南京市立第一民衆教育館爲報十二月份工作報告表給市教育局的呈文（一九四八年一月十三日）

附：十二月份工作報告表

檔號：1018–1–27

南京市立第一民眾教育館工作月報表 二十三年十二月份

工作項目	辦理經過情形	備註
一、本館附設南京市婦女生活訓練班年劇義演	本月初間該班全體學員為響應本京冬令救濟，發起年劇義演，當經班務會議議決，除請贊助並經指派專人負責積極協助籌備，於十五、十六、三日假洪武路介壽堂舉行公演，票收所得除必需開支及部分演員購贈未收到，一俟多方推銷購回結清另行匯出外，已先將淨存壹仟元開具江蘇省銀行本票，派由該班學員吳秀雲、張文娟二人代表送往南京市冬令救濟賑濟委員會作為賑濟之用，並將手續呈　局備案	
二、積極籌備成立民眾識字處	本館前為積極推行識字教育，曾擬訂成立民眾識字處辦法一種呈　局核示，本月十八日奉　鈞局（英）教字第0957號指令準予試辦，當經指派專人負責辦理，刻正著手調查工作，預計短期內即可正式成立並開始施教	
三、展開徵求出版工作	本館書報閱覽室近以贈送書刊日減，為充實數量、便利民眾需要起見，特擴大徵求範圍，展開徵求工作，除繼續函請原贈送出版機關團體請予仍源源惠寄外，並廣向各地書刊出版機關或團體徵求	
四、民眾識字班第一期結束	本館附設民眾識字班前經呈准設立以來，已行課三月，修業程期既屆，計劃將全部課程教學完畢，於本月二十日結束，並將手續呈報　鈞局備案	
五、開放兒童樂園	本館兒童樂園自前任興建以來，因工程未能全部完成，從未開放，迄前月底始由本館呈准　鈞局撥款油漆工竣，於本月六日正式開放，並擬定簡章一種呈請備案	

南京市立第一民眾教育館工作月報表

工作項目	辦理經過情形	備註
六、編輯本館工作概況	本館於上期籌備編印工作概況，除正將撰妥計劃，對於稿本外，當即蒐集資料，著手編製，概況編製完竣業已付油印，將原稿費送，候付印行，即以資逕閉寄贈之社教機關。	單竹本
七、編繪冬令救濟漫畫	本館以時屆冬令，所有都貧民及因變流之衣食不周者，均急待救濟，除協助歸難平剝著漫畫集資救濟外，並編繪……	
八、設大輪滄院計圖表	參考本館原有各項統計圖表，常將案小魁掛於本館社會服務部門前，以期激發富者，履展覽殊不適宜，墨漏痕放大繪製完竣運交，市政展覽會陳列以供眾覽。	
九、籌辦消費合作社草擬計劃	本館擬組消費合作社二所，所有計劃草案業已擬就，任館務會議三次，計劃草案修改通過，候呈報核，商會核准成立後三善備，引經記錄在卷，擬將呈復草案修改完成，備文呈報，候局核示。	

填報者　時沈。。

校閱者

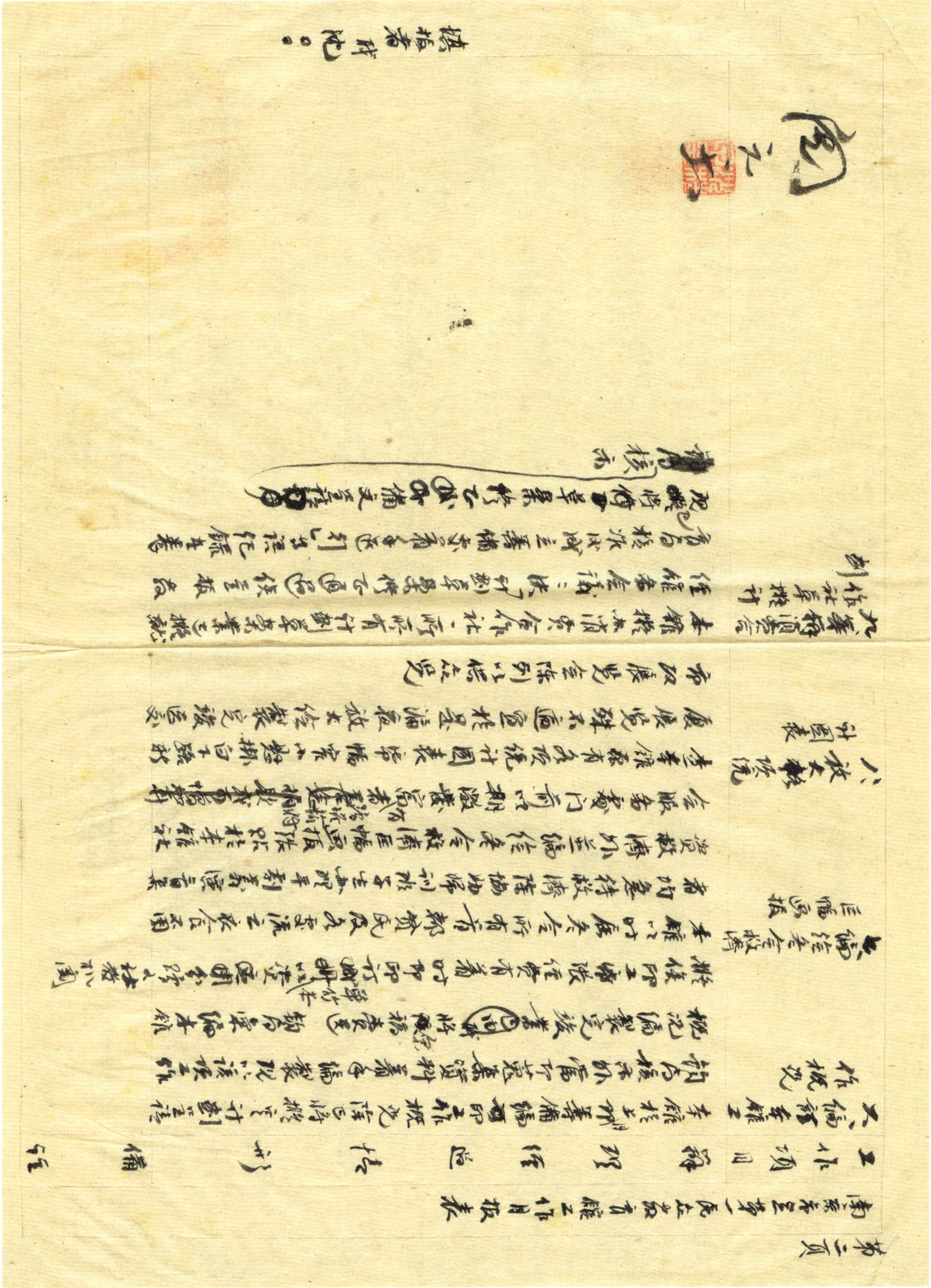

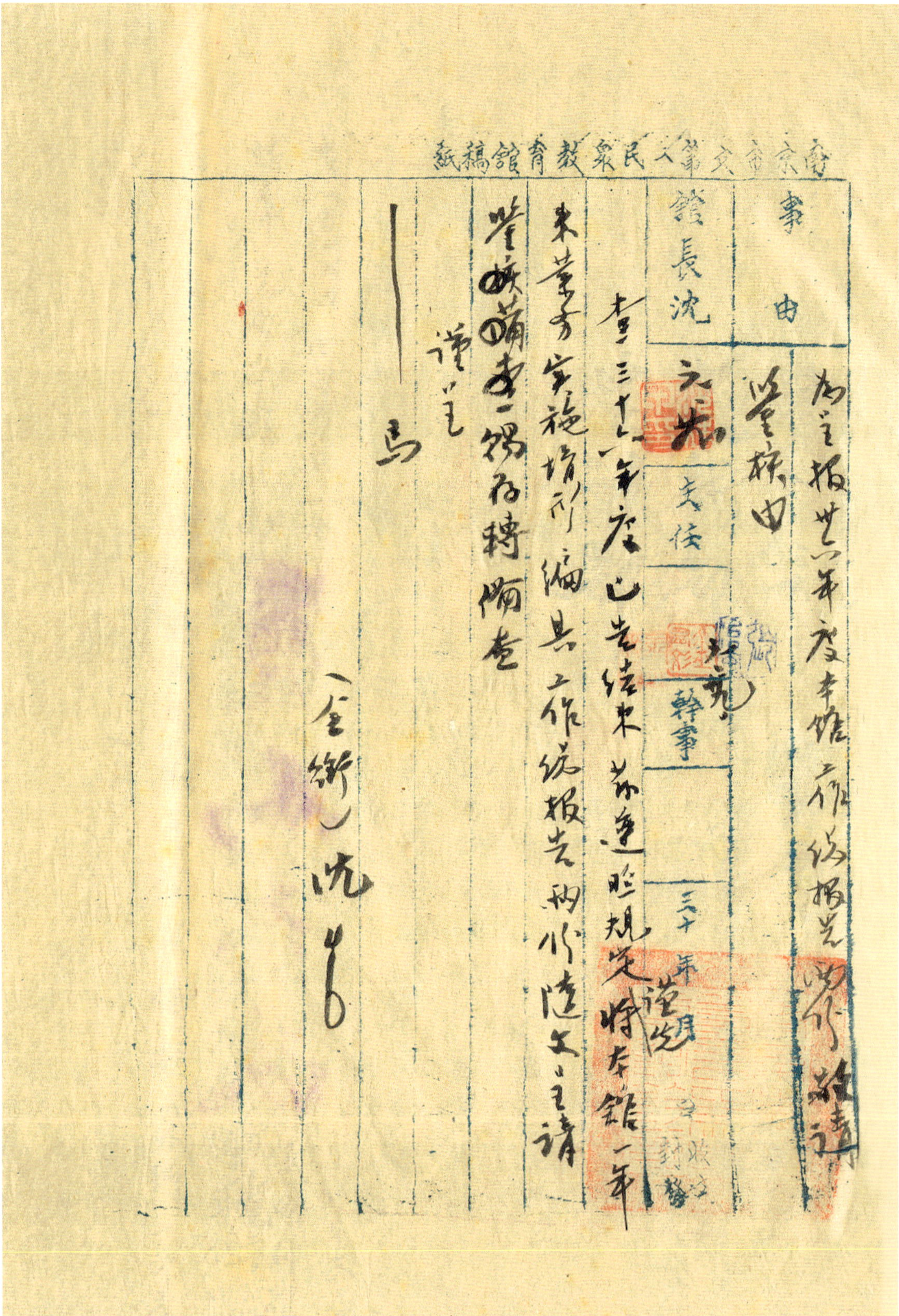

南京市立第一民衆教育館稿紙

事由：為呈報卅六年度本館工作總報告仰祈鑒核由

查三十六年度已告結束，茲遵照規定將本館一年來業務實施情形編具工作總報告兩份隨文呈請

鑒核備查

謹呈

局

（全銜）沈

館長沈

主任

幹事

三十七年一月　日

南京市立第一民衆教育館爲報一九四七年度本館工作總報告給市教育局的呈文（一九四八年一月二十九日）

附：工作總報告

檔號：1018-1-27

南京市立第一区民众教育馆卅六年度之工作报告

查[illegible]卅七年度之[illegible]工作[illegible]遵照[illegible]

以[illegible]

为[illegible]

甲. [illegible]

（一）[illegible]

[illegible]

[illegible]

月份	阅览书籍人数			阅览报纸人数			阅览杂志人数		总数
	儿童	男	女	儿童	男	女	男	女	
一月	[illegible]	[illegible]	[illegible]	[illegible]	[illegible]	[illegible]	[illegible]	[illegible]	[illegible]
二月	[illegible]	[illegible]	[illegible]	[illegible]	[illegible]	[illegible]	[illegible]	[illegible]	[illegible]
三月	[illegible]	[illegible]	[illegible]	[illegible]	[illegible]	[illegible]	[illegible]	[illegible]	[illegible]
四月	[illegible]	[illegible]	[illegible]	[illegible]	[illegible]	[illegible]	[illegible]	[illegible]	[illegible]
五月	[illegible]	[illegible]	[illegible]	[illegible]	[illegible]	[illegible]	[illegible]	[illegible]	[illegible]
六月	[illegible]	[illegible]	[illegible]	[illegible]	[illegible]	[illegible]	[illegible]	[illegible]	[illegible]
七月	[illegible]	[illegible]	[illegible]	[illegible]	[illegible]	[illegible]	[illegible]	[illegible]	[illegible]
八月	[illegible]	[illegible]	[illegible]	[illegible]	[illegible]	[illegible]	[illegible]	[illegible]	[illegible]
九月	[illegible]	[illegible]	[illegible]	[illegible]	[illegible]	[illegible]	[illegible]	[illegible]	[illegible]
十月	[illegible]	[illegible]	[illegible]	[illegible]	[illegible]	[illegible]	[illegible]	[illegible]	[illegible]
十一月	[illegible]	[illegible]	[illegible]	[illegible]	[illegible]	[illegible]	[illegible]	[illegible]	[illegible]
十二月	[illegible]	[illegible]	[illegible]	[illegible]	[illegible]	[illegible]	[illegible]	[illegible]	[illegible]

（三）[illegible]

[illegible]

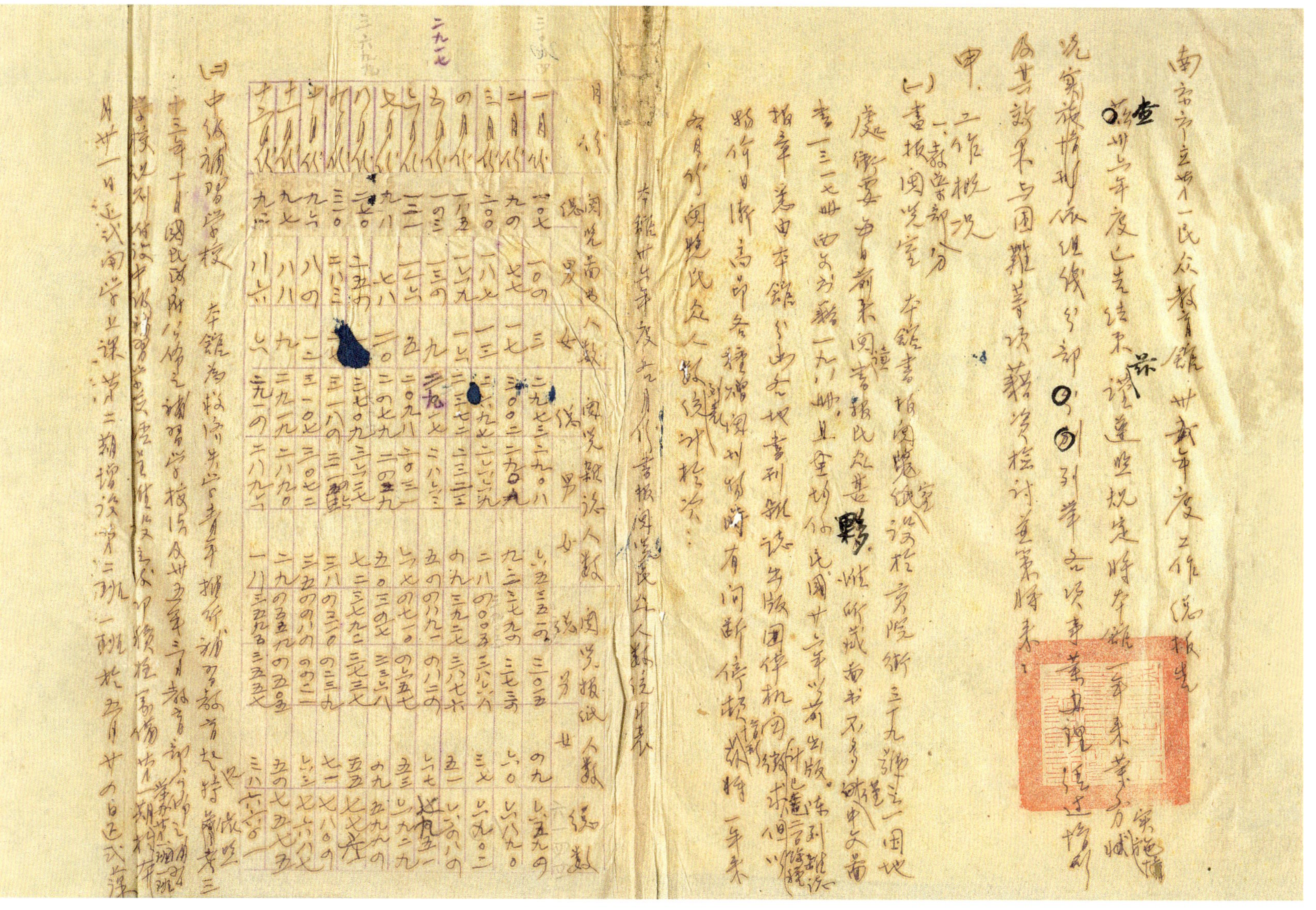

第三期學校第一班上下兩學期新生合一班，於九月廿九日上課，教學科目仍根據補習學校教則第十二條規定設置，各科教材程度同於初級中學課程標準各科教學總時數，最低限度為初級中學各科教學總時數之三分之二。茲將已辦三期學生暨教員人數列表於後：

（以上三期之班均係新學期[illegible]）

附設中級補習學校各期員生人數統計表：

期別	學生人數 總	學生人數 男	學生人數 女	教員人數 總	教員人數 男	教員人數 女	備註（班級）
第一期	三二	三〇	二	六	五	〇	共五班 上學期一班
第二期	四〇	三二	八	六	六	〇	共二班 上學期一班
第三期	六三	四三	二〇	六	五	一	共一班 上下期合一班

（三）聾啞識字班　為推行特种教育，救濟聾啞失學青年，特與本市中華聾啞生活互助社聯合辦理聾啞識字班一班，經擬定簡章，第一期於[illegible]月十[illegible]日開班，八月廿四日結束；第二期於九月一日上課，十一月廿一日結束。兩期員生人數附表於後：

期別	學生人數 總	學生人數 男	學生人數 女	教員人數 總	教員人數 男	教員人數 女	備註
第一期	二二	二〇	二	三	二	一	
第二期	三一	二六	五	四	二	二	

（四）民眾識字班　本館因應南京市救濟院之需要，商得該院允將收容所內設置之民眾識字班一班於本年九月廿三日正式上課，每日上午十時至十二時由本館派員前往施教，學生計三十餘人，分甲乙兩組教學，於十二月卅日上課期滿，正式結束，已呈報令准備查有案。

（五）診療所　本館為推行民眾衛生教育，增進民眾健康，特設立民眾診療所，與第十一衛生所合辦，於八月十八日正式施診，每日來所求診者均達百餘人，所有掛號藥費一概免收，員病此[illegible]，茲將開辦以來每月就診人數統計附表如下：

本館診療所各月份就診人數統計表

月別	初診人數			複診人數			總數	備註
八月份	二一九	一四〇	一二九	一五九	一〇五	七九三	一三七八	
九月份	三〇九	六八〇	二二五	一五二	二九	七九七	一八七五	二二七
十月份	五三三	五三七	二〇三	一七〇八	九〇三	八〇五	二二〇一	
十一月份	四〇二	二八六	一六六	一〇三五	一〇九	三五七	一九〇八	
十二月份	[illegible]	一九七	一〇三	[illegible]	[illegible]	五九三	[illegible]	

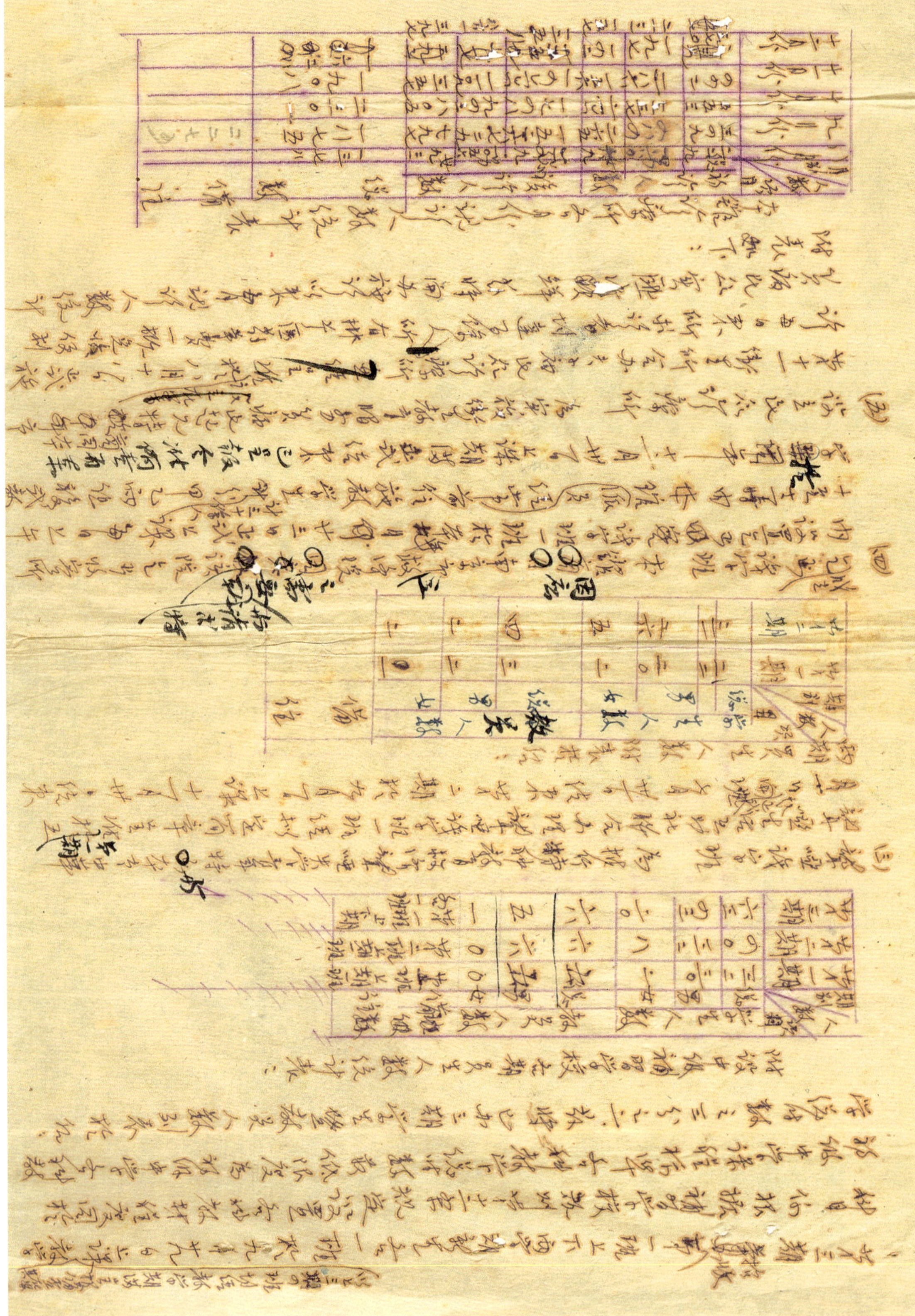

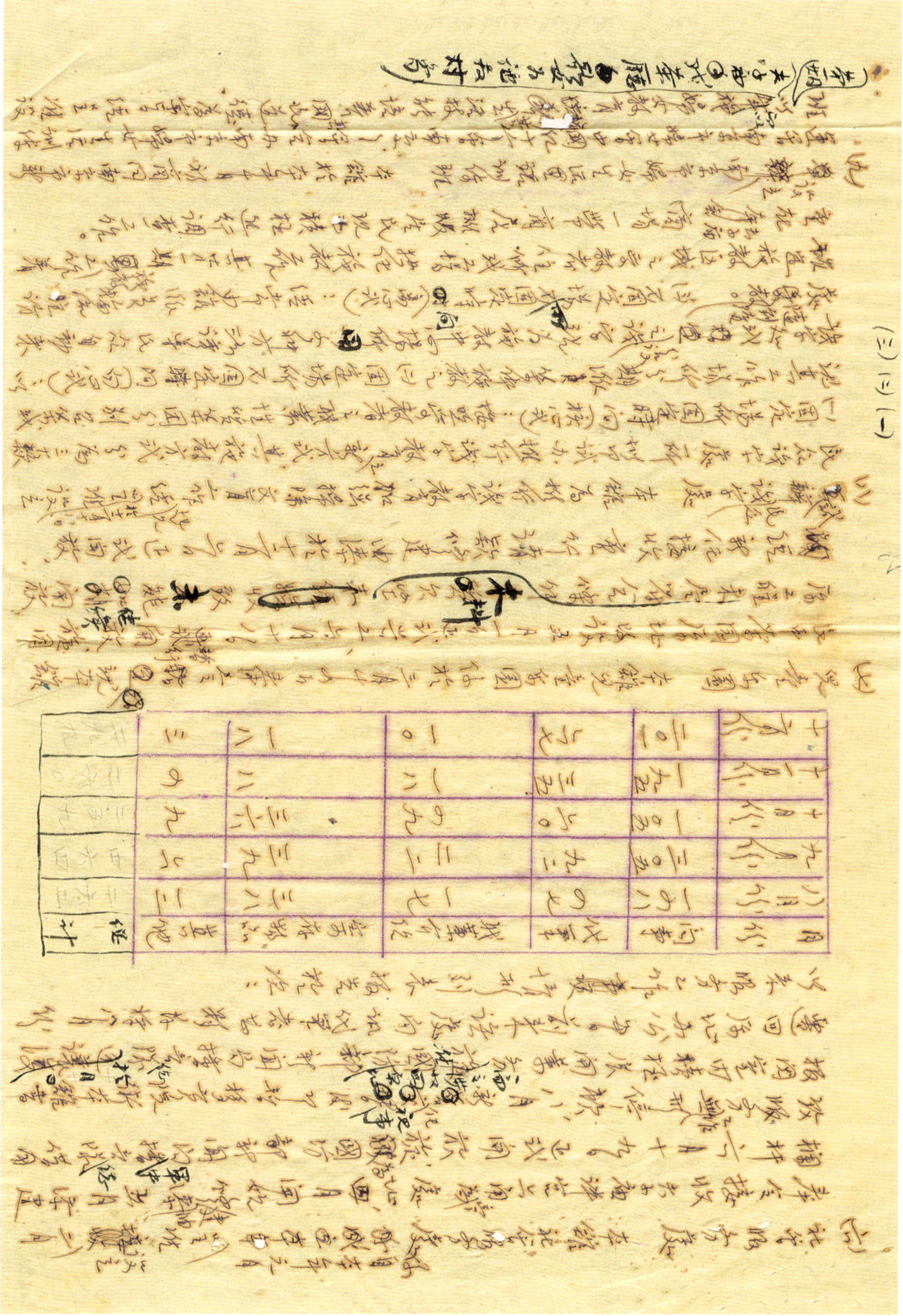

（六）社會服務處

本處社會服務處自本年元月成立，本年四月間始正式向國防部辦理登記。[illegible]

（一）（二）（三）

月份	八月份	九月份	十月份	十一月份	十二月份
內事	一〇八	三〇五	一〇五	一五五	二〇一
代軍	一〇七	九二	四〇	三五	七七
戰事有信	一七	二二	〇九	一八	一〇
寄存物品	三八	三九	三六	一八	一八
其他	一三	六	九	〇	三
統計	[illegible]	[illegible]	[illegible]	[illegible]	[illegible]

（七）[illegible]

（八）[illegible]

（九）[illegible]

正於本年十月十三日開學，十三日正式上課，課程包括國語、算術、公民、常識、衛生、家事、訓練、精神講話。每日上午十至十二時上課，學員共計八十四人。

（甲）分甲乙兩組，甲組為高小程度，乙組為識字教育。茲將該班所舉行教學活動特列表於后：

南京市婦訓班教學活動概況

組別	課堂教學	野外旅行	慰勞傷兵	義賣助賑	同樂會	宣傳儲蓄
甲組	一六八小時	一次（棲霞山）	二次	一次（三天）	二次	二次
乙組	一六八小時	一次	一次	一次（三天）	二次	一次

（十）舉辦各項社教活動及各項紀念節日宣傳活動：本館為配合政令，隨時利用時機及各項社會運動與各種紀念節日，經常舉辦各種宣傳工作及活動事項，茲將一年來辦理經過情形列表簡誌如左：

本館卅三年舉辦各項社教運動暨各種紀念節日宣傳活動概況

名稱	活動事項及舉辦經過	宣傳事項及其經過情形	備註
卅三年元旦暨憲法紀念	一、組織元旦下鄉慰民隊，由館向南京市各商店團體征集大量慰勞品，於元旦上午九時邀請主席、國府暨各機關代表出席，分組下鄉慰勞贈物。二、舉辦民教教材教具展覽（詳情誌後）	以實施憲政為宣傳中心。一、印標語二百條張貼通衢。廣播一次	二、以宣傳報告
農民節（一月廿三日）（二月五日）		以獎掖農業改進農村風俗為宣傳中心，計一、印標語一百條張貼通衢；二、編寫壁報一大幅張貼永安商場；三、廣播兩次；四、廿一日至廿二日舉行農民節青年文化宣傳及青年憲法宣講	
婦女節（三月八日）		以婦女向政府致力為中心，並廣播並報我國婦女之路及出壁報一幅	
革命先烈紀念日		除製壁報一幅，內容包括（一）革命先烈紀念日史略（二）青年…	

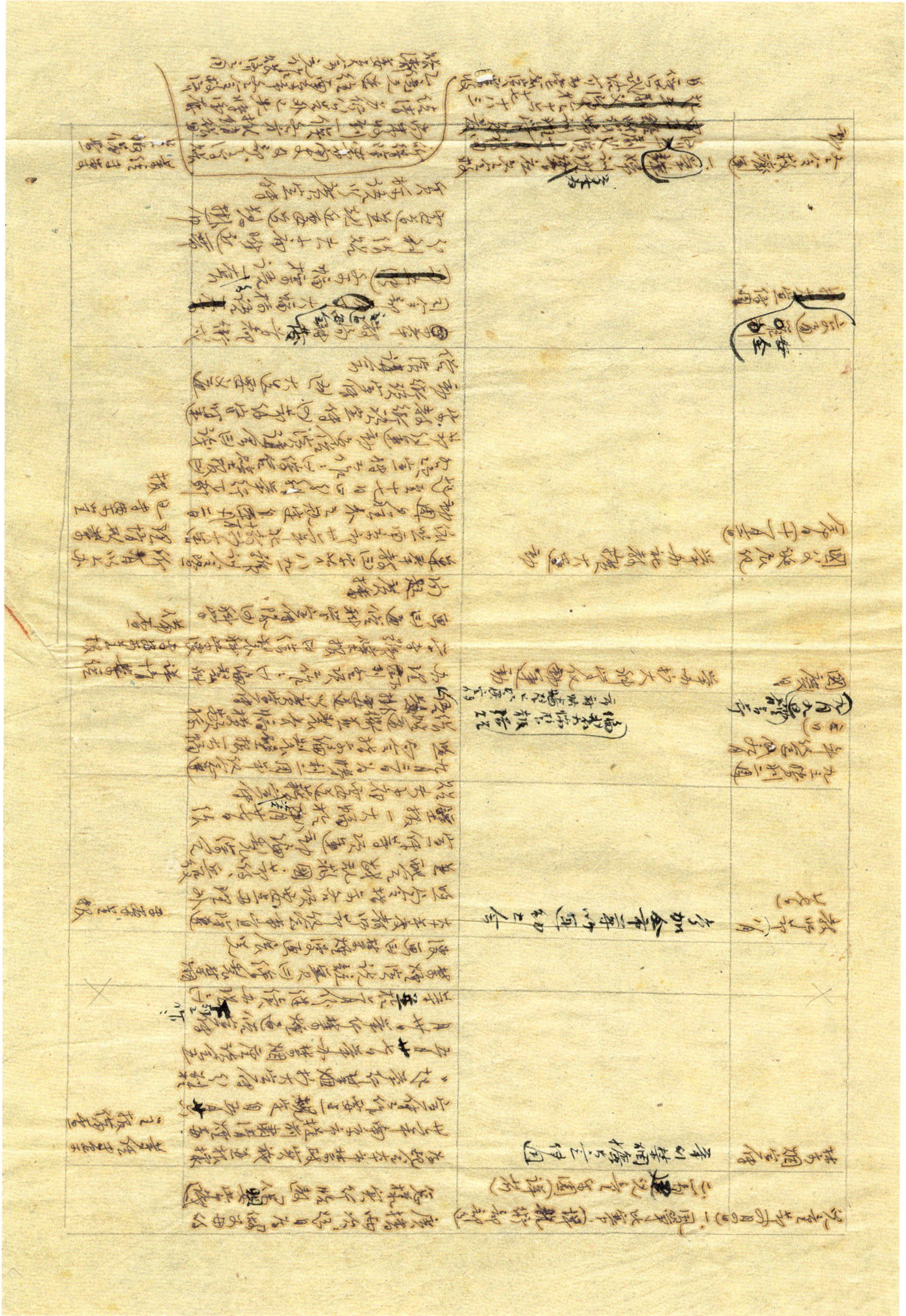

二、艺术部：

（一）陈列室　本馆陈列展览物品计分：（一）动植物类（二）矿物类（三）理化类（四）文物类等四大部分。上半年度分陈列一部、两大间室内，下半年度由省方拨发标本模型三大箱共三十八件，陈列室原有陈列物品分陈于一部、二部两室，以开展览，兹将一年来参观民众人数统计如次：

本馆陈列室参观民众人数统计表

月份	男	女	总
一月	407	172	579
二月	620	320	940
三月	592	245	837
四月	713	301	1014
五月	705	249	954
六月	726	149	875
七月	493	156	649
八月	679	453	1132
九月	649	399	1048
十月	705	300	1005
十一月	782	167	949
十二月	552	201	753
总计	7623	3112	10735

（二）口琴训练班　本馆为增高民众音乐兴趣，提倡正当娱乐，特举办口琴训练班，第一期于上半年度开始训练，结果尚称圆满，本年度仍继续办理，每期训练十周，课程由本馆聘请口琴专家范明珊先生担任，兹将本年度各期学员人数统计列表如左：

本馆本年度口琴班人数统计表

期别	高级	初级	计
第七期	3	11	14
第八期	10	14	24
第九期	14	23	37
第十期	4	6	10
第十一期	6	10	16
第十二期	18	24	42
第十三期	14	20	34
第十四期	13	23	36
第十五期	17	23	40
第十六期	1	10	11
总计	100	164	264

（三）举办各项展览会

1. 民教教材教具展览会　为唤起社会人士注重社会教育建设之民众教育，特举办民教教材教具展览会，自九月起至三日止，分列本馆陈列室，展出各类教材教具一千余件，参观民众甚为踊跃，结果圆满。

2. 禁烟漫画展览会（宣传）　为配合禁烟宣传，由省方向各校征集禁烟漫画四日二日止，播映由本館設計幻燈片，於六月三日起在本館書報閱覽室展覽三天，廿八二次展覽後，假新街口社會服務處繼續展覽三天。

3、協助本市兒童美術展覽會，會場佈置及指導均由本館派員協助辦理，並於十二月十三日協助在本館書報閱覽室舉行少年美術展覽。

4、協助首都交通安全圖片展覽，卅六年十二月十七日首都衛戍司令部假本館舉行首都交通安全圖片展覽，並商同本館派員協助佈置等項事宜。

(四) 辦理各項娛樂休閒活動 為提倡民間正當休閒活動起見，特利用時機舉行左列各項活動：

1、舉行風箏比賽 為慶祝本年兒童節及提倡健康正當娛樂，特於三月三十日在雨花台舉行風箏比賽，當日比賽完結，經評定優勝者，於四月四日在本館舉行給獎。

2、口琴比賽 於八月八日假姚家巷基督教堂舉行第二屆口琴演奏比賽，參加比賽者計甲組三人、乙組九人，經評判結果優勝者五人，分別給獎，並於同月十九日前往中央電台播送名曲。

3、越劇演唱競賽 於七月二日下午二時假夫子廟中華戲劇學校舉行，計參加競賽人員共三十餘人，延請[illegible]等三人為評判，經評判結果計錄取優勝者八名，並當場分發獎品。

(五) 編繪漫畫 除經常繪製壁報插圖外，並自本年六月份起按月編繪畫刊漫畫一期，六月份為禁煙專號，七月份為夏令衛生專號，八月份為尊師專號，九月份為學時運動專號，十月份為科學專號，十一月份為保[illegible]專號，十二月份為冬令救濟專號。

(六) 繪製各項統計圖表 茲將一年來繪製各項統計圖表數量列表如後：

期別　數量　項目	行政圖表	事業活動統計圖表	衛生圖表	其他	總共
上半年度	21	38	49	43	151
下半年度	30	32	68	78	208
計	51	70	117	121	359

（七）籌辦人員　本　本令令奉令令令民民市民間藝術會會會會

（七）籌辦地方戲劇人員訓練班　本館奉令會同南京市民間藝術改進會籌辦本市地方戲劇人員訓練班，業經擬具詳細計劃辦法中報，定明春開始訓練，每期訓練時間定為一月。

（八）籌設教育播音站　為實施播音教育推廣社教起見，特商請南京市教育局電化輔導處及市部廣播電台會同設立播音站址，設本館二樓內，經常收播有關教育節目播音，設備之裝置與修理技術方面由電化輔導處及市部廣播電台負責，管理及播放事宜則由本館辦理。

三、生計部部分

（一）結束第三救濟站工作：本館前為服務貧民，辦理救濟工作，曾聯合善後救濟總署蘇寧分署共同設立第三救濟站，於本年度十月正式成立，開始辦理申請救濟工作，先後經辦兩期共申請救濟貧民達六千餘人，迄至本年六月統□結束，並即辦理統計填表等項工作。

（二）辦理職業介紹工作：為謀貧民介紹職業起見，特於本館附設社會服務處內設置職業介紹部，內經常辦理登記失業民眾求人才及徵求職業事項，一年來經辦情形及數量統計已詳載社會服務處工作項內。

（三）籌設會計簿記補習班　為實施職業教育訓練會計職業知能起見，曾於本年十月開始籌設會計職業補習班，並經呈准設立，以開學時期過晚，學生不多，未能如期上課。

（四）籌辦消費合作社　為推行合作事業實施生計教育，擬組設消費合作社一所，經擬訂辦法呈局核示中。

四、總務部分

（一）公文處理　一年來公文處理情形列表述明於下：

	期間	上半年度	下半年度
收文部分	訓令	47	52
	指令	49	41
	代電	3	8
	公函	40	32
	便函	30	66
	通知	10	15
	其他	23	10
發文部分	呈	57	64
	代電	0	1
	公函	12	45
	便函	30	12
	通告	7	11
	其他	20	23

（七）籌辦人文 本 本年全年全全民民民向民向藝年年年年

（七）籌辦地方戲劇人員訓練班　本館奉令會同南京市民眾藝術促進會籌辦本京地方戲劇人員訓練班業經擬具詳細計劃訂立合辦辦法中

（八）放映電影　本館為實施電化教育特商請南京市教育局電化教育輔導處（及中央第一電教隊）到館放映電影三次第一次於三月廿日在朝天宮第二次於七月七日在夫子廟放映科學新聞片（放映我國抗戰風景片）第三次於十二月六日在夫子廟大成殿前廣場為一國民學校放映時事及教育片每次放映觀眾均在千人

……救濟工作當聯合善後……月份正式成立同時辦理……一千餘人迄至本年六月……設備之裝置與修理及放映等事宜均由本……

（二）辦理職業介紹工作　為服務民眾（推行職業工作）起見特於本館附設社會服務處內設置職業介紹部內經常辦理各界失業求人求職業事項一年來經辦情形及數量統計已詳報告部分社會服務處工作項內

（三）籌設會計補習班　為實施職業教育訓練會計職業人才起見曾於本年十月間籌設會計職業補習班並經呈准設立以開學時期逾晚報名學生不多致未能如期上課

（四）籌設消費合作社　為推行合作事業實施生計教育組設消費合作社一所擬訂辦法呈向核示中

四、總務部分

（一）公文處理　一年來公文處理情形列表如下：

期間	收文部分							發文部分					
	訓令	指令	代電	公函	便函	通知	其他	呈	代電	公函	便函	通告	其他
上半年度	47	49	3	40	30	10	23	57	0	12	30	7	20
下半年度	52	41	8	32	66	15	10	64	1	45	12	11	23

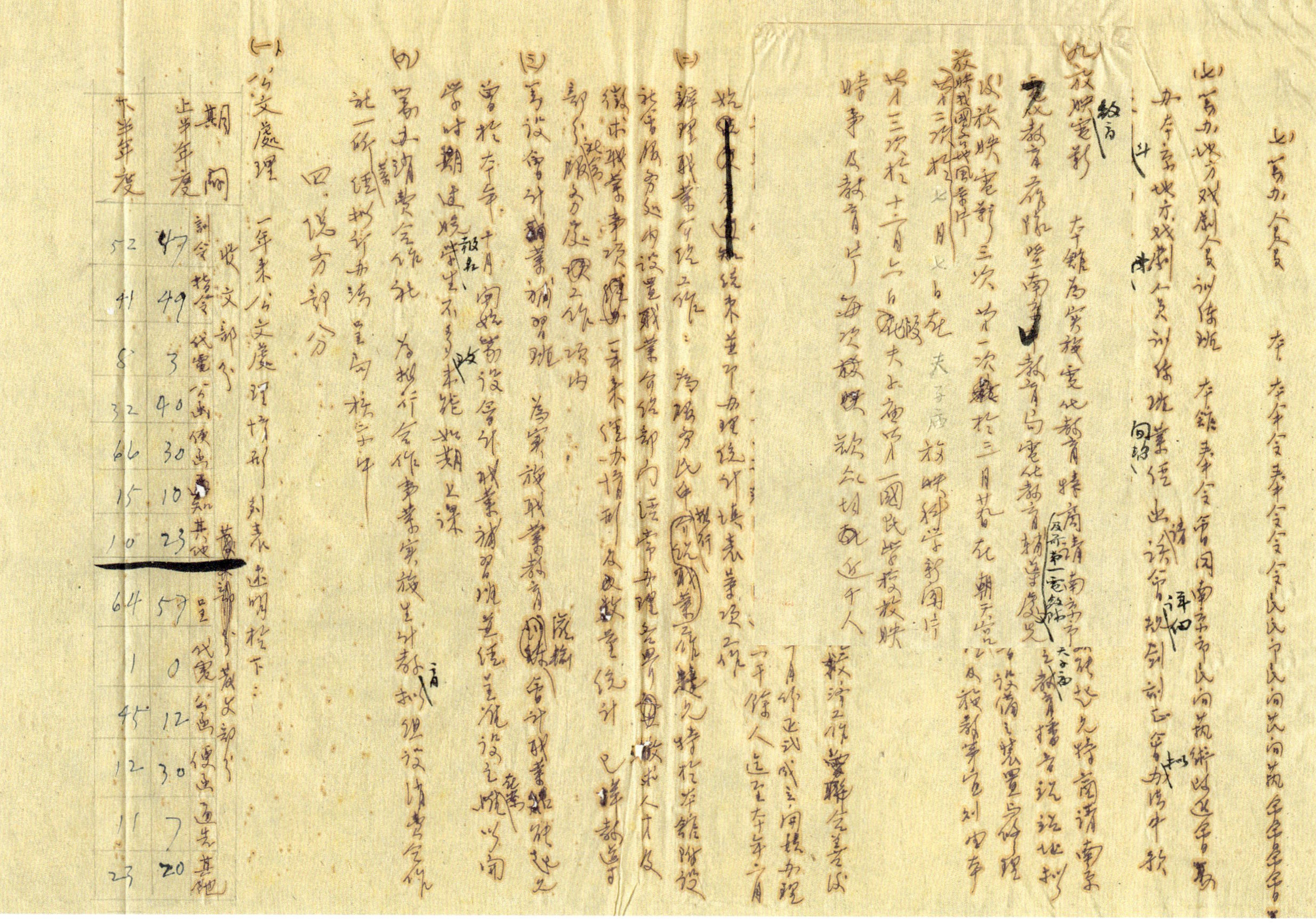

(二)修建經費　本校經常費以[illegible]節約，[illegible]之數，[illegible]二十九年度[illegible]一部[illegible]修[illegible]，[illegible]支出[illegible]，[illegible]列表於次：

修建部分	時間	用款數目	備註
修[illegible]	[illegible]	九,000,000元	
[illegible]圖書	十二月[illegible]	一,[illegible]00,000	

(三)經費收支概況：[illegible]本年度經常費收支情形列表如次：

項目	收入之部	支出之部	備註
經常費	七[illegible]0,210元	七一,八0五,000元	四月至十二月份
[illegible]費			[illegible]
[illegible]補助費	九八,[illegible]四八,000元	九八,四八0,000	十二月[illegible]
計	一0五,五三八,五一0,00	一0五,三三八,五一0,00	
[illegible]	壹,000,000.00元 六,000,000.00 一,000,000.00 [illegible]00,000.00 九,000,000.00	全上	
計	一七,000,000.00	一七,000,000.00	

(四)[illegible]及[illegible]　[illegible]

(五)[illegible]工作概況　[illegible]

(六)[illegible]　[illegible]

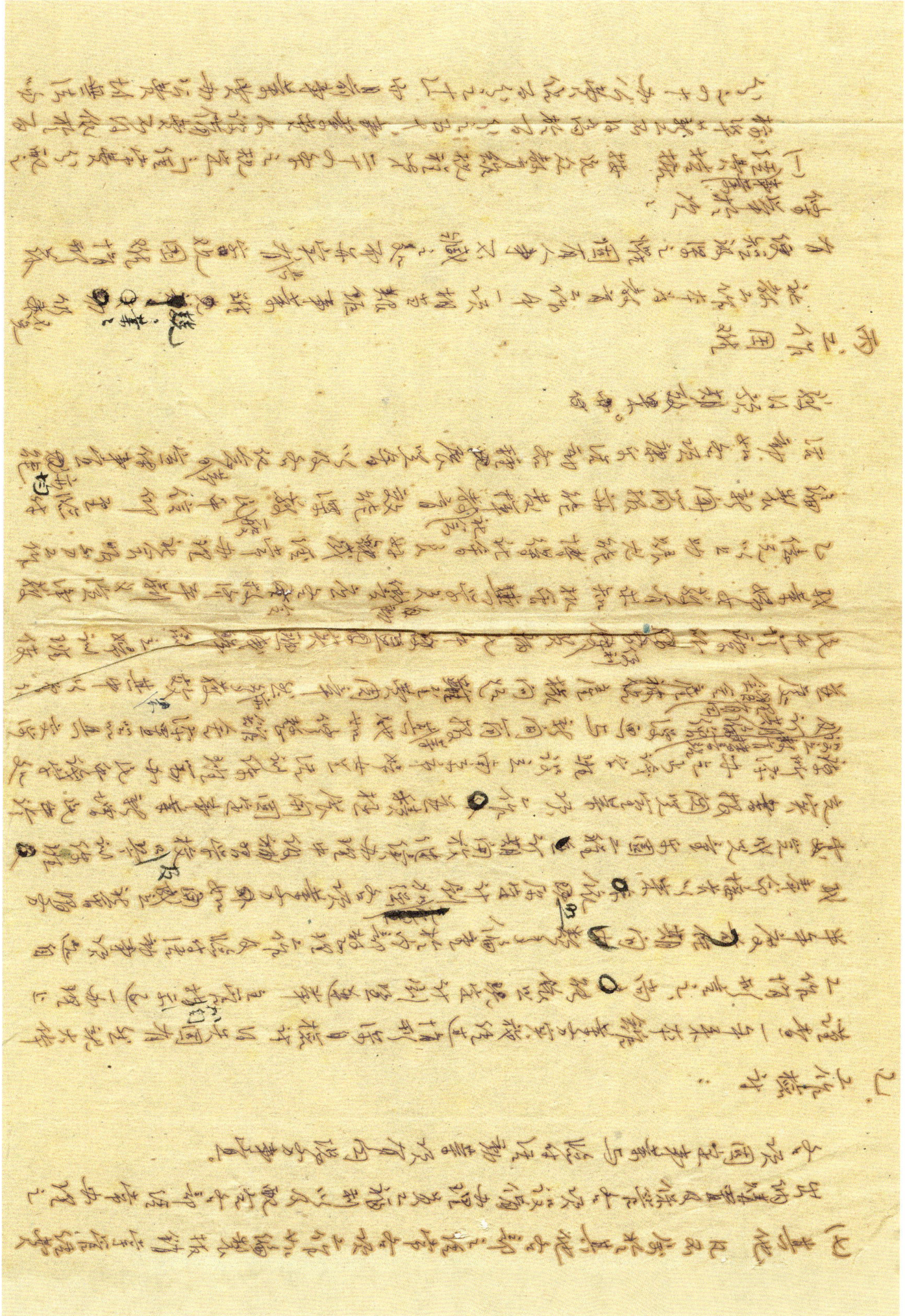

乙、工作檢討

丙、工作困難

今規定此事業費用為教性緻設新的董事會開會，實無可諱言。

（二）原有各項社教工具多已老朽無法應用，屢經損毀無從補充，修好補充。

（三）工作人員缺乏，修備器嘹塘都有在日老月異之事業缺訟新工作。人員尤需遷徙不斷之進修妁施修佳愉快卻疲有疲。人徙事務繁重無暇進修可欲遵循道修並芳無道孟記以備可供应用。

（四）館舍不敷应用，社教工作範围離所需場所尚望為能多又罢刈一切。事業之定将無傷設開覽免旺应用林，故前段恨夜之工作全无可缺全。

新聞稿

南京市立第一民衆教育館爲提倡健康教育，發揚民間固有運動，特訂於一月廿六日在該館與業餘團舉行踢毽比賽，報名日期自一月十三日起至一月廿日止，報名地點夫子廟五十七號該館第一部、貢院街卅九號之一該館書報閱覽室及該館附設之社會服務處三地，希各市民踴躍報名參加

右列新聞稿一則，煩請轉發本市各報社登載爲禱

此致

中央通訊社

十三日以後發

張 一、八

請

王炳詞先生偏勞一份送中央通訊社

爲舉辦踢毽比賽的一組文件

南京市立第一民衆教育館爲舉辦踢毽比賽進行報名的新聞稿（一九四八年一月八日）

檔號：1018-1-28

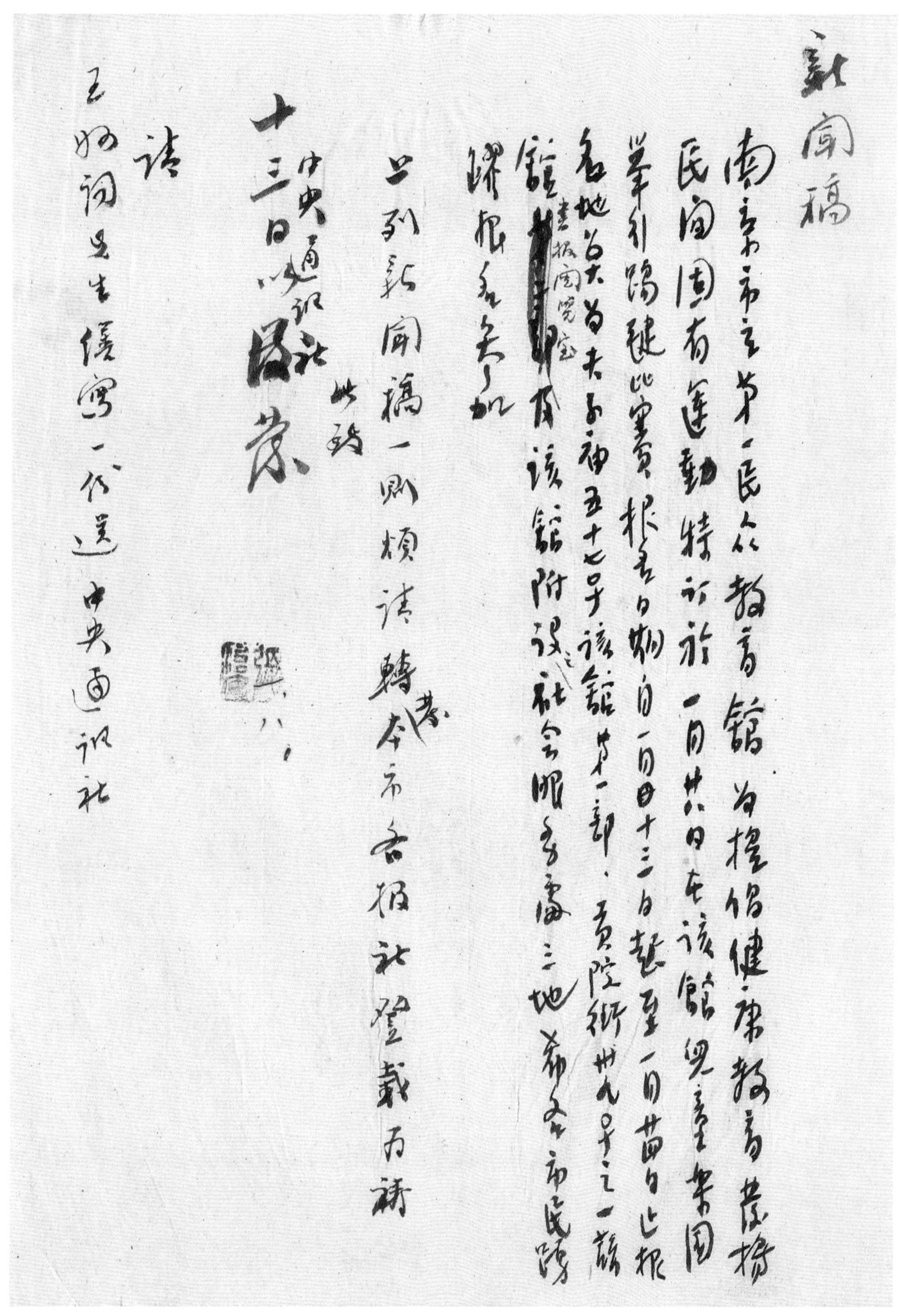

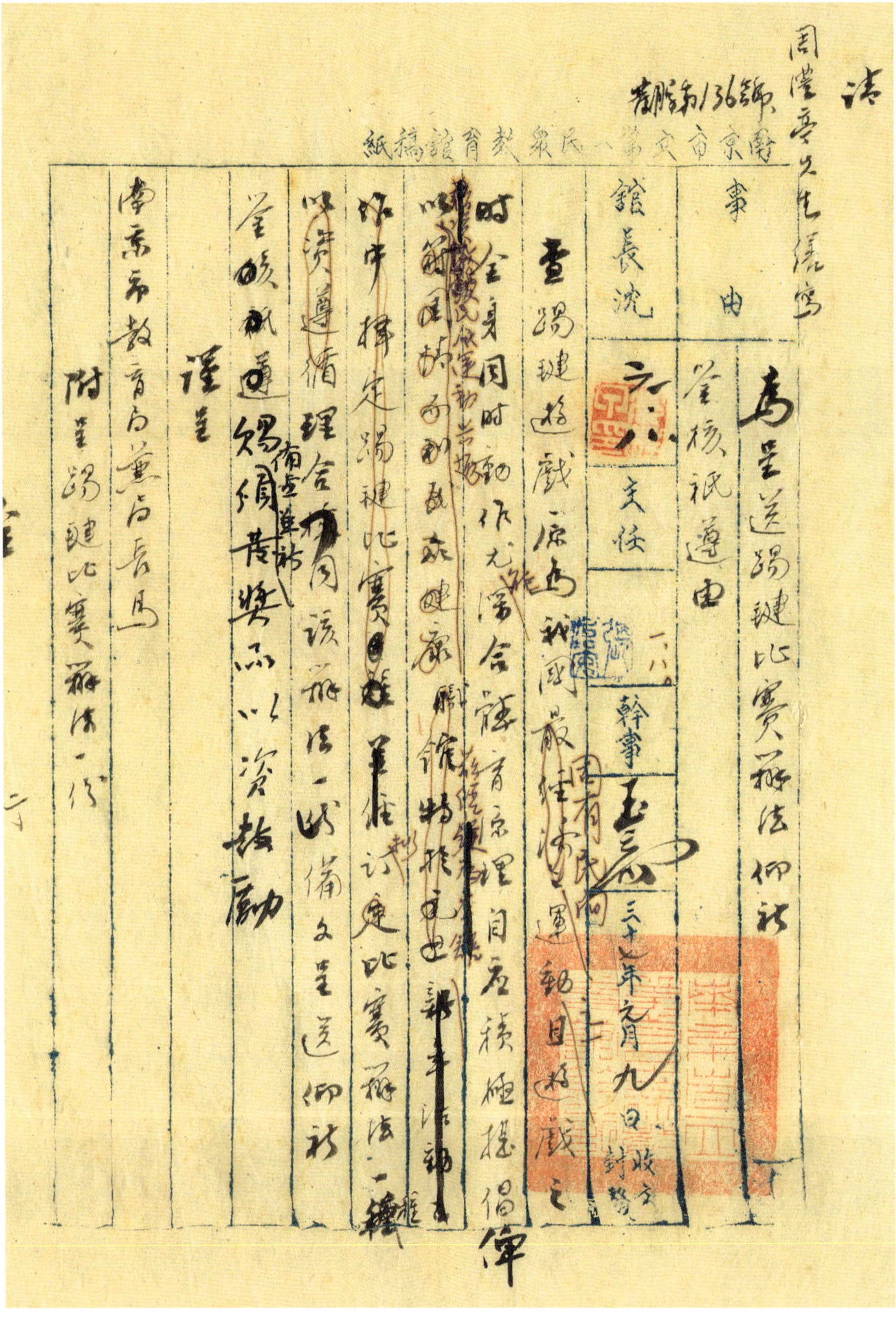
南京市立第一民衆教育館稿紙
教社字第136號

事由：爲呈送踢毽比賽辦法仰祈鑒核祇遵由

館長沈
幹事
三十七年元月九日收文 封發

查踢毽遊戲原爲我國最佳之運動且此遊戲之時全身同時動作尤富合乎體育原理自應積極提倡以發揚國術而利民族健康職館特於新年活動中擇定踢毽比賽並釐訂比賽辦法一種以資遵循理合檢同該辦法一份備文呈送仰祈
鑒核祇遵備查並請頒發獎品以資鼓勵
謹呈
南京市教育局局長馬
附呈踢毽比賽辦法一份

南京市立第一民衆教育館爲送踢毽比賽辦法給市教育局的呈文（一九四八年一月九日）

附：比賽辦法

檔號：1018-1-28

南京市立第一民衆教育館踢毽比賽辦法

(1) 本館爲提倡健康教育發揚我國固有之民間運動特舉辦踢毽比賽

(2) 凡年在十二歲以上之男女均可報名參加

(3) 報名日期自民國三十七年一月十三日起至一月二十四日止

(4) 報名地點分下列三處

A. 夫子廟五十七號本館第一部辦公室

B. 夫子廟三十九號本館社會服務處

C. 貢院西街三十九號之一本館書報閱覽室

(5) 比賽時間在三十七年一月二十八日起每日上午九時至十二時下午二時至五時

(6) 比賽地點暫在本館兒童樂園競賽場内如遇風雨則另擇室内舉行

(7) 本比賽分男女二組

（8）比賽項目男子組分跳、蹺、環、剪，女子組分跳、蹺、環、盤，除上列指定項目外，各人再自由表演一種特殊技術

（9）評判標準每組每項各取三名，第一名得三分，第二名得二分，第三名得一分，然後將五項總分數相加，以得分最多者為冠軍

（10）各組踢毽除盤踢外，其餘概以過頭為合格（係指最後一個過頭）

（11）凡參加比賽者於每項中踢兩次，以較多之一次為正式記

（12）每組各錄取三名

（13）比賽時所踢之毽子由各人自備

（14）凡參加比賽者須携帶本館發給之參加比賽證，經校驗後方可與賽

（15）凡參加比賽經錄取者由本館發獎品

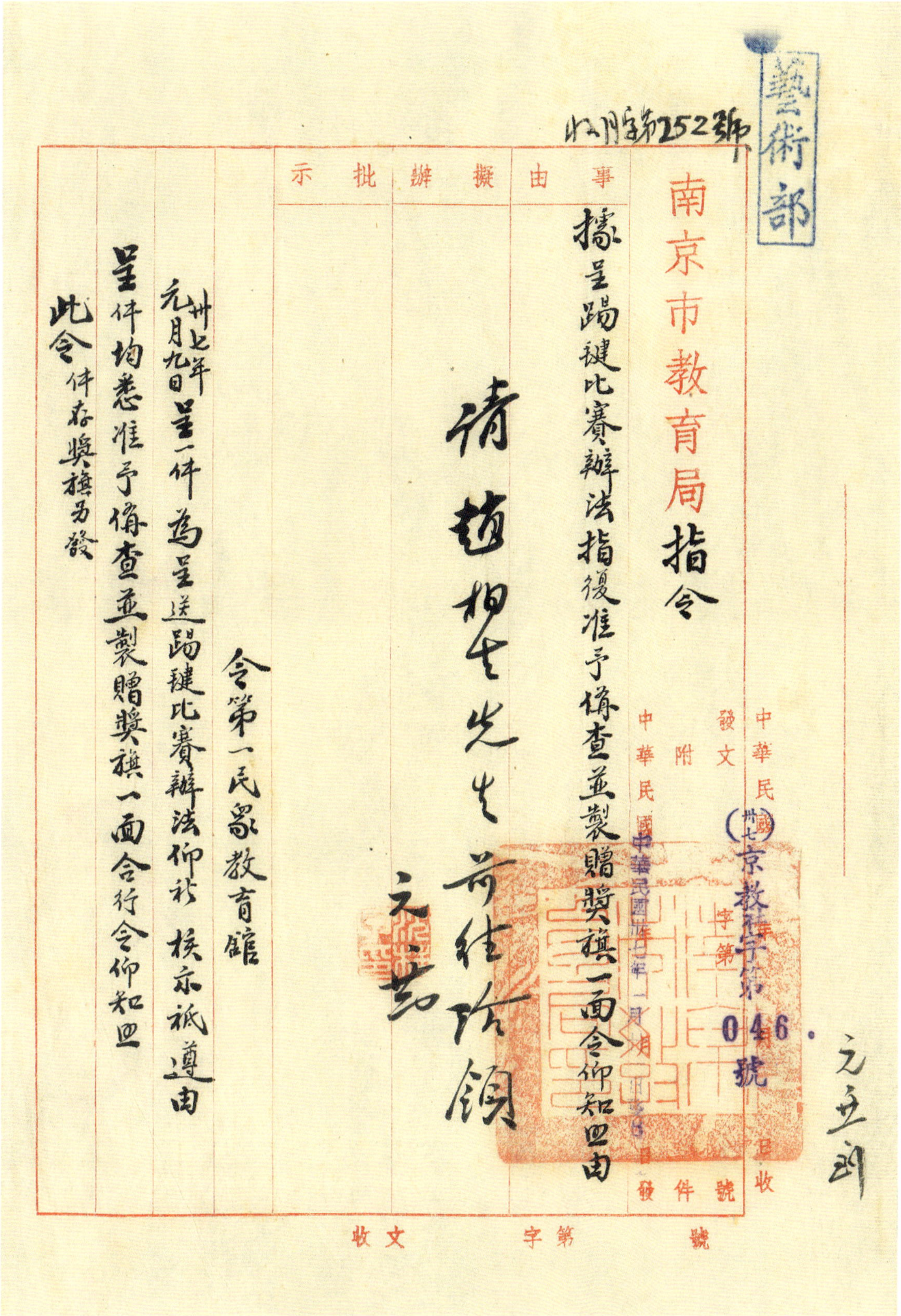
藝術部

收附字第252號

南京市教育局指令

事由：據呈踢毽比賽辦法指復准予備查並製贈獎旗一面仰知照由

擬辦：請趙相如先生前往領

發文 中華民國卅七年 京教社字第046號

令第一民衆教育館

卅七年元月九日呈一件 爲呈送踢毽比賽辦法仰祈 核示祇遵由

呈件均悉 准予備查並製贈獎旗一面 合行令仰知照

此令 件存 獎旗另發

收文 字第 號

南京市教育局爲據呈踢毽比賽辦法準予備查并制贈獎旗一面給市立第一民衆教育館的指令

（一九四八年一月二十日）

檔號：1018-1-28

兼局長 馬元放

監印 華贊清

校對 袁濟秀

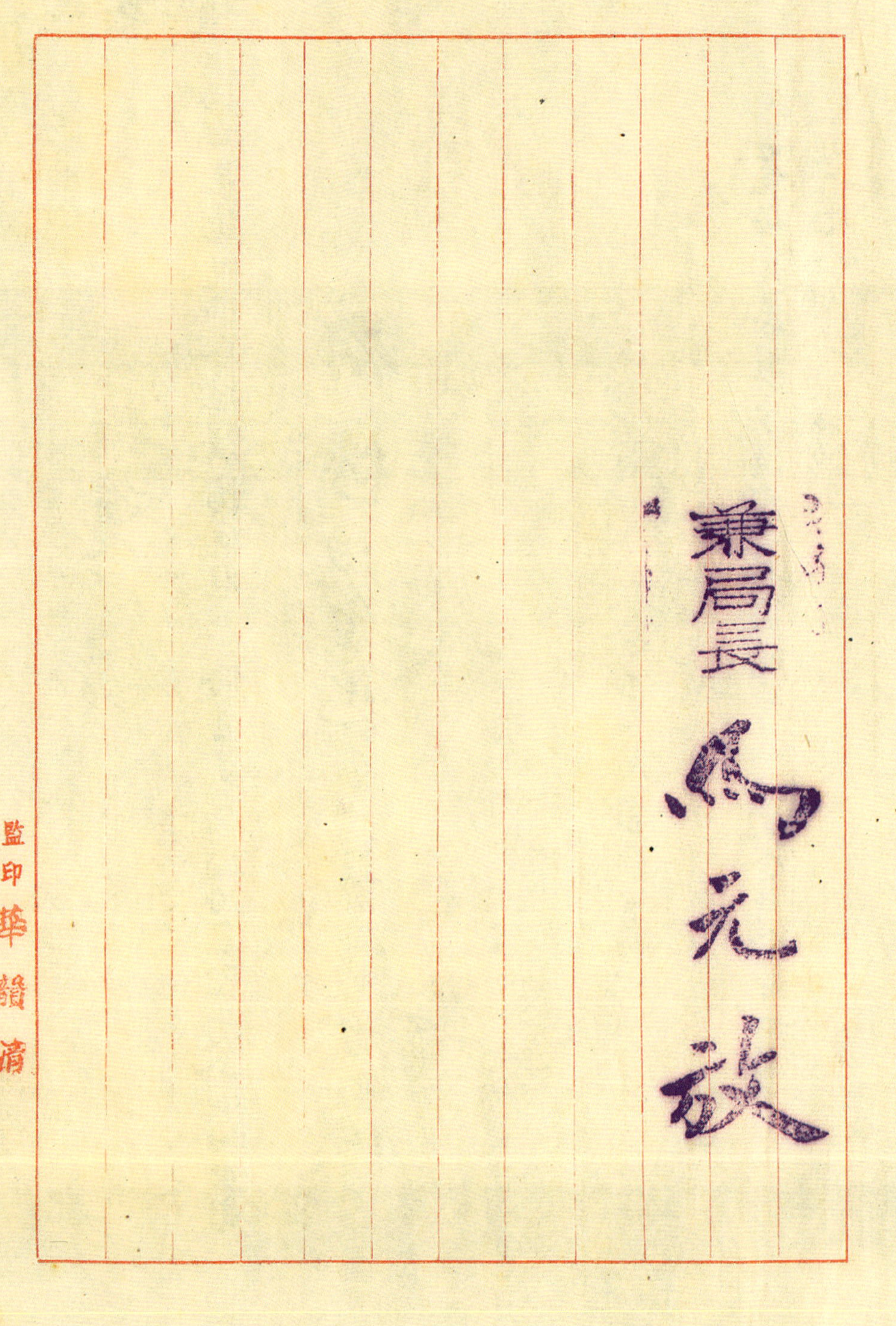

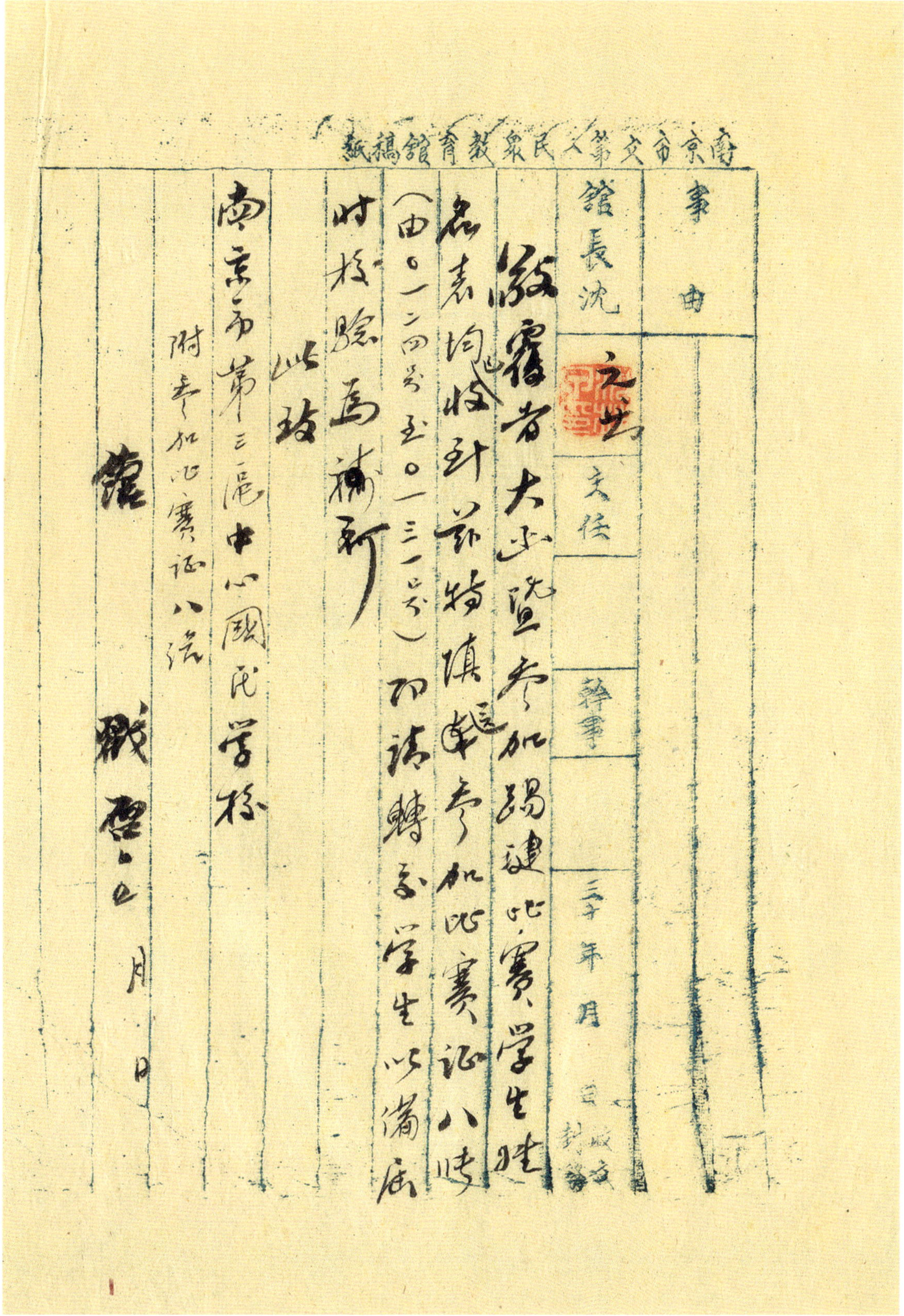

南京市立第一民衆教育館稿紙

事由

館長沈 之

主任

幹事

三十年 月 日 封發

敬覆者：大函送參加踢毽比賽學生姓名表均收到，茲特填送參加比賽證八張（由〇一二四号至〇一三一号），即請轉交學生，以備屆時檢驗爲禱。

此致

南京市第三區中心國民學校

附參加比賽證八張

館 職啓 月 日

南京市立第一民衆教育館爲填送參加比賽證給市第三區中心國民小學的公函（一九四八年一月二十一日）

附：參加踢毽比賽證

檔號：1018-1-28

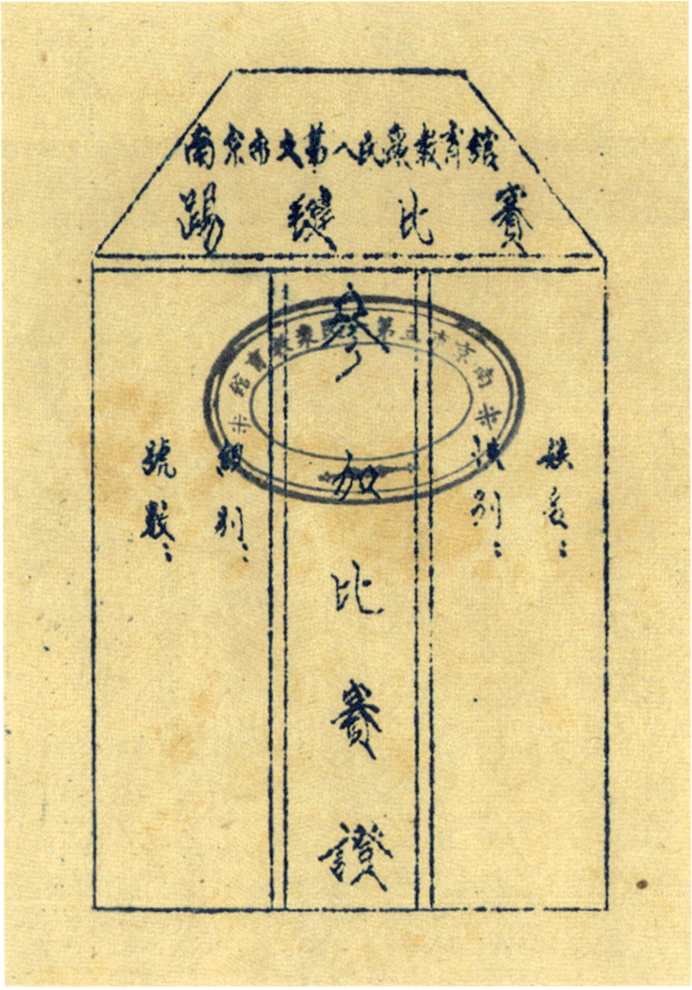

南京市第八民衆教育館
踢毽比賽

姓名：
班別：
參加比賽證
級別：
號數：

南京市立第八民衆教育館

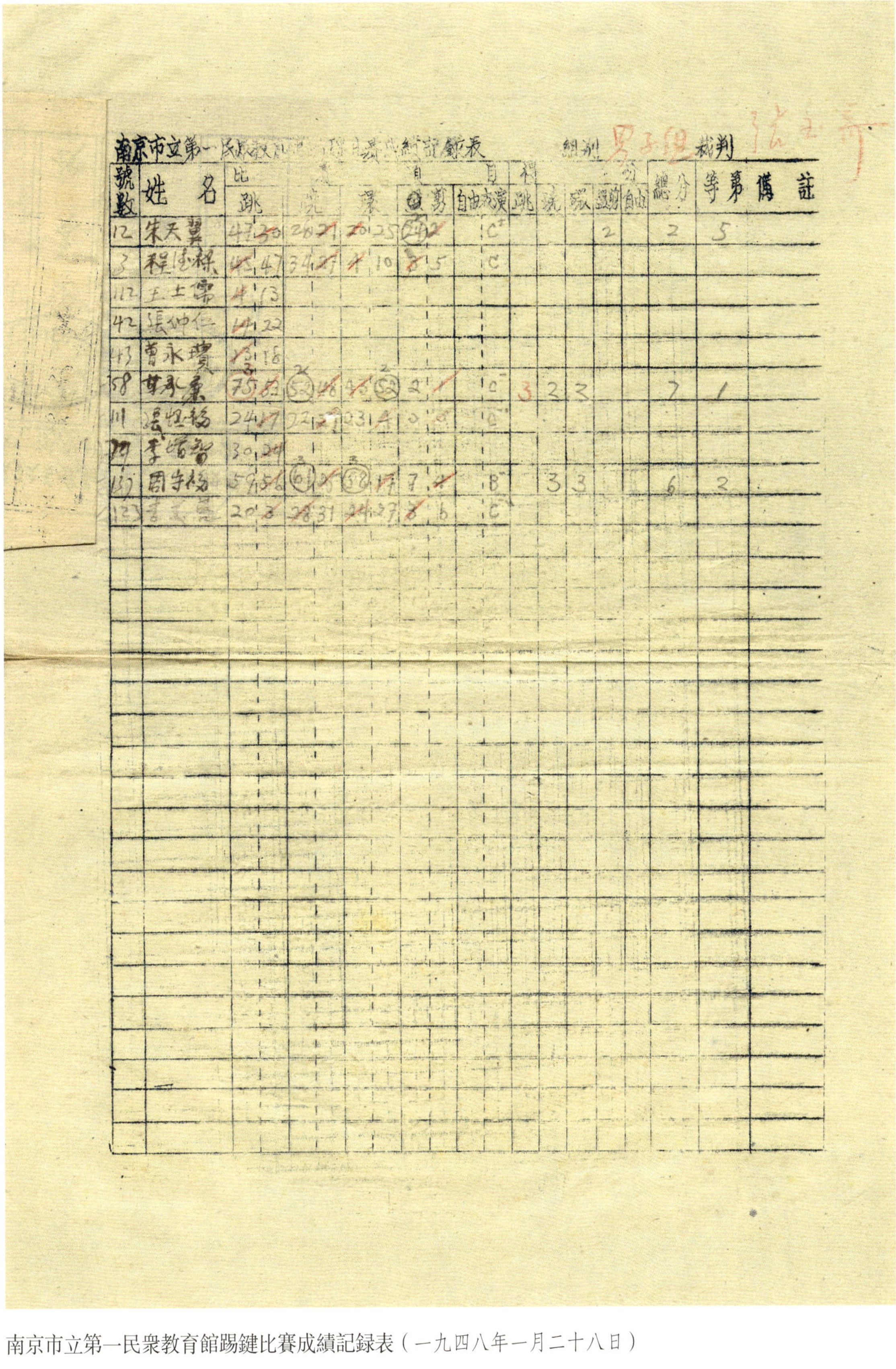

南京市立第一民衆教育館踢毽比賽成績記録表　組別　男子組　裁判　張玉彥

號數	姓名	跳		繞		環		盤踢		自由表演		跳	繞	環	盤踢	自由	總分	等第	備註
12	朱天翼	47	50	28	21	20	25	24	2		C+				2		2	5	
3	程德祿	45	47	34	27	4	10	8	5		C								
112	王士霖	4	13																
42	張仲仁	44	22																
113	曹永瓚	13	18																
58	甘永康	75	83	52	46	43	52	2	1		C-	3	2	3			7	1	
111	[illegible]	24	17	22	21	23	4	0	8		C-								
[illegible]	李培智	30	24																
[illegible]	周宇楊	59	56	61	[illegible]	58	17	7	4		B-		3	3			6	2	
[illegible]	[illegible]	20	3	28	31	24	27	8	6		C								

南京市立第一民衆教育館踢毽比賽成績記録表（一九四八年一月二十八日）

檔號：1018-1-28

南京市立第一民衆教育館踢毽比賽成績記錄表　　組別　男子組　裁判　張玉亭

號數	姓名	比賽項目 跳		蹺		環		盤剪		自由表演	得分 跳	蹺	環	盤剪	自由	總分	等第	備註
4	李成慈	~~43~~	62	39	~~24~~	~~32~~	33	~~3~~	6	C	1					6	5	
7	謝家祥	43	~~35~~	~~X~~	27	~~34~~	36	1	~~X~~	C⁻								
49	吳嘉惠	~~14~~	20	25	~~36~~	21	~~13~~	~~8~~	5	C⁺								
89	毛啟華	~~54~~	61	31	~~13~~	~~17~~	28	~~8~~	30	C⁻				3		3	4	
109	魯長生	~~24~~	25	20	~~15~~	~~16~~	19	~~X~~	4	C								
115	孫永壽	~~34~~	51	38	~~34~~	~~30~~	36	~~X~~	6	C⁻								
55	丁善全	31	~~36~~	30	~~X~~	~~X~~	32	1	~~X~~	D								
6	施國植	~~X~~	7	9	~~X~~	6	~~X~~	0	0	D								
23	馬相仁	~~X~~	23	22	~~20~~	~~X~~	17	15	~~X~~	C								
22	錢天佐	~~20~~	30	~~3~~	25	22	~~20~~	~~19~~	20	C⁺				1		6	6	
24	顧松樑	45	~~13~~	~~X~~	17	30	~~34~~	~~X~~	4	B								
21	陳紀文	~~40~~	59	~~36~~	38	~~30~~	41	17	~~X~~	D⁺								

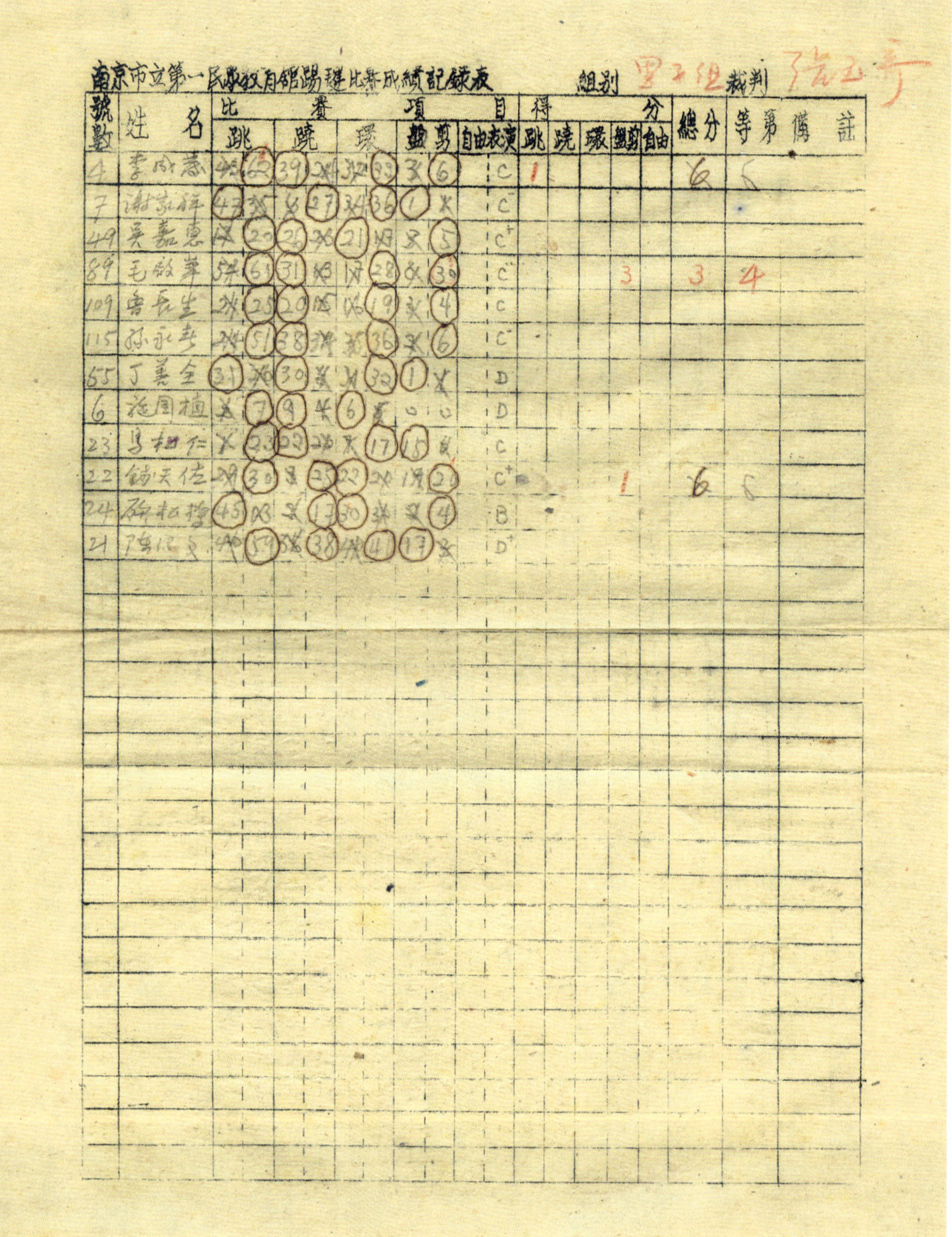

王士俊
任健

南京市立第一民衆教育館踢毽比賽成績記錄表　　組別 男子組　裁判

號數	姓名	比賽項目 跳		踢		盤		繞剪		自由表演		得分 跳	踢	盤	繞剪	自由	總分	等第	備註
117	哈國林	2	7	10	9	3	11	3	2	48									
5	袁桂堂	42	16	27	54	18	136	17	18	90	拉								
72	柏友雲	14	55	2	48	2	43	1	1	0		2	1	1		4	4	3	
145	王炳棠	26	42	9	14	6	3	0	1	120									
122	许德善	11	62	33	0	32	13	1	6	56		1				9	1	6	
44	王芬年	25	1	14	23	6	24	8	4	26									
8	陳其福	6	4	3	21	6	8	7	5	68									
79	[illegible]	4	28	2	5	2	11	3	3	49	拉								
~~58~~	~~甘承康~~																		
~~111~~	~~張探~~																		
~~123~~	~~李完喜~~																		
40	吴杰傑	25	21	28	13	7	5	6	3	36	17								上款
82	吴有明	2	3	2	17	9	9	3	1	1	1								踢腿
136	吴[illegible]																		
147	金宏馨	29	45	3	24	23	15	2	5		C+								上款
54	王鳳鄂	6	16	32	28	26	23	4	5		B								脚上[illegible]
148	吴维礼	26	23	28	7	14	25	5	3		D+								上頭
149	王宏仁	31	19	35	6	1	2	5	2		C-								
110	陈亮春	41	40	32	1	1	33	13	13		B								上款，[illegible]
143	姜瑞和	6	8	1	11	14	6	2	1										

南京市立第一民眾教育館踺球比賽成績記錄表　組別 女子組　裁判

號數	姓名	比賽項目 跳		踺		環		盤罰		自由表演		得分 跳	踺	環	盤罰	自由	總分	等第	備註
49	徐绍義	6	1	1	21	9	17	1	[illegible]	[illegible]									
108	徐明珠	1	27	14	1	9	18	302	1	[illegible]									
121	姚翠英	18	21	14	8	7	10	1	120	[illegible]					3				特殊技術
138	周玉華	2	6	2	10	3	1	4	14	B									
049	[illegible]	29	18	7	16	8	12	4	[illegible]	A		1	1		2		4	3	
16	李德培	22	15	14	6	12	2	364	50	13	77				1				踺，上踺
17	張宝琳	2	8	5	5	4	11	17	8	11	7								上踺
19	陳瑞榆	8	10	4	8	7	1	2	23	2	3								環
50	馮秀如																		
~~14?~~	~~金宏~~																		

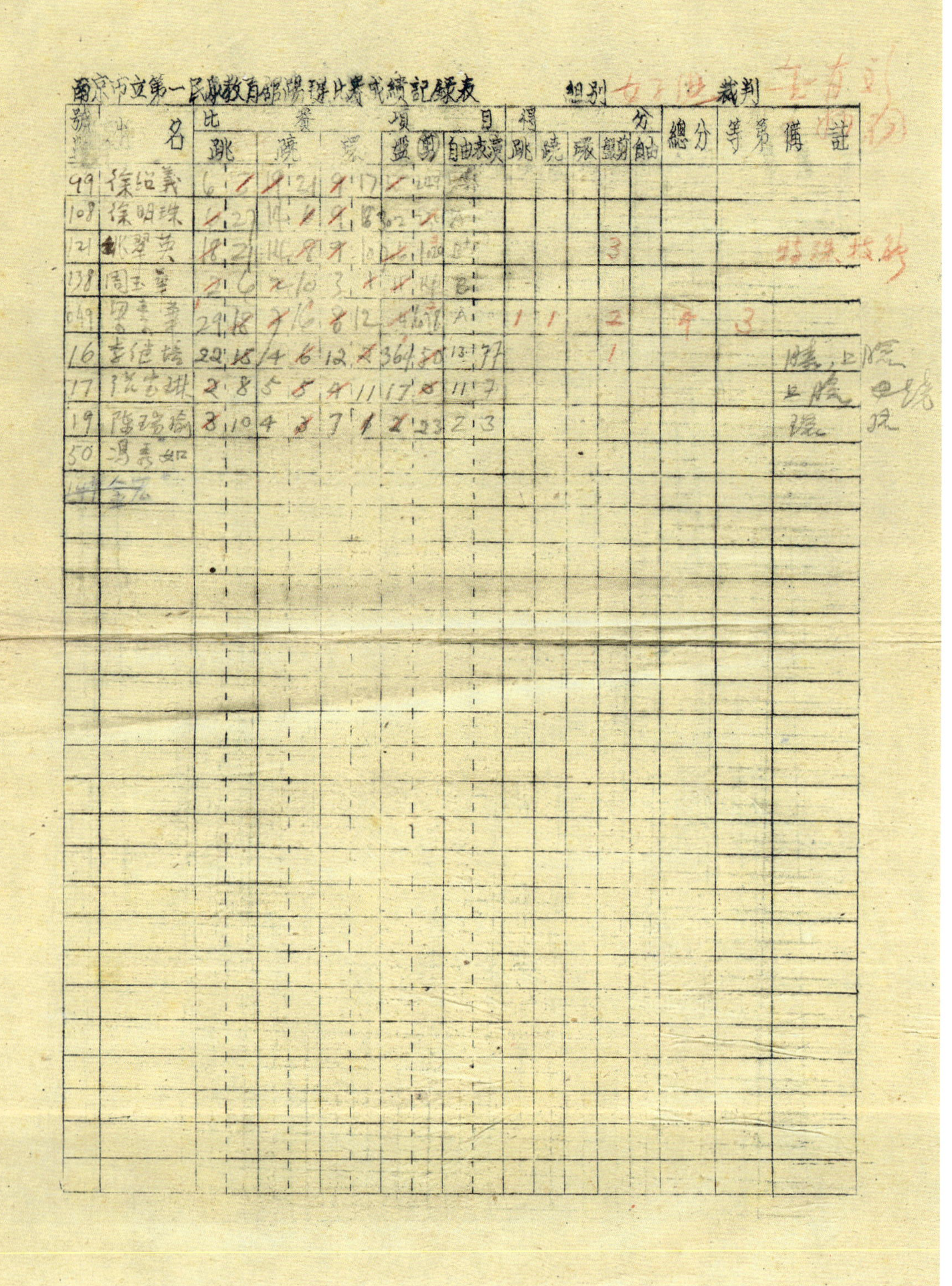

南京市立第一民眾教育館踢毽比賽成績記錄表　　組別　女子組　裁判　朱祖蔭

號數	姓名	比賽項目 跳		踺		毽		盤踢		自由表演	得分 跳	踺	毽	盤踢	自由	總分	等第	備註
47	徐如寶	8	23	11	34	33	39	35	10	1	3	3	3			9	1	
103	李腊珍	6	11	8	6	8	4	33	61	78								
101	田淑芳	20	8	2	7	9	22	3	31	4			2					
102	夏韻秋	45	36	22	21	17	22	106	16	51	2	2	2			6	2	
135	萬玉珍	19	21	4	7	12	7	3	2	87								
105	王寶霞	6	1	3	3	1	1	0	0	116								
104	陳惠寧	16	18	10	9	11	2	3	48	63								
159	何錦瑤	14	21	10	11	4	13	74	102	65								勝上
151	吳雲卿	24	21	8	13	21	13	58	108	79			1					[illegible]

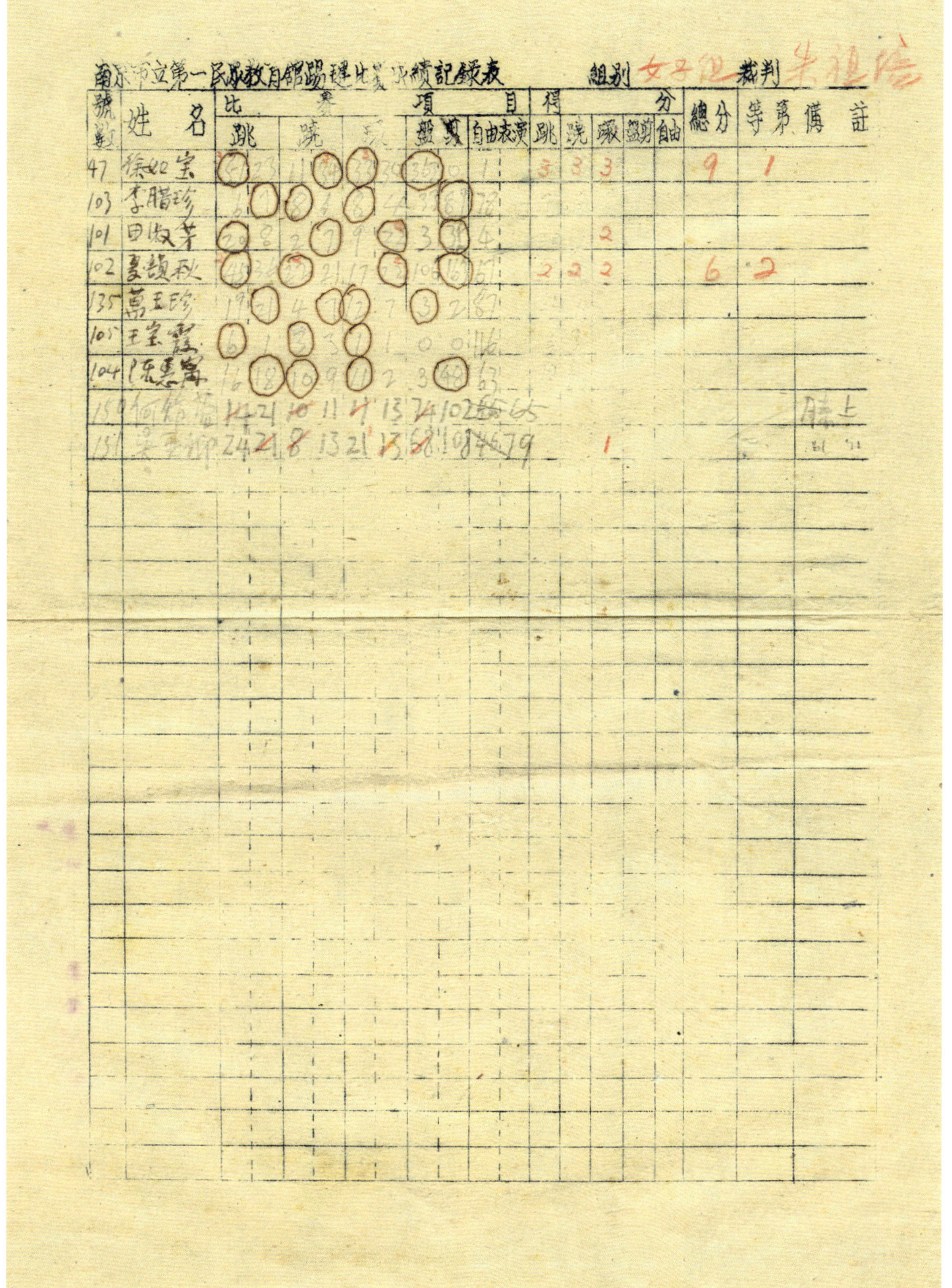

得獎名單

南京市立第一民衆教育館踢毽比賽成績記錄表　　組別　　裁判

組別	號數	姓名	比賽項目：跳	毽	環	盤剪	自由表演	得分：跳	毽	環	盤剪	自由	總分	等第	備註
男子組 中	58	甘承康	75	52	52	12		3	2	2	0		7	①	
小	137	周守福	59	61	58	7		0	3	3	0		6	②	
中	72	柏支寶	74	48	43	1		2	1	1	0		4	③	
✓中	89	毛啟華	61	31	28	30		0	0	0	3		3	④	剪. 特殊
✓小	12	朱天翼	47	28	25	24		0	0	0	2		2	⑤	
	4	李成業	62	39	33	6		1	0	0	0		1	⑥	
小	122	許德榮	62	33	32	6		1	0	0	0		1	⑥	
✓中	22	錢天佑	30	25	22	20		0	0	0	1		1	⑥	
女子組 ✓小	47	徐如寶	51	34	33	363		3	3	3	0		9	①	
✓小	102	夏韻秋	45	22	22	163		2	2	2	0		6	②	
✓中	49	梁素華	29	16	12	678		1	1	0	2		4	③	
小	151	吳亞卿	24	13	21	108		0	0	1	0		1	④	
✓小	16	李健培	22	14	12	364		0	0	0	1		1	④	
✓特殊技能 中	121	姚翠英				1020	以單踢計該計2040								計時卅5鐘

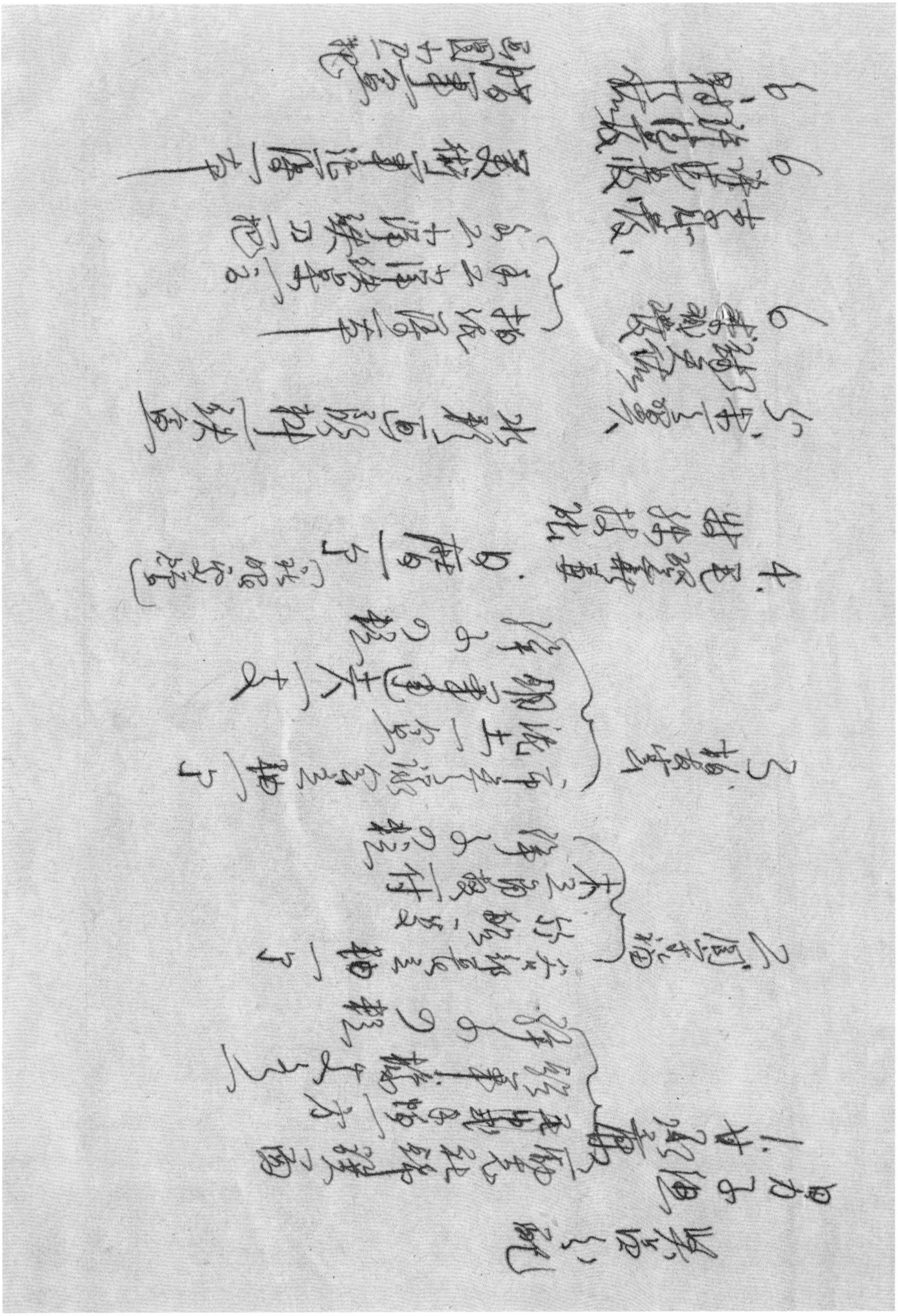

南京市立第一民衆教育館踢毽比賽獎品分配表（一九四八年一月二十八日）

檔號：1018-1-28

女子組：

1、徐如愛　表面鏡模(?)一方
　　　　　白手帕一條
　　　　　肥皂一塊
　　　　　練字四格(?)

2、王(?)文秋(?)　英□長三軸一幅
　　　　　半圓量角器一個
　　　　　圓規一個
　　　　　練字四格(?)

3、梁吉英(?)　東(?)中人□□三軸一個
　　　　　格子四個(?)
　　　　　針線盒一
　　　　　鋼筆一枝

4、李(?)德瑤(?)
　　蔡嘉(?)　車(?)燈三軸一個
　　　　　大本寫簿一付(?)
　　　　　練字四格(?)

姚(?)瑞珠(?)　美國牙刷一支

姚宏(?)實　牙粉一筒(?)

5、朱(?)蓮瑤(?)　筆記簿(?)一個

岑(?)靜卿(?)　鉛筆(?)一打(?)

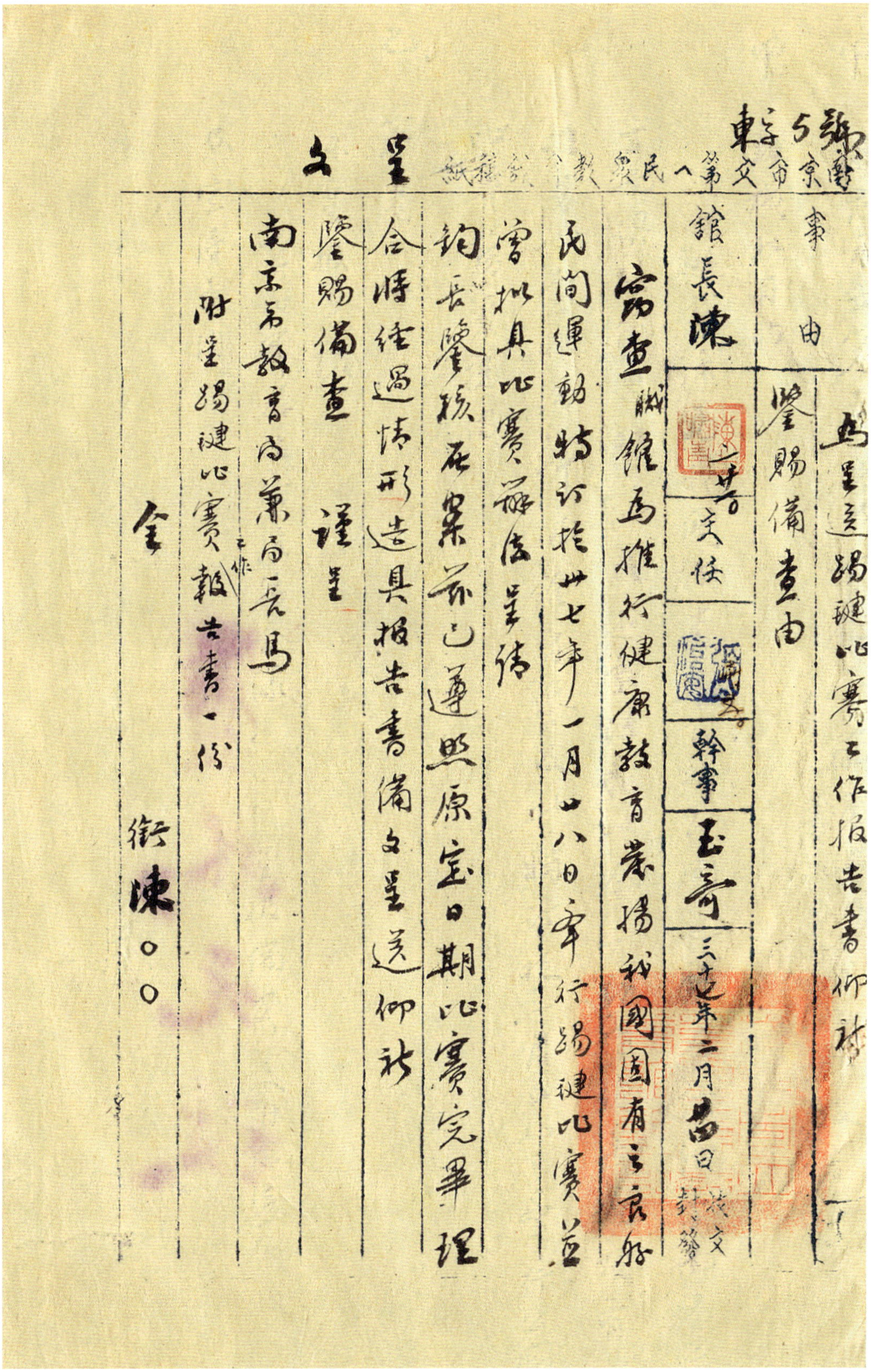
南京市立第一民衆教育館稿紙

呈文

事由：為呈送踢毽比賽工作報告書仰祈鑒賜備查由

館長陳　幹事玉奇　三十七年二月廿四日封發

窃查職館為推行健康教育、發揚我國固有之良好民間運動，特訂於卅七年一月廿八日舉行踢毽比賽，並曾擬具比賽辦法呈請
鈞長鑒核在案。茲已遵照原定日期比賽完畢，理合將經過情形，造具報告書，備文呈送，仰祈
鑒賜備查。謹呈
南京市教育局局長馬
附呈踢毽比賽工作報告書一份
全銜　陳〇〇

南京市立第一民衆教育館爲送踢毽比賽工作報告書給市教育局的呈文（一九四八年二月二十四日）

附：工作報告

檔號：1018-1-28

南京市立第一民众教育馆举办踢毽比赛工作报告

甲、动机和目的

踢毽游戏原为我国固有之民间运动，在经济方面、场所方面俱极简便，加以此种游戏活动时全身动作亦多，颇有益于身心，实非浅鲜。职馆有鉴及此，特订于一月廿八日举行公开比赛，藉资提倡。

乙、筹备工作

A、呈报事项：

1、拟订比赛办法经馆务会议修正后呈报备案（附办法）

B、宣传事项：

1、缮制踢毽比赛通告多份张贴本市通衢

2、函请本市各中小学校转知学生踊跃参加

3、缮发新闻稿送请本市各报社刊登

六、徵求獎品　為增加參與比賽者之興趣起見，特函各機關團體徵求獎品分發比賽優勝者，以資鼓勵。茲將各機關團體贈送獎品列表於后。

踢毽比賽收到獎品登記表

贈送獎品機關	號數	物品名稱	數量	收到日期	備註
市參議會	1	立軸	1	一、十八、	
社會部工人福利社	2	立軸	1	一、廿一、	
教育局	3	錦旗	1	一、廿二、	
警察廳黃廳長	4	立軸	1	一、廿三、	
勵志社	5	錦旗	1	一、廿三、	
社會部兒童福利實驗區	6	石膏人像（女孩）大小三角板 洋鐵茶杯 洋鐵小桌 小裁刀 小竹船	各一	一、廿四、	
社會服務處	7	日曆	1	一、廿六、	
市黨部	8	橫額	1	一、廿七、	
紅十字會	9	各種用物及玩具一大盒	1	一、廿七、	計牙刷、蠟筆等二十件
社會部谷部長	10	立軸	1	一、廿七、	

四、準備事項

1. 繕製報名箋及參加比賽證

2. 比賽時職務之分配

比賽大會主席　館長

比賽會場佈置　張主任、袁主任、施慕柏先生

辦理比賽報到者事宜　王宗翰先生

評判員　王士俊先生、朱祖堯先生、任健先生、張玉壽先生

比賽場收料員（檢查員）　陳玉衡先生　張玉壽先生

3. 請貼通告二張

4. 通知變更比賽場所

此次踢毽比賽原定在本館兒童樂園內舉行，後因天雨地面泥濘，特改在本館第一部舉行

五、通知辦理登記手續

此次報名一百五十餘人中，多有各中小學校學生因比賽之日（廿八日）學校考試尚未完畢，為顧照學生學業計，特通融辦理，准其事前登記，俾便得展期舉賽

丙、比赛时之情形

此次报名参加比赛者计有一百五十一名，于当日上午九时开始报到，因人数过多，不能齐集一处比赛，乃分四个场所同时举行，第一日比赛结束五十二人，翌日陆续举行，迨至第三日下午三时始全部结束。所有此次比赛人员不但技术精良，且能恪遵规则，严守秩序，实属难能可贵。内有女子组姚翠英盘踢达一千○廿只，计时间两卅分钟之久，尤博得参观者之一致好评。

丁、比赛结果：

此次比赛原规定男女两组各录取三名，后因参加人数较多，而表演成绩亦复不差，乃酌量将录取人数增加，计男子组录取八人，女子组录取六人，兹将录取名单缮列于后。

男子组

第一名 甘承康
第二名 周守福
第三名 柏友雲
第四名 毛砥華
第五名 朱天翼
第六名 李成蓀
第六名 许德蓀
第六名 鈄天佑

女子组

第一名 徐如宝
第二名 夏韻秋
第三名 梁素華
第四名 吴亚卿
第四名 李继培
特殊技能 姚翠英 該员盤踢计一千〇廿只,以單踢计称为二千〇四十只,计时卅分钟

戊 给奖

比赛於廿日下午三时结束,旋即统计成绩,除揭晓公布外,并分别函知各優勝人员於卅一日下午二时来館参加给奖典礼,领取奖品。

八、奖品支配表

男子组

第一名得励志社锦旗一面 毛巾一条 铅笔橡皮及玻璃弹子四粒

第二名得社会部谷部长主轴一只 竹船一只 三角板一付及玻璃弹子四粒

第三名得市参议会主轴一只 泥土一盒 钢笔一支及玻璃弹子四粒

第四名得社会服务处大日历一只

第五名得水彩画颜料一盒

第六名得拍纸簿一本 小洋铁桌及洋铁刀各一

第七名得美术笔记簿一本

第六名得腊笔一盒 画图小尺一把

女子组

第一名得教育局锦旗一面 白手帕一条 肥皂一块及玻璃弹子四粒

第二名得警察厅黄厅长主轴一只 量角器 圆规各一只及玻璃弹子四粒

第三名得工人福利社主轴一只 针线盒一 铅笔一支及玻璃弹子四粒

第四名得李维三轴一只 三角板一付及玻璃弹子四粒

第四名得市党部横额一轴 洋铁杯一只

特殊技能得 玻璃牙刷一把 牙粉一筒。

乃開始舉行。在給獎前由館長簡畧說明此次比賽意義，並對優勝者加以獎勵勗勉，並依根據成績逐一發給獎品，並攝影數幀，以資留念。

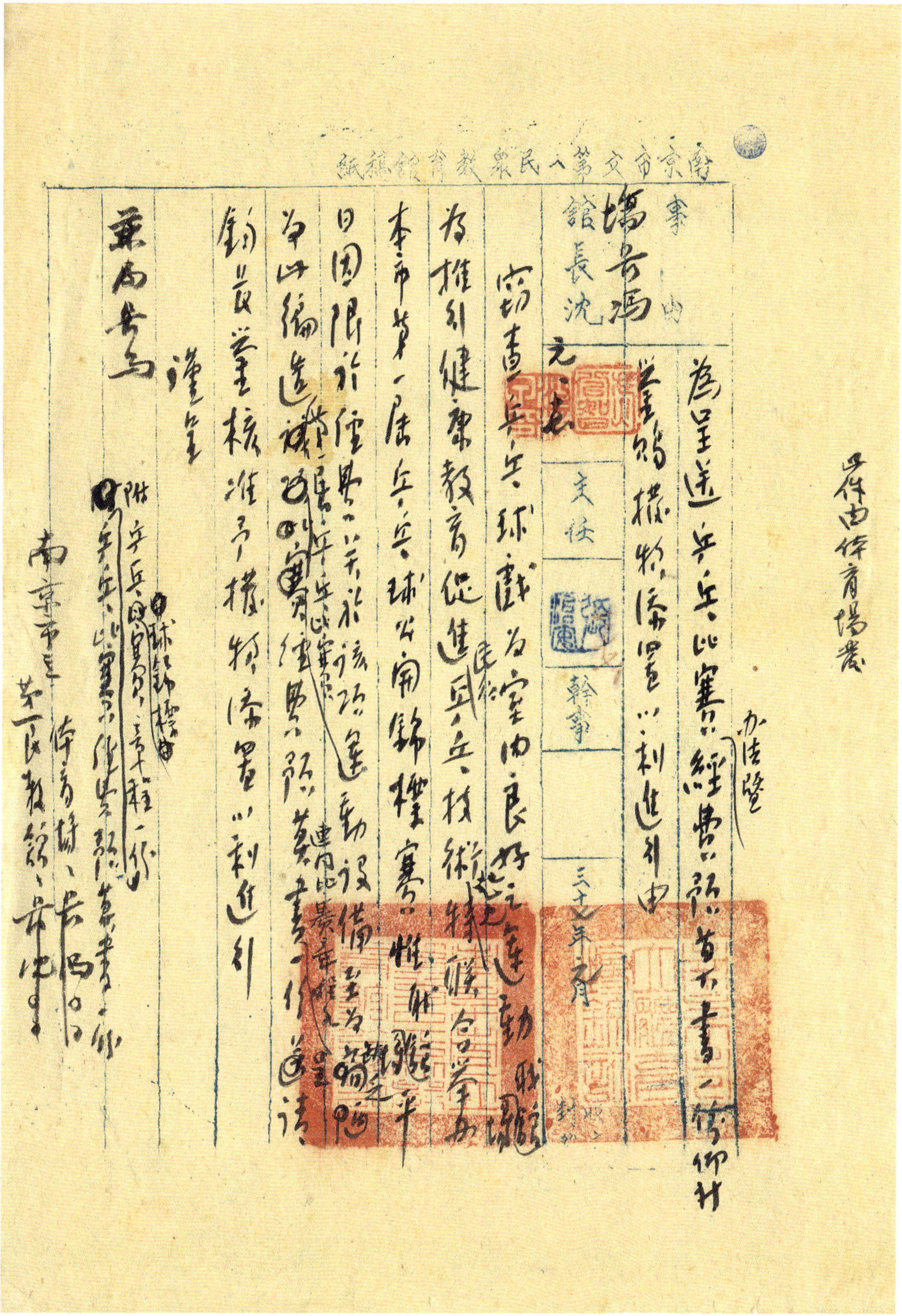
案件由體育場擬

南京市立第一民衆教育館稿紙

事由：爲呈送乒乓比賽辦法暨經費預算書一份仰祈鑒核撥發俾利進行由

場長馮
館長沈

竊查乒乓球戲爲室內良好運動，爲推行健康教育促進乒乓技術，聯合舉辦本市第一屆乒乓球公開錦標賽，惟所需經費因限於經費，對於該項運動設備至爲簡陋，茲特編造比賽辦法暨經費預算書一份送請鈞長鑒核准予撥發俾利進行。

謹呈

兼局長馬

附乒乓球錦標賽辦法一份、乒乓比賽經費預算書一份

南京市立體育場場長馮、第一民教館館長沈

三十七年一月

南京市立體育場、南京市立第一民衆教育館爲送乒乓比賽辦法暨經費預算書給市教育局的會呈及附件（一九四八年一月十七日）

檔號：1018-1-28

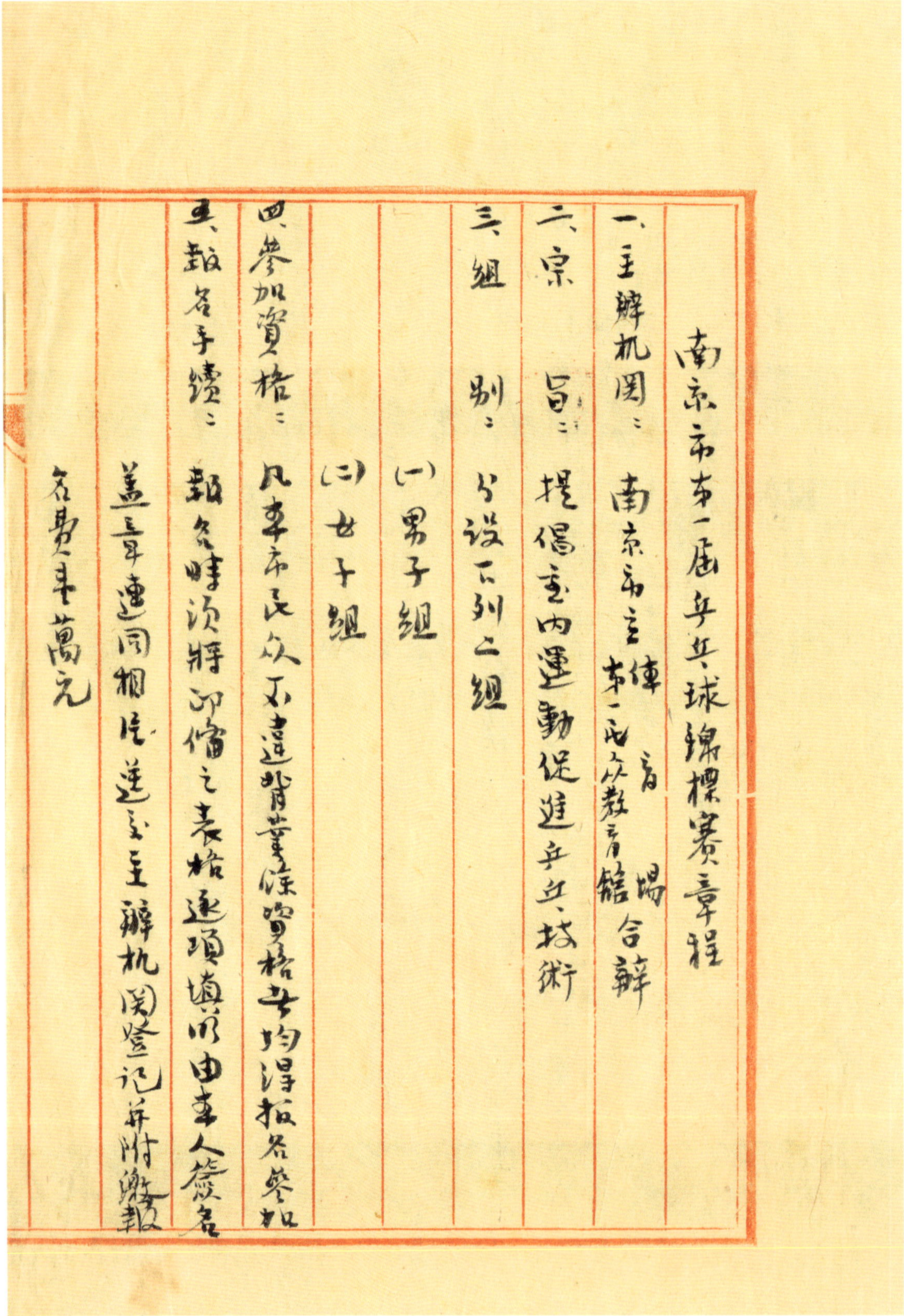

南京市第一屆乒乓球錦標賽章程

一、主辦機關：南京市立體育場、市立民眾教育館合辦

二、宗　旨：提倡室內運動，促進乒乓技術

三、組　別：分設下列二組

(一)男子組

(二)女子組

四、參加資格：凡本市民眾不違背業餘資格者均得報名參加

五、報名手續：報名時須將印備之表格逐項填明，由本人簽名蓋章，連同相片送交主辦機關登記，並附繳報名費壹萬元

附（一）南京市第一屆乒乓球錦標賽章程

六、報名日期：廿七年　月　日至　月　日下午五時截止

七、報名地點：(一)公園路市立体育場

(二)夫子廟貢院街市立第一民众教育館第二部或大行宫社会服務处

八、比賽制度：報名截止后由主办机関視參加人数決定之

九、比賽秩序：由主办机関編排公佈

十、比賽規則：採用中華全國体育協進會審定之規則

十一、比賽裁判：請由南京市体育会運動裁判委员会派任之

十二、比賽罰則：(一)逾規定比賽開始時間十分鐘不到場者作棄

权論

(二)比賽中若有任何爭议應先向裁判员指致

抗議須比賽終了後廿四小時以內具正式抗議書連同保證金廿萬元送交主辦機關轉送運動裁判委員會審議（如審議結果認該項抗議為無理由時得沒收其保證金）若不按正當手續進行而中途停賽者作棄權論

三、棄權二次者取消其比賽資格

四、球員有不正當行為者主辦機關有予以開警告或取消其比賽資格之權

五、自備球拍須於賽前經裁判員審查認可

十三、優勝紀念：各組冠軍及亞軍由主辦機關贈給獎狀

藉以資鼓勵

十、附則：本章程如有未合事宜由主管機關隨時修
訂公佈之

南京市立體育場全办

南京市第一屆乒乓比賽經費預算書

品名	單位	數量	單價	小計	說明
乒乓檯	張	八	四六万	四六〇萬	
乒乓球	打	六	六〇万	三六〇萬	
鐵架網	付	八	二万	一六萬	
球拍	付	二	五万	一〇萬	
文具				五〇萬	六寸紙四刀、十行紙二刀、封信二百只、郵票筆等
燈光	只	四	三〇万	一二〇萬	電燈泡用三百支光者十隻在內
茶水				三〇萬	
裁判費	場	三〇	一万	三〇萬	以參加十五隊計算
獎品	面	六	三五万	二一〇万	以男女兩組各取前三名錦標旗幟紀念用
雜支				四〇萬	

總計國幣玖百玖拾肆萬正（四仟）

附（二）南京市第一屆乒乓比賽經費預算書

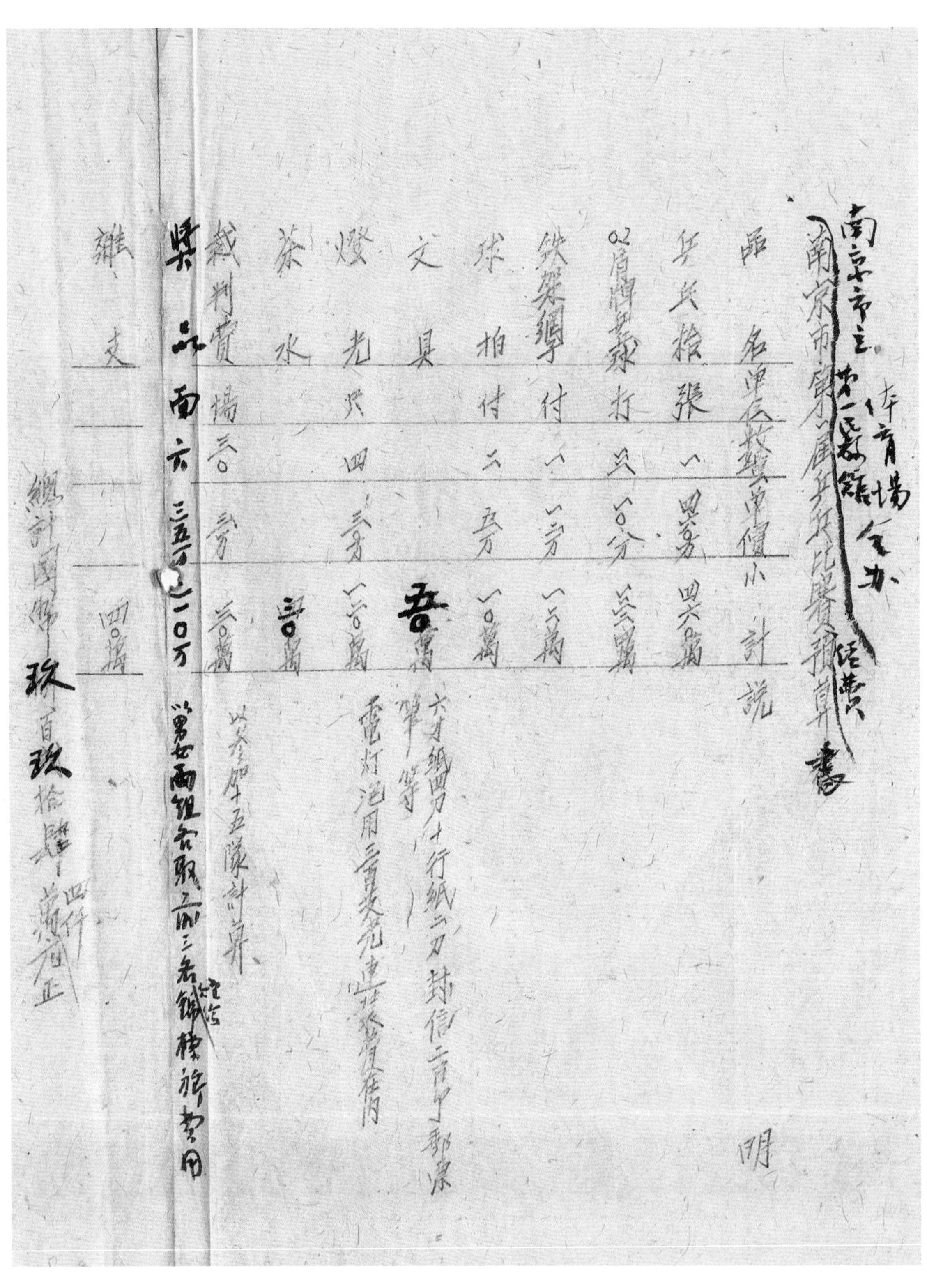

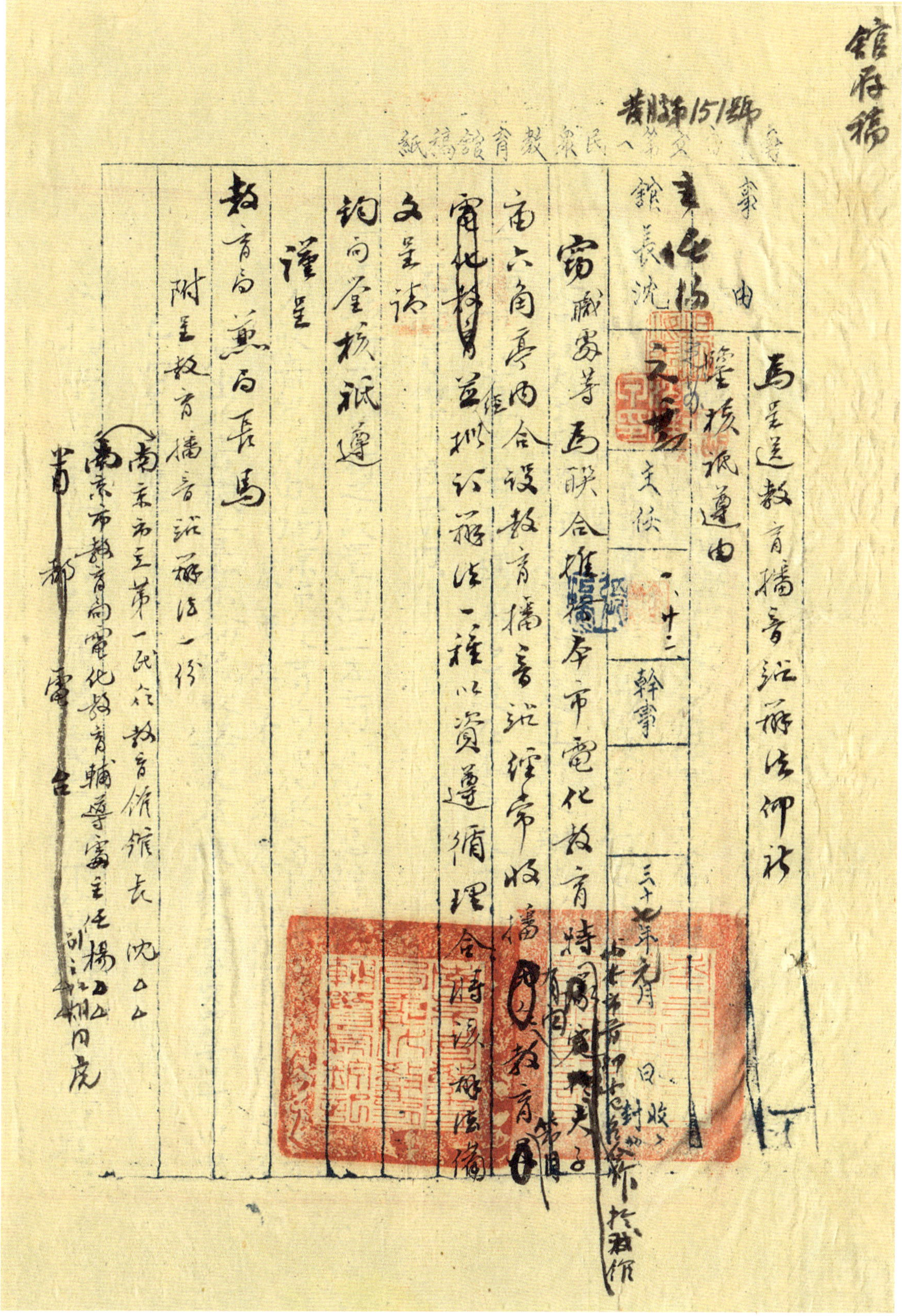

館存稿

黃收字第151號

南京市第一民衆教育館稿紙

事由：爲呈送教育播音站辦法仰祈鑒核祗遵由

館長沈

主任楊

文書

幹事

竊職處等爲聯合推擴本市電化教育，特在六角亭內合設教育播音站，經常收播電化教育，並擬訂辦法一種，以資遵循。理合將該辦法備文呈請

鈞局鑒核祗遵。

謹呈

教育局蕭局長馬

附呈教育播音站辦法一份

南京市立第一民衆教育館館長沈○○

南京市教育局電化教育輔導處主任楊○○

三十七年元月　日

南京市立第一民衆教育館等爲送合辦播音教育站辦法給市教育局的會呈（一九四八年一月二十四日）

附：合辦播音教育站辦法

檔號：1018-1-28

南京市立第一民衆教育館
南京市教育局電化教育輔導處
首都廣播電台
合辦播音教育站辦法

一、南京市立第一民衆教育館、南京市教育局電化教育輔導處、首都廣播電台為聯合推行電化教育起見，經三方議定合設夫子廟播音教育站一處，並訂本辦法以資遵守。

二、播音教育站（以下簡稱本站）設在本市夫子廟南京市立第一民衆教育館六角亭內。

三、本站所有器材之設置，經三方商定供應辦法如左：

1.收音器材由南京市教育局電化教育輔導處（以下簡稱甲方）、南京市立第一民衆教育館（以下簡稱乙方）各出收音機壹架輪流收播，又皮綫、變壓器等，亦由甲乙兩方供應。

2.播音器材由首都廣播電台（以下簡稱丙方）供應。

四、本站所有之義務與責任，經三方視實際情形，分别決定如下

1、甲方負本站器材機件之裝置與修理技術之責。

2、乙方負本站器材機件管理及儲藏保管之責。

3、丙方負本站節目播送之責。

五、本站經費及修繕設置等項均由甲乙兩方負責，丙方所有播音器材等費用由丙方負責。

六、本站收播節目由三方會商另行排定。

七、本站遇有推行政令或專門講演時得事前一日商定丙方時間播送，每週以二次為度，每次以三十分鐘為限。

八、本站收播節目以民衆教育及電化教育為原則，任何電台

均得收播但丙方有相同上項之節目時本站應儘量

酌予收播

九、本辦法自三十七年二月一日起至三十八年終止為有效期間

十、本辦法同式繕寫四份甲乙丙三方各執一份備查外並呈

送南京市教育局一份備案

十一、本辦法如有未盡事宜得隨時由三方會商修訂之

十二、本辦法經三方簽訂後呈請南京市教育局核准後施行

南京市教育局電化教育輔導處兼主任楊汝熊

副主任胡同虎

南京市立第一民衆教育館館長沈桂甲

首都廣播電台總經理朱器三

中華民國三十七年元月　日

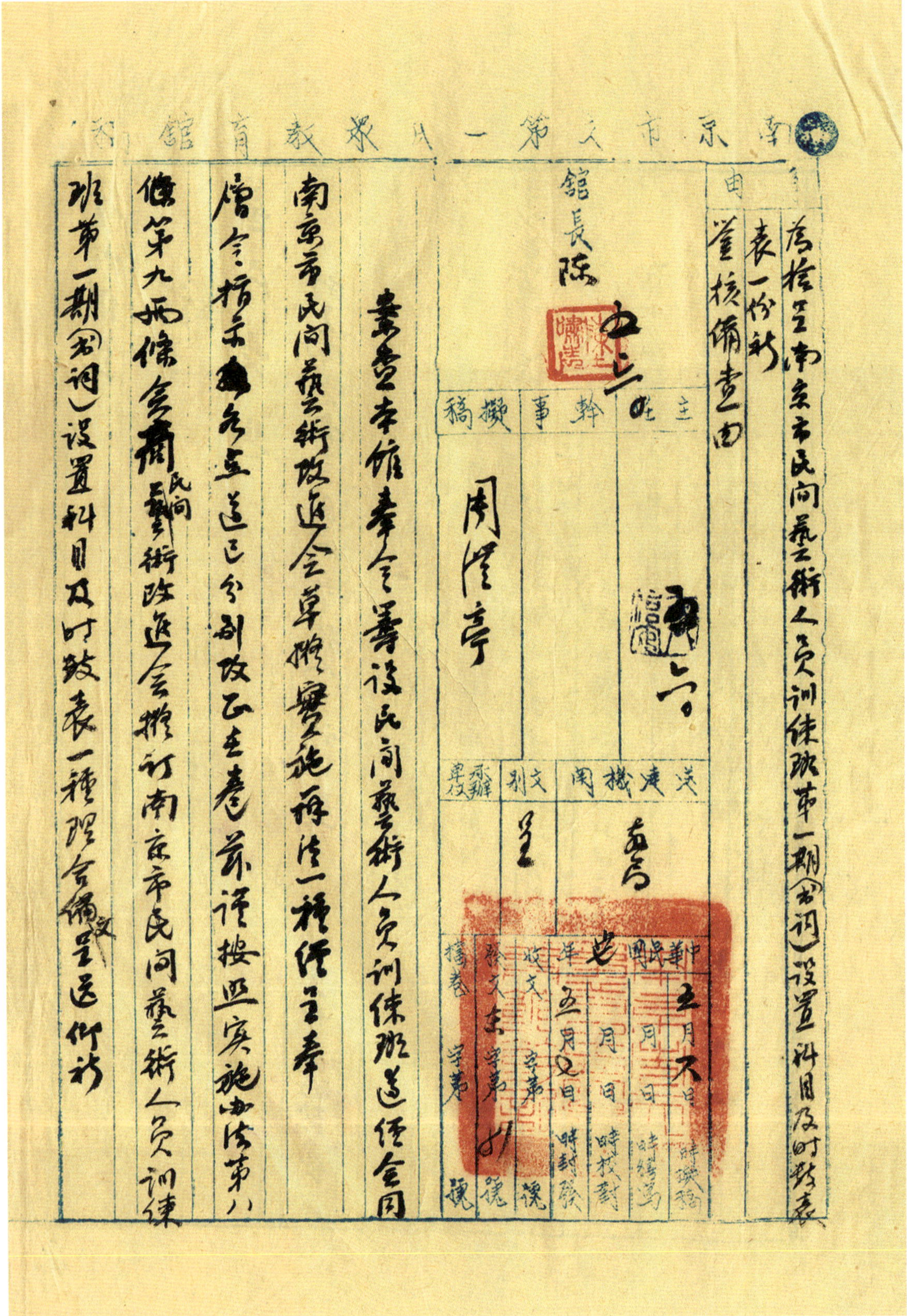
南京市立第一民眾教育館

事由

為檢呈南京市民間藝術人員訓練班第一期(書詞)設置科目及時數表

表一份祈

鑒核備查由

館長陳

主任

幹事

擬稿 周

送達機關

文別 呈

承辦人

案查本館奉令籌設民間藝術人員訓練班送經會同南京市民間藝術改進會草擬實施辦法一種經呈奉

會令指示各點遵已分別改正去卷茲謹按照實施辦法第八條第九兩條會商民間藝術改進會擬訂南京市民間藝術人員訓練班第一期(書詞)設置科目及時數表一種理合備文呈送仰祈

中華民國 年 五月 日

開辦第一期南京市民間藝術人員訓練班的一組文件

南京市立第一民衆教育館爲送南京市民間藝術人員訓練班第一期(書詞)設置科目及時數表給市教育局的呈文(一九四八年五月七日)

附:設置科目及時數表

檔號:1018-1-8

鑒核備查

謹呈

教育局長馬

附南京市立民間藝術人員訓練班第一期（初級）設置科目及時數表一份

全銜館長陳○○

由印五十份

南京市立民众教育馆民间艺术人员（书词）训练班（第一期）设置科目及时数表

科目	全期时数	内容纲要	备注
社会教育	六	(一)社会教育之意义及时代使命 (二)社教一般问题与类别 (三)社教工具 (四)书词在社会教育中之地位	(一)每日上课两小时，每周十二小时，全期四周完，计四十八小时 (二)专题演讲聘请专家担任
技艺运用	六	(一)书词宗派概述 (二)名宗派腔语运用 (三)宣传技术运用	
注音符号	十四	(一)发音 (二)拼音练习 (三)四声练习 (四)国语练习及应用	
专题演讲	二二	(一)关于地方艺术问题 (二)书词源流问题 (三)地方艺术人员修养问题 (四)宪法概要 (五)法律常识 (六)宣传资料	
合计	四八		

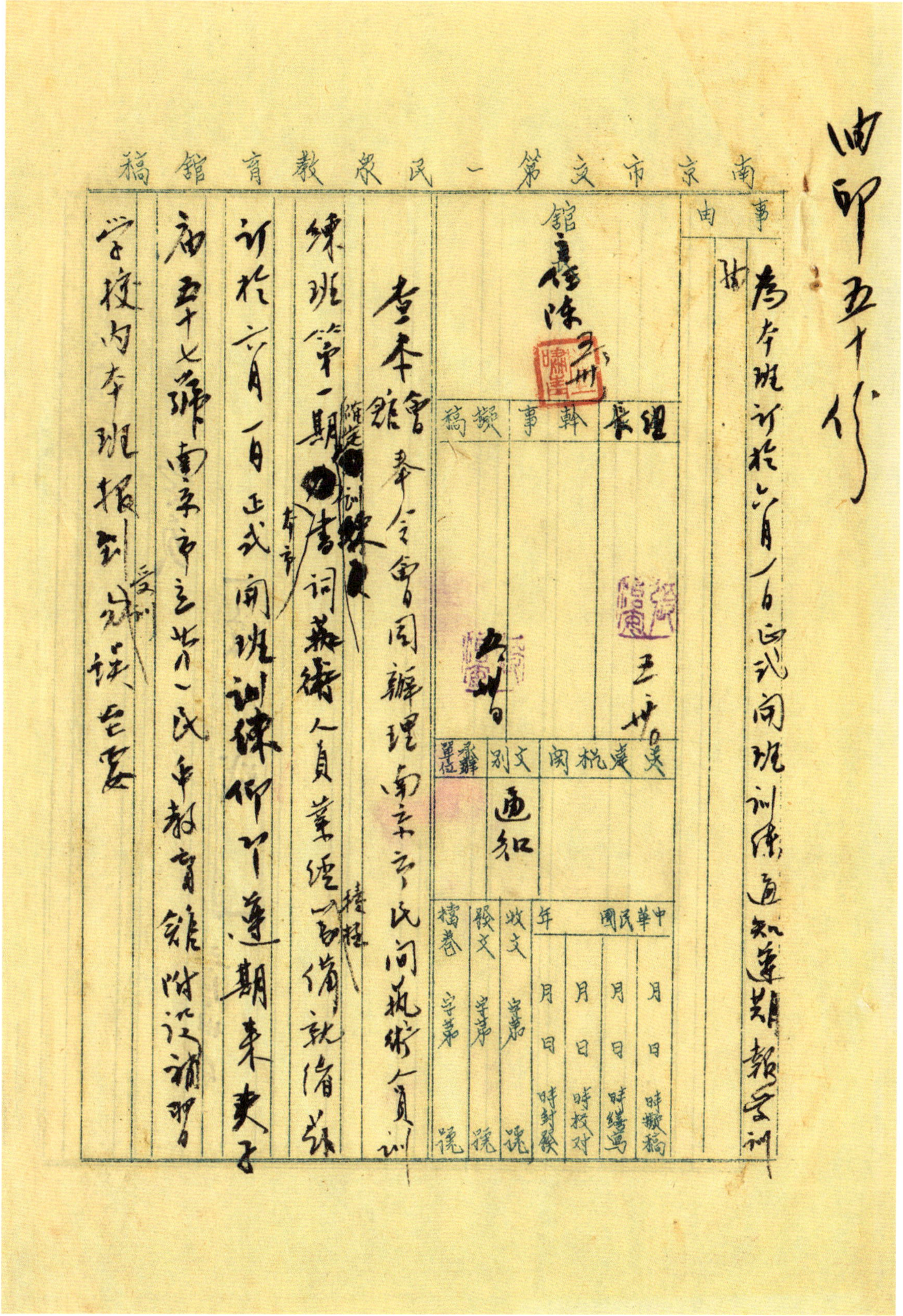

南京市立第一民衆教育館稿

事由：爲本班訂於六月一日正式開班訓練通知遵期報到受訓

查本館奉令會同辦理南京市民間藝術人員訓練班第一期業經籌備就緒，訂於六月一日正式開班訓練，仰即遵期來本府五十七號南京市立第一民衆教育館附設補習學校内本班報到受訓爲要

文別：通知

南京市立第一民衆教育館爲南京市民間藝術人員訓練班訂于六月一日正式開班訓練給各位學員的通知（一九四八年五月三十日）

檔號：1018-1-8

右通知

学员

一律　戒

五月卅日

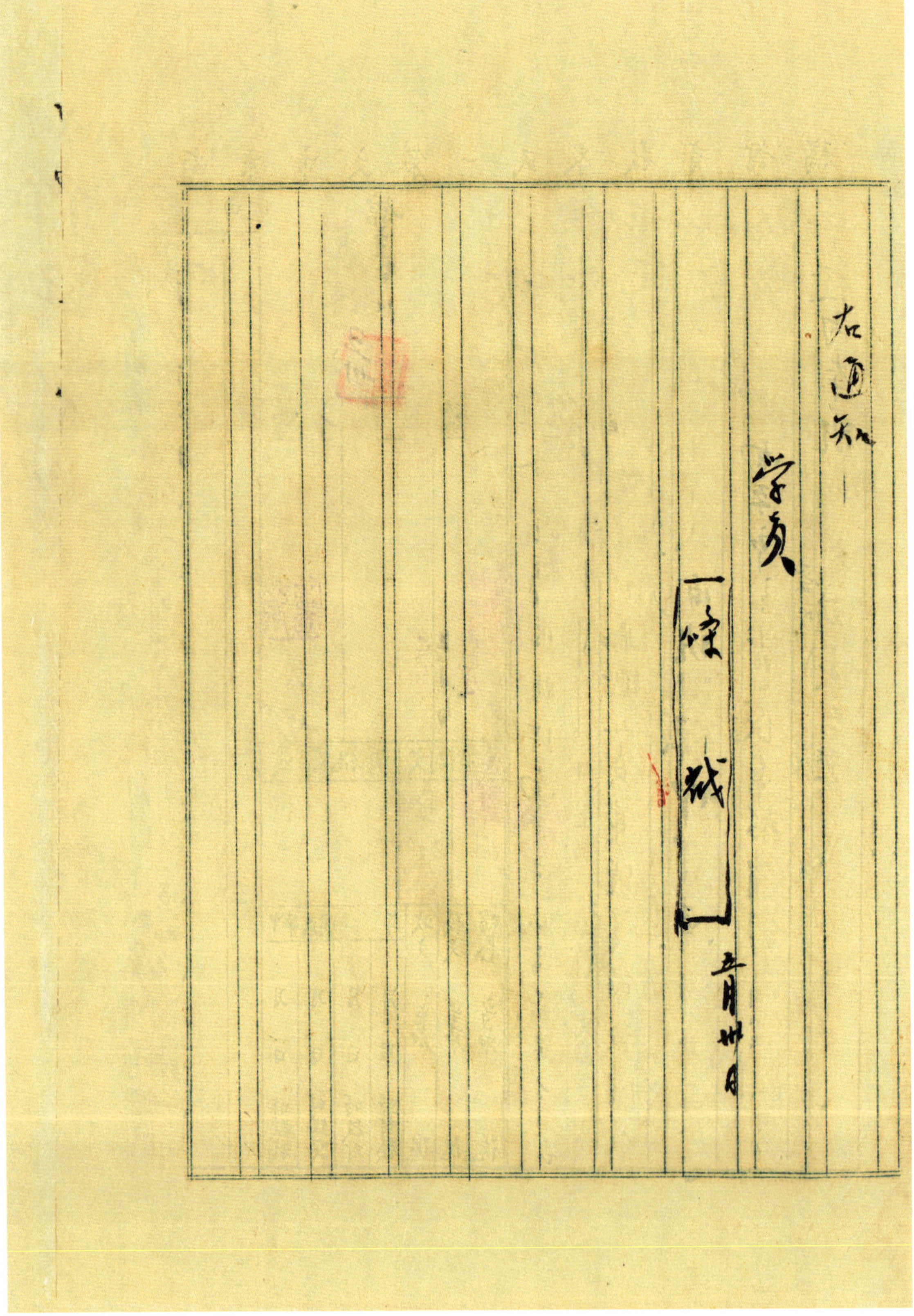

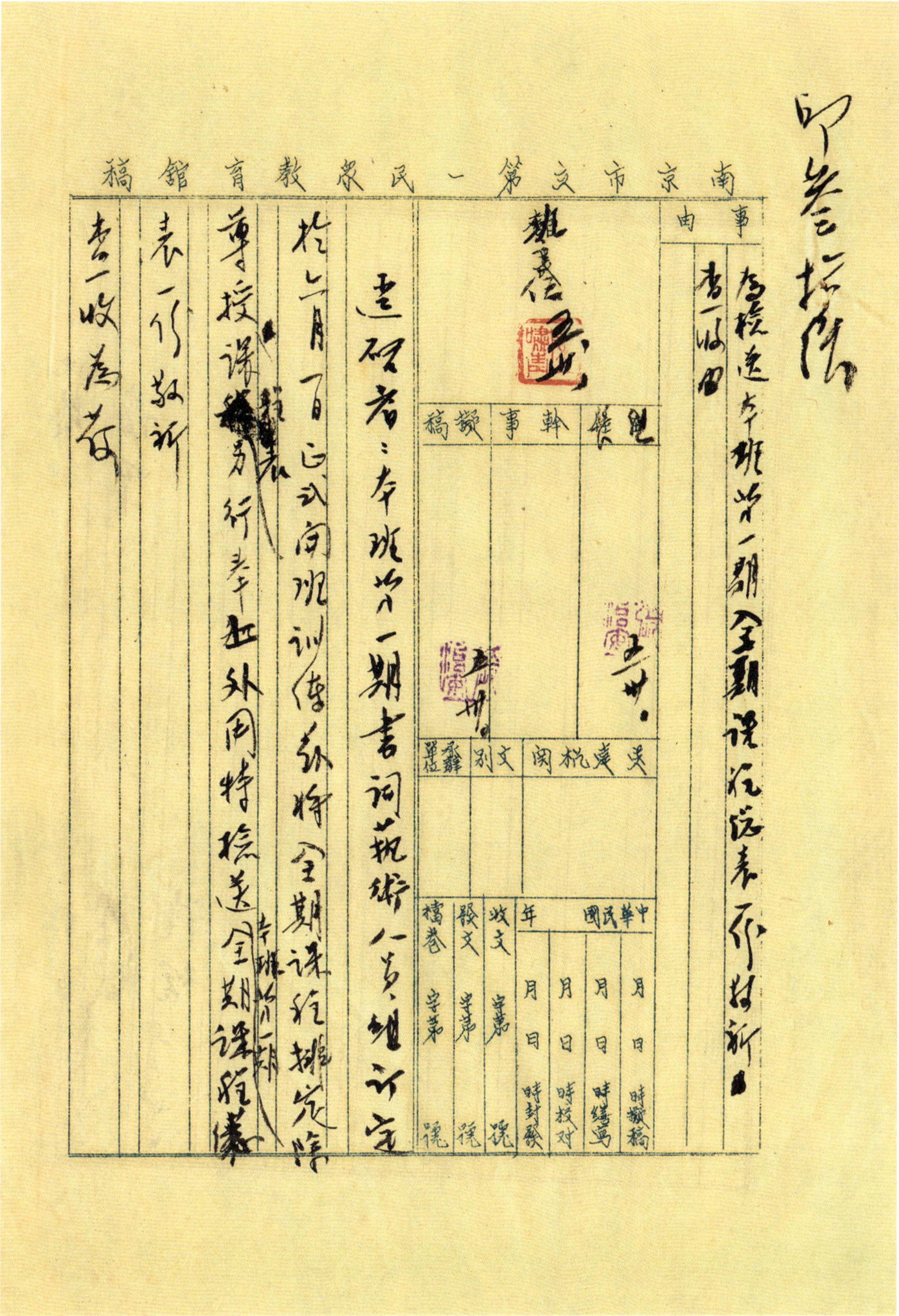
南京市立第一民衆教育館稿

事由：爲檢送本班第一期全期課程總表仰祈查收由

逕啟者：本班第一期書詞藝術人員組訓定於六月一日正式開班訓練，茲將全期課程排定，除尊授課務另行奉上外，用特檢送全期課程總表一份，敬祈查收爲荷

判發　幹事　擬稿

送達機關　文別　附件

中華民國　年　月　日　時繕稿　月　日　時繕寫　月　日　時校對　月　日　時封發

收文　字第　號　發文　字第　號　檔卷　字第　號

南京市立第一民衆教育館爲送南京市民間藝術人員訓練班第一期全期課程總表給各位講師的函（一九四八年五月三十日）　附：課程表

檔號：1018-1-8

講明

[illegible]

謹呈 五月卅日

南京市民間藝術研究班第一期課程表　廿六年六月一日

科目時間 週/月/日曜	一	二	三
8.00—8.50			
9.00—9.50			

5.31 月　學費報到

一
6.1 火　開班儀式
6.2 水　藝術運用　陳寶書先生
6.3 木　事題演講　馬元之先生
6.4 金　注音符號　徐沙鳴先生
6.5 土　學習講話　陳濟先生
6.6 日　開班儀式

二
6.7 月　技術（筆同）　馬元之先生
6.8 火　事題演講　胡□□先生
6.9 水　事題演講　楊□□先生
6.10 木　社會教育　楊經先生
6.11 金　注音研究　陳濟先生
6.12 土　學習講話　徐伯璞先生
6.13 日　休假

三
6.14 月　美術運用　馬元之先生
6.15 火　注音研究　□□先生
6.16 水　事題演講　陳哲先生
6.17 木　社會教育　楊世先生
6.18 金　注音等課　張沙鳴先生
6.19 土　歌詠練習　蕭建先生
6.20 日　休假

科目時間 週/月/日曜	四	五	
8.00—8.50			
9.00—9.50			

四
6.21 月　事題演講　馬元之先生
6.22 火　注音研究　徐沙鳴先生
6.23 水　事題演講　蕭寶書先生
6.24 木　社會教育　楊經先生
6.25 土　事題演講　□□先生
6.26 金　注音等課　張沙鳴先生
6.27 木　自由　
6.28 月　事題演講

五
6.29 金　注音等練習　張沙鳴先生
6.30 水　結業儀式

附註：
一、全期課程共計
二、主題演講
三、每日自上午六月一日起同時實行

南京近代教育檔案

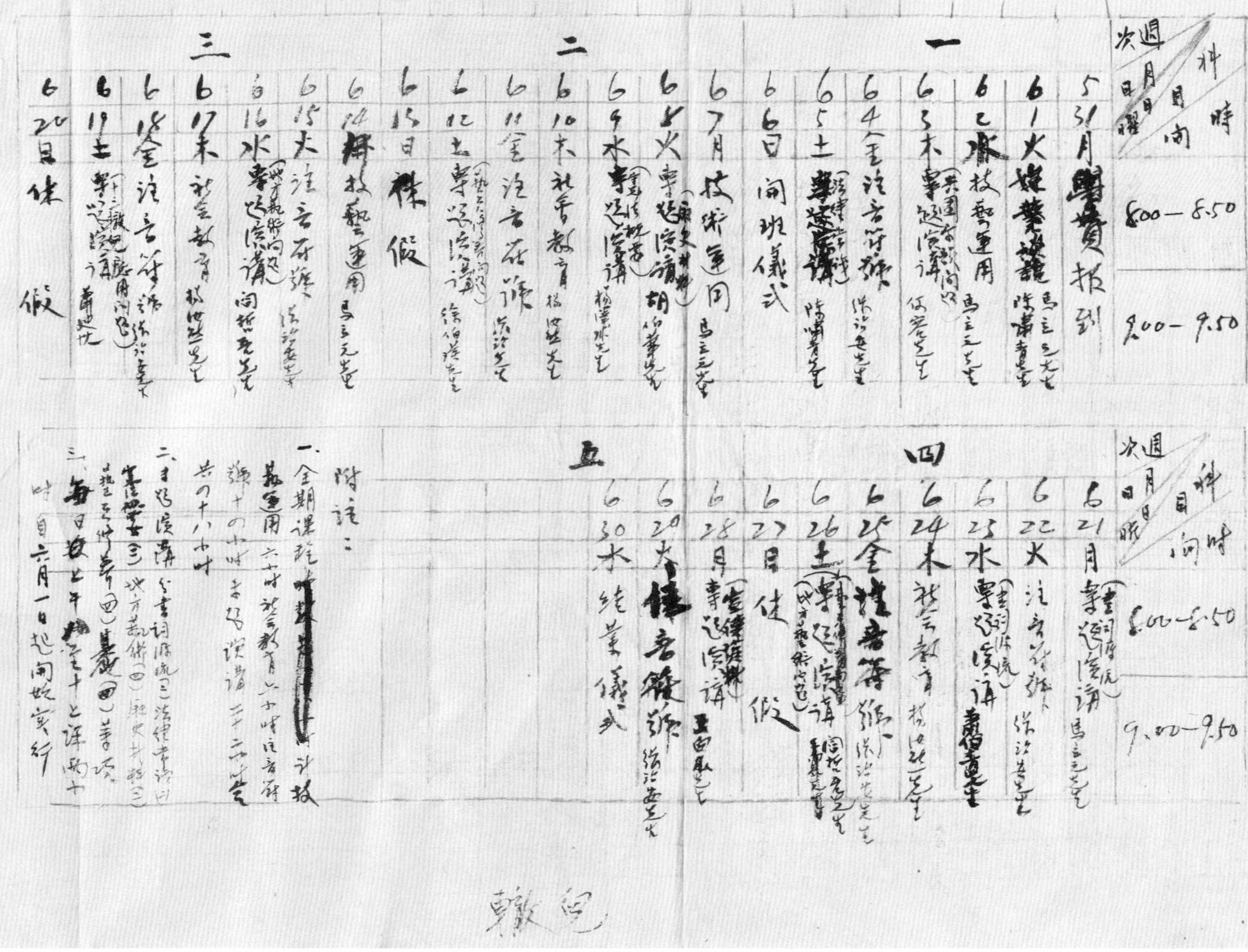

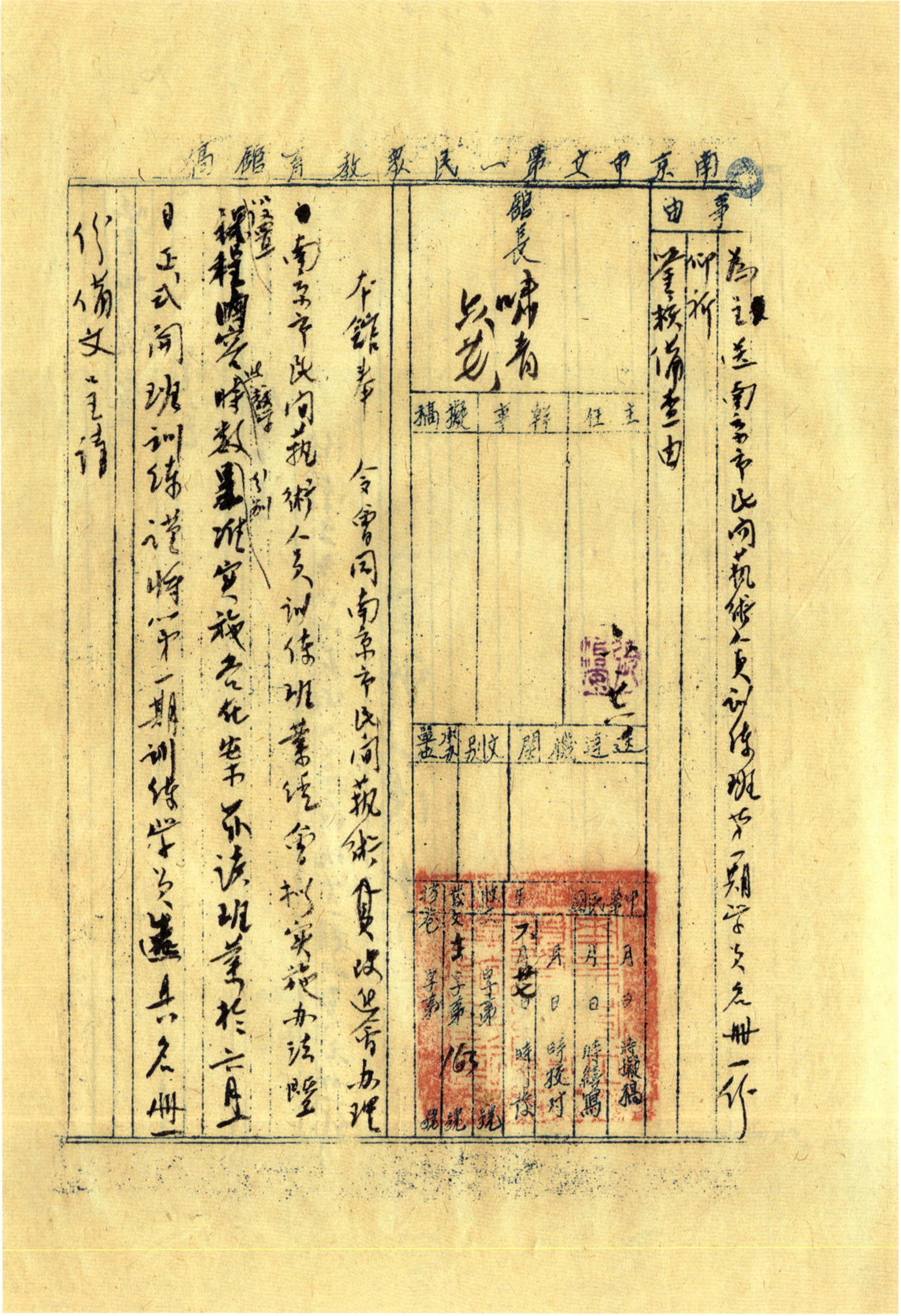

南京市立第一民衆教育館爲送南京市民間藝術人員訓練班第一期學員名冊給市教育局的呈文

（一九四八年六月二十七日）

附：學員名冊

檔號：1018-1-8

鑒核備查

謹呈

——局長馬

附南京市民間藝術人員訓練班第一期學員名冊一份

（全銜）陳易

存卷

南京市民間藝術人員訓練班第一期學員名冊

三十七年六月

姓名	性別	年齡	籍貫	業別	通訊處	備註
高元鈞	男	34	河南商邱	滑稽快書	國貨陳列館後二號	
魏福濱	〃	37	北平	大鼓弦師	貢院西街燕中旅社	
姬貞陞	〃	29	天津	大鼓琴師	〃	
曹永才	〃	37	河北大名	墜子琴師	〃	
曹源珠	女	17	〃	河南墜子	〃	
郭文玉	〃	17	山東濟寧	〃	〃	
郭文秋	〃	14	〃	〃	〃	
筱蘭英	〃	23	北平	梅花打鼓	桃元境38號	

趙景順	男	27	山東鄒縣	打鼓	金門鼓書場後台
韓子康	〃	54	北平	相聲	國貨陳列館後2號
王俊生	〃	37	山東肥城	墜子	貢院西街中華旅社
鄭繼發	〃	39	山東濟南	武術	夫子廟四234號
金少臣	〃	43	南京	評詞	門東双塘園14號
王筱瀛	〃	42	〃	〃	西長干巷125號
朱炳文	〃	58	〃	〃	雙塘園14號
謝伯侯	〃	39	〃	〃	南傘巷9號
何興文	〃	37	〃	〃	鐵作坊678號
張廸志	〃	31	北平	〃	夫子廟泮宮103號

趙春山	〃	45	南京	〃	边巷1號
田松林	〃	38	〃	〃	小党家巷9號
張幼臣	〃	33	〃	〃	謝公祠19號
湯定福	〃	58	〃	〃	牛市18號
丁覺春	〃	31	〃	〃	長樂街49號
李恩和	〃	35	安徽壽縣	大鼓	鐵窗欞41號
楊秀廷	〃	16	〃〃宿縣	評詞	二道埂23號
徐芳明	〃	40	江蘇沭縣	大鼓	三牌樓背後58號
刘藻香	〃	34	安徽鳳陽	〃	五老村十二4號
楊步松	〃	36	〃〃泗縣	洋琴	門西小沙井3號

陳運標	〃	61	江蘇睢寧	大鼓	鐵窗稜22號
王立有	〃	36	安徽泗縣	洋琴	門西杏花村3之2
耿雲鵬	〃	26	徐州	國術	管家巷12號之二
朱金山	〃	45	南京	〃	東文思巷9號
李萬幼	〃	39	〃	魔術	夫子廟208號
顧海泉	〃	29	北平	相聲	國貨陳列館後2
韓信泉	〃	40	〃	〃	琵琶巷65號
程幼泉	〃	17	〃	〃	〃
邱世榮	〃	46	〃	技術	夫子廟後216號
謝文華	〃	26	天津	音樂	

張鳳琴	〃	42	泗縣	用術 洋琴	上海路新?巷9号之88
侯立芬	〃	30	安徽	書詞	三牌樓鐵路南街67号
王明發	〃	25	〃	魔術〃	
魏金寶	女	29	徐州	挪戶〃	管家巷15号之2
張祝三	男	43	儀徵	滑稽	長生祠21号
張志蘋	女	40	南京	〃	〃 〃
高寶珍	〃	28	〃	〃	倉門口57
孫昭德	〃	36	濟南	藝術	
孫俊華	〃	17	〃	〃	
欒鳳舞	〃	19	天津	〃	

王志蘭	男	36	北京	〃	
高德標	〃	42	金山	大鼓	陳列館25号
閔榮[illegible]	〃	34	宿縣	〃	
沙潘貴	〃	48	徐州	〃	朝天宫西28号之13
葛順彬	〃	47	安徽	〃	上新河167号
傅榮彬	〃			洋琴	上海路永清巷98
譚[illegible]踐	〃			〃	漢中路鹿苑24之25
鄭德重	〃	33	開封	相声	木手庙157号
王文瑞	〃	〃	〃	魔術	〃 〃
王翠霞	女	20	〃	相声	〃 〃

王明礼	男	32	安徽	大鼓	珠江路大影壁34号

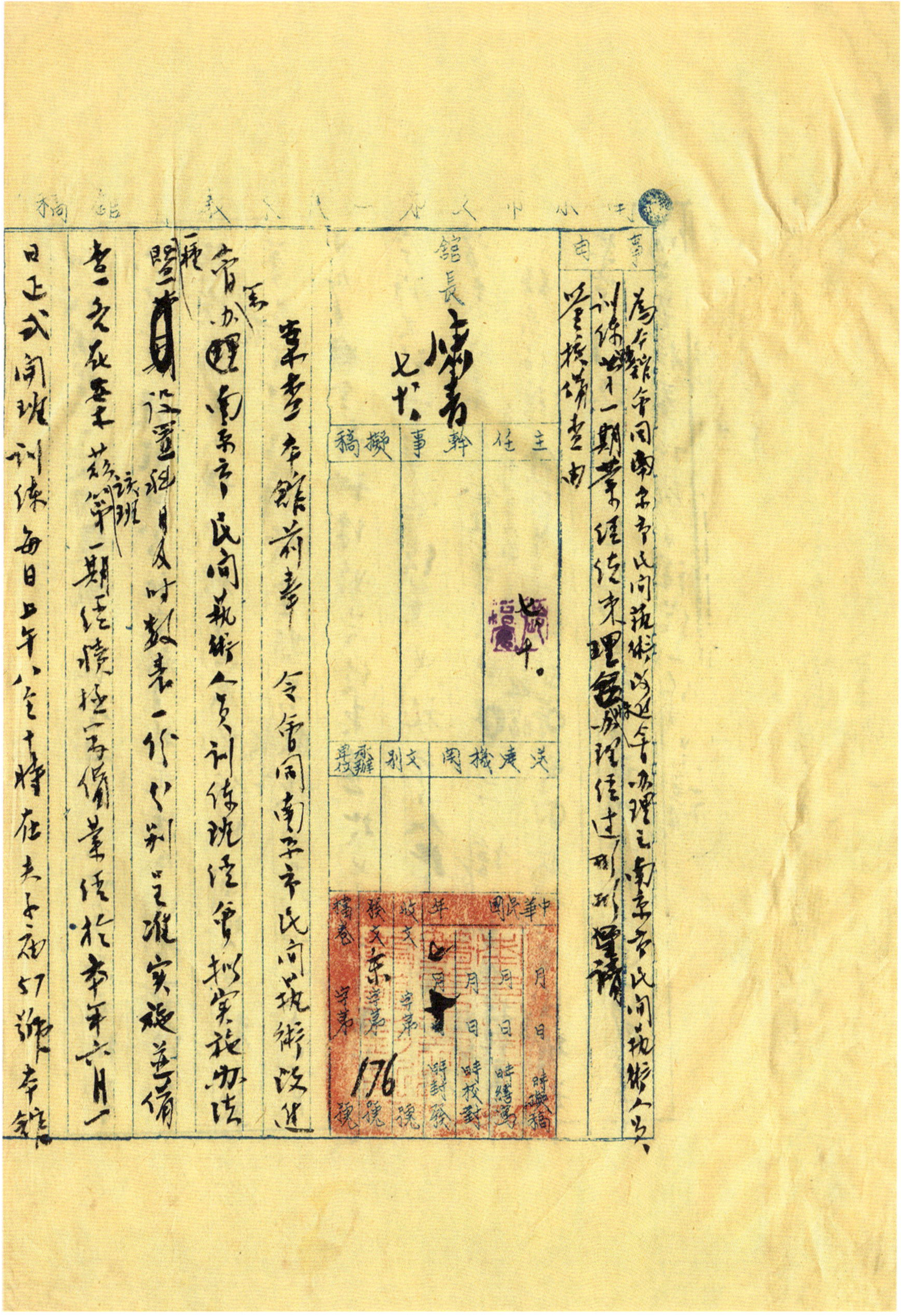

南京市立第一民衆教育館爲南京市民間藝術人員訓練班第一期業經結束，理合將辦理經過情形呈請簽核備查給市教育局的呈文（一九四八年七月十日）

檔號：1018-1-8

附设补习学校内□班上课受训学员计有高元钧等
六十二人，课程计分社会教育技能运用注音研究等
题，资请专家等的钟分聘王向辰、徐伯璞、阎哲吾、杨兆熊
等十位先生担任讲师，全期共授教学课の十八小时，至六月
廿九日全部训练将告结束，并于七月三日在白下路
本馆大礼堂举行结业典礼，并承加学员□一名机关
首长代表袁□宁度等参加外并荣约共计三百余人，陈请教部代表
徐科长伯璞、[illegible]科长文□莅临，并蒙分别致训示
留念，情况至为热烈。以上所有该班办理经过情形，理合
备文并检奉该班□详征表一份，呈请
鉴核备查。谨呈
马
附南京市民众教育馆注音符号训练班学员名录一份
（全衔）潘××

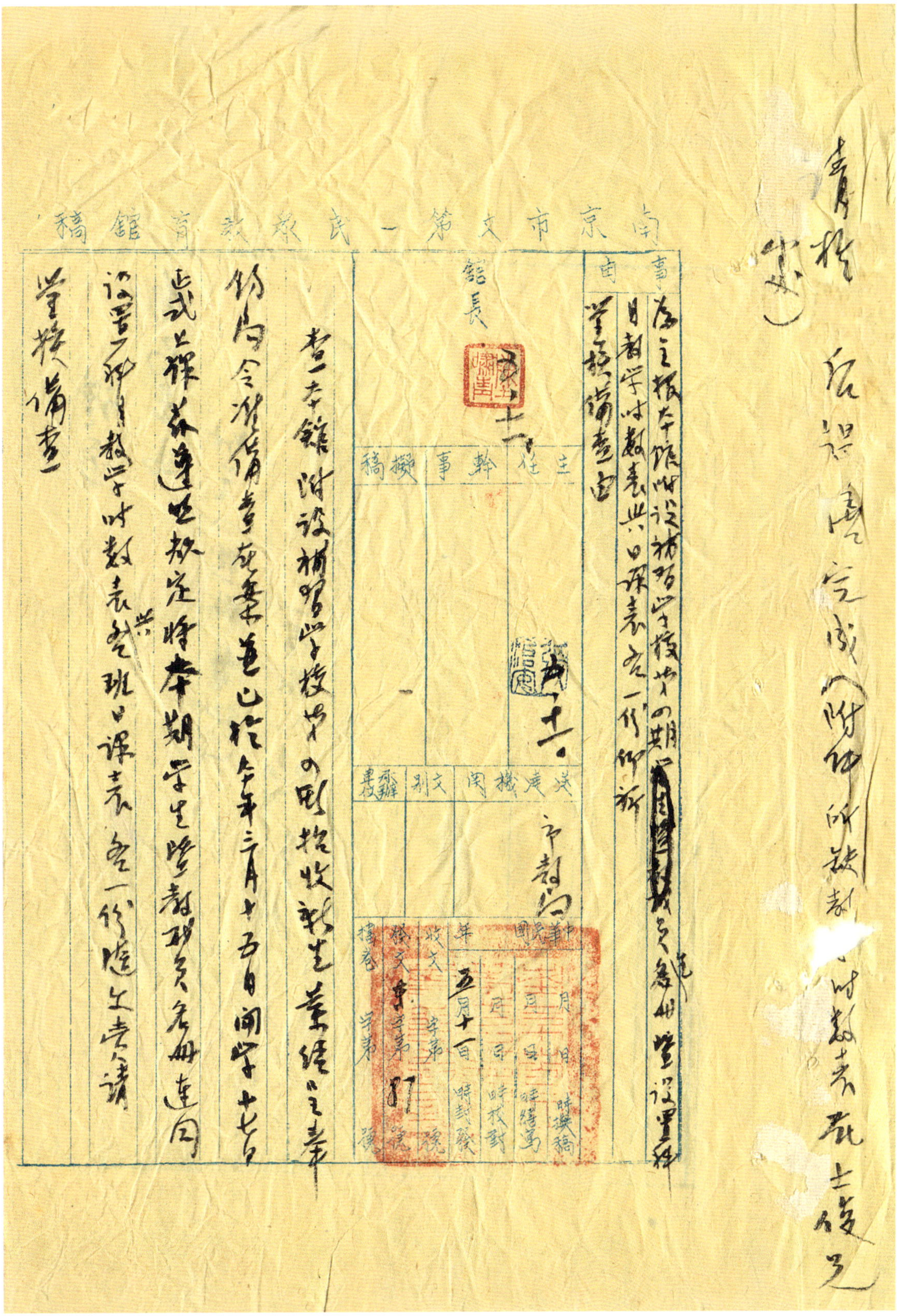
南京市立第一民衆教育館稿

事由：爲呈報本館附設補習學校第四期師生名冊暨設置科目教學時數表暨班日課表各一份仰祈鑒核備查由

館長

主任　幹事　擬稿

送達機關　文別　附件

市教育局

中華民國　年　月　日　時擬稿
年　月　日　時繕寫
年　月　日　時校對
年五月十一日　時封發
收文　字第　號
發文　字第　號
檔卷　字第　號

查本館附設補習學校第四期招收新生業經呈奉鈞局令准備案並已於本年三月十五日開學在案茲將本期學生暨教職員名冊連同設置科目教學時數表暨班日課表各一份隨文賫請鑒核備查

南京市立第一民衆教育館爲報本館附設補習學校第四期師生名冊暨設置科目教學時數表等給市教育局的呈文及附件（一九四八年五月十一日）

檔號：1018-1-2

謹呈

兼局長馬

附呈（照勤繳件）

（全銜）陳白

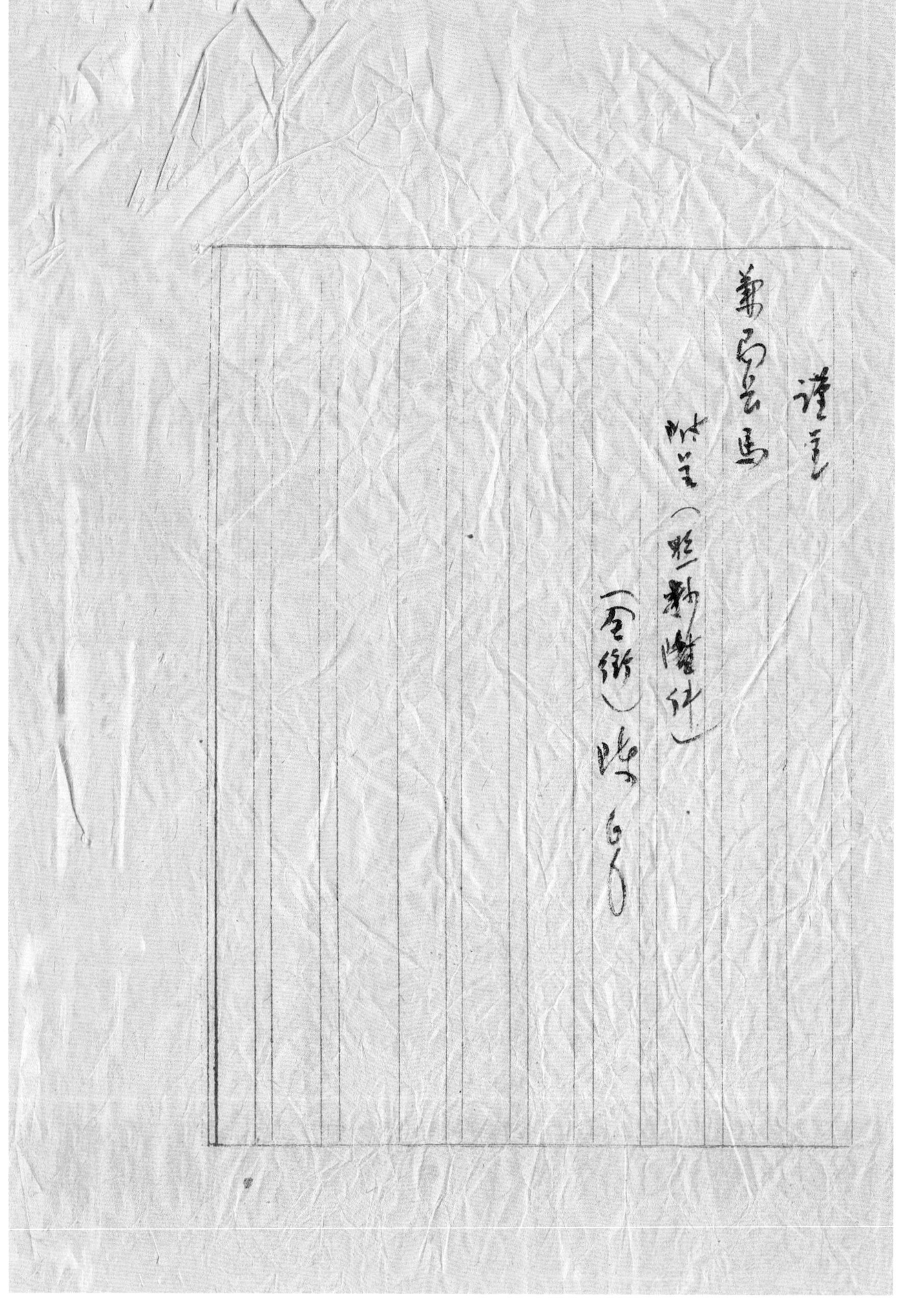

存卷

南京市立第一民衆教育館附設補習學校第四期初中部教職員名冊 三十七年二月

姓名	性別	年齡	籍貫	學歷	職務	擔任科目	每週教學時數	備註
陳嘯青	男	四〇	鹽城	無錫專修學校畢業	兼校長			
張治安	男	三三	南京	國立社會教育學院教育行政學系畢業	校務主任	公民	五	
王宗幹	男	三〇	南京	仝前	教員兼教務組長	博物 地理	一〇	
張玉奇	男	二九	高郵	省立揚中南中師範科畢業	教員兼訓導組長	國文 歷史 生理衛生	一二	
趙柏生	男	三八	吳江	江蘇蘇州中學畢業	總務組長			
徐仲清	女	五〇	武進	北平燕京大學畢業	教員兼訓導幹事	英語	一六	
朱祖培	男	二六	寶應	大夏大學肄業	教員兼教務組幹事	國語 地理	一二	
陳玉衡	男	四二	鹽城	鹽城甲種師範講習所畢業	總務幹事			

附（一）南京市立第一民衆教育館附設補習學校第四期初中部教職員名冊

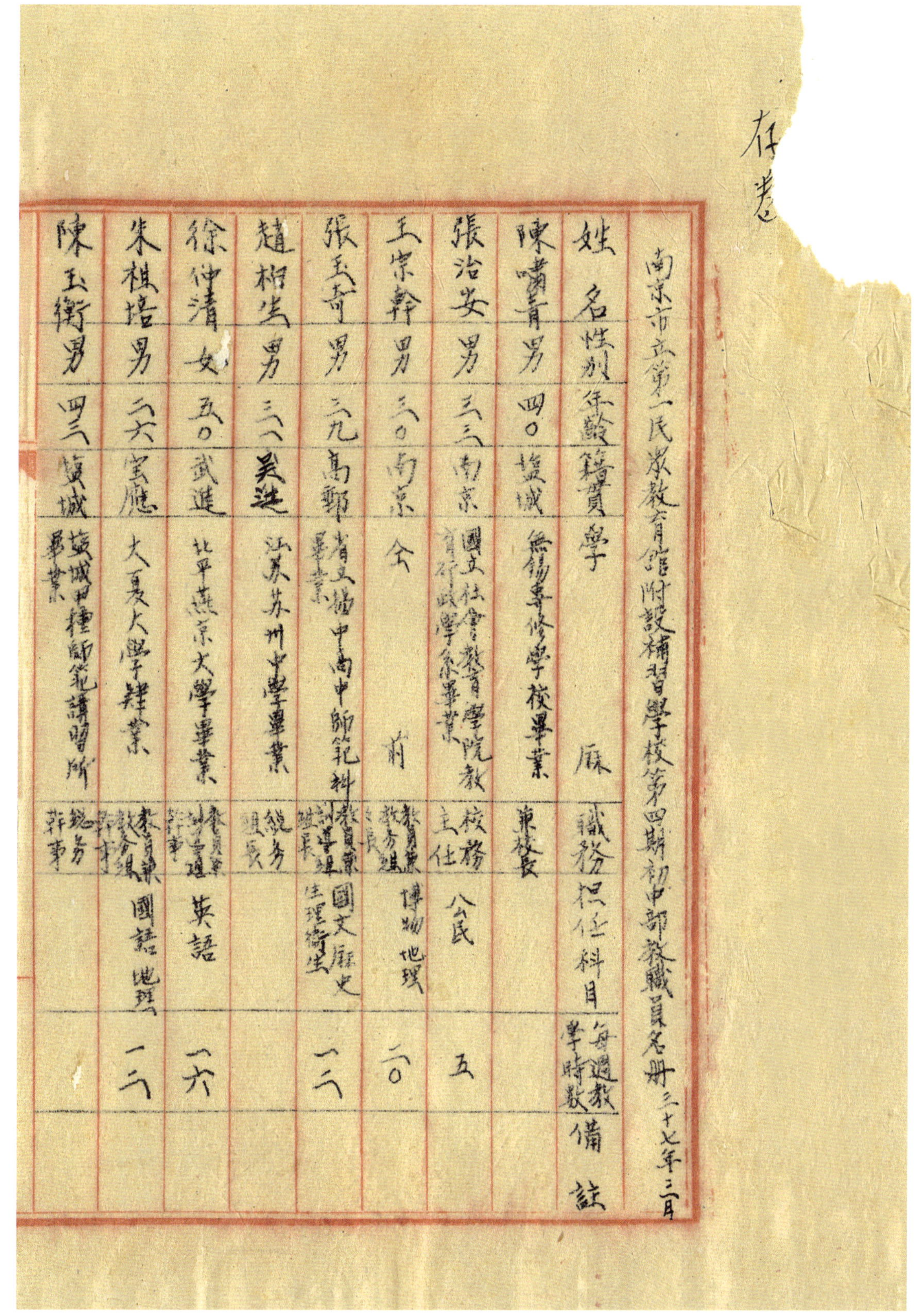

王士俊	男	二五	無為	安徽學院教育科畢業	兼任教員	算術	三	
王國維	男	二六	蕭山	中大機械工程系畢業	專任教員	數學、英語、化學	一八	尚兼復員教師
陳賛雲	女	二七	湖南	國立師範學院畢業	專任教員	國文、歷史	一二	全

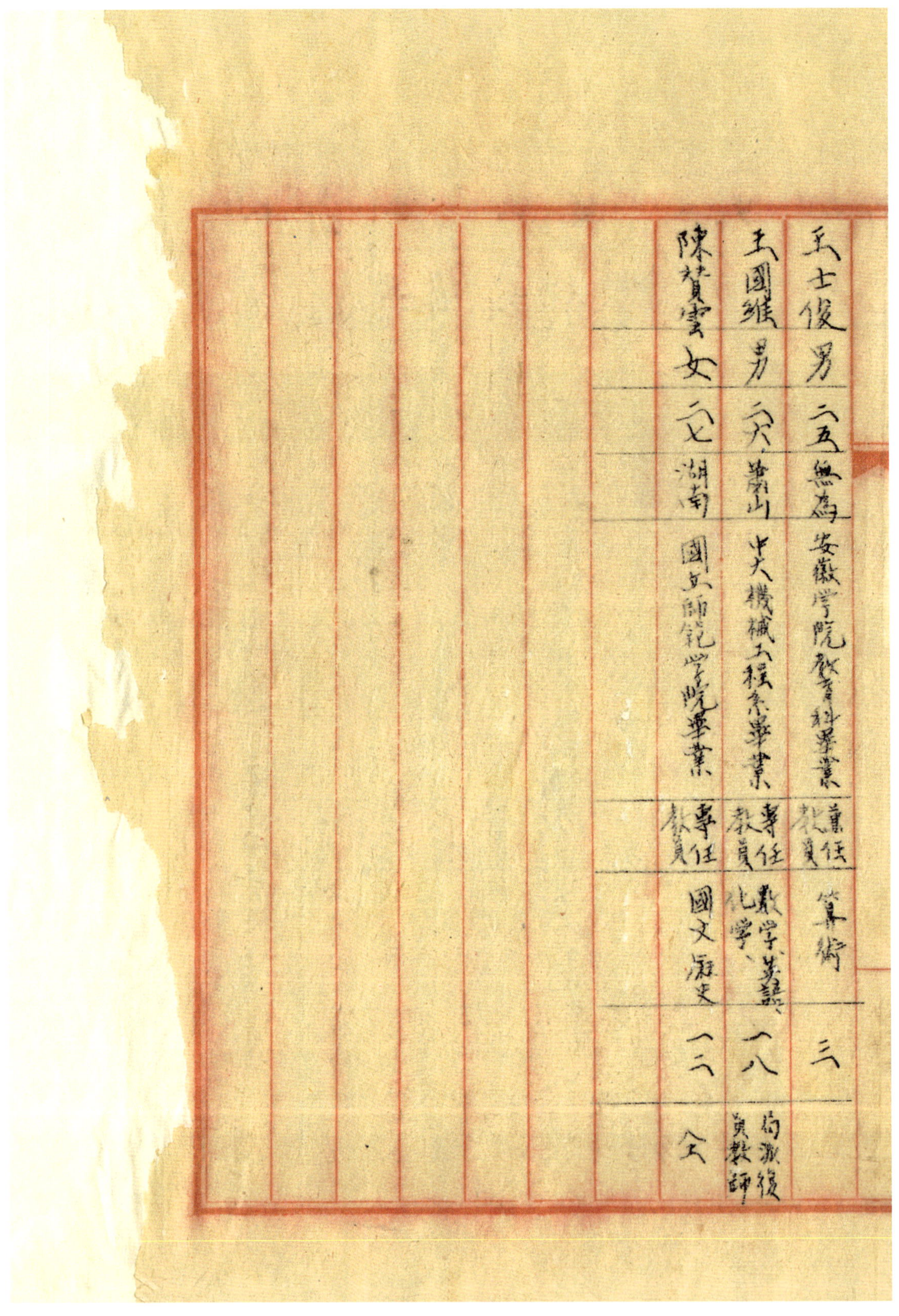

存卷

南京市立第一民众教育館附設補習學校第四期學生名册

三十七年三月十五日

附（二）南京市立第一民衆教育館附設補習學校第四期學生名册

8年 30
14 16.

南京市立第一民眾教育館附設補習學校學生名冊　廿七年　月　日

班次	姓名	性別	年齡	籍貫	學歷	家長姓名	住址
二上	湯啟富	男	一六	南京	東炎私立中學	湯元灼	中華門外下碼頭四號
	吳家華	男	一五	南京	南蘇中學	吳映清	鼓樓黃泥崗八一號
	耿湧麟	男	一三	南京	廣善中學	耿昌榮	中正路三五九號
	王其昌	男	一六	南京	昌明中學	王成傑	教敷營二三號
	鄒義明	男	一四	南京	公　右	鄒鏡湖	瞻園路一四三號
	周洪佳	女	一三	江西	江西戊許小學	周濟道	白下路復興村二號
	許世連	女	一四	南京	樂群中學	許國利	飲虹園三〇號
	梁素華	女	一四	南京	夫子廟小學	梁鴻光	瞻園路一八號

馬桂紅	女	一六	南京	私立冶城中学	馬順龍	東牌樓藍家苑三號
佘俊清	女	一八	南京	市立職業学校	佘有富	瞻園路三三號
周淑華	女	一六	江蘇	慧園街小学	周志良	黑廊巷二號
周錦玉	女	一五	江蘇	仝右	周志良	仝右
胡若蘭	女	一五	南京	育羣學校	胡振華	千佛庵二號
龔綠英	女	一九	南京	市立第一女中	龔家駿	鈔高巷四一號
張清芬	女	一九	江蘇	市立女中	張翊生	瞻園路萬竹巷三五號
陳國珍	女	一五	南京	育群中學	陳野禪	緯巷二號
鄭惠	女	一六	江蘇	仝右	鄭源深	白下路五福新村二〇號
周維鳳	女	一六	南京	昌明中学	周世林	致和街一〇六號

李秀容	女	一六	南京	嘉興秀州中学	李祥厚	塘子街七四號
蕭喜鐘	女	一七	江蘇	市立三臨中	蕭斯	仝右
胡瑞五	男	一五	安徽	慧光中学	胡應華	狀元境補丁巷一六號
周其瑞	男	一五	河南	商城縣中	周翊生	孝陵衛中訓團
劉祥麟	男	一六	南京	市立四中	劉仲祥	雙樺嶺五號
葛壽山	男	一六	南京	樂群中学	葛府蔭	管家巷一五號
葉錦鑫	男	一六	南京	南菁中学	葉廣義	小鷹府三二號
吳成良	男	一五	安徽	復興中学	吳尚發	庫司巷坊四四號
邰春林	男	一七	南京	慧園街学校	邰榮興	王府園三八號
張玉堂	男	一八	河北	伯淳中学	張運泉	門東積善里九號

陳德賡	男	五	浙江	重慶中學	陳怡洪	東關頭三六號
劉燕卿	女	八	南京	樂群中學	劉樹泉	中營五〇號

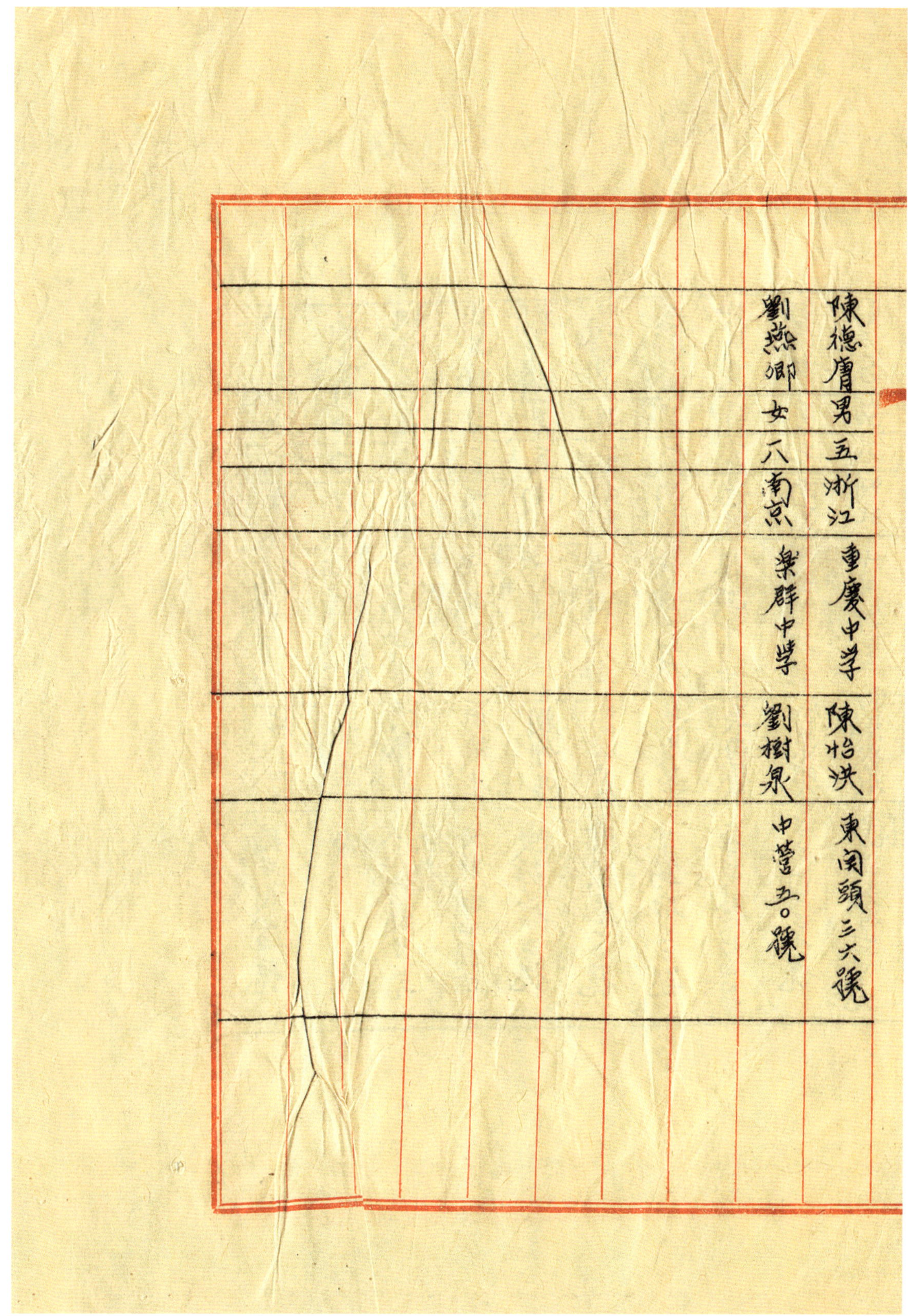

54
34 21

南京市立第一民众教育館附設補習学校学生名冊

班次	姓名	性別	年齡	籍貫	肄業学校	家長姓名	住址
初一上甲組	唐國芳	女	一六	南京	曾公祠國民学校	唐成業	八條巷三十六號
	胡瑞麟	女	一三	南京	考棚國民学校	胡銘華	糯米巷三十六號
	劉寶琳	女	一五	南京	考棚國民学校	劉欽鏞	中華路三二二號
	朱立俊	男	一三	南京	船板巷國民学校	朱言書	门西集慶路五一號
	盧志翼	男	一三	南京	荷花塘國民学校	盧毓文	门西朱家苑二二號
	施雨桑	男	一四	南京	荷花塘國民学校	施鈞三	门西王府里一〇號
	吳福萊	男	一六	上海	滬僑育小学 南京益世小学	吳守一	门西泰平橋二號
	傅澤萱	女	一五	南京	夫子廟小学	傅祖說	中山门外貴族学校内

李珍霞	女	一六	南京	夫子廟小学	李樂成	中華门糖坊廊十六號
唐金如	女	一五	南京	胭脂巷國民学校	唐家璠	小鵝仙街四〇號
李月華	女	一四	南京	砂珠巷小学	李德生	馬巷四九二號
王啟兴	男	一四	安徽	鈔庫街、長樂路、蓮子營小学	王金富	武定门十二號
許德順	男	一四	南京	八府塘中心國民学校	許賓森	白下路東井巷二六號
孫國慶	男	三	南京	馬道街小学	孫任氏	门東三條營二號
陳亮春	男	一三	南京	船板巷國民学校	陳明福	船板巷七四號
盧碧玉	女	一四	江蘇	崇德小学	盧淦	中華门信府河二八號
俞文彩	女	一三	江蘇	鈔庫街小学	俞華堂	箍桶巷四四號
項瑞雲	女	一四	南京	鈔庫街小学	項寔牛	水佐營一三號之一

南京市第一民众教育館

張秀珠	女	一四	南京	長樂路新廊小学	張仲祥	長樂路三三五號
曾祥華	男	一四	南京	建康路小学	曾厚寬	建康路四四一號
樂來發	男	一三	江西	夫子廟第二國民学校	樂吉慶	大光路三十之一號
陳桂生	男	一三	南京	仝右	陳富全	貢院街四五六號
黃炳照	男	一四	廣東	仝右	黃資文	瞻園路義興巷五五號
温國芳	女	一五	湖北	新廊小学	温讓	長樂路四三八號
李继陶	女	一四	湖北	仝右	李從文	長樂路三六大號
徐碧珠	女	一五	南京	考棚小学	徐姜氏	中華路五八二號
陶淑媛	女	一四	南京	仝右	陶汝霖	磨盤街二五號
鄒乾明	男	一三	南京	仝右	鄒鏡湖	瞻園路一四三號

姓名	性別	年齡	籍貫	畢業學校	家長	住址
王國賓	男	一四	南京	新廊荷花塘國民學校	王家有	門西集慶路六十七號
王智明	男	一四	南京	窰灣國民學校	王禮坤	中華門外蘆席巷四七號
李學義	男	一三	南京	鈔庫街國民學校	李朱氏	長樂路三六九號
王秀華	女	一六	南京	新廊國民學校	王斌	信府河七號
仇俊鳳	女	一六	南京	私立益世小學	仇照九	門西釣魚台一七六號
張雪如	女	一五	南京	仝右	張春山	門西玉振街一〇號
高詠耕	男	一三	南京	荷花塘國民學校	高振裳	鳴羊街三八號
張應森	男	一三	江蘇	崇明城北小學	蔣建溪	大光路八寶後街七〇號
唐國璜	男	一四	南京	夫子廟小學	唐明齋	大光路九十號
林成宏	男	一〇	南京	雙塘國民學校	林少卿	柳葉街地藏庵一六號

馬宝琪	男	一五	南京	夫子廟小学	馬炳	貢院街二六號
黄正明	男	一四	江蘇	夫子廟第一國民学校	黄侯氏	東石垻街一號
謝祥榮	男	一四	江蘇	建康路國民学校	謝軼凡	葛家菜園二十三號之一
陳德士	男	一三	揚州	彼得小学	陳盧和坐	烏衣巷十三號
吳慎金	男	一四	南京	考棚國民学校	劉少庭	廚子營二二號
李德春	男	一三	南京	集慶路七四號	李尚友	集慶路七四號
劉慎鏵	男	一三	南京	荷花塘國民学校	劉敬堂	水齋庵二三號
周東生	男	一五	江蘇	第三區中心國民学校	周錦坤	文正橋五號
宋保華	男	一五	南市	市立第三區中心國民学校	宋永年	文正橋六九號之五
杜少昌	男	一五	南京	夫子廟第一中心國民学校	杜硯生	金陵閘三三號

端木狄生	男	一三	南京	丁家巷國民学校	端木傅銀	止馬營二八號
洪宣順	男	一四	南京	新廊國民学校	洪少山	琵琶巷三十四號
梁國銘	男	一五	南京	船板巷國民学校	梁楊氏	琵琶巷九十八號
潘大貴	男	一六	南京	第四區高崗里國民学校	潘正文	磨盤街七號
王秀雲	女	一四	南京	夫子廟第一國民学校	王吳氏	瞻園路一五五號
王清	女	一三	南京	新廊小学	王階平	長樂路四三六號

南京市立第一民眾教育館附設補習學校學生名冊

廿七年　月　日

班次	姓名	性別	年齡	籍貫	學歷	家長姓名	住址
初一上乙組	高愛翠	女	一三	南京	胭脂巷國民學校	高振炘	集慶路二八號
	劉冕芳	女	一三	南京	荷花塘小學	劉印文	水齋庵二三號
	李素雲	女	一四	南京	烏龍營國民學校	李汝燦	门東庫上四號
	鄭敏	女	一三	南京	建康路國民學校	鄭源梁	白下路王福新村二號
	孫琇	女	一五	南京	夫子廟第一國民學校	孫立鐵	貢院西街緯巷二六號
	賀淑琴	女	一六	南京	夫子廟第一國民學校	賀和生	貢院西街四九號
	王立文	女	一四	南京	夫子廟第二國民學校	王芸台	利涉橋七號
	鄭鳳英	女	一四	湖北	夫子廟第二國民學校	鄭汝芳	大金福巷一號

任桂英	女	一四	南京	夫子庙第二國民学校	任孔氏	夫子庙泮宫内一六號
李愛華	女	一四	南京	鈔庫街小学	李福和	老王府巷三號
楊晋如	女	一四	南京	建康路小学	楊愛文	東関頭八一號
孔淑琪	男	四	南京	夫子庙第二中心國民学校	孔有三	大全福巷七號
左炳炎	男	一三	南京	建康路國民学校	左芝桂	平江府北街四號
湛渠	男	一四	南京	夫子庙第二國民学校	湛金波	曾家巷四號
徐永林	男	一五	南京	夫子庙第一中心國民学校	徐姚氏	大石壩街一七五號
毛書鳳	女	一三	南京	荷花塘國民学校	毛康侯	荷花塘九號
葛美英	女	一五	南京	高崗里國民学校	葛道生	集慶路五四號
朱金蓉	女	一五	南京	馬道街國民学校	朱吳氏	门東剪子巷一六號

朱金蓉	女	一五	南京	馬道街國民學校	朱吳氏	門東剪子巷一六號
黃惠君	女	一四	南京	船板巷國民學校	黃永福	皇冊庫四號
韓康炎	男	一四	南京	慧園街國民學校	韓登壽	內橋王府園四〇號
劉方永	男	一五	南京	夫子廟第一國民學校	王梓源	管家巷三一號
火長海	男	一三	南京	仝右	火朝鴻	龍門街二七號
葛慶玉	女	一三	南京	承恩寺國民學校	葛少衡	貢院東街一〇號
童秀雲	女	一五	南京	鈔庫街小學	童卓言	中華路三七九號
賈瑞蓮	女	一五	南京	門東小西湖小學畢業	賈廣釗	門東小西湖一〇號
孫清	女	一五	南京	荷花塘小學	孫峻生	門西水齋庵一三號
楊連人	女	一三	江蘇	夫子廟第一國民學校	楊名聲	夫子廟一五九號

辛根寶	男	一四	南京	夫子庙第一國民学校	辛楊氏	張府園六八號
周士宏	男	一四	南京	考棚小学	周航津	游輝嶺五號
蘇子云	男	一四	南京	夫子庙小学	蘇吳氏	市府路四一號
石惠英	女	一五	南京	邊營國民学校	石世鍾	小心橋四八號
石玉紅	女	一四	南京	仝右	石潤芝	小心橋四八號
王樹晨	男	一五	南京	大行宫小学	蔣啟林	太平路國府西街一三號
朱光璂	女	一五	南京	建康路小学	朱斌	大石壩街五四號
張水晶	男	一五	安徽	大行宫小学	張海洲	黃家塘二二號
孫振良	男	一五	南京	建康路小学	孫德海	大石壩街九三號
薛福保	男	一五	江蘇	句容縣立龍潭小学	薛子純	王府園三四號

周彩琴	女	一四	南京	夫子廟第一國民學校	周先興	龍门街二一號
許德芳	女	一四	南京	荷花塘國民學校	許厚誠	歐陽巷一三號
戴明月	女	一四	江蘇	夫子廟第二國民學校	戴王氏	烏衣巷泰安里六號
王艷秋	女	一五	南京	夫子廟第一國民學校	王福寅	烏衣巷泰安里四號
王昌榮	女	一四	江蘇	鈔庫街國民學校	王炳若	
張霖生	女	一四	南京	仝右	張黄氏	鈔庫街七又號
厲以真	女	一六	江蘇	儀徵文山中心國民小学	厲清泉	小王府園九八號
汪月華	女	一五	南京	夫子廟第一國民学校	汪萬忠	東牌樓
劉孝忠	男	一三	河南	安徽省亳縣青雲鎮小学	劉鏻生	中華路銀作坊二〇號
張益樓	男	一七	安徽	大光路國民學校	張志華	棉鞋營三八號

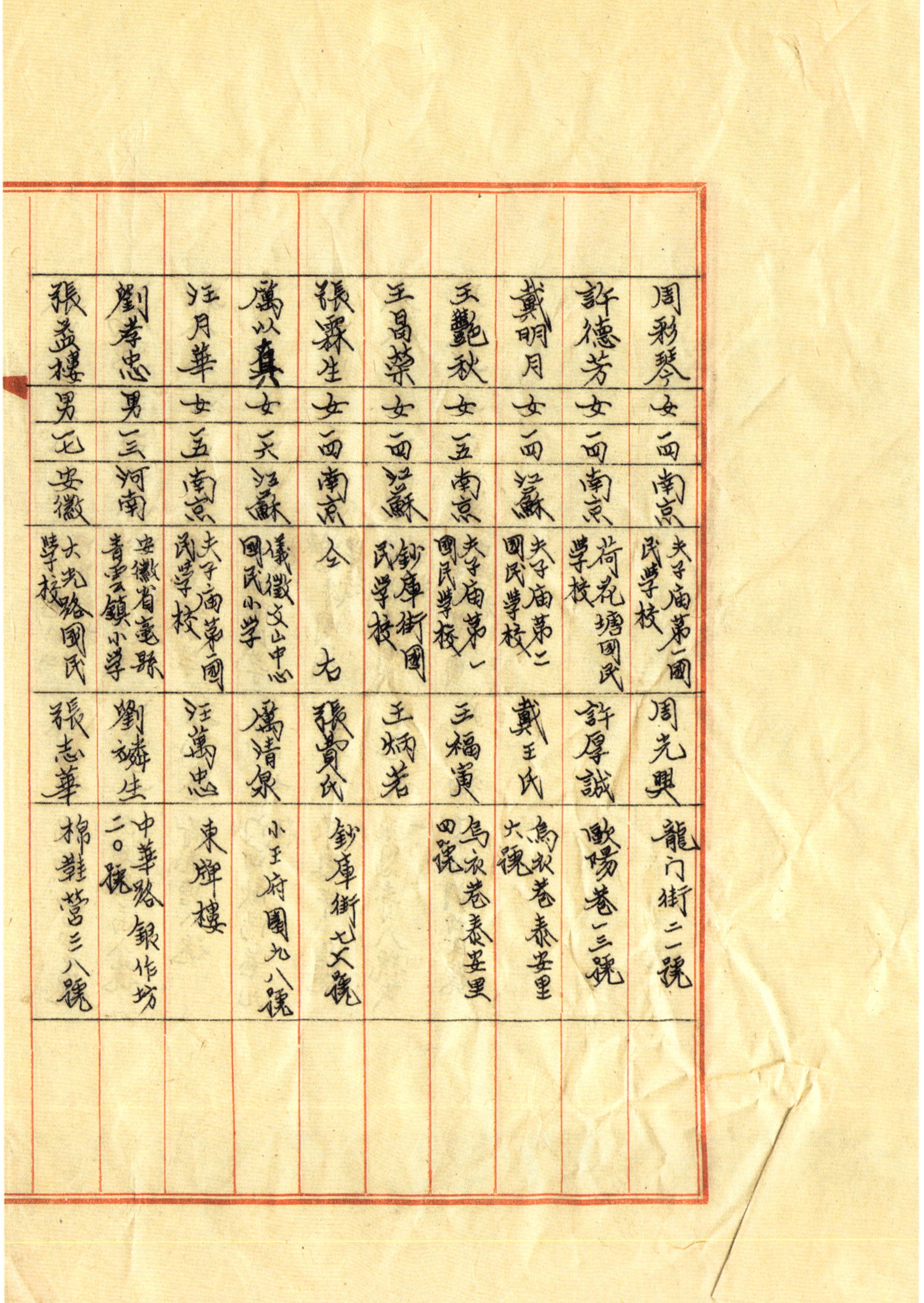

蘇成有	男	七	南京	二條巷中心國民学校	蘇德康	棉鞋營四二號
江鵬飛	男	四	江蘇	淮安忠孝鎮國民学校	江培友	建康路二四八號
郭金玉	女	四	南京	荷花塘小学	郭光鑫	荷花塘八號
葛秀枝	女	四	南京	考棚國民学校	葛亮如	門西歐陽巷九號
李惠貞	一六		南京	承恩寺國民学校	李文全	承恩寺一〇號
朱敬貞	女	二〇	南京	承恩寺國民学校	朱先有	承恩寺八號之一
周健敏	女	四	江蘇	夫子廟第二國民学校	周崇福	長生祠四六號

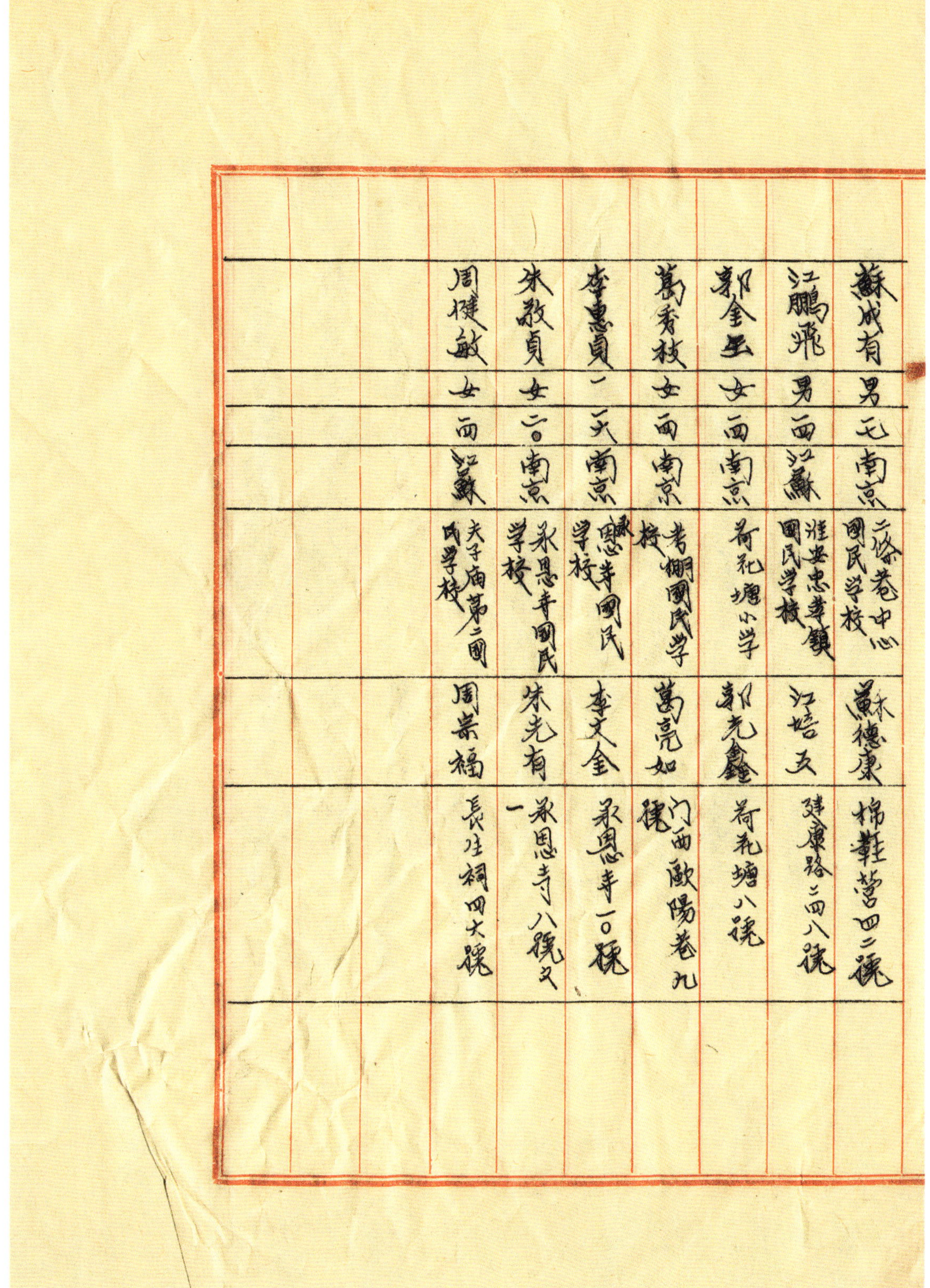

46

2323

南京市立第一民眾教育館附設補習學校學生名冊

廿年 月 日

班次	姓名	性別	年齡	籍貫	學歷	家長姓名	住址
初上丙組	姚文英	女	一三	南京	夫子廟第二國民學校	姚文英	烏衣巷五九號
	陶延慶	男	一五	浙江	四荷小畢	陶子湘	集慶路二四號
	查金榮	男	一三	湖北	荷花塘小學	查起玉	營门口二四號
	吳景峯	男		浙江	堂府園三號	吳仁俊	小王府園三號
	劉振華	男	一三	南京	評事街國民學校	劉張氏	大百花巷五號
	濮鳳鳴	女	一五	南京	夫子廟第一國民學校	濮慶生	建康路胡家巷七號
	閔寶華	女	一四	南京	慧園街小學	閔孚生	錦綉巷六號
	胡登沂	男	一三	南京	荷花塘國民學校	胡錦華	集慶路九〇號

李壽全	男	一六	南京	荷花塘國民学校	李明德	杏花村一四號
胡大明	男	一三	江蘇	長樂路小学	周以學	门東双塘園二九號
黄永俊	男	一三	南京	邊營國民学校	黄德江	门東双塘園卅號
張螢如	女	一六		顏料坊小学	張熙慶	邊營
姜桂如	女	一九		仝右	姜家驊	邊營七四號
周志國	男	一四	南京	金鑾巷國民学校	周夢蝶	门西謝公祠六號
李炎隆	男	一五	廣東	第十一區中心國民学校	李樹槐	雨花路宝塔根(三)之一號
朱良棟	男	一四	南京	小西湖小学	朱王氏	九兒巷九號
史傑	男	一三	南京	第四區中心國民学校	史寶壽	小西湖十九號
劉素琴	女	一五	南京	慧園街國民学校	劉春濤	建康路胡家巷一八號

李和平	女	一五	揚州	夫子廟第一國民學校	李一洲	東關頭八三號
支立榮	男	一四	南京	信府河小学		沙灣
張發生	男	一六	河北	承恩寺國民學校	張建江	府西街五三號
侯維柄	男	一五	南京	邊營小学	侯通之	八間房一〇號
柳光輝	男	一五	江蘇	邊營中心國民學校	柳安銀	邊營五八號
江懋珍	女	一五	南京	馬道街小学	江稚仙	箍桶巷五〇號
柏志賢	女	一四	南京	荷花塘國民學校	柏國楹	集慶路七二號
王厚榮	男	一五	南京	私立類思小学	王椿陽	中正路一〇〇號
劉文君	男	一五	天津	考棚國民學校	劉寶珍	建康路伏魔庵八號
俞正鏵	男	一六	南京	承恩寺國民學校	俞刘氏	建康路一八二號

許振芝	男	一六	南京	承恩寺學校	許長卿	门東箍桶巷廿〇號
部於榮	女	一五	南京	馬道街國民學校	部勤本	门東中營二十三號
林素珍	女	一五	浙江	長樂路國民學校	林祥吉	门東箍桶巷五〇號
王愛琳	女	一五	南京	評事街第二國民學校	王溢如	半邊營二六號
部玉如	女	一四	南京	小西湖小學	部長榮	中營四一號
張士光	男	一五	南京	府西街中心國民學校	張彭壽	[illegible]營十三號
龔兆榮	男	一六	南京	健康路中心國民學校	龔方氏	貢院東街一二號
沈惠琴	女	一三	南京	邊營小學	沈金生	门東小荷花巷一三號
秦志棣	女	一五	南京	仝右	秦廣忠	中華门小荷花巷一三號
吳淑英	女	一五	南京	雙塘國民學校	吳偉鑫	门西集慶路八二號

馬月娟	女	五	南京	荷花塘國民學校	馬曉六	门西孝子坊三號
施家玉	女	四	南京	夫子廟小學	施廣雲	中營五〇號
施家寶	女	六	南京	仝右	仝右	仝右
吳秋霞	女	五	南京	馬道街國民學校	吳蔚然	磨盤街二〇號
秦庭茂	男	五	南京	夫子廟小學	秦品三	大中橋潛水庵三號
于寶霞	女	四	南京	第三區中心國民學校	于洪林	柳葉街大膠巷四號
金世英	女	四	南京	邊營小學	金克安	邊營五〇號
陳淑芳	女	四	湖北	沔陽縣	陳錦霖	廊後街三三號

158
44
2321

南京市立第一民衆教育館附設補習學校學生名冊 廿七年 月 日

班次	姓名	性別	年齡	籍貫	學歷	家長姓名	住址
初中一下	任令儀	女	一五	南京	昌明中學	任大金	東關頭八三號
	潘巧珍	女	一三	南京	丁家巷國民學校	潘李氏	新街口二二號
	錢蕙蘭	女	一四	南京	私立大中中學	錢學道	門東小西湖十號
	胡克强	男	一四	南京	承恩寺國民學校	胡坤一	長樂路四〇號
	胡侠士	男	一三	南京	丁家巷中心國民學校	胡古石	東牌樓一〇七號
	洪寶英	女	一四	南京	南菁中學	洪劉氏	承恩寺二四號
	巫懷英	女	一四	南京	仝右	巫月軒	大中橋白下路三七〇號
	李明芳	女	一四	南京	本校	李渭清	

許美琳	女	一三	南京	本校	許淦泉	西王府園四號
李家鵬	男	一三	南京	建業中學	李呂氏	舊王府二〇號
屠耀坤	男	一三	南京	青會中學	屠雨三	大角井四二號
端木錦娟	女	一三	江蘇	弘光中學	端木陳以荷	柳葉街一四三號
夏京祥	女	一四	南京	成美中學	夏崇封	八條巷二二號
吳峙	女	一六	江蘇		吳鏡蒙	建康路二四八號
俞悠蘭	女	一五	南京	培育中學	俞炳炎	東牌樓一三〇號
鄺金邦	男	一三	湖南	洪武路國民學校	鄺鼎銘	孝子坊九號
孫益順	男	一三	南京	雨花路國民學校	孫少銘	中華門外正學路二三號
馬秀華	女	一五	南京	育群中學	馬云生	箍桶巷一九號

馬蘭	女	一七	南京	育群中學	馬云生	箍桶巷一九號
范健平	女	一六	安徽	金女中	范銘吾	長生祠七號
袁秀英	女	一五	南京	昌明中學	袁開信	九兒巷一〇號
葉金鰲	男	一四	南京	建業中學	葉永福	東王府園九三號
宋兆祥	男	一三	南京	馬道街國民學校	宋陳氏	中營四四號
魏啟鳳	女	一六	南京	培育中學	魏天望	夫子廟六六號
馮淑媚	女	一四	南京	昌明中學	馮益生	門西謝公祠六號
余華龍	男	一四	南京	市立五中	余宣愷	鈔庫街九號
李成發	男	一四	南京	南青中學	李玉柱	白酒坊大號
劉顯耀	男	一三	南京	胭脂巷國民學校	劉炯甫	小鶴仙街一八號

周昌祚	男	一四	南京	本校	周李氏	建鄴路三四號
歐陽武瑄	女	一七	河南	淳青中學	歐陽鄴麟	洪武路小火瓦巷一〇號
陳月珍	女	一七	廣東	培育中學	陳光	
柳正斌	男	一五	南京	淳青中學	柳南榮	中華門軍師巷三八號
丁瑞生	男	一四	南京	安徽中學	王翠芳	中華門外窯灣街五號
潘章泉	男	一六	南京	鍾英中學	潘文奎	中華路二七九號
陳天河	男	一六	江蘇	冶城中學	陳佩齋	東王府園一五七號
郭文華	女	一四	南京	夫子廟小學	郭孔氏	洪武路一八七號
趙秀蘭	女	一五	南京	雨花路國民學校	趙文濤	西街一三一號
方桂生	男	一六	廣東		方人俊	大石壩街金陵閘一四號

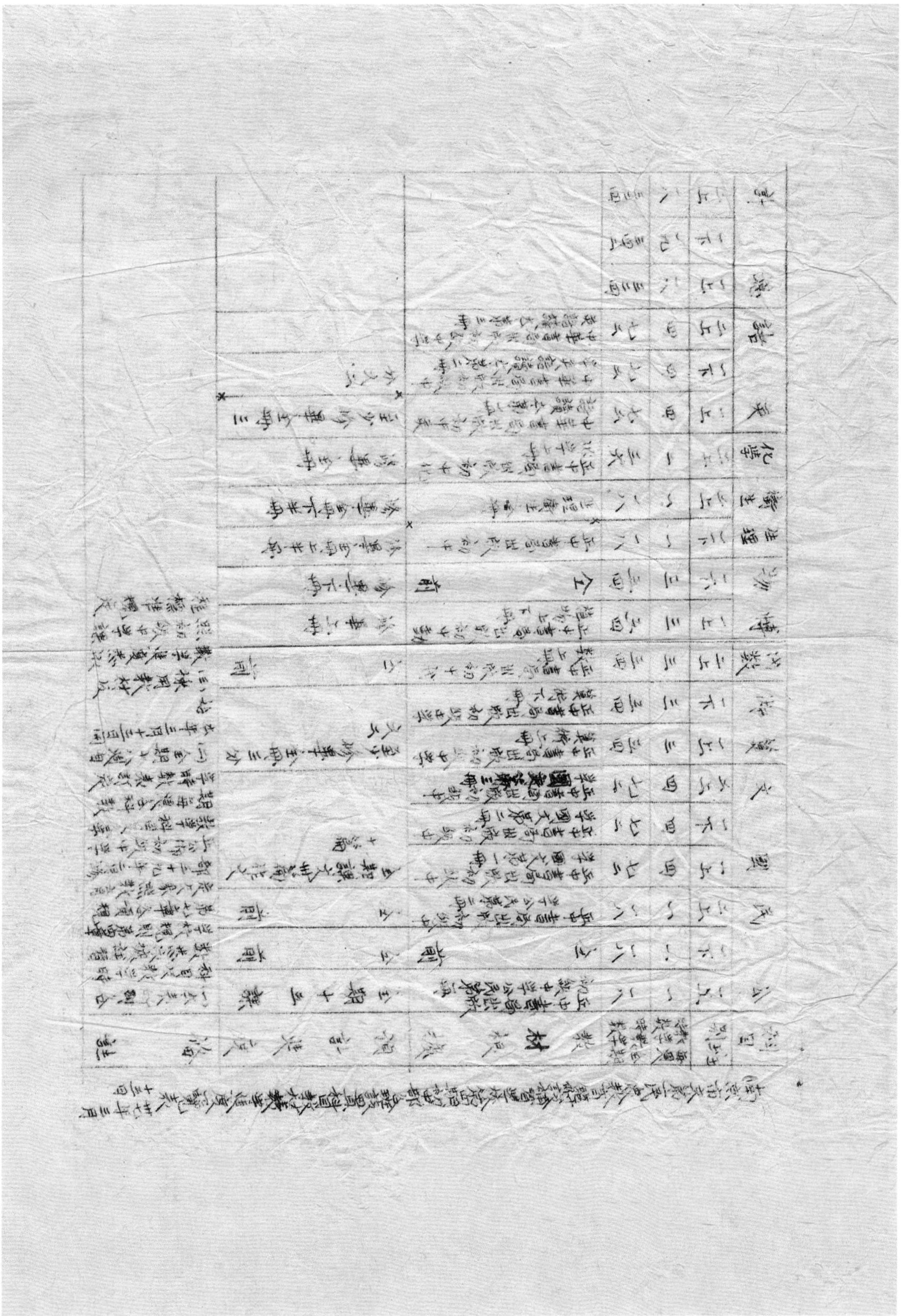

附（三）南京市立第一民衆教育館附設補習學校第四期初中部各班設置科目教材教學進度一覽表

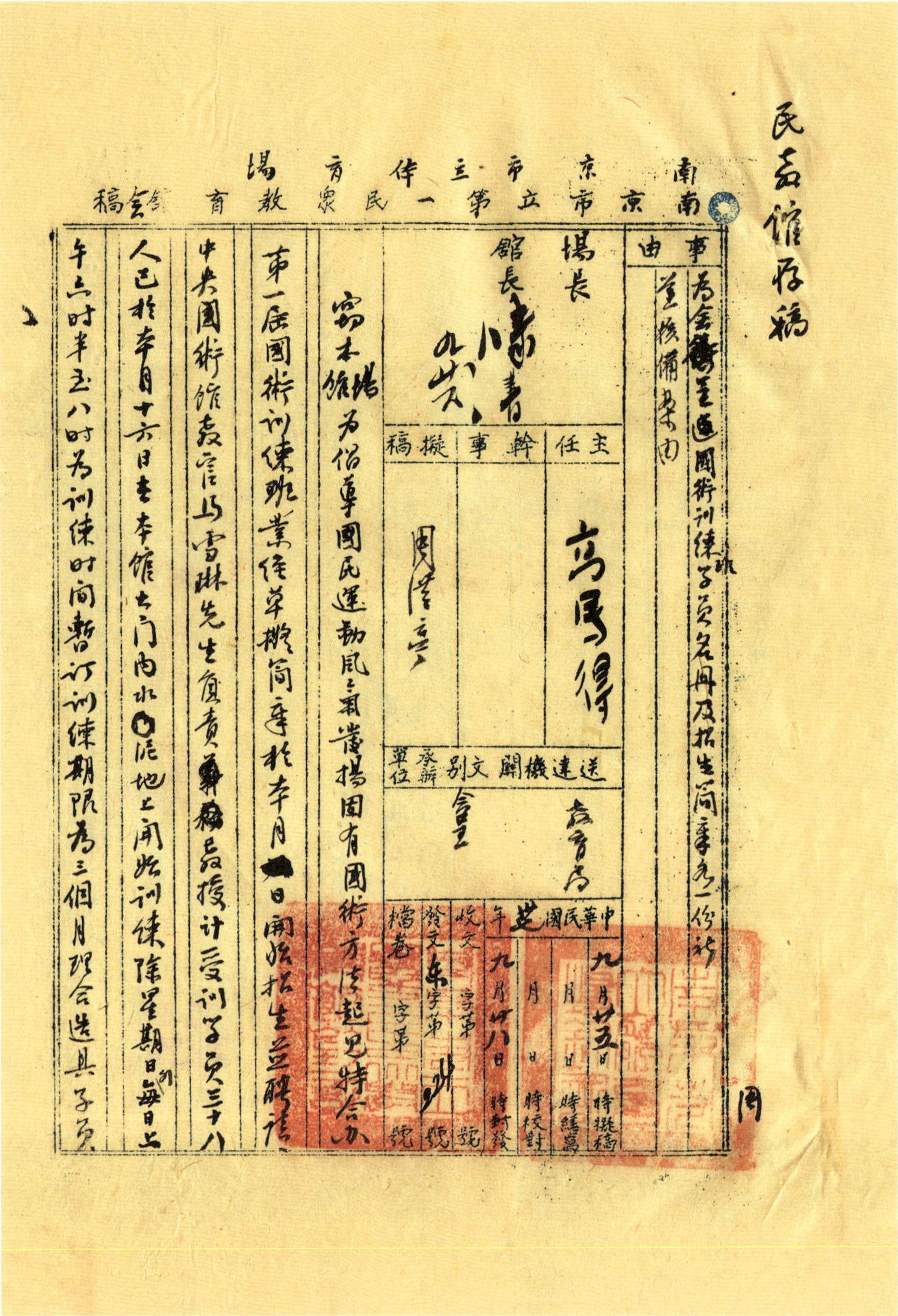
民教館存稿

南京市立體育場
南京市立第一民衆教育館 會稿

事由	爲會呈送國術訓練班學員名冊及招生簡章各一份祈鑒核備案由
場長 館長	
主任	高鳳得
幹事	
擬稿	周澤亭
送達機關	教育局
文別	會呈
承辦單位	

中華民國卅七年 九月廿五日擬稿 月 日繕寫 月 日校對 九月廿八日封發
收文 字第 號 發文 東字第 號 檔卷 字第 號

竊本館場爲倡導國民運動風氣發揚固有國術方法起見，特合辦第一屆國術訓練班，業經草擬簡章，於本月 日開始招生，並聘請中央國術館袁宗倫、雷琳先生負責兼務教授，計受訓學員三十八人，已於本月十六日在本館大門內水泥地上開始訓練，除星期日例外，每日上午六時半至八時爲訓練時間，暫訂訓練期限爲三個月，理合造具學員

南京市立體育場、南京市立第一民衆教育館爲報送第一届國術訓練班學員名册及招生簡章給市教育局的會呈（一九四八年九月二十八日）

附：招生簡章

檔號：1018-1-8

名冊一份並檢同國術訓練班招生簡章一份備文呈祈

鑒核備案

謹呈

兼市長馬

附呈送名冊一份招生簡章一份

副館長馮○○

（全銜）館長陳○○

南京市立第一民众教育館体育場特設第一屆國術訓練班招生簡章

一、宗旨：本班以倡導國民運動風氣發揚固有國術方法為宗旨

二、資格：凡志願學習國術或已有國術根底之本市（京）民不論男女均得報名参加

三、組別：（甲）高級組：對國術已有根底及体育場第一、二屆國術訓練班畢業者

（乙）初級組：未曾学過國術者

（四）課程：少林形意八卦等拳術及器械

（五）教師：由本班聘請之

（六）保証金：每人國幣金圓券弍角畢業時退还

七、訓練期限：暫定三個月

八、訓練時間：每日早晨六時半至八時（必要時得隨時改訂之）

九、報名地点：白下路第一民众教育館、公園路市立体育場

十、報名日期：自即日起至九月十五日止

十一、奬懲：（1）凡学員在訓練期間未曾缺席一次而成績優良者由本班酌給奬品以資鼓勵

（2）凡学員遲到或早退滿三次者作無故缺席一次論，無故缺席滿三次者即取消其本班学員資格並沒收保証金（因病或因事請假者須填具請假單向本班或教師請假）

十二、附則：本簡章如有未盡事宜得隨時修改公佈之

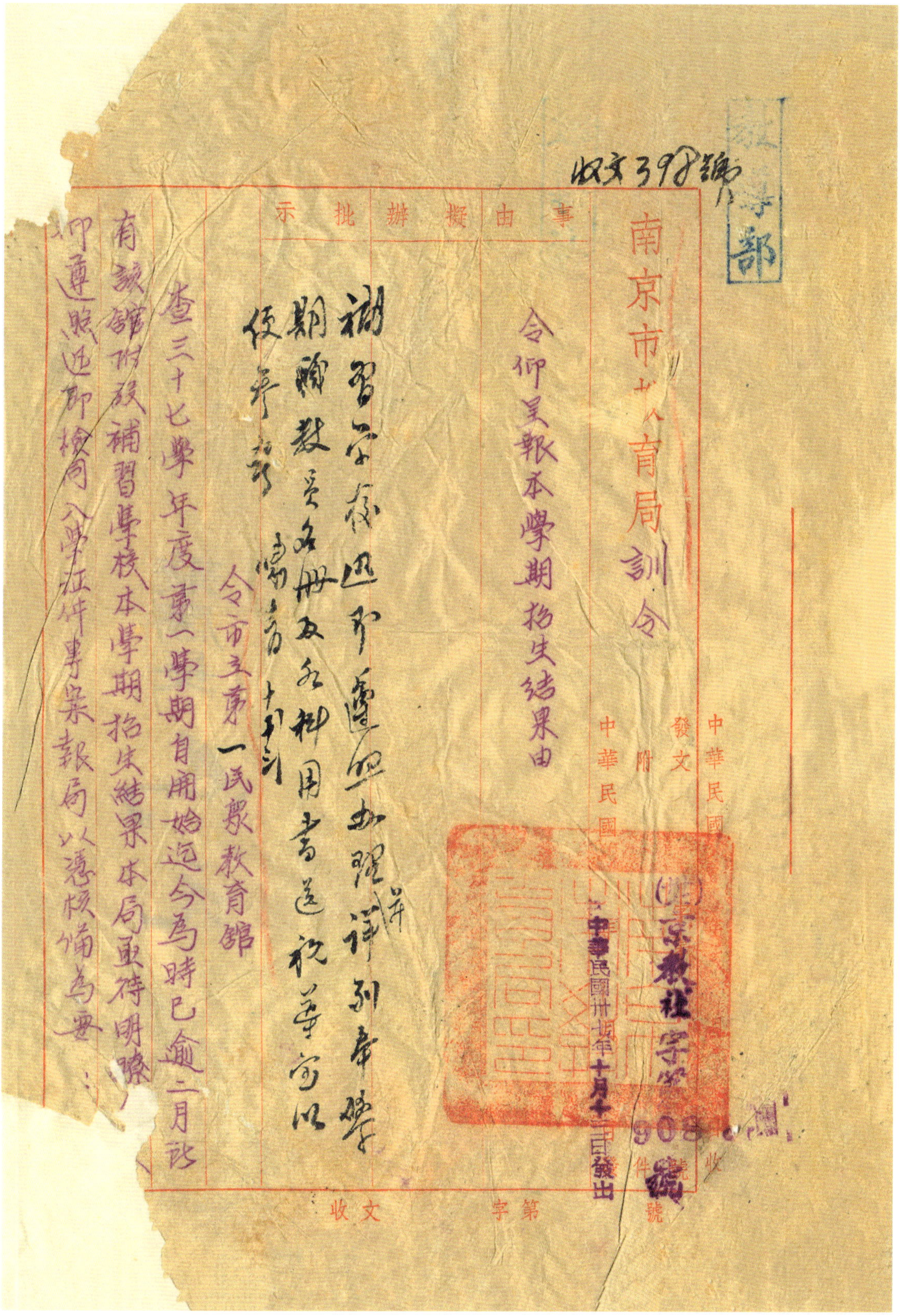
收文398號

南京市教育局訓令

事由：令仰呈報本學期招生結果由

查三十七學年度第一學期自開始迄今爲時已逾二月該館附設補習學校本學期招生結果本局亟待明瞭仰遵照迅即檢同入學生件彙報本局以憑核備爲要

令市立第一民衆教育館

中華民國卅七年十月十三日發出

爲報附設補習學校本學期招生結果的往來公文

南京市教育局給市立第一民衆教育館的訓令（一九四八年十月十三日）

檔號：1018-1-2

此令。

兼局長 馬元放

監印 華韻清
校對 龐寶秋

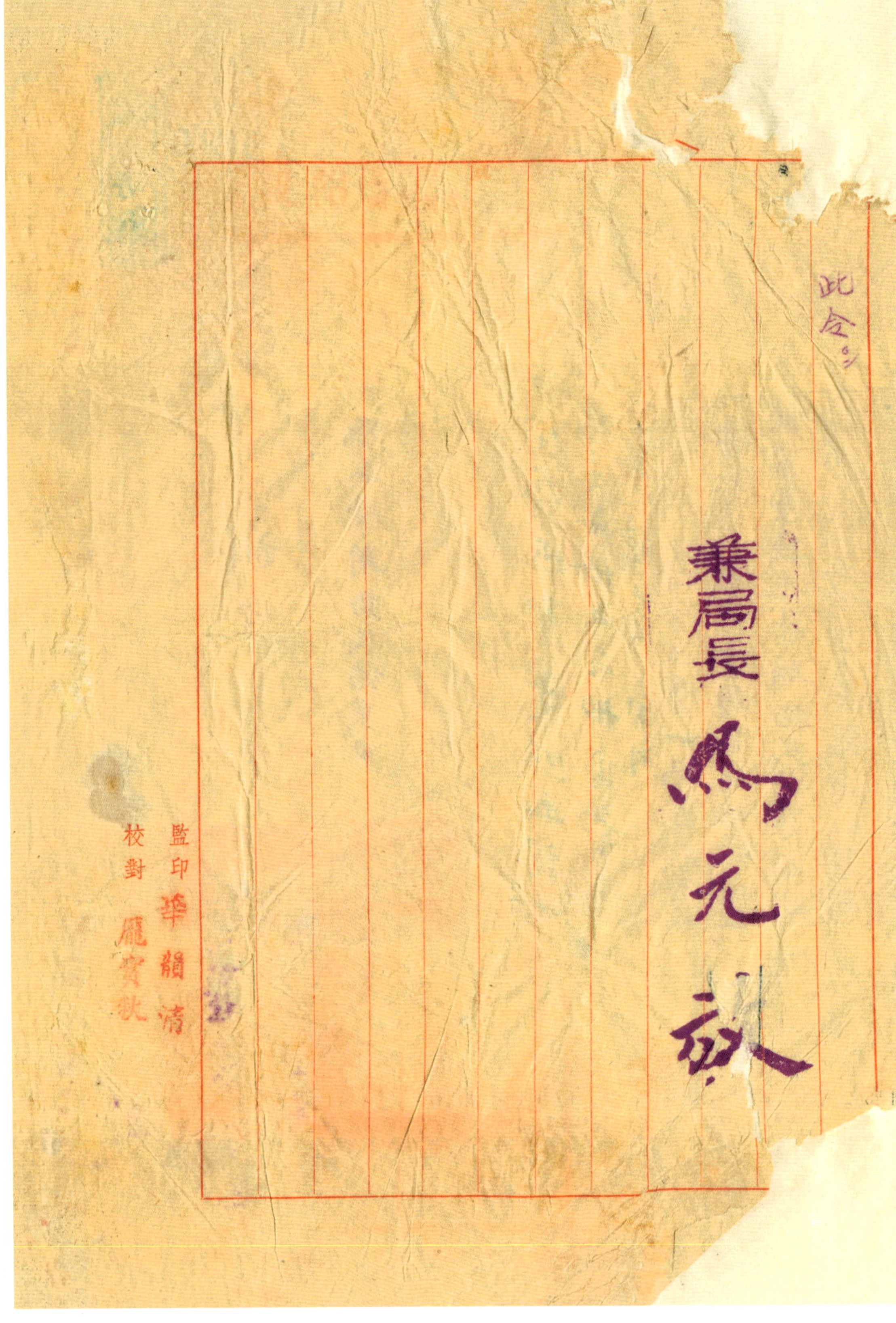

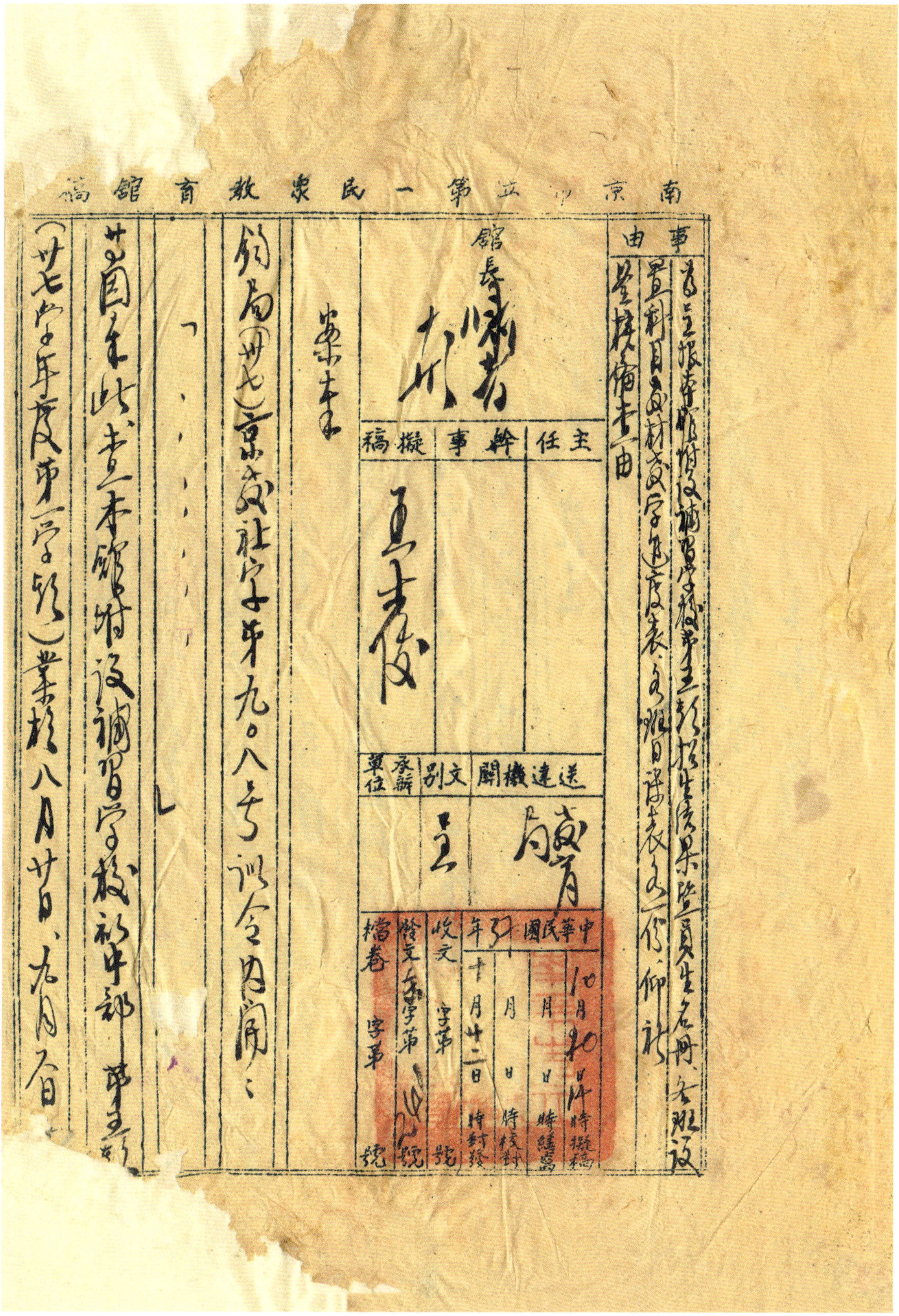

南京市立第一民衆教育館給市教育局的呈文（一九四八年十月二十二日）

檔號：1018-1-2

該校舉行兩次新生入學考試，九月十二日正式開學上課，本館除舊生留校者八十七人外，新招插班學生五十四人，一上甲、乙、丙三組新生一百五十一人，合計全校學生二百九十二人。茲謹將全校學生暨教職員造具名冊，連同設置科目教材教學時數表、各班日課表各一份，隨文賫請
鑒核。再新生入學證件，以報名時呈繳之即發還，合併陳明。謹呈
南京市長馬

附全校學生名冊、各班設置科目教材教學時度表、各班日課表各一份

（全銜）館長陳〇〇

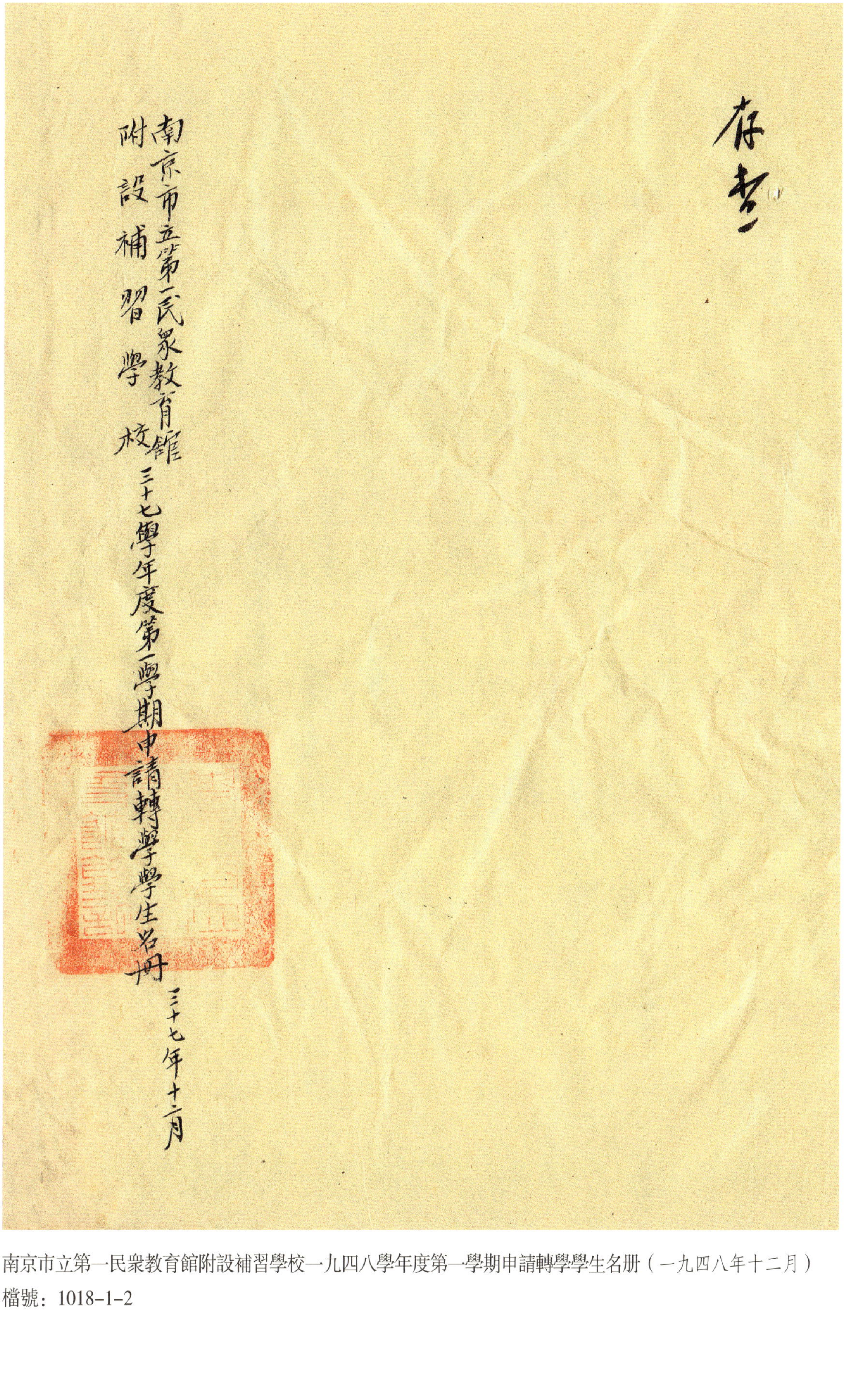

存查

南京市立第一民衆教育館附設補習學校

三十七學年度第一學期申請轉學學生名冊

三十七年十二月

南京市立第一民衆教育館附設補習學校一九四八學年度第一學期申請轉學學生名册（一九四八年十二月）

檔號：1018-1-2

南京市立第一民眾教育館附設補習學校三十七學年度第二學期申請轉學學生名冊

班次	姓名	性別	年齡	籍貫	備註
二下	鄒震明	男	一四	南京	
	胡若蘭	女	一五	南京	
	周其瑞	男	一五	河南	
	張秉權	女	一四	福建	
	張尚清	男	一四	南京	
	李治巽	男	一四	安徽	
	張尚雲	男	一四	南京	
	周桂亮	男	一六	南京	

二上	胡俠士	男	一三	南京
	李世蘭	女	一七	南京
	李以男	女	一六	江蘇
	伍必良	男	一四	南京
	沈年華	男	一四	湖北
	戴萬奎	男	一六	南京
	溫業均	男	一五	南京
一下	鄒乾明	男	一三	南京
	王國寶	男	一四	南京
	張應森	男	一二	江蘇

	江懋珍	女	一五	南京
	林素珍	女	一五	浙江
	陳孟榕	男	一三	浙江
一上	顧家俊	男	一三	南京
	馬健	男	一三	南京
	孟繼琪	男	一二	山東
	張梅生	男	一五	江蘇
	王伯玉	男	一四	江蘇
	李智銀	女	一三	南京
	袁寶玲	女	一一	南京

鄭寶琴	女	一四	南京
溫業沂	男	一二	南京
陳孟樑	男	一四	浙江
溫業潤	男	一四	南京
莊允謙	男	一四	江蘇
洪萍	女	一三	江蘇
丁文貞	女	一四	浙江
魏素芸	女	一五	江蘇
霍桂蘭	女	一四	山東
胡玉霞	女	一五	安徽

張龍華	男	一二	南京
蔡慶豐	男	一二	南京
劉玉智	男	一三	南京
丁克勤	男	一四	浙江
徐守壽	男	一三	南京
王福海	男	一四	南京
靳靜海	男	一四	南京
趙思剛	男	一五	河南
伍春生	男	一五	南京

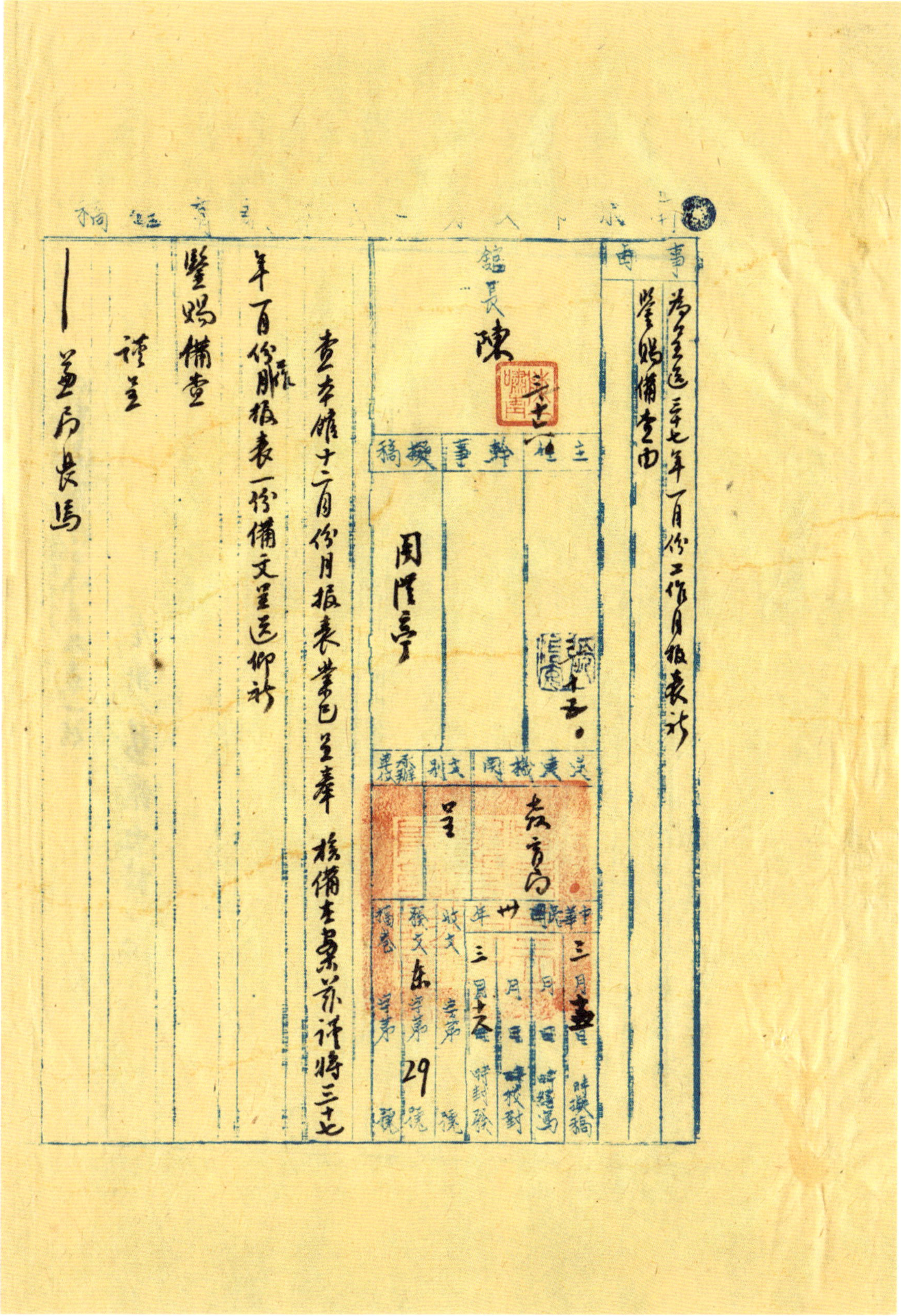
事由：為呈送三十七年一月份工作月報表祈
鑒賜備查由

館長 陳

主任 幹事 擬稿
周

送達機關：教育局
文別：呈

中華民國三十七年三月十五日 時擬稿
月 日 時繕寫
月 日 時校對
三月十六日 時封發
收文 字第 號
發文 字第29號
稿存 字第 號

查本館十二月份月報表業已呈奉 核備在案茲將三十七年一月份月報表一份備文呈送仰祈
鑒賜備查
謹呈
教育局長馬

爲呈報一九四八年度工作月報表的一組文件

南京市立第一民衆教育館爲報一月份工作報告表給市教育局的呈文（一九四八年三月十六日）

附：一月份工作月報表

檔號：1018-1-10

附呈送百份工作月報表一份

「全衔」蓋館長陳○○

南京市立第一民眾教育館工作月報表　三十七年一月份

工作項目	辦理經過情形	備註
(一)舉辦踢毽比賽	本館為提倡健康教育、發揚我國民間固有運動，並[illegible]起見，經擬具踢毽辦法呈奉核准並蒙賜贈獎旗一面，其餘獎品即依照核定辦法。自十三日開始報名，至一月廿四日截止，計共一百五十餘人。[illegible]改在本館一部分男女兩組，但於廿八日在本館舉行比賽，計參加者五十二人，惜報名者多數為中小學學生，正值期考，未能於當天參與比賽，[illegible]	

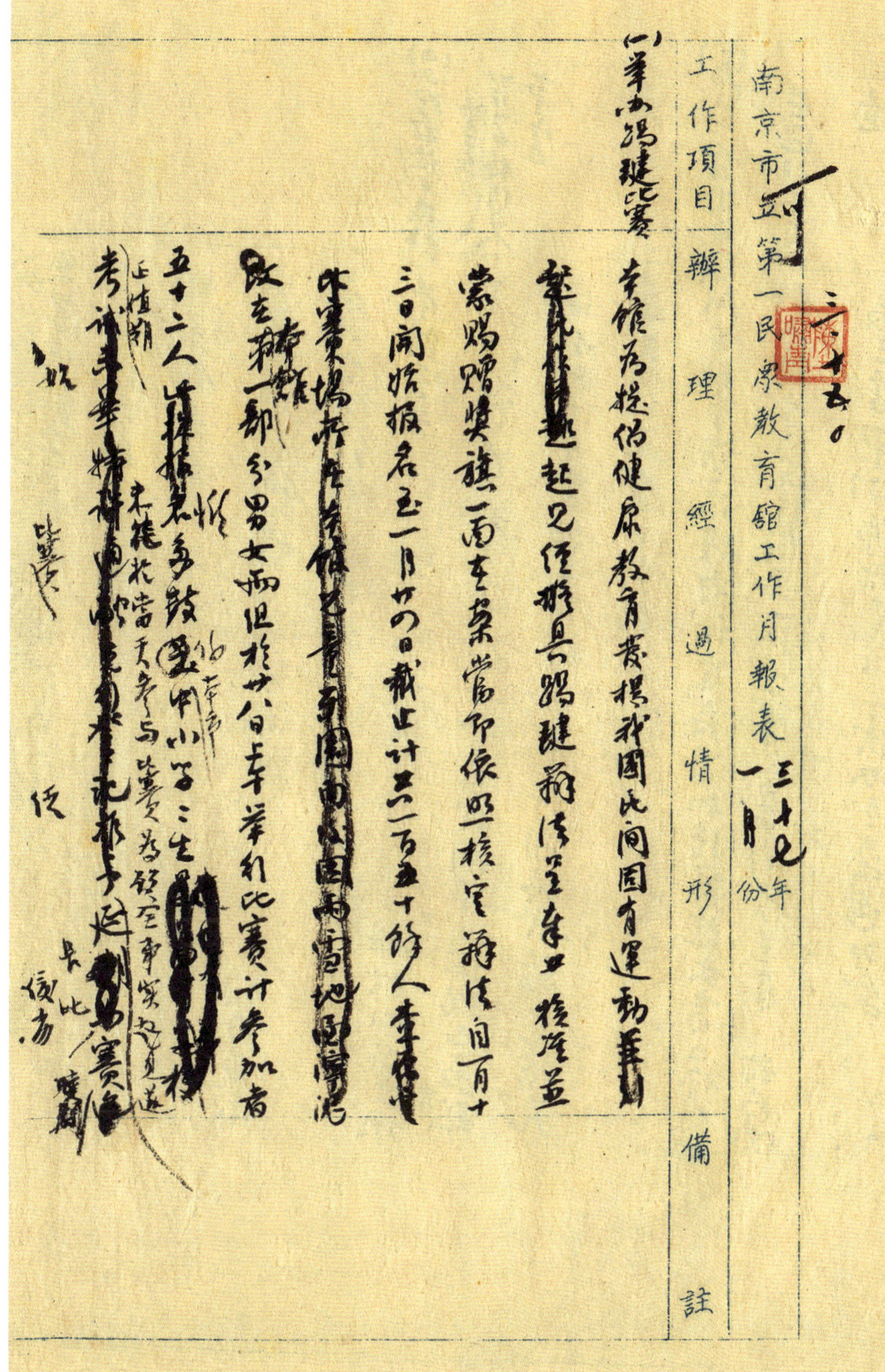

仍照市告外並另函知各優勝人員於廿日下午二
時來館參加給獎典禮領取獎品所有辦理演講比
賽經過情形業已造具報告書呈奉　鈞局並奉
教社字第1333號指令核備在案

（二）舉辦短期中級補習學校第三期結束事宜

本館中級補習學校第三期招收第一班
上下兩期學生於上年九月廿九日正式開學上課現已屆期
滿於一月十三日起至十六日止舉行期終試驗完竣十九
日正式結束業已將結束情形呈奉　核備在案

（三）成立民衆識字委員會

本館為推行識字教育加強掃除文盲工作起見
並進行文盲調查擬具識字委員會綱要一種以發月字第109號呈奉　鈞局（奠）
教三字第0957號指令准予試辦在案遂即成立民衆識

南京市立第一民衆教育館工作月報表　三十七年十月份

工作項目	辦理經過情形	備註
	字，並派教導部辦事員負責計劃辦理，原擬先從夫子廟商場聯誼會着手調查不識字商民及施教對象，旋經該會理事長復稱商民不識字者甚少，請緩辦，繼擬就本館所在地第三區十保各戶着手，經查二十戶口冊一至十三甲不識字者約有百餘人，後又挨戶訪問，確定基本人數約有五十人，正籌備定期開學，適值館址奉令遷移，因是暫緩進行，一俟館址遷定，仍按照實際情形再計劃辦理	
辦理婦訓班結束	本館會同南京市新運會、南京市婦女會、中國紅十字會南京分會等機關合辦之南京市婦女生活訓練班，經呈奉核准設立於十月十二日	

開學，十三日正式上課，分甲乙兩組施教，上課時間計十四週，當經館
令奉令遴選稍提前舉行結業試驗，於一月十六日完竣，並於
十七日正式結束，所有結束情形業已呈奉核備在案。

（五）編造卅六年度工作總報告

查卅六年度本館各組工作報告業經按月造送呈奉核備在
案，現將本年度依了遵照法令規定編造總報告冊分呈
奉（准予）分別存轉在案。

（六）處理元旦宣傳事宜

本館[redacted]編繪當軍書張畫報一[redacted]張貼大
（為響應當軍運動，特於卅七年元旦）
子當本館社會服務處門前，以廣宣傳。

（七）擬訂本年度工作計劃

按照規定[redacted]
並（擬）於本月編竣卅七年度工作計劃暨工作月曆呈奉核備在案。

（八）結束第十五屆口琴班

本館第十五屆口琴訓練班經籌備招生，聘妥教師，於本月十二
日開始訓練，計共學員卅六名，每星期二、五兩日晚七至八時教授，不
時每班訓練期間原定一月為滿，嗣以準備遷移館址提前
擬於廿七日結束。

周[illegible]

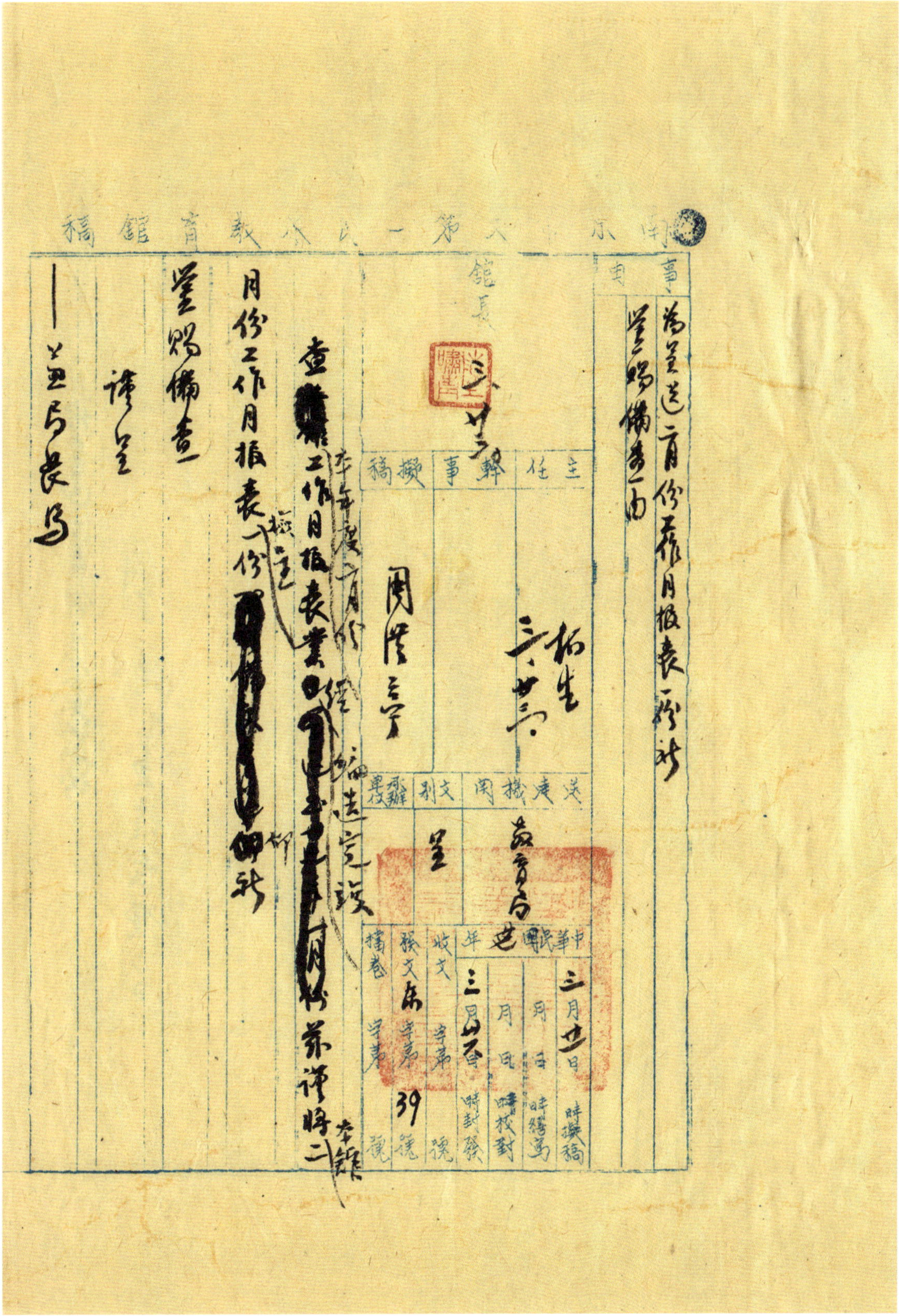
南京市立第一民衆教育館稿
事由：爲呈送二月份工作月報表一份祈鑒賜備查由
館長
主任　幹事　擬稿
送達機關：教育局
文別：呈
中華民國卅七年三月廿六日

南京市立第一民衆教育館爲報二月份工作報告表給市教育局的呈文（一九四八年三月二十六日）

附：二月份工作月報表

檔號：1018-1-10

附呈正页份月报表一份

「全　衔」藁馆长陳○○

(一)

南京市立第一民衆教育館工作月報表 三十五年二月份

工作項目	辦理經過情形	備註
一、辦理中級補習學校事宜	查本館中級補習學校業已先後辦理三期完畢，茲值學期開始，繼續辦理第四期[redacted]並定於本月下旬開始辦理[redacted]備招生[redacted]事宜	
二、辦理交接事宜	本館沈前館長奉令調局派嗣，由代館務[redacted]遂於本月十六日會同監盤員程宗潮前往接收，並經業於本月廿四日具銜呈報，核奉(卅)京教人字第二二六號指令准予備查在案	
三、結束婦訓班劃存演娛目	本館會同南京市新運會、南京市婦女會、中國紅十字會南京分會等四機關設立之南京市婦女生活訓練班前為响應冬	

会救济费起平剧募演助账一案因[illegible]推销票券手续繁琐[illegible]清楚即可开结束会议审核经销票券暨收支账目均属相符综计收入为一亿四千三百五十三万九千九百〇二元除用费计共三千六百五十二万一千五百元暨送交本市各会救济委员会账款一亿元外尚余七百二十万八千四百〇二元此项余款经大会议决提存五百万元为归训班基金[illegible]二百二十万八千四百〇二元悉数充作奖励劝销戏票成绩最优之前三名同学之用　除已将戏票销售情形暨收支账目印送各有关机关外兹呈报　钧府备查在案

四、筹办民间艺术人员训练班

前奉　钧会以地方戏剧人员训练及剧本修订关系社会教化影响颇大饬与本市民间艺术改进会根据实际情形切实规划会拟办法呈核等因　遵经与本市民间艺术改进会数次会商拟具实施办法一种业以东字第十七号呈请核示未奉示一俟指复即行筹办

（二）

南京市立第一民眾教育館工作月報表

三十七年二月份

工作項目	辦理經過情形	備註
五、準備遷館事宜	本館業奉令以中下路新厦工程即將完成，分配為市參議會及民衆教育館使用，飭即遷入，遵即計劃新址，分配周速，並函約運輸，並整理卷宗物品，分別包扎備號裝箱，一俟新厦驗收完畢，必須全體動員遷入新厦	

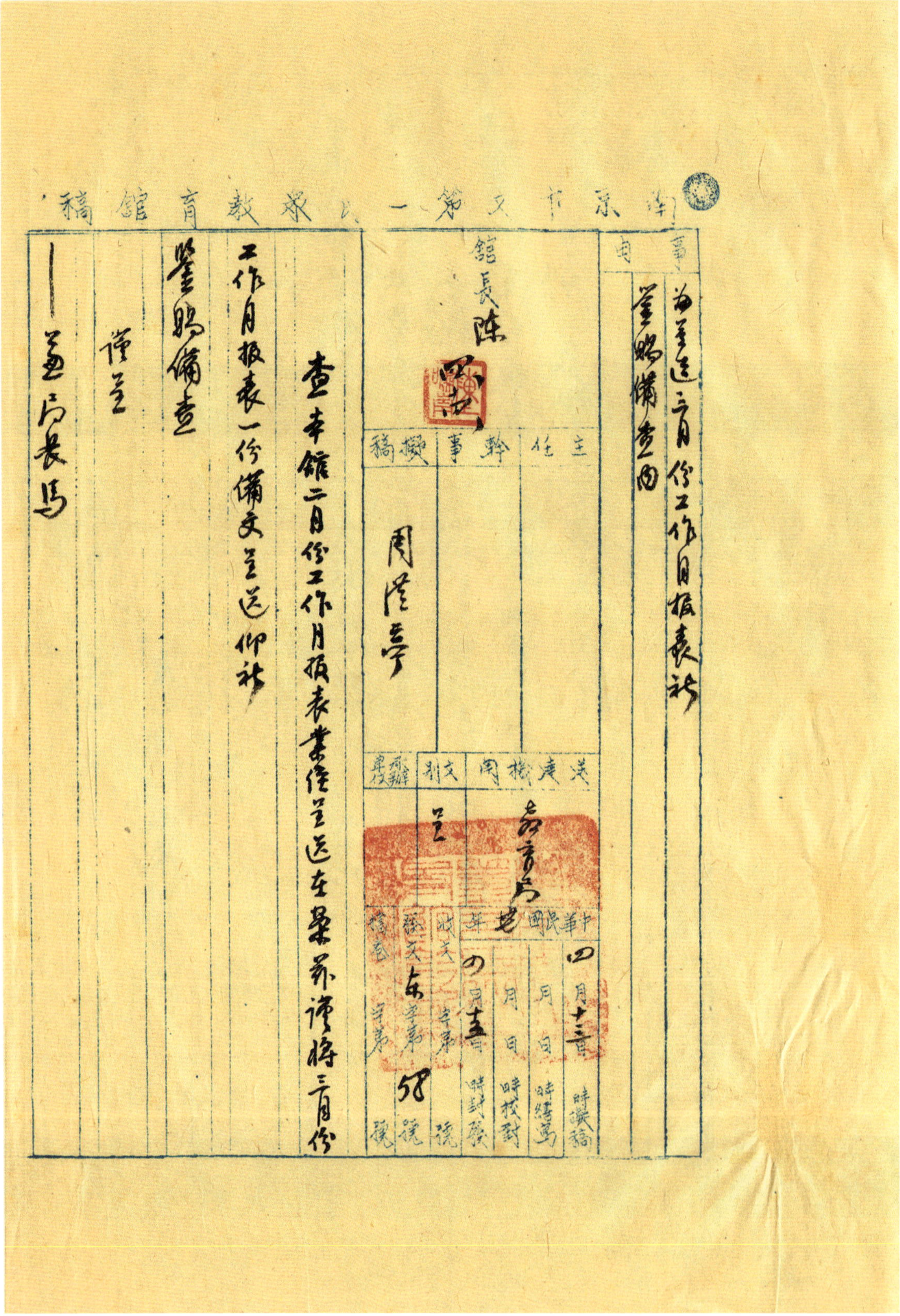

南京市立第一民眾教育館稿
事由
為呈送三月份工作月報表祈
鑒賜備查由
館長陳
主任 幹事 擬稿
周[illegible]亭
送達機關 教育局
文別 呈
中華民國 年 四月十三日 撰稿
月 日 繕寫
月 日 校對
四月十五日 封發
收文 字第 號
發文 教字第58號
檔號 字第 號
查本館二月份工作月報表業經呈送在案謹將三月份
工作月報表一份備文呈送仰祈
鑒賜備查
謹呈
教育局局長馬

南京市立第一民衆教育館爲報三月份工作報告表給市教育局的呈文（一九四八年四月十五日）

附：三月份工作月報表

檔號：1018–1–10

附呈送三月份月报表一份

全衔 馆长陈○○

南京市立第一民眾教育館工作月報表 三十七年三月份

工作項目	辦理經過情形	備註
一、辦理登記事宜	本館自[illegible]以[illegible]設備工作[illegible]本月[illegible]	
二、附設[illegible]開學	本館附設[illegible]於[illegible]十二日開學[illegible]	
三、[illegible]	本館前[illegible]十一月[illegible]	
四、[illegible]班	本館[illegible]下月[illegible]以期[illegible]。	

南京市立第一民衆教育館工作月報表　　月份　　年

工作項目	辦理經過情形	備註
五、籌備兒童運動會事宜	[illegible]	
六、高級婦女班第三期開學事宜	[illegible]之報 本館[illegible]	
七、教育播音試驗	本館[illegible] 於本月二十二日[illegible]	

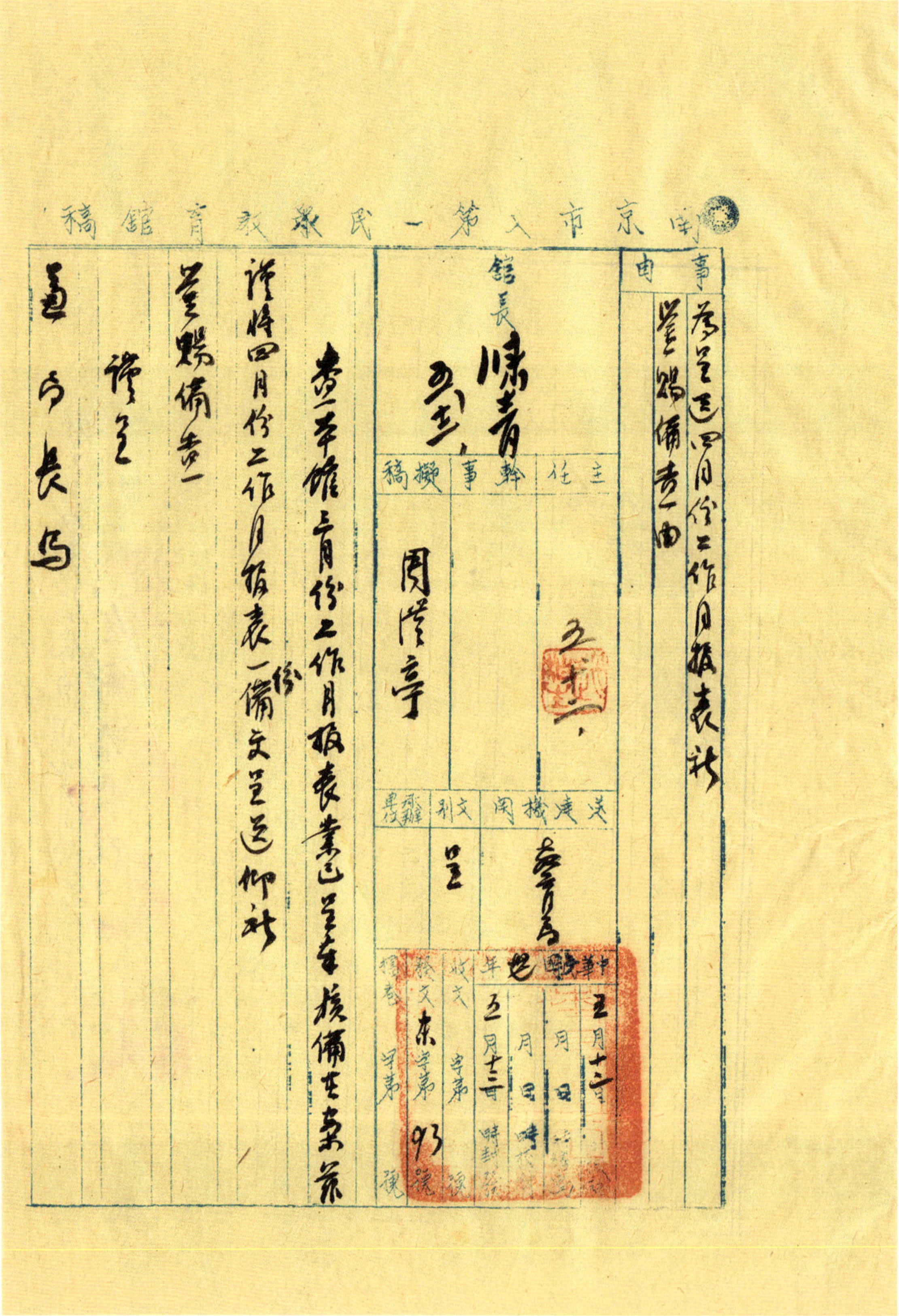

南京市立第一民衆教育館稿

事由：為呈送四月份工作月報表祈 鑒賜備查由

館長 陳青 五、十三

主任 幹事 擬稿 周澤亭 五、十二

送達機關：教育局 文別：呈

中華民國 年 五月十三日 發文東字第93號

查本館上月份工作月報表業已呈奉核備在案茲謹將四月份工作月報表一份備文呈送仰祈

鑒賜備查

謹呈

市長馬

南京市立第一民衆教育館爲報四月份工作報告表給市教育局的呈文（一九四八年五月十三日）

附：四月份工作月報表

檔號：1018-1-10

附呈四月份工作日程乙份

「全銜」館長陳○○

南京市立第一民眾教育館工作月報表 卅七年 四月份

工作項目	辦理經過情形	備註
一、举办青年节纪念、儿童节庆祝活动事宜	本年度儿童节暨青年节纪念活动事宜，遵奉局令依照儿童节实施办法会同二区中心国民学校举办。该月计四月一日在二区中心国民学校举行儿童演说比赛，四月二日在二部街□□小学举行儿童自由画比赛，四月四日在胜利附中举行庆祝大会，四月一日至四日在本馆二楼开设儿童乒乓室，使儿童球技欢迎附近一带儿童，其去从事此项活动情形已专案呈报备查	
二、办理乒乓球比赛结束事宜	本馆前与市体育场合办南京市第一届乒乓球比赛，八月廿八日开始以来已先后举行循环决赛，复赛至十一日全部结束，并于廿五日在公园路市体育场举行颁奖典礼，详情已会同市体育场专案呈报备查	
三、附设妇女补习班第三期开学	本馆附设妇女生活补习班前於七月内即行商借闵园校舍，经次班务会议议决继续办理，经积极筹备校舍事宜，现已於本月十二日正式开班上课	
四、民众识字班开学	本馆会同二区中心校合办之民众识字班，续於本学期积极筹备以来，招生工作已於本月初旬结束，十二日正式上课，计收学民众四十七人，每日午后四至六时在二区中心校上课，课程教材等项悉依规定办理	
五、改建附设补习学校教室	本馆附设补习学校本期开学以来，报考入学学生甚多，业经设置初中五班，共收容学生二二九人，并於三月十五日开学上课，惟以原有教室设备诸多不合学校之用，亟须实地西侧添新向教	

南京市立第一民衆教育館工作月報表　　年　　份

工作項目	辦理經過情形	備註
	經呈准撥款改建並派遣劉所全部工程已於本月廿六日開始動工	
六、籌劃遷移兒童樂園改設民衆樂園事宜	本館以兒童樂園各項設備多半損壞且地址亦不適宜當經呈准將該園撤消遷移新址空地改建原有園地並另闢設民衆樂園一所經呈准予改建並已積極向各方籌劃遷移及安理樂園事宜	
七、整理財產並辦理報損事宜	本館財產屢經搬遷已有部份不堪使用除已將所有財產分類整理外並將所有爛破損部分造具清冊專案呈報請銷	
八、編繪國民大會專號漫畫	為配合國大宣傳憲法實施起見特編繪國民大會專號漫畫兩次共計四巨幅懸掛夫子廟本館社會服務處門前以廣宣傳	
九、籌設教育資料室	本館為蒐集本市各項教育資料及有關教育重要文獻專供團體及個人參考起見特設教育資料室徵求教育資料經常流通閱覽設計已草擬辦法並積極籌備有關事宜	

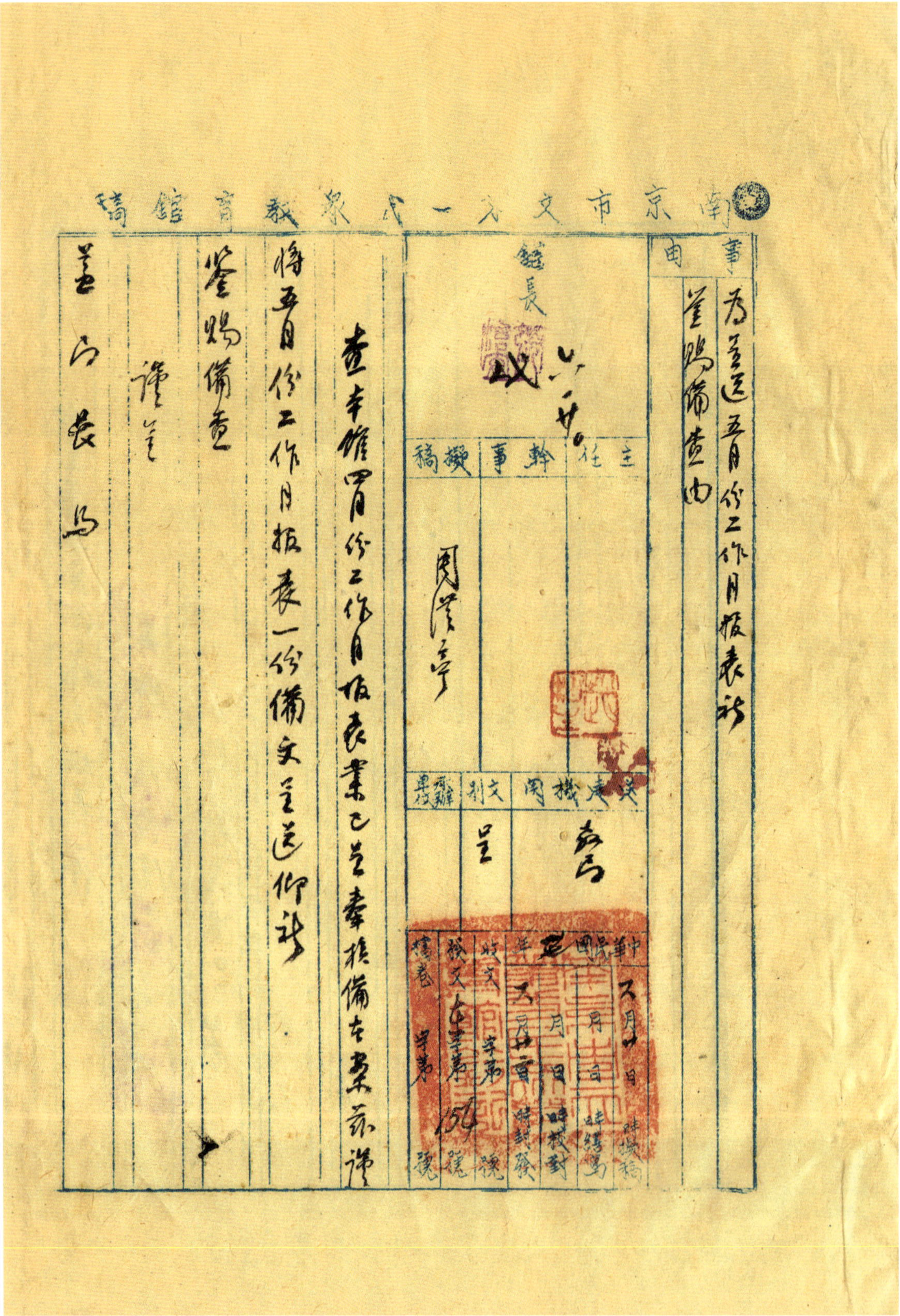

南京市立第一民衆教育館稿

事由：爲呈送五月份工作月報表祈鑒賜備查由

館長 六廿

主任　幹事　擬稿 周□亭

送達機關：局　文別：呈

查本館四月份工作月報表業已呈奉核備在案茲謹將五月份工作月報表一份備文呈送仰祈鑒賜備查

謹呈

局長 馬

中華民國　年六月廿日　時撰稿
月　日　時繕寫
月　日　時校對
六月廿二日　時封發

收文　字第　號
發文　本字第156號
歸檔　字第　號

南京市立第一民衆教育館爲報五月份工作報告表給市教育局的呈文（一九四八年六月二十二日）

附：五月份工作月報表

檔號：1018-1-10

檢送五月份工作月報表一份

金銜 館長陳○○公出

教導部主任張○○代行

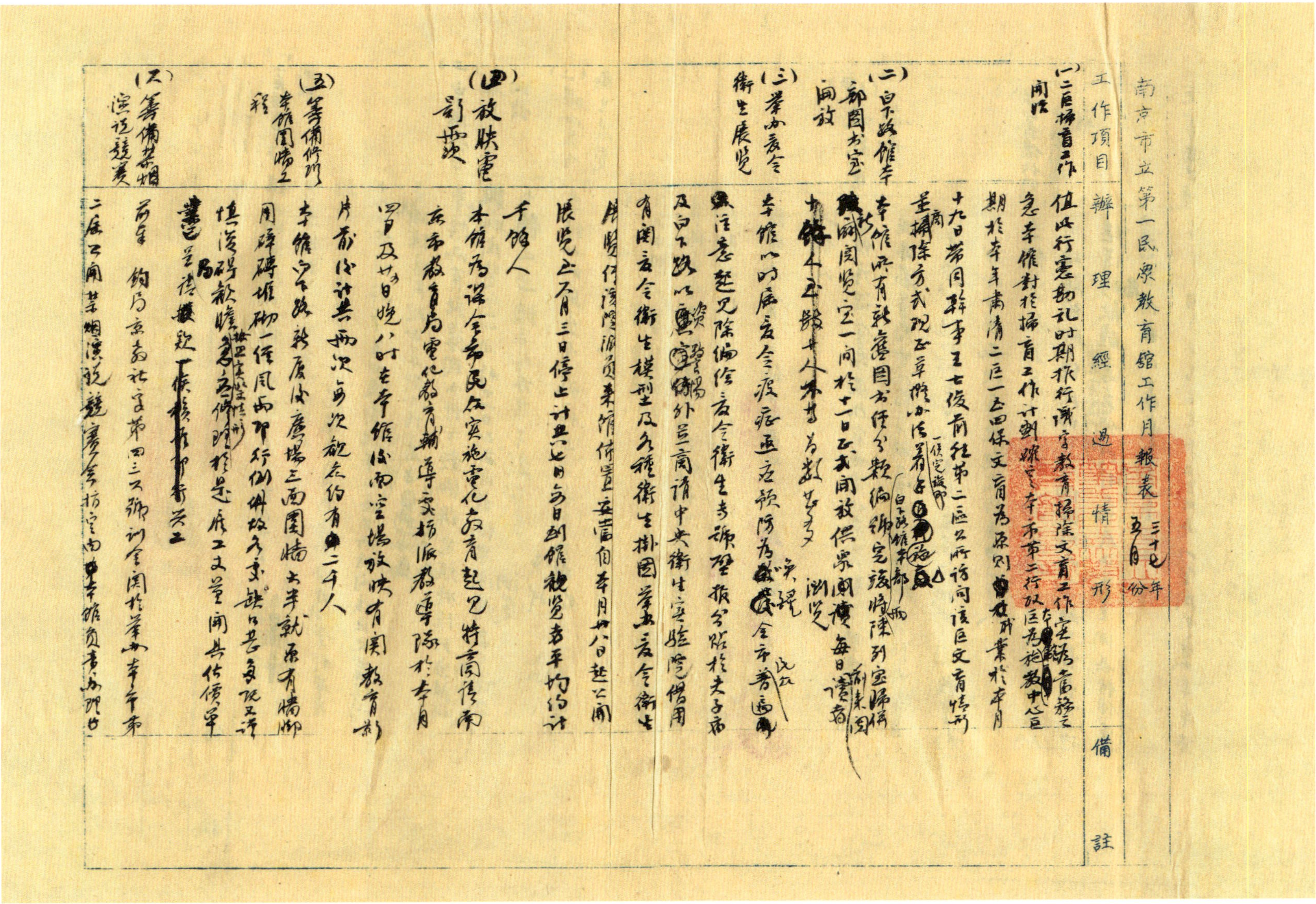

南京市立第一民眾教育館工作月報表 三十七年五月份

工作項目	辦理經過情形	備註
(一)二區掃盲工作開始	值此行憲勘亂時期，推行識字教育、掃除文盲工作實為當務之急。本館對於掃盲工作計劃擬定本市第二行政區為施教中心區，期於本年肅清二區一五四保文盲為原則。本館業於本月十九日帶同辦事員七位前往第二區公所，訪問該區文盲情形，並商擬掃除方式，現正草擬辦法着手[illegible]。	
(二)皇下路館本部圖書室開放	本館所有新舊圖書經分類編號完竣後，陳列室歸併，闢閱覽室一間，於十一日正式開放，供眾閱覽。每日讀者[illegible]。	
(三)舉辦夏令衛生展覽	本館以時屆夏令，疫症盛行，預防為要，喚起全市普遍注意起見，除編繪夏令衛生常識及[illegible]外，並商請中央衛生實驗院借用有關夏令衛生模型及各種衛生掛圖等，舉辦夏令衛生展覽，[illegible]自本月廿八日起公開展覽，至六月三日停止，計共七日，每日到館觀覽者平均約計千餘人。	
(四)放映電影	本館為謀全市民眾實施電化教育起見，特商請南京市教育局電化教育輔導委員會派放映隊於本月四日及廿五日晚八時在本館門前空場放映有關教育影片，前後計共兩次，每次觀眾約有二千人。	
(五)籌備修葺館園牆工程	本館門前廣場三面圍牆大半殘破，原有牆腳用碎磚堆砌，一經風雨即行倒坍，故缺口甚多，現已請填補碎缺，並[illegible]修理，業經擬具工料估價單呈請撥款[illegible]。	
(六)籌備茶棚演說競賽	前奉鈞局京教社字第四三八號訓令，關於舉辦本市第二屆民眾茶棚演說競賽會，指定由本館負責辦理，[illegible]	

南京市立第一民眾教育館工作月報表

年 份

工作項目	辦理經過情形	備註
	查本館陳備繪就六三紀念禁烟漫畫四幅送陳 鈞局第三科[illegible]遵即籌備禁烟 演說競賽事宜(一)擬訂禁烟演說競賽辦法(二)函請京 市公私立各中學及第一二三五區區公所選派學生及市民報 名參加(三)聘請評判員(四)徵集獎品(五)其他應先籌 備各項事宜　俟六月八日比賽[illegible]後當另案呈報 董[illegible]	

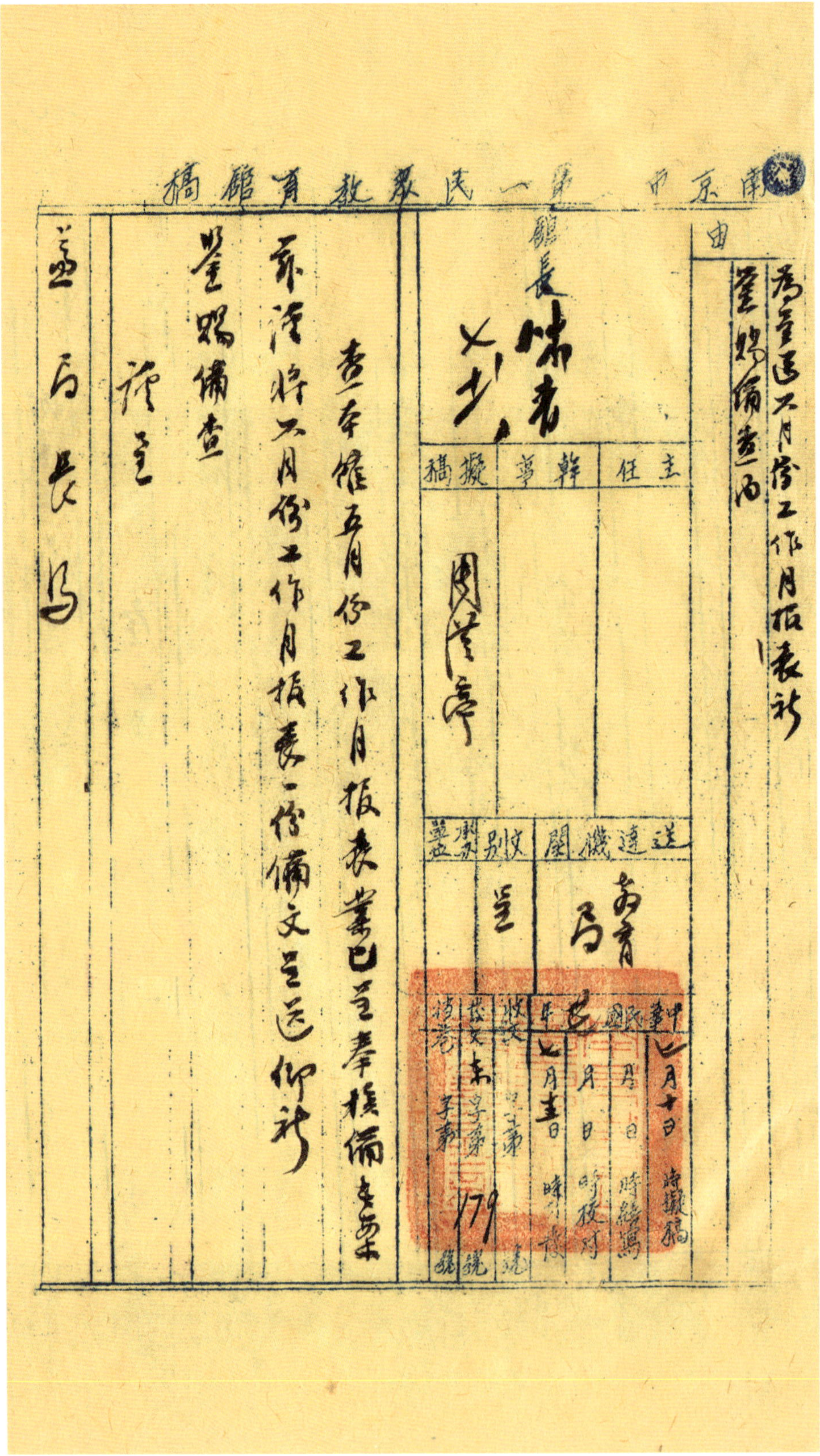

南京市立第一民眾教育館稿

由：為呈送六月份工作月報表祈鑒賜備查由

館長 佛青 文書

主任 幹事 擬稿 周□亭

送達機關：市教育局　文別：呈

查本館五月份工作月報表業已呈奉核備在案，茲謹將六月份工作月報表一份備文呈送，仰祈鑒賜備查。謹呈

教育局局長馬

中華民國卅七年七月十日時撰稿　月日時繕寫　月日時校對　七月十三日時蓋印

收文　字第　號　發文　字第179號　歸卷　字第　號

南京市立第一民衆教育館爲報六月份工作報告表給市教育局的呈文

（一九四八年七月十三日）

附：六月份工作月報表

檔號：1018-1-10

附呈送本月份工作月報表一份

全銜 館長陳〇〇

南京市立第一民眾教育館工作月報表　卅七年六月份

工作項目	辦理經過情形	備註
一、舉辦禁煙演說競賽	本館奉令舉辦本市第六屆禁煙演說競賽，經上月下旬開始積極籌備，以求完成準備工作，刻已籌備就緒，於本月八日下午二時開始分別在夫子廟都城飯店及群樂戲茶廳兩處同時舉行，計參加競賽人數中學組五十三人、民眾組五人，比賽完畢，經評定結果計錄取民眾組陳善等二名、高中組黃紀毅等六名、初中組陳瑛等九名，并由內政部禁煙委員會、本館等發給獎品，詳情已於本月十五日專呈報備核矣。	
二、民中茶園正式開幕	本館為實施休閒教育，特利用本館空地設立民中茶園，業由國〔?〕茶園全體〔?〕勸設，經一本館積極加緊籌備就緒，於本月九日正式開幕，經常按照施教方法工作。	
三、舉辦民間藝術人員訓練班	本館前奉令會同南京市民間藝術改進會籌設南京市民間藝術人員訓練班，經會商實施方法暨設置課程時數，分別呈准備案，第一期已於六月一日起正式開班訓練，每日上午八至十時共課兩小時，全期共授課四十八小時，已於廿九日全部結束，辦理經過詳情已專案呈報備核。	
四、舉辦南京市第三屆口琴比賽會	本館會同南京市光明口琴會舉辦南京市第三屆口琴比賽會，於六月十七日下午二時在本館大禮堂舉行，參加競賽人員〔?〕民中〔?〕，情況激烈〔?〕。	
五、充實本館閱覽室	本館自開闢書報閱覽室以來，各界人士前來閱覽書報者為數甚夥，茲為充實書報以便於民中需要起見，特〔?〕自〔?〕	

十。

南京市立第一民眾教育館工作月報表　年　份

工作項目	辦理經過情形	備註
	月份起訂本地報紙四種外埠報紙兩種，各中雜誌多種，逐日更換陳列供民閱覽。	
六、婦訓班第二期辦理結束	本館會同南京市新運會等機關合辦之婦訓班第二期，自四月十六日開始上課以來，修補課程已陸續分別教學期滿，全部訓練事宜至本月底已告結束，除舉行成績考核外，並分別辦理有關結束事宜。	
七、特約建業廣播電台舉辦民教廣播	本館為實施電化教育起見，經與本市建業廣播電台協定合作辦法，以本館大[illegible]閱書報室部份房屋供給該台辦公之用，而該台每日撥出時間供給本館廣播之用，詳情業經連同合作辦法呈鈞局備案、	

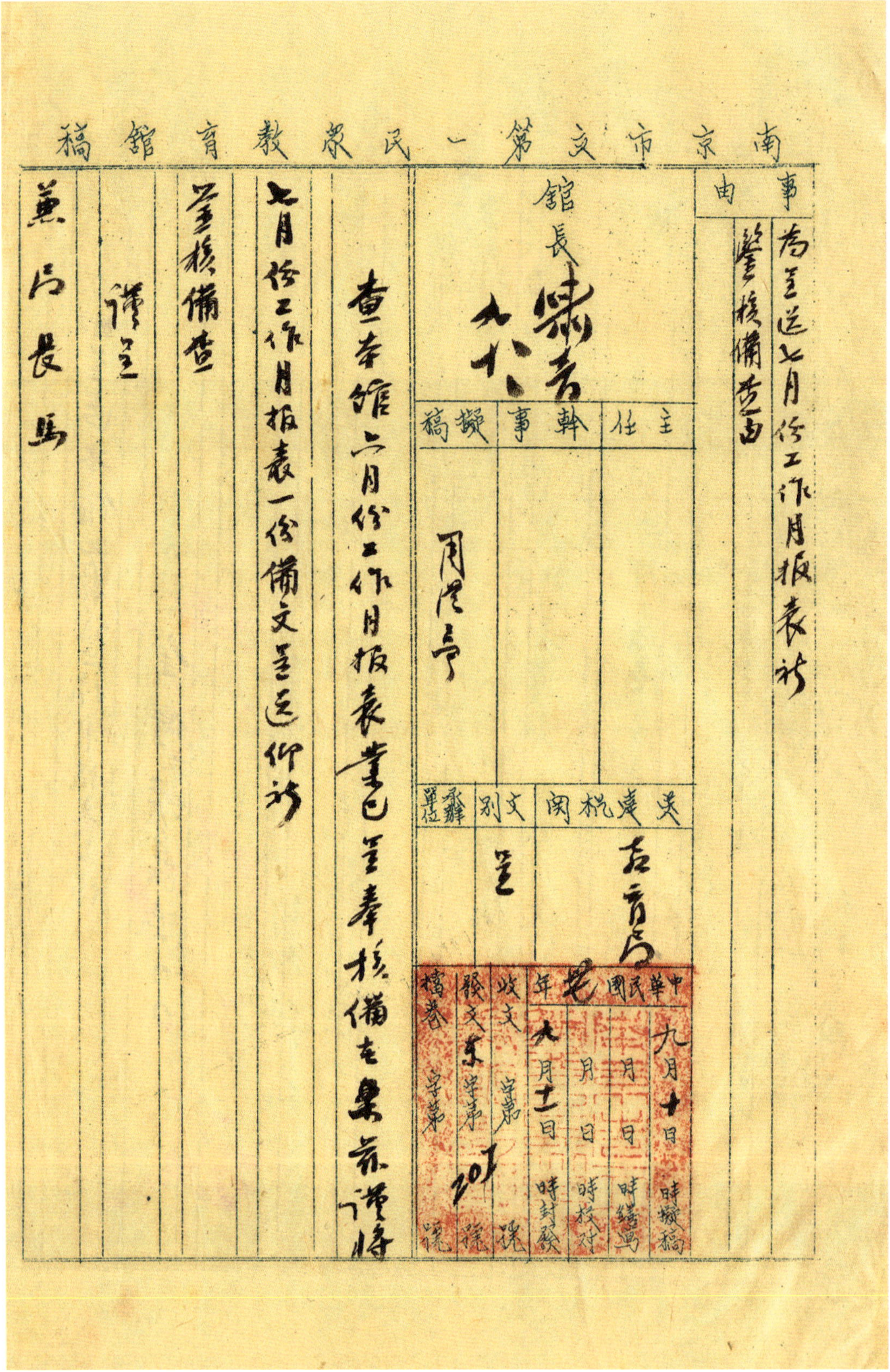

南京市立第一民衆教育館稿

事由：為呈送七月份工作月報表祈鑒核備查由

館長

主任　幹事　擬稿

送達機關：教育局　文別：呈

查本館六月份工作月報表業已呈奉核備在案兹謹將七月份工作月報表一份備文呈送仰祈鑒核備查

謹呈

兼局長馬

中華民國卅七年九月十日時擬稿

南京市立第一民衆教育館爲報七月份工作報告表給市教育局的呈文（一九四八年九月十一日）

附：七月份工作月報表

檔號：1018-1-10

附呈送本館上月份工作月報表一份

全銜 館長陳○○

[illegible]

南京市立第一民衆教育館工作月報表　卅七年七月份

工作項目	辦理經過情形	備註
一、第九婦訓班第二期、藝訓班第四期、第一期學員結業典禮並畫展記事	本館與南京市新運會等機關合辦之婦女生活訓練班第二期，訓練已畢，業於本年四月中旬開始，迄本月底全部課程結束。又本館與[illegible]合辦之民眾國術人員訓練班，自三月一日開始訓練，本期之[illegible]並於月底結束，連同訓練班皆於本月三日舉行結業典禮，暨成績展覽，並攝影紀念。	
二、附設補習學校第二期結業、暑假開始	本館附設補習學校第四期自三月間開學，至本月七日止，為十八星期，各項課程照規結束，於十二日舉行學期考試，十四日考試完畢，十七日行散學典禮，並分發學生成績單，通知[illegible]，同時廿日起放暑假。	
三、放映電影	為推行體育及電化教育所訂定之經常放映電影工作，本月份計放映四次，內容有[illegible]、衛生、健身術等，地點仍在夫子廟本館內，由廣場夜間放映，[illegible]本館觀眾人數每次均達二千人，盛況空前。	
四、編繪壁報	本月份壁報每週換一次，內容編有時事常識，計有七七事變、各地戰況、國際[illegible]等。	
五、民眾識字班結業	本館與[illegible]國民學校等三處合辦之民眾識字班，[illegible]於本月初[illegible]，內課程已授完畢，考試後散學。	業經[illegible]

南京市立第一民眾教育館工作月報表 三十七年七月份

工作項目	辦理經過情形	備註
六、秘書室工作	本館爲夫子廟慈地東南宮電話一具，自建設局白下路新址以後，頗感不便，業已電信局來人拆裝、大為不便，經這度交涉，率將原有電話移置白下路館本部，以便聯繫不受影響路及迅速，增進工作效率甚大。	
七、曝曬圖書	本館接收四庫全書及其他舊籍新書雜誌等計千餘冊，茲因天氣炎熱，易於生蠹，為防黴蝕，特於本月由圖書室管理人員及工友將圖書所有書籍曝曬一遍，庶易保藏。	
八、		

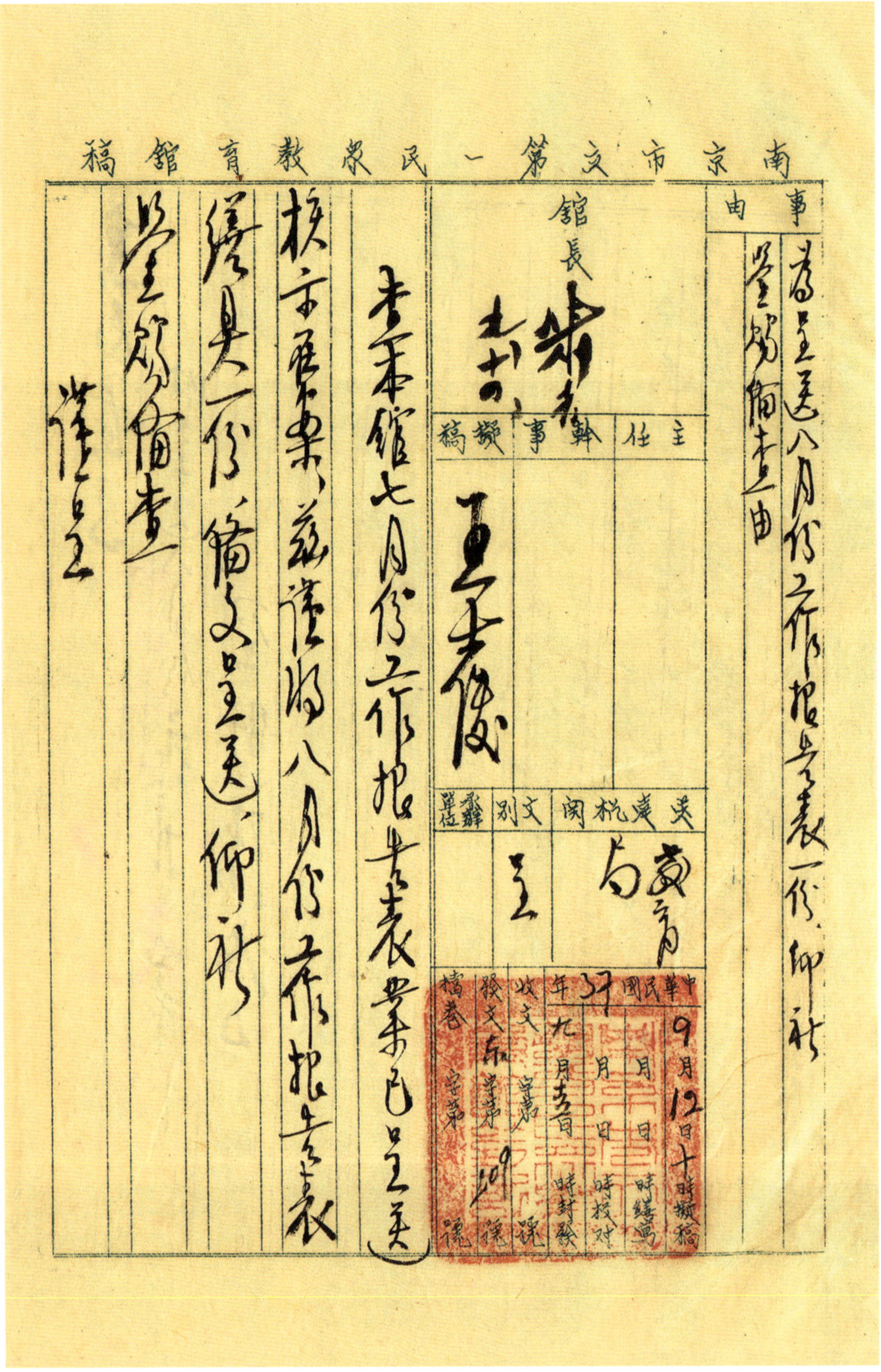

南京市立第一民衆教育館爲報八月份工作報告表給市教育局的呈文（一九四八年九月十五日）

附：八月份工作月報表

檔號：1018-1-10

兼局長馬

附呈送八月份旅報告表一份

全銜陳△△

南京市立第一民衆教育館廿七年八月份工作報告表　館長陳鳴青

項目	續辦或新辦	本月份實施情形	心得及困難	備註
一、參加縣民衆教育輔導組	奉令派往	本館自八月一日起，奉令參加廿七年度[illegible]社教工作人員[illegible]輔導組，陳館長[illegible]留二三人[illegible]書[illegible]，[illegible]一週。	此項[illegible]時值首都[illegible]民衆[illegible]輔導[illegible]內容增益[illegible]知識[illegible]檢討及省之材料甚多。	
二、暑期輪流休假	奉令辦理	本館奉令自八月八日起至九月七日止實行暑期輪流休息，[illegible]規定輪值[illegible]，[illegible]工作[illegible]照常開放。	工作人員少而業務仍多，同人[illegible]休[illegible]不足	
三、舉行二三新館員談話會	新辦	本館為聯絡感情，交換意見，[illegible]工作起見，特於八月八日假[illegible]本館[illegible]舉行一次，同人相繼發言，[illegible]一二小時始散會。	[illegible]工作範圍之廣，在今日[illegible]人力不敷，[illegible]精神之[illegible]困難。	
四、放映電影	續辦	本月份計放映電影三次，[illegible]觀衆[illegible]，[illegible]放映[illegible]放映[illegible]許。	[illegible]工作[illegible]絕[illegible]，[illegible]放映[illegible]，[illegible]辦。	

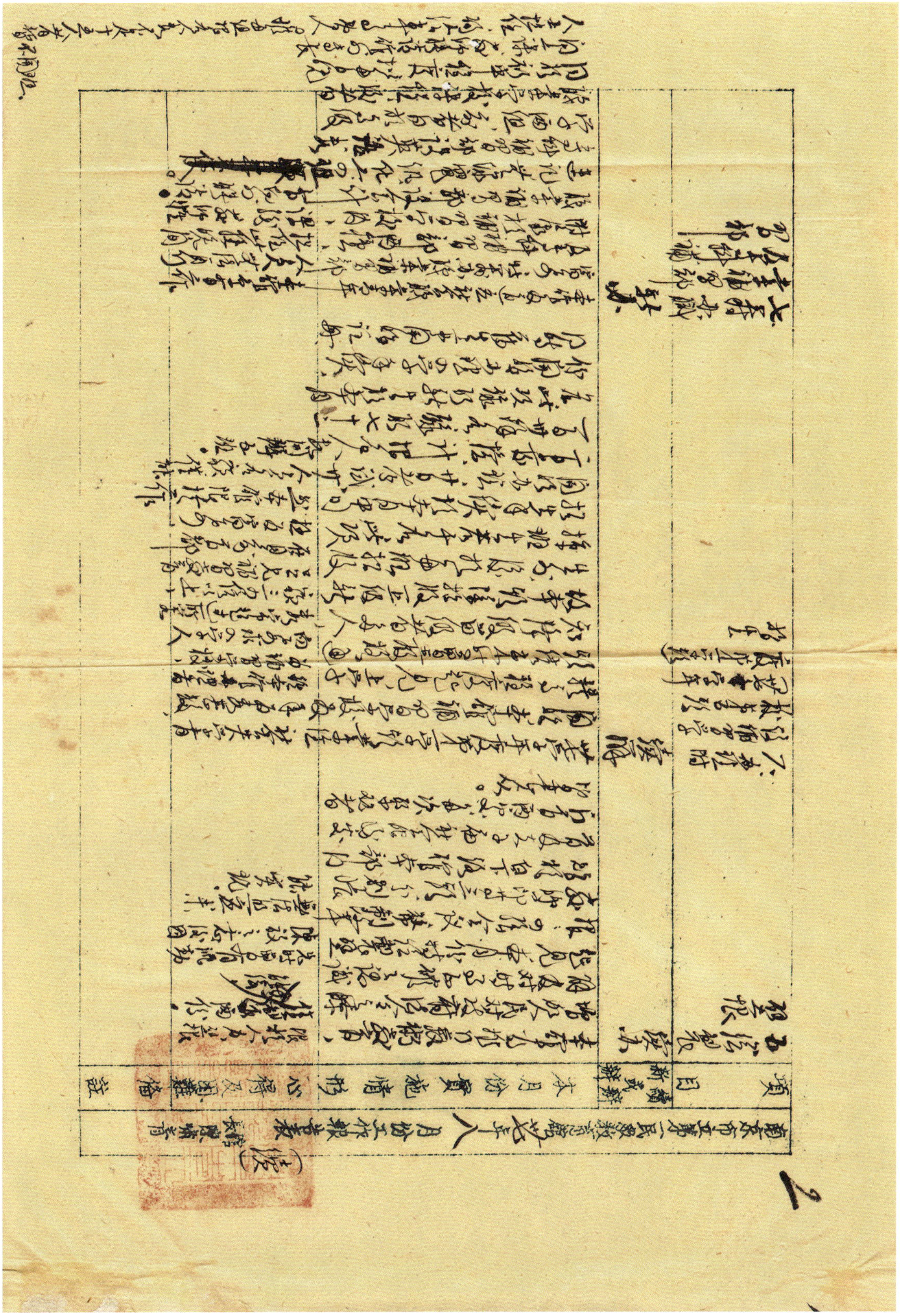

南京市立第一民眾教育館卅七年八月份工作報告表

項目	辦理或籌辦	本月份實施情形	心得及困難	備註

3

南京市立第一民眾教育館廿八年八月份工作報告表

館長 陳嘯青

項目	續辦或新辦	本月份實施情形	心得及困難	備註
八、籌辦國術訓練班	新辦	本館為促進體育運動，以資鍛鍊國民體魄起見，特利用本館後面廣場，由本館與本市體育場合辦國術訓練班一所，每期訓練三月，不收費用，特請中央國術館教官馬雪琳先生任教練。此項工作已於本月底籌備就緒，下月間將招生並舉[illegible]之報。	[illegible]本年[illegible]人，以本館[illegible]員[illegible]於本市[illegible]之一。本班將為普通民眾優良向國家之學習國術場所。	

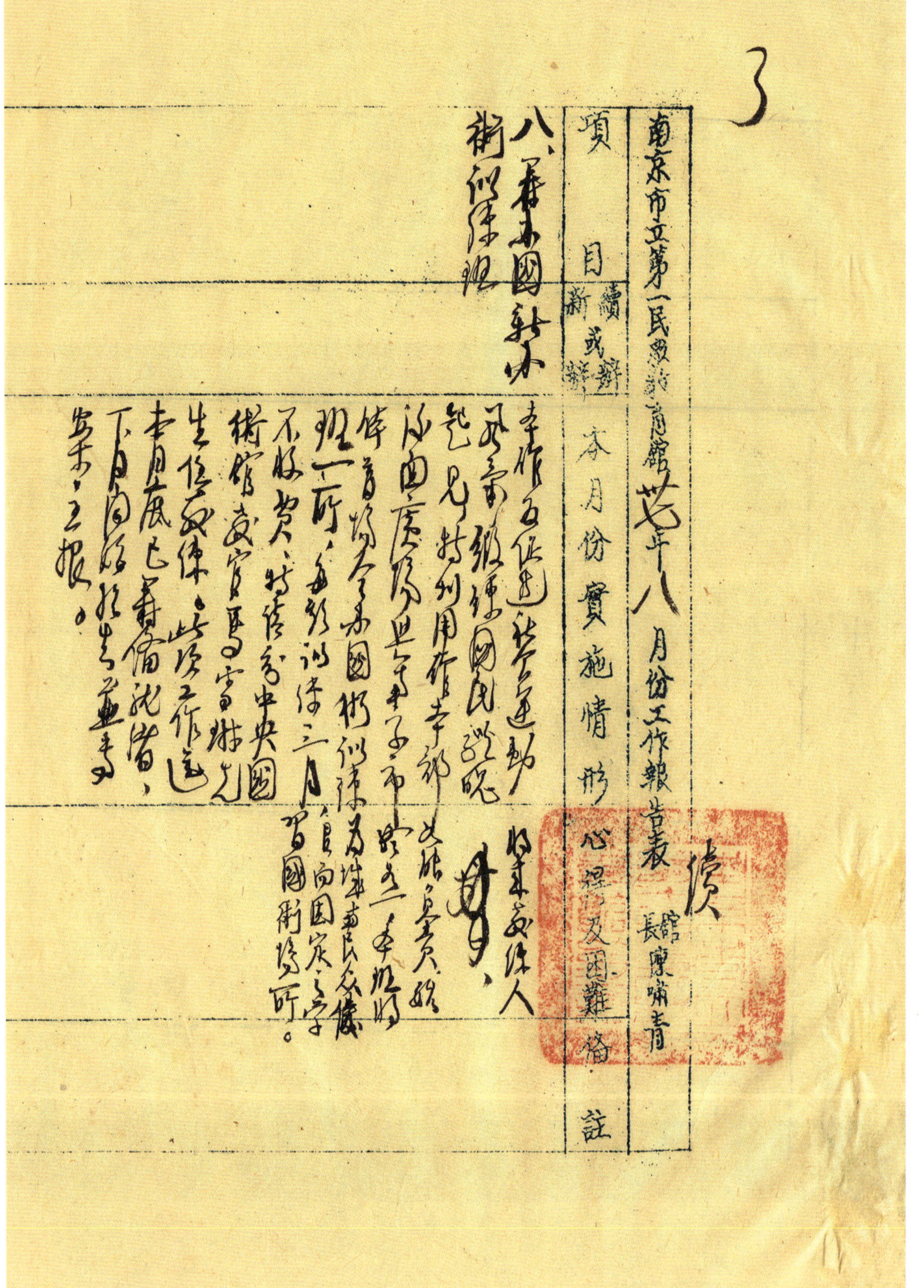

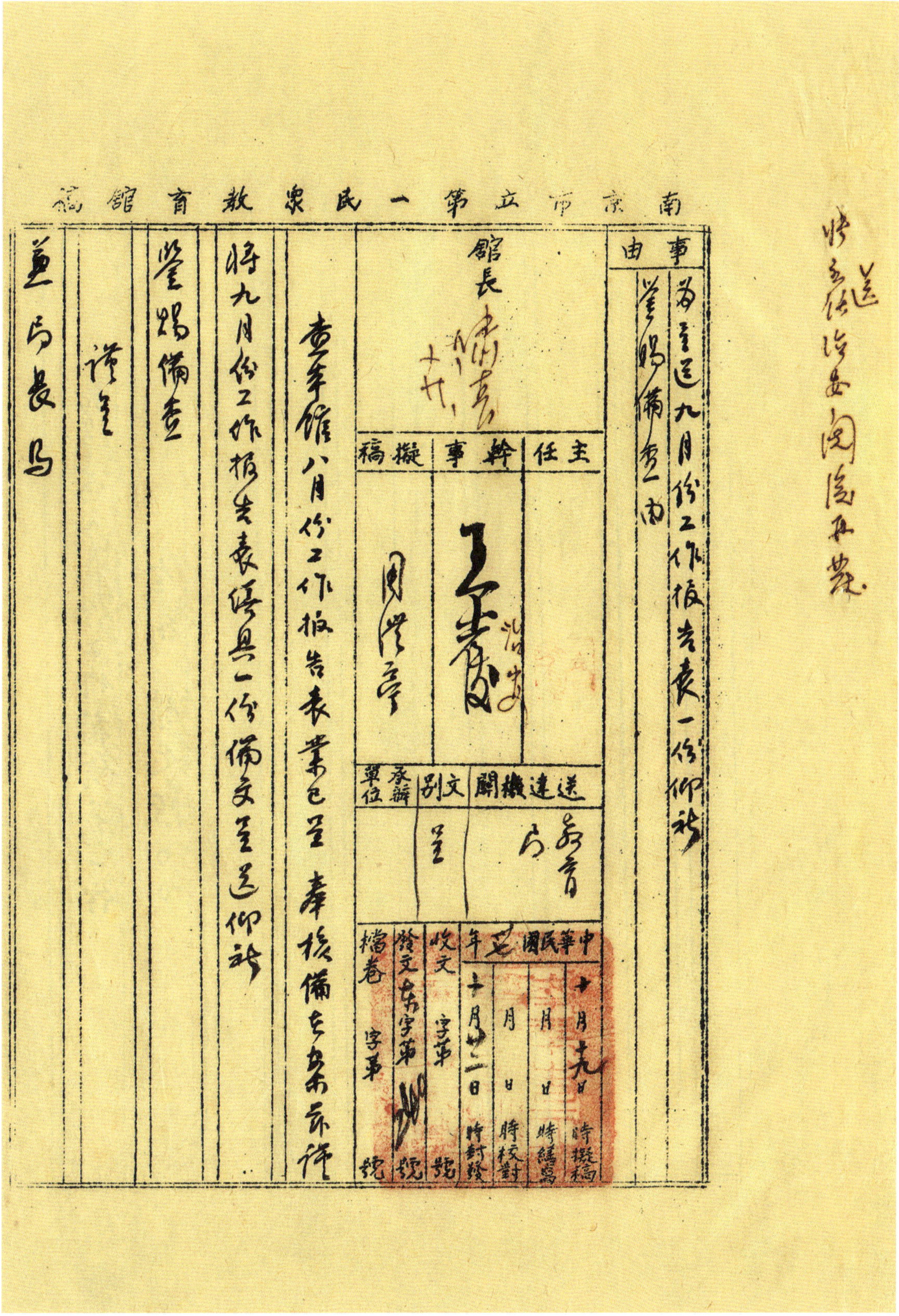

南京市立第一民衆教育館稿

事由

為彙送九月份工作報告表一份仰祈鑒核備查由

館長

主任　幹事　擬稿

送達機關　文別　承辦單位

送　呈

中華民國　年　月　日

十月　時擬稿

月　日　時編寫

月　日　時校對

收文　字第　號

繕校　字第　號

檔卷　字第　號

查本館八月份工作報告表業已呈奉核備有案茲謹

將九月份工作報告表壹填具一份備文呈送仰祈

鑒核備查

謹呈

市長馬

南京市立第一民衆教育館爲報九月份工作報告表給市教育局的呈文（一九四八年十月二十二日）

附：九月份工作月報表

檔號：1018-1-10

附呈送九月份工作報告表一份

全銜　館長陳〇〇

南京市立第一民衆教育館廿七年九月份工作報告表

館長陳嘯青

項目	續辦或新辦	本月份實施情形	心得及困難	備註
一、補習學校第二次招收新生	續辦	本館附設補習學校，本年為[illegible]廢校[illegible]之學生起見，曾定期招收新生，分兩次辦理，第一次招生業於七月完[illegible]，第二次新生入學試驗於本月八日舉行，翌日放榜，計錄取新生廿五名。	補習學校本年[illegible]附近失學青年而設，應當擴大收容，但本館以人力有限[illegible]班，計四十七人[illegible]補習[illegible]請函師二三人，專任[illegible]。	未能大量收容
二、補習學校廿七學年度第一學期正式開學上課	續辦	補習學校兩次招生事宜既已完竣，遂於本月十二日正式開學上課，本期學生共二百九十二人，計初一上男女兩班，初一下、初二上、初二下[illegible]六班，職員五人，教員八人，專任教員二人。	因學校師生擁擠[illegible]，本館[illegible]所屬[illegible]補[illegible]教師[illegible]人[illegible]請[illegible]解決。	
三、國術訓練班開訓	新辦	本館為發揚國術，設國術訓練班，前曾擬於八月份開辦，嗣因報名者不多，延至本月一日開始訓練，計報名者共三十八人，由馬雲飛先生擔任教練，每日下午五時至七時，[illegible]下午[illegible]休息。本月訓練情形良好，學員均能按時到班，興趣甚濃。		
四、口琴研究班招收新生	續辦	本館口琴訓練班自本年三月[illegible]開辦以來，已[illegible]，本年三月已辦至第[illegible]期，此次[illegible]，故[illegible]，[illegible]志願者[illegible]，繼續辦理，並改稱口琴研究班，招收第十三期新生。		

南京市立第一民眾教育館卅七年九月份工作報告表　館長陳嘯青

目	續辦或新辦	本月份實施情形	心得及困難	備註
五、婦女識字班招生	新辦	本館擴充工作，曾與第二區中心國民學校第三保合辦民教班者一班，民教班共分為甲乙兩班，本館以上述之機關[illegible]因不及合作，乃計劃[illegible]本館兒童閱覽室工作，為[illegible]指定人一人作為教師，招收婦女，施以識字教育，定每日婦女識字班，本月已開始招生，下月可開課上課。	1.招生情形良好，不必利用[illegible]，報名人數已超過原定名數，足証婦女[illegible]。2.婦女識字班無[illegible]課本，國語[illegible]作教材，[illegible]作為[illegible]，其他若美術、[illegible]等[illegible]，不可[illegible]，[illegible]教師[illegible]。	[illegible]
六、讀活壁報	續辦	本月份續編第九三、九[illegible]九八號等五期壁報。		
七、放映電影	續辦	本月份仍借電教輔導處之美國新聞處之「美國[illegible]」「[illegible]」等片，[illegible]放映一次。		
八、推動復建國運動宣傳	新辦	本館為響應總統號召，為復建國運動，並使民眾深切明瞭起見，特策動復建國運動宣傳，自九月十八日起至本月卅日為時兩週，[illegible]國宣傳，廣播宣傳，口頭宣傳等部份，本月已舉行者有①編印復建國運動[illegible]②指派專人於本館[illegible]③[illegible]復建國運動方法[illegible]。	復建國運動[illegible]，[illegible]指派專人[illegible]，[illegible]有效[illegible]，[illegible]國[illegible]力行。	[illegible]

南京市立第一民衆教育館廿七年九月份工作報告表

館長 陳嘯青

項目	續辦或新辦	本月份實施情形心得及困難	備註
一、翻修本館北部後面空地	新辦	本館之本部後面空地，原系一片瓦礫，凹凸不平，所墓上者皆有污穢之土，更無論利用乎作球場作菜園矣，故本館原來即有將該地翻修利用之意，於度量二、八月指派之人並勞人於十餘日，該工程作稍平坦，表面瓦礫未能除盡，不可大用，爰將本月翻修之事並一併修築操場之法，再行約集工人徹底翻修，作一勞永逸之計，詳計此項計劃是能無人徹，則進可以建設球場，退可以為小(?)園地。	~~[illegible]~~ 本地翻修之目的，在建造一所小規模運動場，兼供給遊人休憩之所，將來能余(?)平臺憩，即因區域地間，層視往來人及人力等問題，亦應作休憩之所，此處可以改作為空地。

否

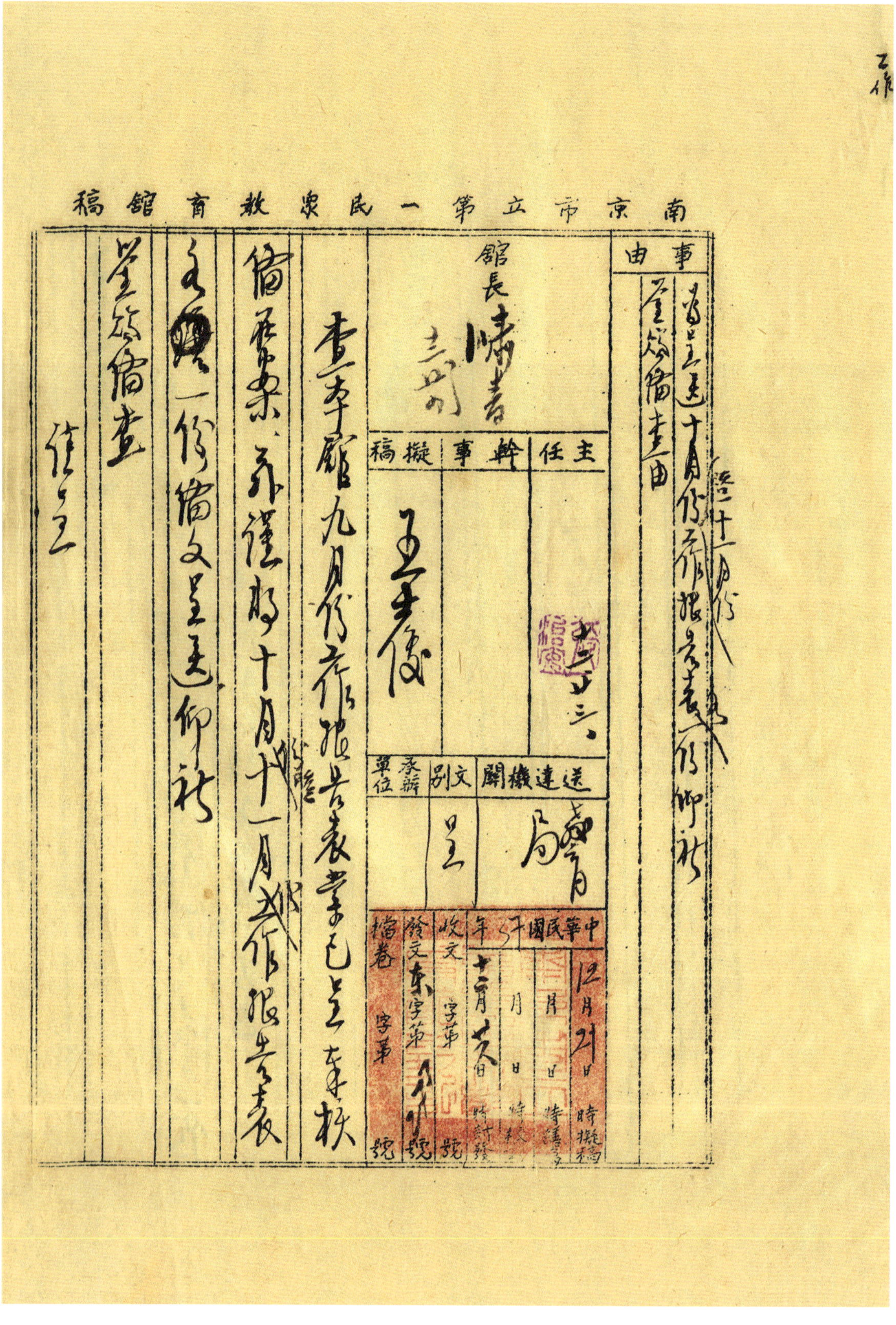

南京市立第一民衆教育館爲報十月份、十一月份工作報告表給市教育局的呈文及附件

（一九四八年十二月二十六日）

檔號：1018-1-10

兼局长袁函

附呈送十月份十一月份薪俸报告表各一份

全衔□馆长陈ムム

項目	繼或辦　新或辦	本月份實施情形心得及困難	備註

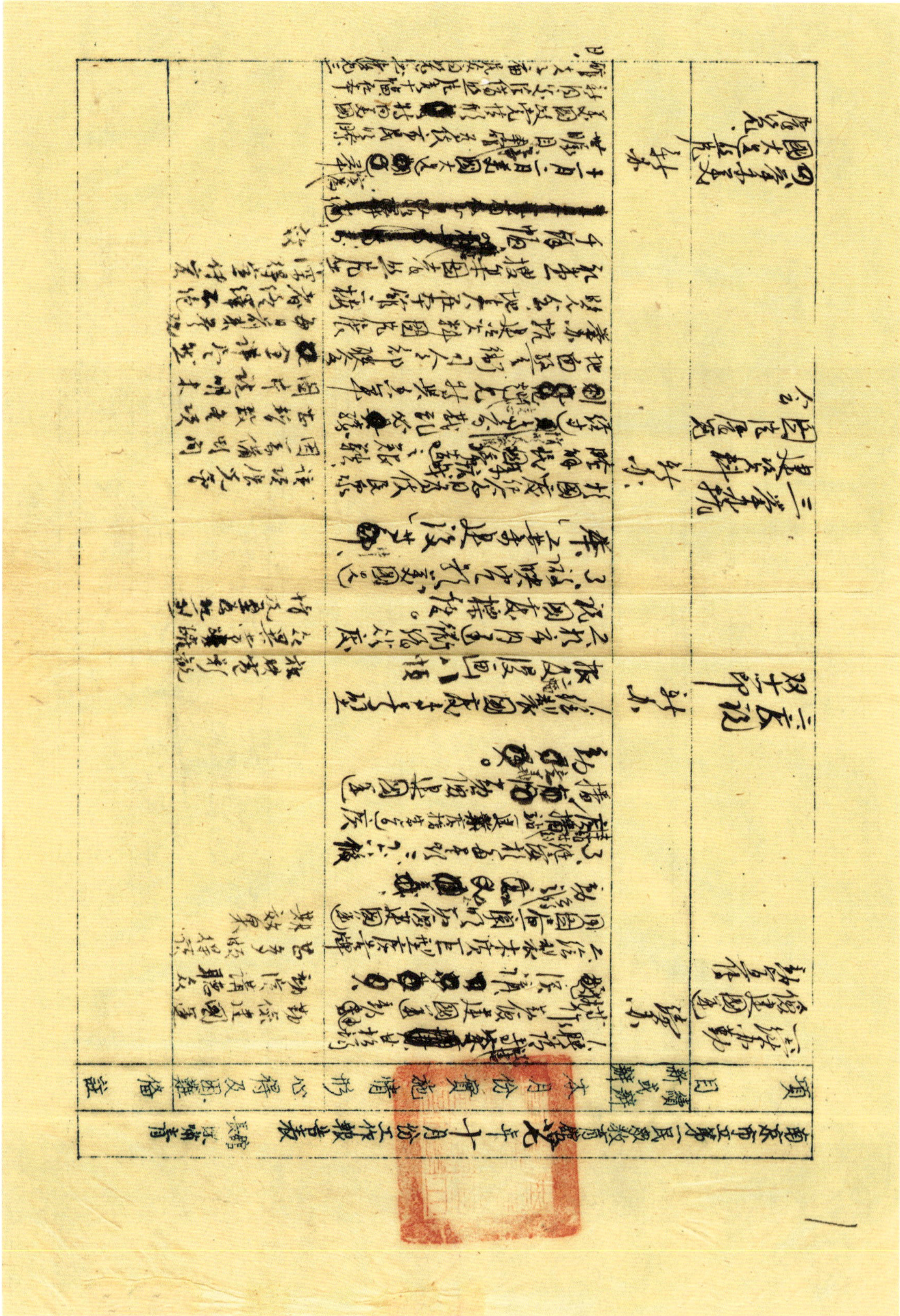

南京市立第一民眾教育館廿七年十月份工作報告表　　　館長　□嘯青

項目	續或辦	本月份實施情形	心得及困難	備註

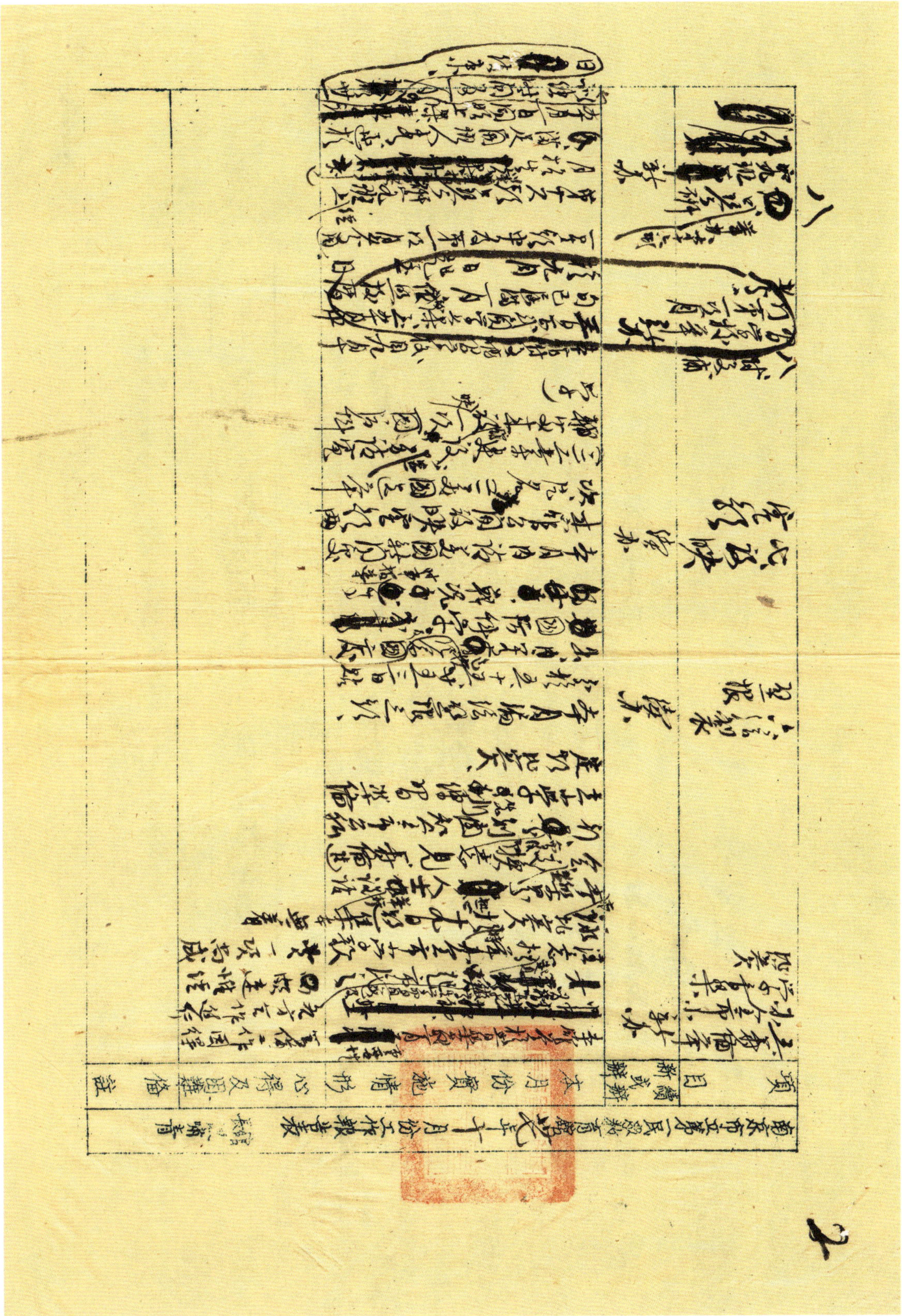

3

南京市立第一民众教育馆廿七年十月份工作报告表　馆长陈啸青

项目	续办或新办	本月份实施情形	心得及困难	备注
九、失学妇女识字班开学上课	新办	本班自上月开始筹备招生以来，报名参加者已达预定数廿人，依照原定计划，已于本月一日起开始上课，时间为每星期三、五、日，下午七至九时，讲授新国语、算术、常识等课。	招生事宜获得保甲人员之赞助不少，故进行颇为顺利，惟每日上课时间内，学生不时迟到早退，影响教学匪浅。	

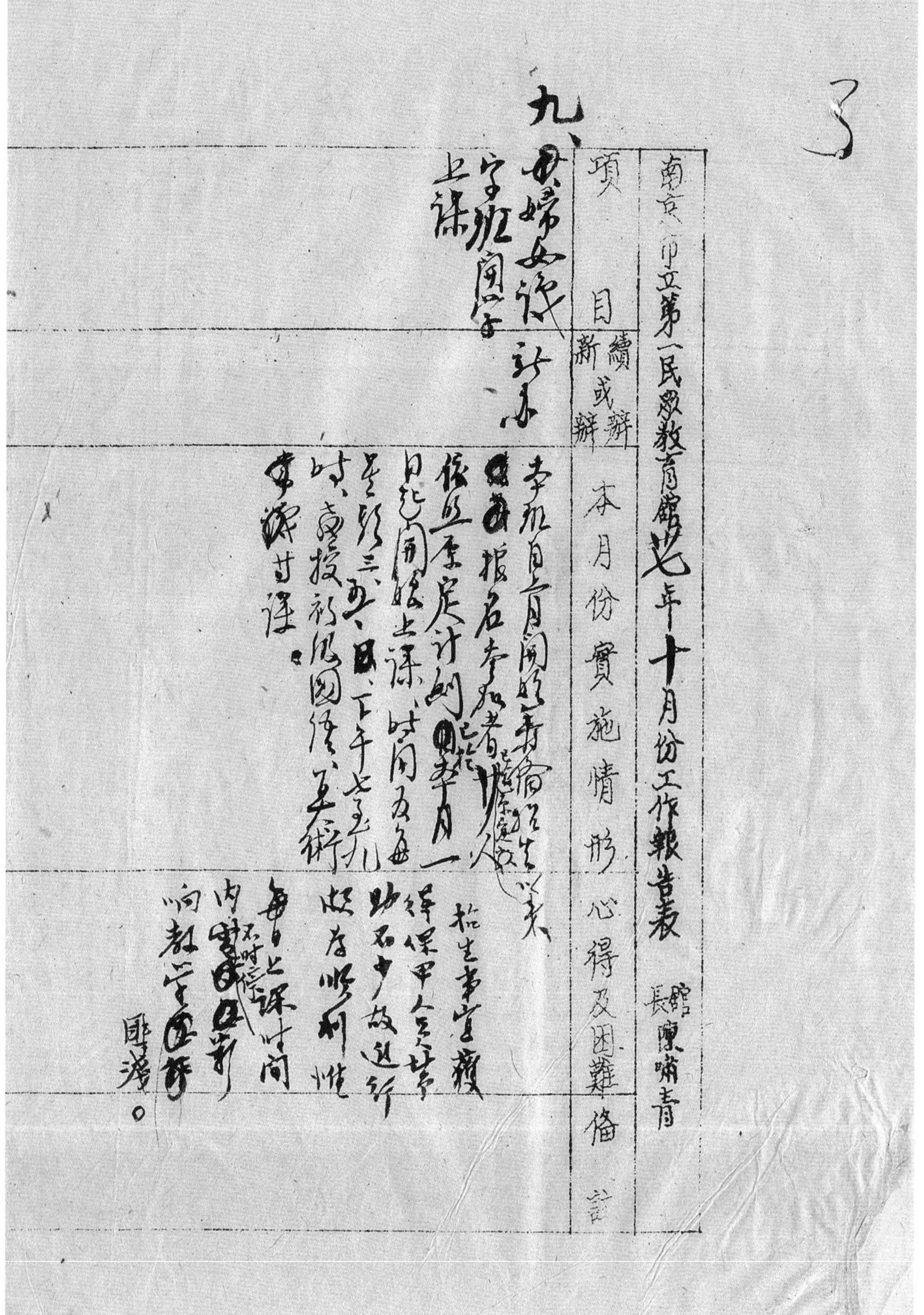

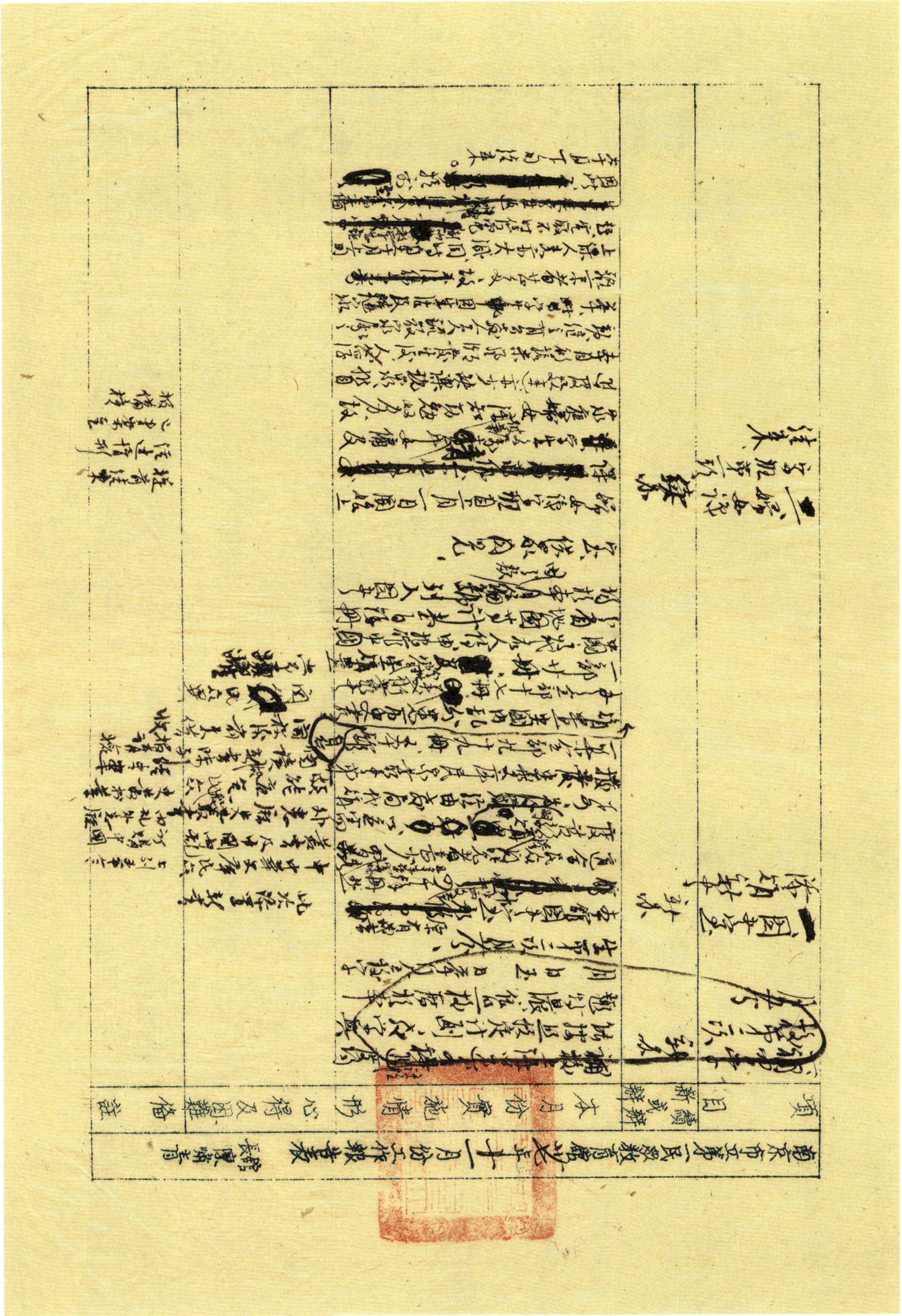

附（二）十一月份工作月報表

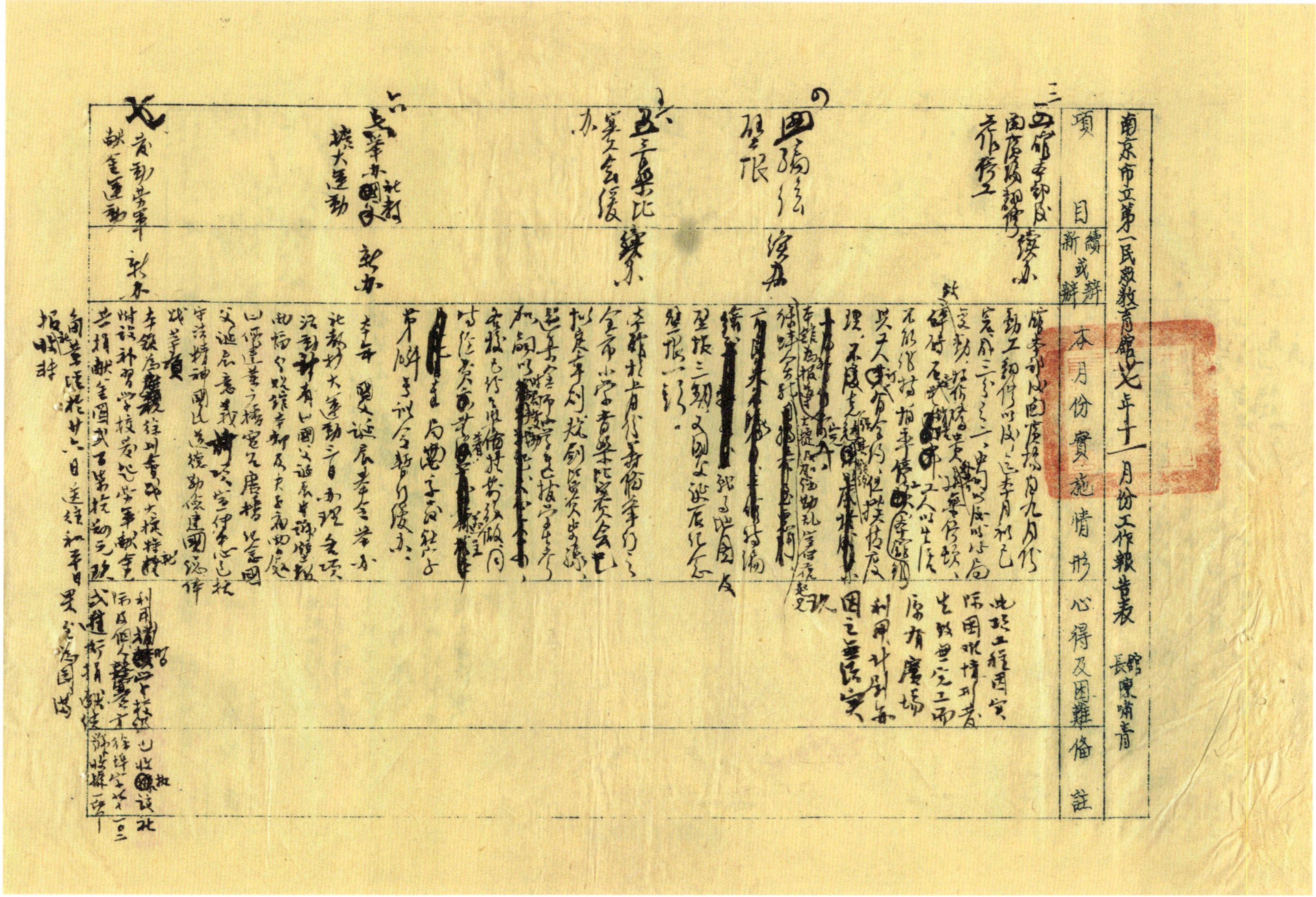

南京市立第一民眾教育館廿七年十一月份工作報告表

館長陳嘯青

項目	續辦或新辦	本月份實施情形	心得及困難	備註
三、館本部及園廣場翻修工作	續辦	[illegible]	[illegible]	
四、圖書館	續辦	[illegible]		
五、京劇比賽	續辦	[illegible]		
六、慶祝社教大運動	新辦	[illegible]		
七、發動學生獻金運動	新辦	[illegible]	[illegible]	[illegible]

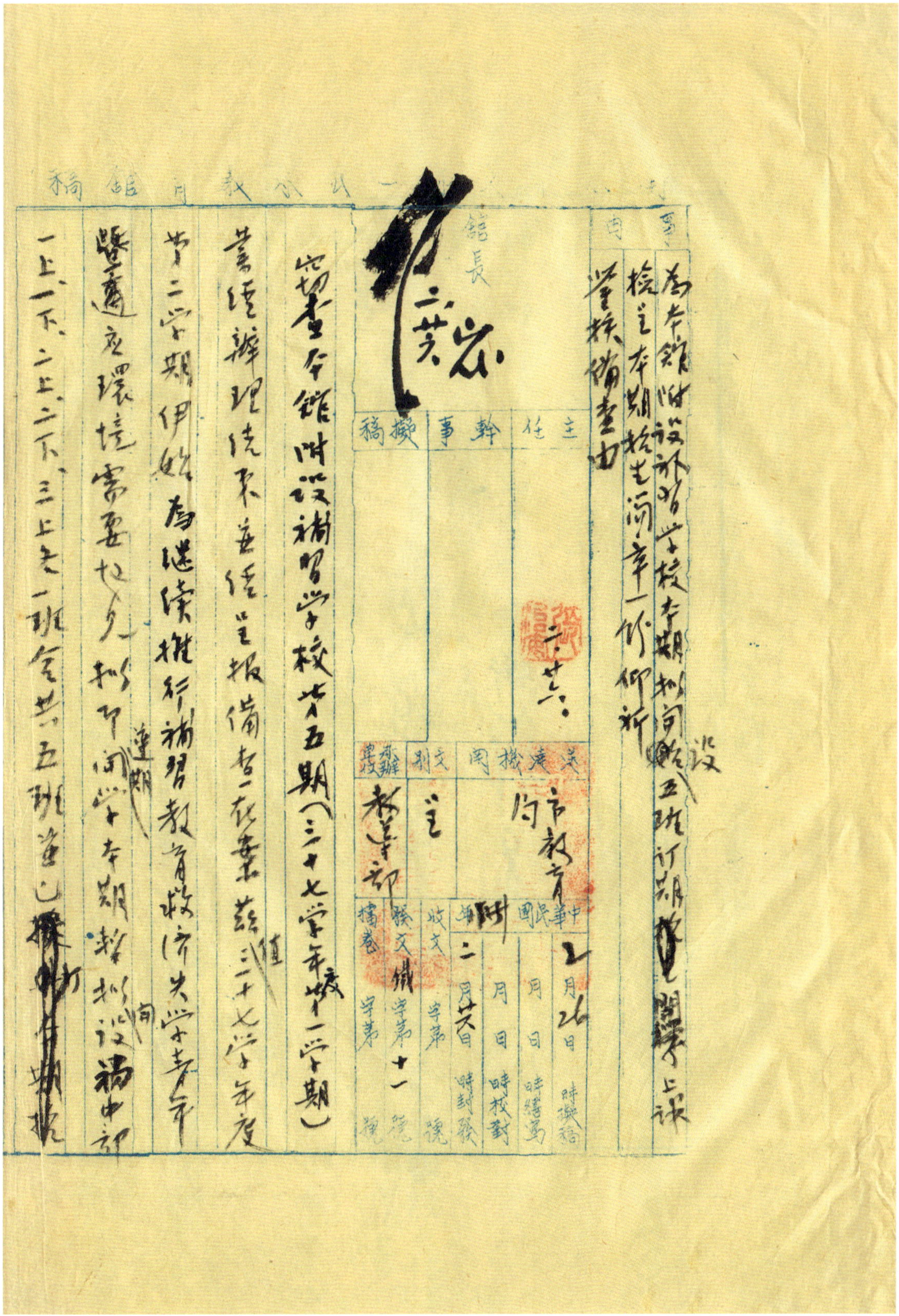

爲附設補習學校第六期擬開設五班，訂期開學上課事的往來公文

南京市立第一民衆教育館給市教育局的呈文（一九四九年二月二十六日）

附：招生簡章

檔號：1018-1-2

本所籌於二月十八日開始招生，二十四日舉行第一次新生入學試驗，實遵理合檢呈本期招生簡章一份，報請

鑒核備查

謹呈

局長沈

附呈本期附設補習學校本期招生簡章一份

（全銜）徐

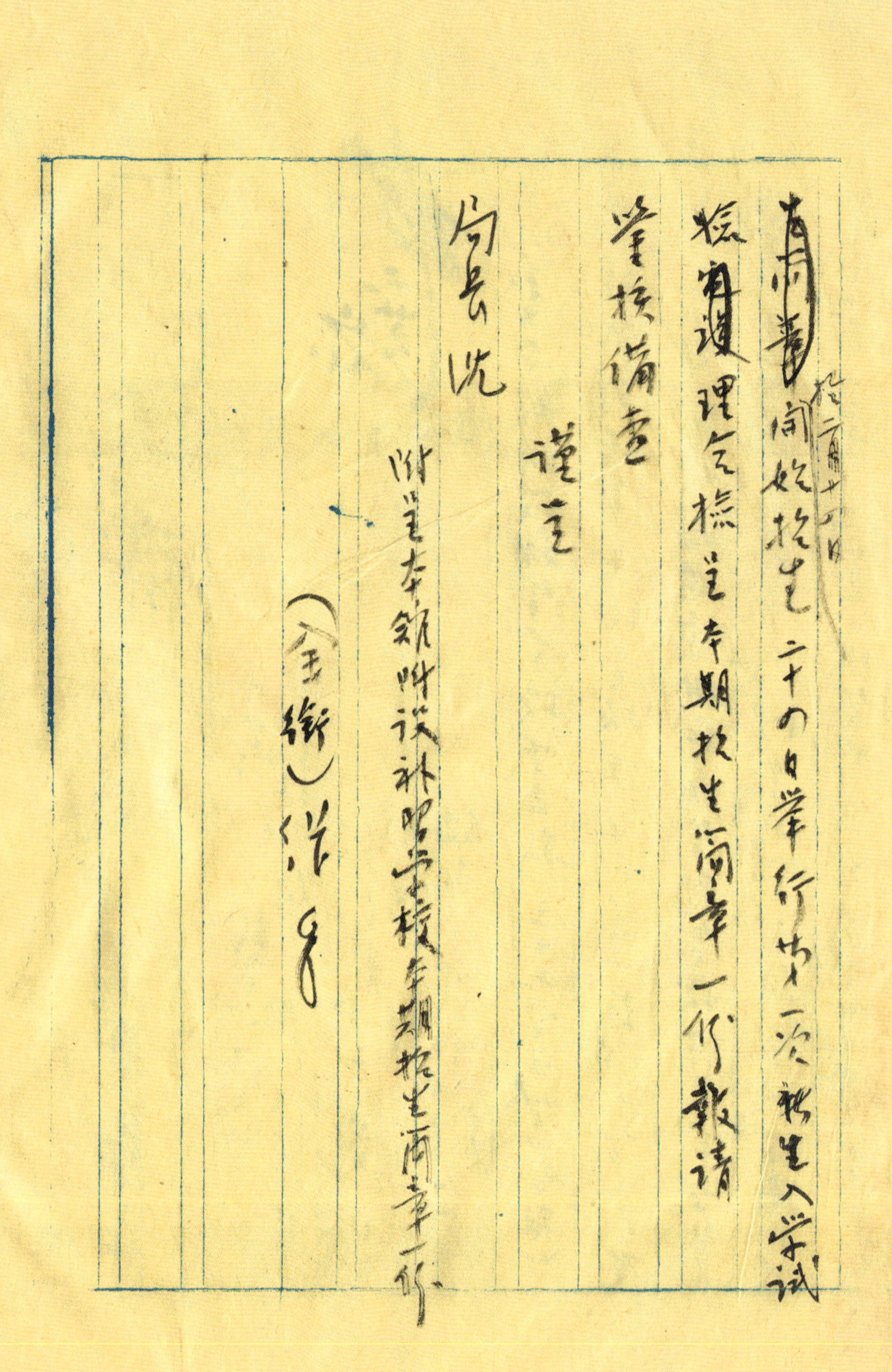

南京市立第二民众教育馆附设补习学校（第六期 卅六年春季）招生简章

一、宗　旨：以救济失学青年，补助学校教育及补充国民学识，提高社会文化为宗旨。

二、班次名额：一上新生五十名，一下、二上、三下、三上插班生各若干名。

三、修业期限：全期二十週

四、课程教材：同初级中学各科课程及课程标准

五、费　用：（1）学费：一律免收

（2）杂费：全期叁千五百元（分两期缴纳，第一期须于上课以前缴贰千元，第二期须於四月一日以前缴清壹千五百元）

（3）保证金：全期一百元

六、入学资格：不分性别，凡满十二足岁以上并具有左列条件者

（1）一上新生须经国民学校毕业而持有证件者

（2）各级插班生须持有公私立初级中学肄业证件或转学证书者、

七、报名日期：自即日起至考试前一日止、

八、报名手续：（1）填具报名单　（2）缴验证件　（3）缴半身照片两张、

（4）缴纳报名费、　（5）领取准考证、

九、考试日期：（一）第一次二月廿四日 （二）第二次三月一日。

十、考试科目：（一）上：国语、算术、常识三科及口试

（一）下：国文、算术、常识（包括公民、史地、动植物）、英语四科及口试

（二）上：与一（下）同。

（二）下：国文、代数、英语、史地、博物与化学等五科及口试

（三）上：与二（下）同。

十一、校址：大中桥西五十七号（报名及考试地点均在本校）

十二、附注：（一）插班规定凡在本校毕业学生于服务时间于资格铨定应照同等正式学校毕业生之待遇办理升学时得以同等学力资格报考与程度相衔接之正式学校

（二）上课日期定于三月七日。

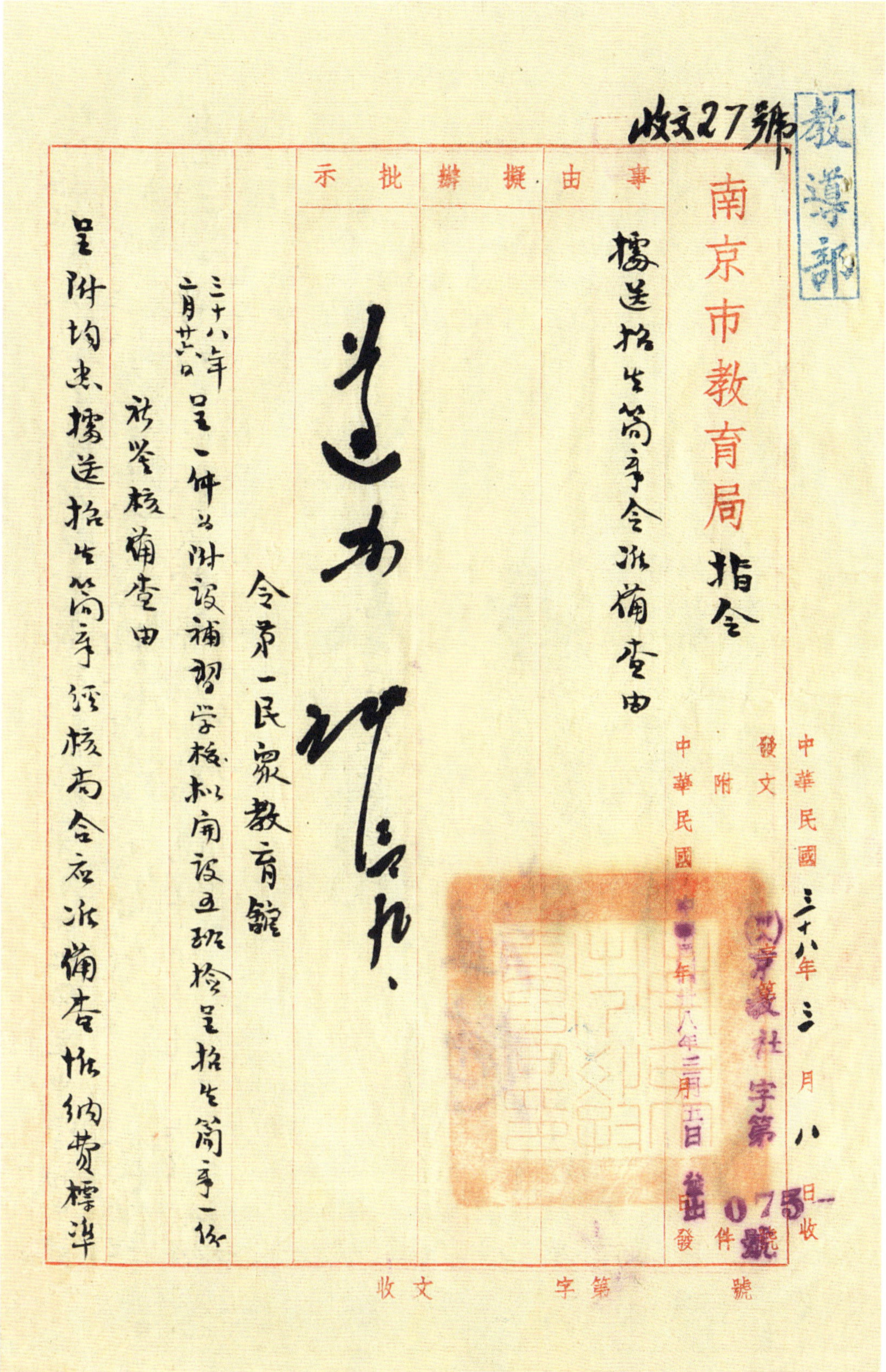
收文27號

教導部

南京市教育局 指令

事由 據送招生簡章令准備查由

擬辦

批示

令第一民衆教育館

三十八年二月廿六日呈一件為附設補習學校擬開設五班檢呈招生簡章一份祈鑒核備查由

呈附均悉。據送招生簡章經核尚合，准備查，惟納費標準

中華民國三十八年三月八日收

發文 附件

中華民國三十八年三月五日發出 （卅）京教社字第075號

收文 字第 號

南京市教育局給市立第一民衆教育館的指令（一九四九年三月五日）

附：南京市立學校學生繳費標準

檔號：1018-1-2

依照市參議會審核決定該校征收雜費應比照市立中學初中部之半數征收，並准予分兩期繳納。合亟抄發市參議會第八次大會決議市立學校學生繳費標準一份，併仰遵照，仍將遵辦情形報核備查。

此令

附發南京市立學校學生繳費標準一份

局長 沈祖懋

監印 紀瑞軒

校對 羅寶淑

南京市立學校學生繳費標準　市參議會第八次大會決議

一、學雜費不收，食米改收現金

二、分兩期收費，第一期開學時繳納，第二期春假時繳納

三、清寒免費額：小學百分之四十，中學百分之三十，須切實執行

四、由市政府教育局向國家銀行貸款，以補償分期繳費及幣值跌落之損失

五、下列收費數根據上學期標準乘以最近之生活指數及須籌各教師薪金以及彌補最近各校因駐軍而受之損失計列為

國民學校部分

初級第一期壹仟伍百元，二期壹仟伍百元

高級第一期弍仟元，二期壹仟伍佰元

幼稚園與高級同

中學部份

初中第一期四仟元，二期弍仟元

高中第一期四仟五百元，二期弍仟元

六、分配標準：中學及國民學校所收費用，以50%交保管委員會保管，並代購實物，作為各教師薪金準備之用，30%為設備費，15%為教師進修金，5%為什費

存查

南京市立民众教育館附設補習學校教員名冊

三十七學年度第二學期

南京市立第一民衆教育館附設補習學校教員名册（一九四九年四月）

檔號：1018-1-2

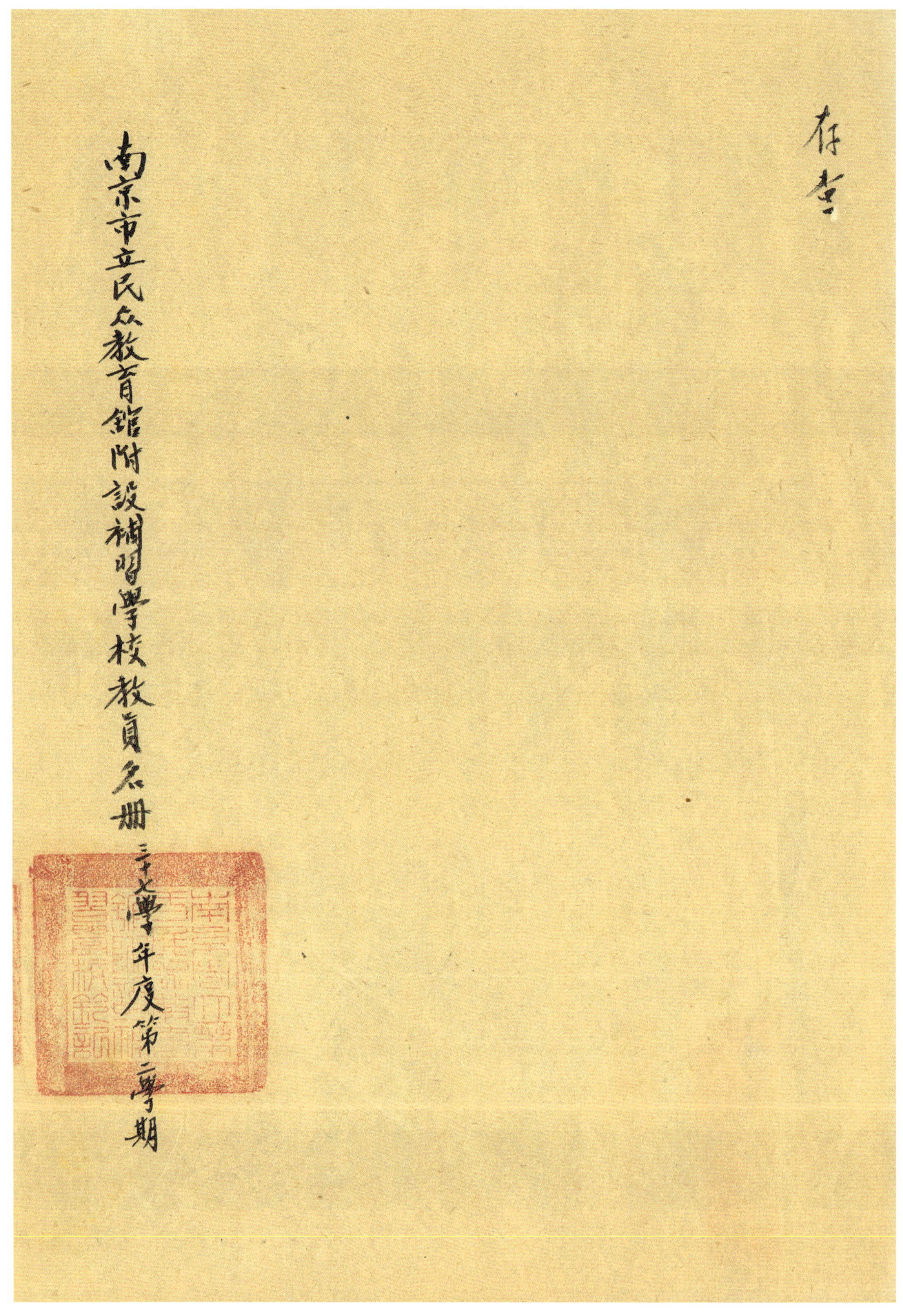

南京市立民眾教育館附設補習學校教員名冊 民國38年四月 日

姓名	性別	籍貫	年齡	學歷	擔任課程	備
張治安	男	南京	三六	國立社會教育學院教育行政系畢業	總務 每週六小時	本館職員兼
鄧學沛	男	四川忠縣	三五	國立社會教育學院畢業	國文 公民 每週十六小時	專任教師
王宗幹	男	南京	三四	仝右	地理 歷史 每週十小時	本館職員兼
寧仲裕	男	山東	三八	國立浙江大學工商管理系畢業	英文 每週十六小時	專任教師
唐鎮彰	男	安徽	三五	國立武漢大學政治系畢業	國文 每週十六小時	仝右
邵恒	男	江蘇	四一	國立暨南大學畢業	國文 常識 每週八小時	仝右
蔣崇德	男	南京	三三	江蘇省立教育學院畢業	算術 代數 每週十六小時	仝右
吳蘭增	男	徐州	四九	國立山西大學畢業	英文 每週十八小時	仝右

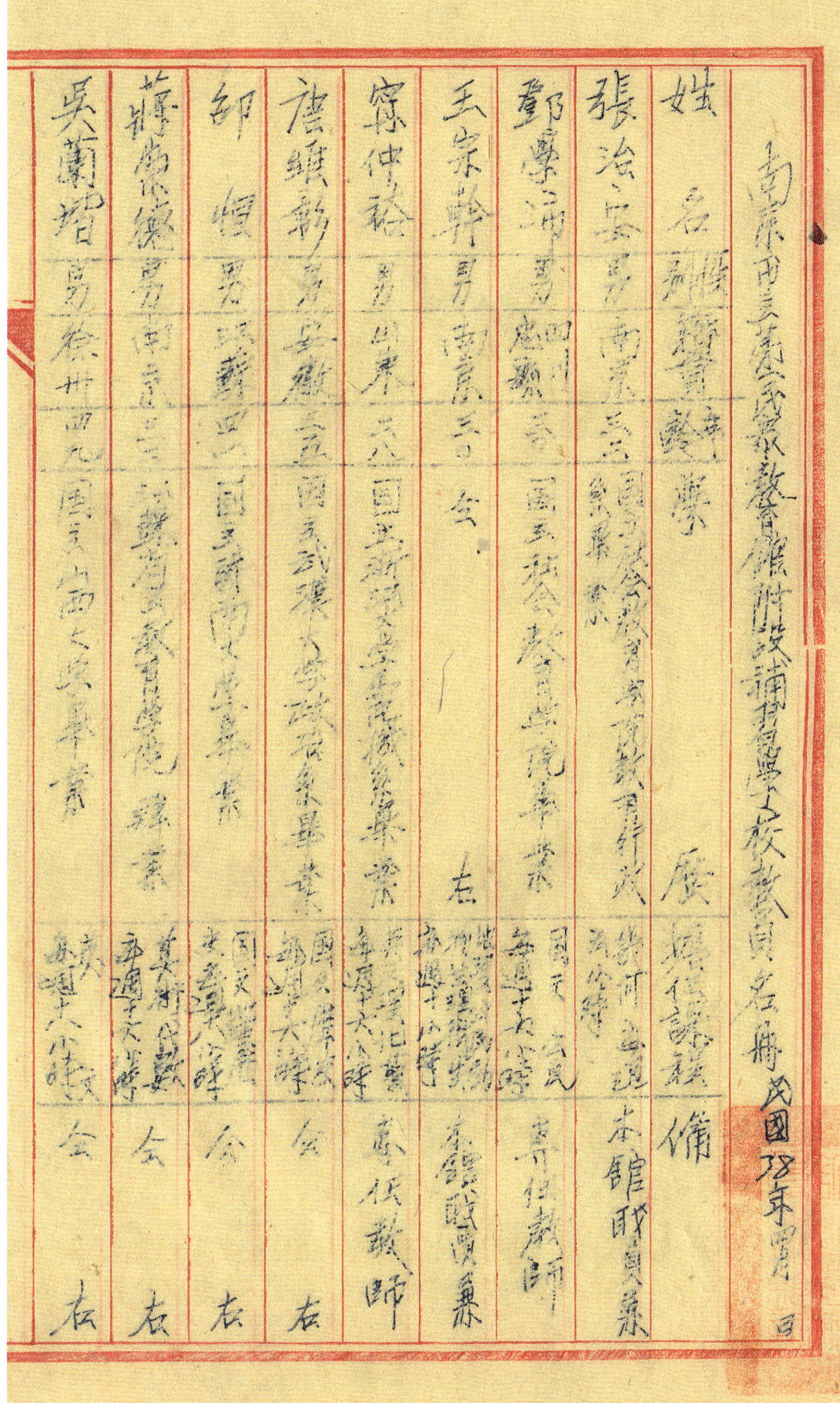

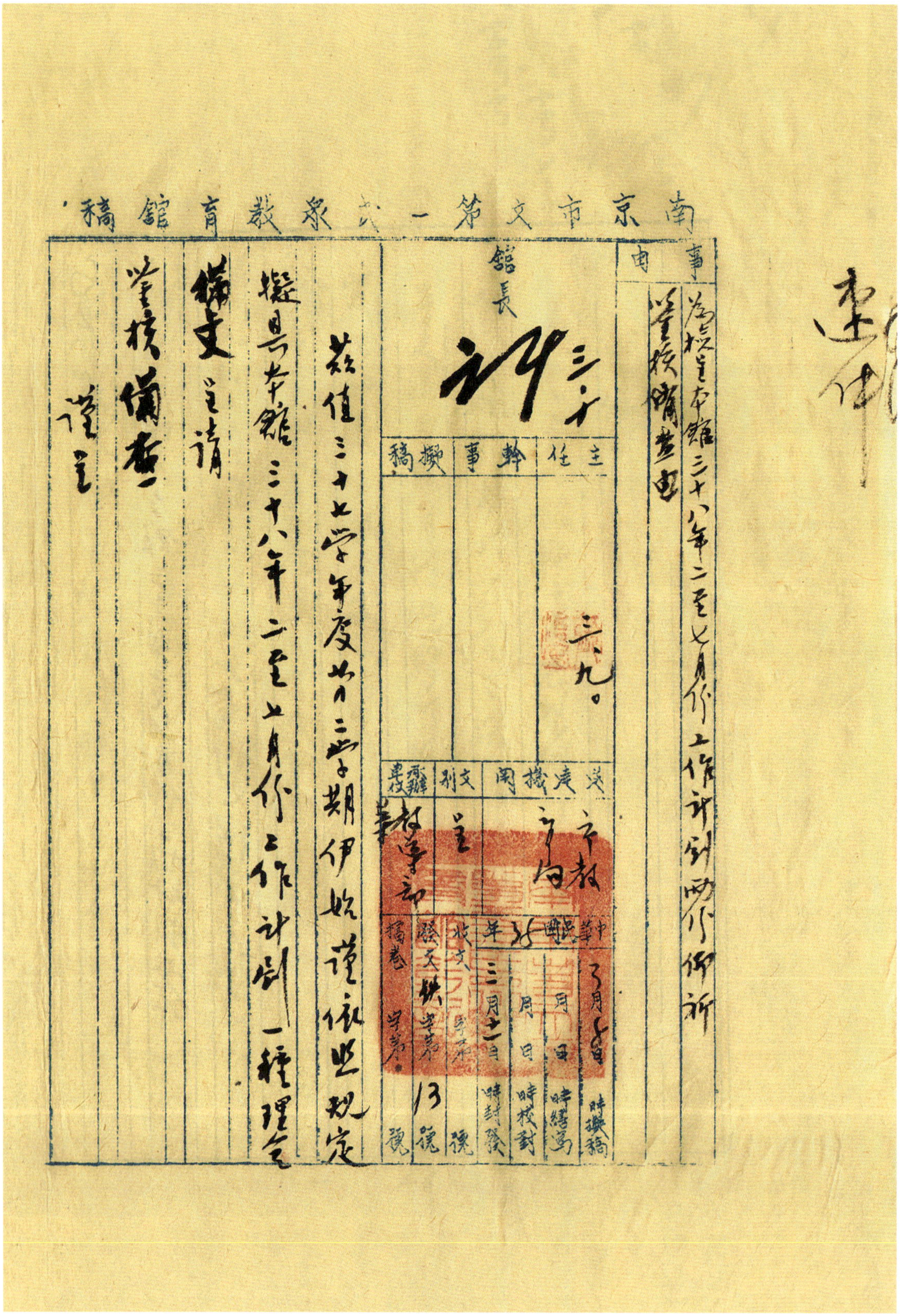

南京市立第一民衆教育館稿

事由：爲檢呈本館三十八年二至七月份工作計劃仰祈鑒核備查由

館長 [illegible] 三、十

主任 幹事 擬稿 三、九。

送達機關：市教育局　文別：呈

年 月 日 時 撰稿　月 日 時 繕寫　月 日 時 校對　三月十一日 時 封發

收文 字第 號　發文 拱字第13號　檔卷 字第 號

茲值三十七學年度第二學期伊始，謹依照規定擬具本館三十八年二至七月份工作計劃一種，理合備文呈請

鑒核備查

謹呈

南京市立第一民衆教育館爲送一九四九年二月份至七月份工作計劃給市教育局的呈文

（一九四九年三月十一日）

附：工作計劃

檔號：1018-1-40

局長鑒

附呈本校三十八年二至七月份工作計劃兩份

（全銜）張〇〇

可議 三十

稿寫大綱

南京市立第一民眾教育館三十七年二至七月份工作計劃

甲、總則

一、本館業務之設施力求與本市政治經濟等事配合，以期有助於政令之推進

二、普及識字教育積極推行掃除文盲之工作，並設計研究推行識字教育方式之改進

三、注重~~實施公民教育~~運用有效各類方式加緊實施公民教育以提高國民道德安定社會秩序

四、聯絡所在區各有關事業團體機關舉辦各項社教事業活動並利用時機迅速推進

乙、關於行政方面

一、員工職掌當訂務求詳密，分工與充分合作，以達到步適切銜接，俾負責精誠無間之地步。

二、獎掖員工進修，務使其對社教工作發生信念與濃厚興趣，並進而與謀館務之推進與發展。

三、聯絡地方黨政機關社會團體及熱心社會教育人士聯綫，並聯合各界，以協助設計本館業務之改進。

丙、關於業務方面

一、中心工作

（1）舉辦識字班，分期掃除文盲

（二）辦理補習教育以救濟失業青年
（三）舉行各項康樂休閑活動
（四）協助政令之宣傳工作
（五）開展農場實施生計教育
（六）辦理各種人員進修事宜

二、舉辦事業及活動

（一）充實閱覽室　就本館白下路本部書報閱覽室與貢院街民衆閱書報處兩處分別充實書報讀物除繼續原有報章數量外並從速設法徵集各地書刊按期陳設供衆閱覽

四、辦理補習學校　繼續辦理第八期，招生事宜並定於三月初旬開學上課，本期開設初一上、初二上、二下、三上、三下各一班，合計五班，全期預計二十週，約於七月初旬結束。教師聘任事宜請增設，以期繼續事業並救濟失學青年。

五、辦理社會服務工作　為服務民眾繼續辦理免費社會服務工作，如代擬代筆，保持原社會服務處之義務代寫服務等項目。

六、整理陳列室　本館原有之陳列室係分設於館本部樓下及二樓上，為便民眾便於參觀，擬分別集中於樓下設置，原辦公室將遷設樓上。

俾使辦公及民中學以兩資楷模
(五)編繪壁報及漫畫　計劃分別編繪壁報及漫畫
張貼館本部門首及夫子廟兩地以廣宣傳之力
(六)辦理各項社會運動及紀念節日宣傳及活動事宜
分別利用紀念節日及各項社會運動時期擴大
社教宣傳工作並期配合機關推動政令之宣達
(七)計劃放映電影　商請南京市教育局電化教育
輔導處計劃在本館放映區域內聯合放映有關
時事教育新片以廣宣傳
(八)闢置農場。就本館後面空地闢置農場由

本館另行分別整理其詳細計劃另訂之

(九)擬配合時令舉辦臨時活動如次：

(1)風箏比賽：為倡導兒童適當遊戲擬於兒童節舉辦風箏比賽鼓勵兒童自製風箏參加競賽其評判標準分為意義美觀構造技能三項

(2)郊遊團：發動民眾組織郊遊團前往城郊風景名勝區域遊覽並相機進行郊外教學以講解勝史古蹟以激發愛鄉愛國之民族意識

(3)舉辦聯合衛生展覽會 聯絡有關機關舉辦衛生展覽會以實施衛生教育

擬洽衛生局卡推型

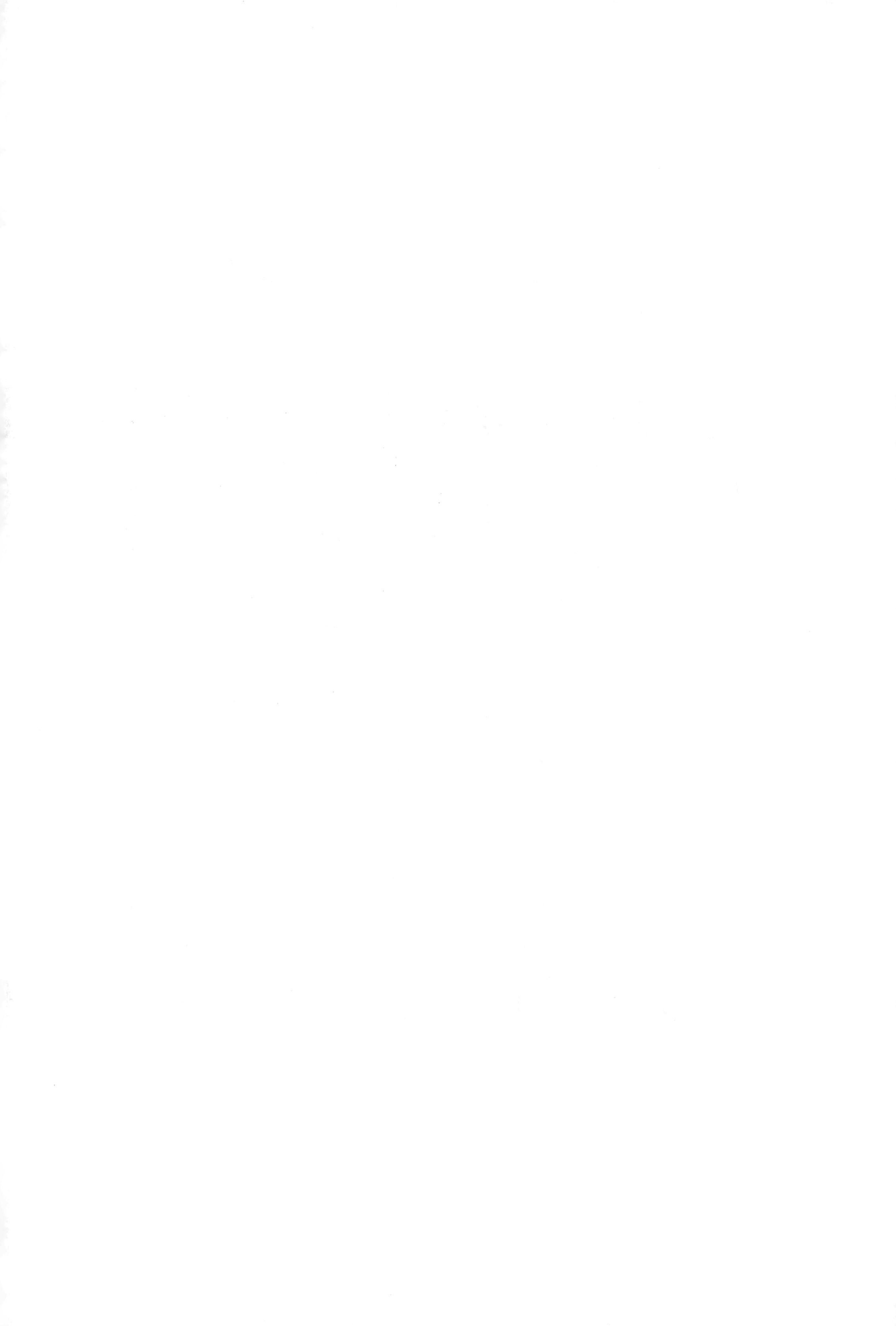

南京市立第一民衆教育館

叁 經費使用管理

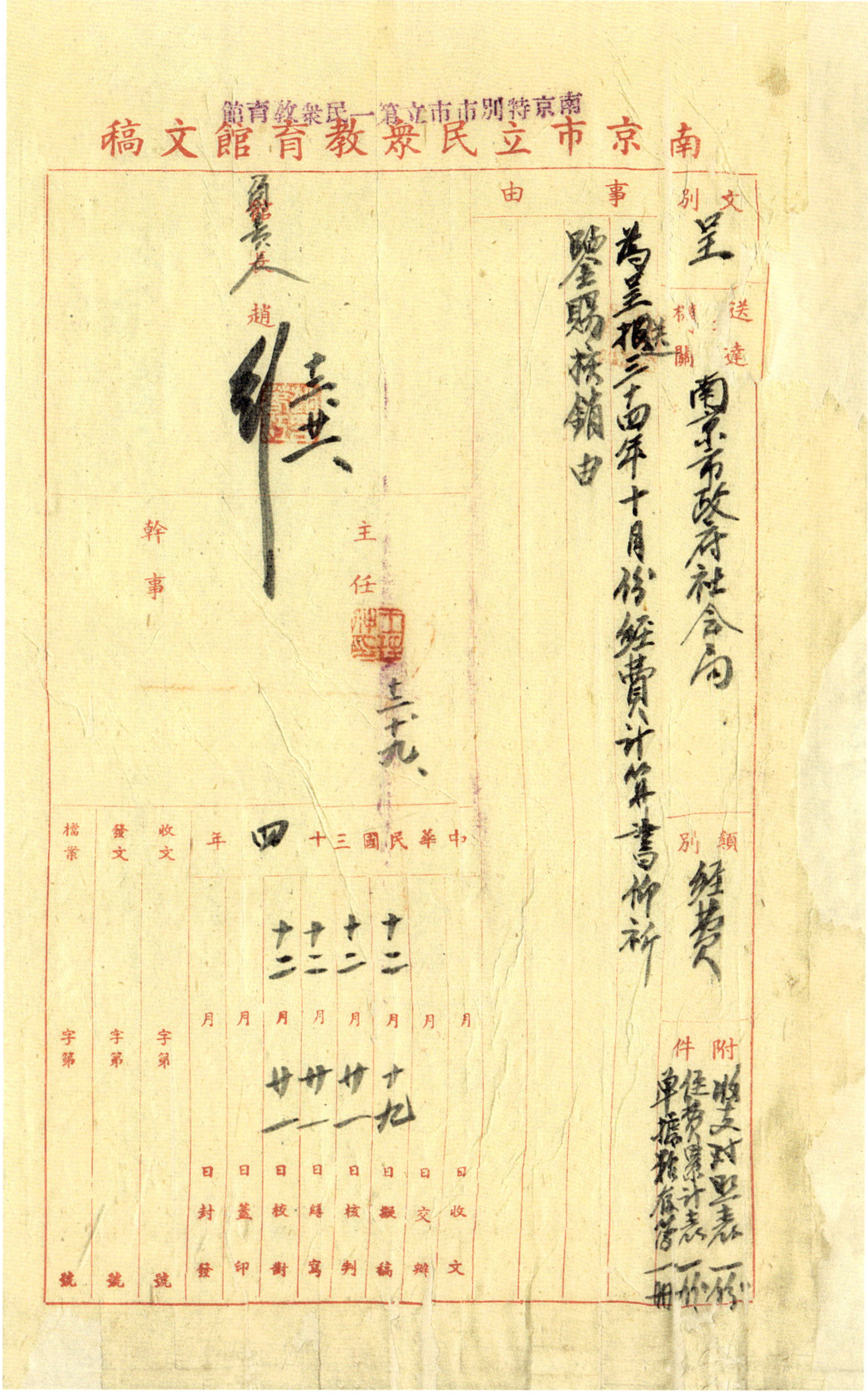
南京特別市市立第一民衆教育館
南京市立民衆教育館文稿

文別：呈
送達機關：南京市政府社會局
事由：為呈報三十四年十月份經費計算書仰祈鑒賜核銷由
類別：經費
附件：收支對照表一份 經費累計表一份 單據黏存簿一冊

館長 趙
主任 十二、十九、
幹事

中華民國三十四年
收文 月 日
交辦 月 日
擬稿 十二月十九日
核判 十二月廿一日
繕寫 十二月廿一日
校對 十二月廿一日
蓋印 月 日
封發 月 日

收文 字第 號
發文 字第 號
檔案 字第 號

南京市立第一民衆教育館爲報一九四五年十月份經費計算書給市社會局的呈文

（一九四五年十二月二十一日）

附：收支對照表和經費累計表

檔號：1018-1-46

查職館二十四年十月份經費法幣捌万肆仟柒百柒拾元業蒙

鈞局如數發給在案本月份計支出俸薪法幣柒万叁仟式佰式拾元

（生活補助費上代金等在內）工餉法幣玖仟元，辦公費法幣式仟

伍佰伍拾元，共動支法幣捌万肆仟柒佰柒拾元正，理合將收支

情形造具收支對照表、經費累計表，連同單據粘存簿送上併備

文呈送，仰祈

鑒賜核銷。

謹呈

南京市政府社會局局長陳

附呈收支對照表、經費累計表各一份，單據粘存簿一冊

全銜 趙〇〇

存卷 十一 卅

南京市立第一民衆教育館

收支對照表

中華民國34年10月31日　　經費類第　號

金額（元角分）	摘要	金額（元角分）
	收入之部	
8477000	由南京市政府社会局領到十月份經費	
	支出之部	
	薪餉	54000
	生活補助費	5438000
	米代金	2640000
	校工補助食米代金	90000
	文具	50000
	紙張	70000
	消耗	20000
	雜支	115000
8477000	合計	8477000

館長　　　　會計

存查

南京市立第一民眾教育館

經費累計表

中華民國34年10月1日起至34年10月31日止

經費類第　號

科目				截至本月止分配數		支出數							未支出之分配數		備註
						實付數					應付數				
款	項	目	名稱			支出憑證	本月實支數		截至本月止累計數						
				元	角分	字號起訖數	元	角分	元	角分	元	角分	元	角分	
1	1	1	俸薪	420	00	1	420	00	420	00	420	00			
1	1	1	工餉	120	00	2	120	00	120	00	120	00			
1	1	2	職員生活補助費	51800	00	3	51800	00	51800	00	51800	00			
1	1	2	校工生活補助費	2580	00	4	2580	00	2580	00	2580	00			
1	1	3	職員米代金	21000	00	5	21000	00	21000	00	21000	00			
1	1	3	校工米代金	5400	00	6	5400	00	5400	00	5400	00			
1	1	4	校工補助食米代金	900	00	7	900	00	900	00	900	00			
1	2	1	文具	500	00	8	500	00	500	00	500	00			
1	2	2	紙張	700	00	9	700	00	700	00	700	00			
1	2	3	消耗	200	00	10	200	00	200	00	200	00			
1	2	4	雜支	1150	00	11-12	1150	00	1150	00	1150	00			

館長　　　　會計

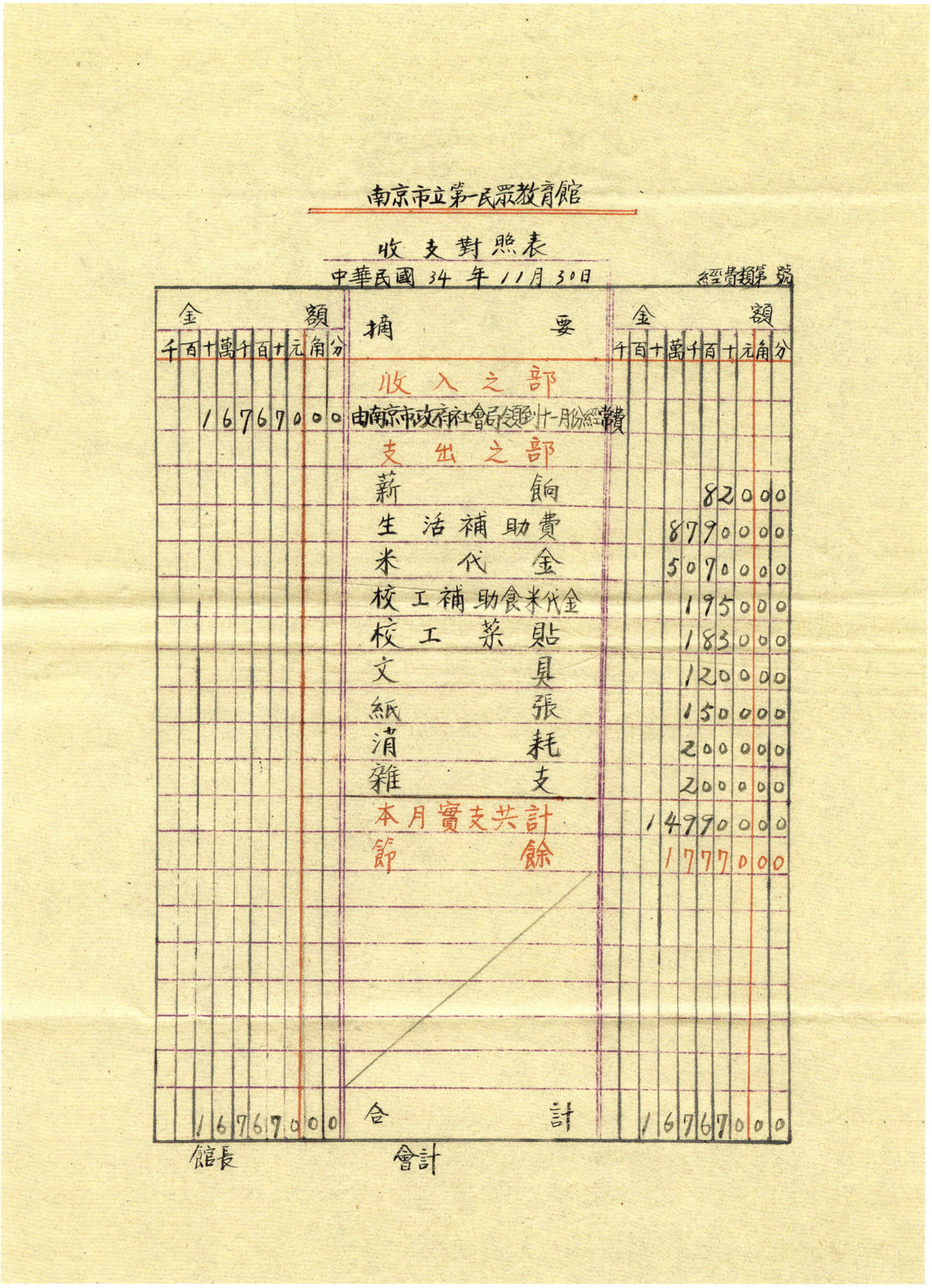

南京市立第一民衆教育館

收支對照表

中華民國34年11月30日　　經費類第　號

金額	摘要	金額
	收入之部	
16767000	由南京市政府社會局領到十一月份經常費	
	支出之部	
	薪餉	82000
	生活補助費	879000
	米代金	507000
	校工補助食米代金	195000
	校工菜貼	183000
	文具	120000
	紙張	150000
	消耗	200000
	雜支	200000
	本月實支共計	14990000
	節餘	1777000
16767000	合計	16767000

館長　　會計

南京市立第一民衆教育館一九四五年十一月份收支對照表和經費累計表（一九四五年十一月三十日）

檔號：1018-1-46

南京市立第一民衆教育館

經費累計表

中華民國34年11月1日起至34年11月30日止　經費類第　號

科目				截至本月止分配數	支出數				未支出之分配數	備註
					實付數			應付數		
款	項	目	名稱		支出憑證字號	本月實支數	截至本月止累計數			
				元 角分	起訖字號碼	元 角分	元 角分	元 角分	元 角分	
1	1	1	俸薪	1190.00	1	700.00	1120.00	770.00	70.00	助理幹事石鑫華奉令停薪
1	1	1	工資	240.00	2	120.00	240.00	120.00		
1	1	2	職員生活補助費	147000.00	3	84000.00	135800.00	95200.00	11200.00	〃
1	1	2	校工生活補助費	6480.00	4	3900.00	6480.00	3900.00		
1	1	3	職員食米代金	66500.00	5	39000.00	60000.00	45500.00	6500.00	〃
1	1	3	校工食米代金	17100.00	6	11700.00	17100.00	11700.00		
1	1	4	校工補助食米代金	2850.00	7	1950.00	2850.00	1950.00		
1	1	5	校工菜貼	1830.00	8	1830.00	1830.00	1830.00		
1	2	1	文具	1700.00	9	1200.00	1700.00	1200.00		
1	2	2	紙張	2200.00	10-12	1500.00	2200.00	1500.00		
1	2	3	消耗	2200.00	13-14	2000.00	2200.00	2000.00		
1	2	4	雜支	3150.00	15-20	2000.00	3150.00	2000.00		
			合計			14990.00		16767.00	1777.00	

館長　　　　會計

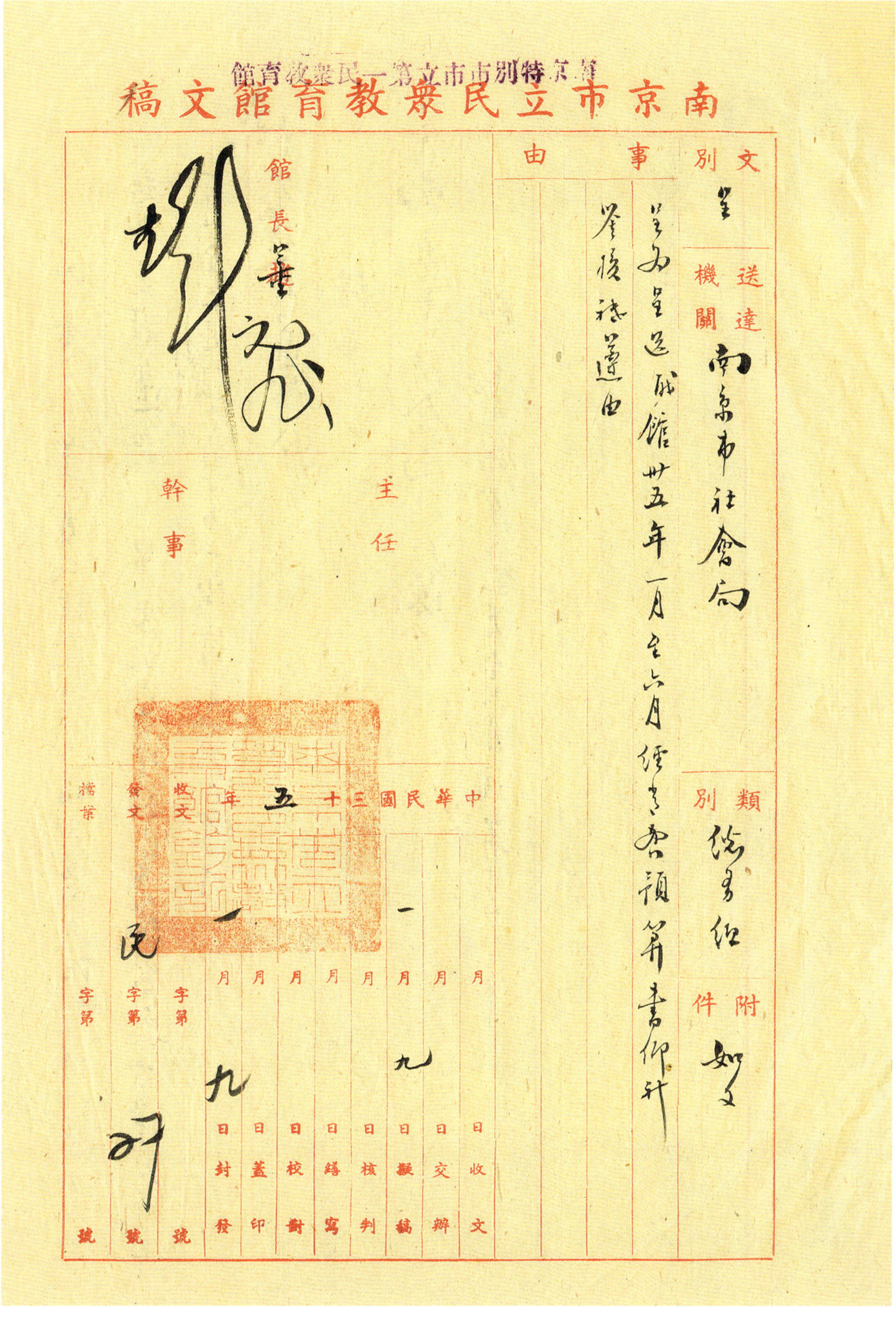
南京特別市市立第一民衆教育館

南京市立民衆教育館文稿

文別：呈

送達機關：南京市社會局

事由：呈爲呈送我館卅五年一月至六月經常費預算書仰祈鑒核示遵由

類別：總務組

附件：如文

館長

主任

幹事

中華民國三十五年 一月 九日

收文 月 日

交辦 月 日

擬稿 一月九日

核判 月 日

繕寫 月 日

校對 月 日

蓋印 月 日

封發 一月九日

收文 字第 號

發文 民字第 號

檔案 字第 號

南京市立第一民衆教育館爲送一九四六年一月至六月份經常費預算書給市社會局的呈文

（一九四六年一月九日）

附：預算書

檔號：1018-1-46

竊查三十五年一月已經開始，職館爲充實館務推進工作

起見，爰特遵照 中央規定參酌實際需要草訂本年

一月至六月（經常費）預算書一份，備文呈送，仰祈

鈞鑒，核俾便遵照。

謹呈

南京市社會局局長陳

附呈職館本年一月至六月（經常費）預算書一份

銜名

南京市立第一民眾教育館三十五年一至六月份每月經常費預算書

科目	預算金額 款	預算金額 項	預算金額 目	預算金額 節	備註
第一款 南京市立第一民眾教育館經常費	七三、七二五元				
第一項 薪工		六〇、七二五元			
第一目 薪俸			五四、五二五元		
第一節 職員薪給				一、五二五元	館長一人月支底薪一八〇元主任五人內一人由館長兼不支薪其餘主任四人各月支底薪一三〇元幹事五人各月支底薪九五元助理幹事五人各月支底薪七〇元合計如上數
第二節 薪給加成				一一、〇〇〇	職員薪給總數為一五二五元加八十倍合計如上數
第三節 生活補助費				四二、〇〇〇	每人二八〇〇元十五人合計如上數
第二目 工資			六、二〇〇		
第一節 工資				二〇〇	工役五人各月支底薪四〇元合計如上數
第二節 生活津貼				六、〇〇〇	每人一二〇〇元五人合計如上數
第二項 辦公費		一三、〇〇〇			

科目	項	目	節	說明
第一目 文具		一六,〇〇〇		
第一節 紙張筆墨			一〇,〇〇〇	十行紙二刀毛邊紙四刀蠟紙三十張呈文紙二十張稿紙五十張信紙一百張呈文封二十个信封五十个毛筆十五支鉛筆十支鋼筆桿十支筆尖十个黑墨十錠紅藍墨水各一瓶約需如上數
第二節 簿籍雜品			六,〇〇〇	十行簿四本條帳簿二本收發文簿便條簿各一本練習簿四本圖釘銅釘書釘各一合銅筆套十五个擱筆鈎印泥等約需如上數
第二目 消耗		八,〇〇〇		
第一節 消耗			八,〇〇〇	郵電茶水蠟燭火柴肥皂毛巾酒精樟腦等約需如上數
第三目 雜支		五,〇〇〇		
第一節 雜支			五,〇〇〇	雞毛帚掃帚拖把車費工資及不屬文具消耗之一切雜支等約需如上數
第三項 事業設備費	一〇〇,〇〇〇			
第一目 事業費		六〇,〇〇〇		
第一節 事業費			六〇,〇〇〇	本館每月舉辦中心工作一次每次約需如上數
第二目 設備費		四〇,〇〇〇		
第一節 設備費			四〇,〇〇〇	圖書雜誌儀器標本等設備約需如上數

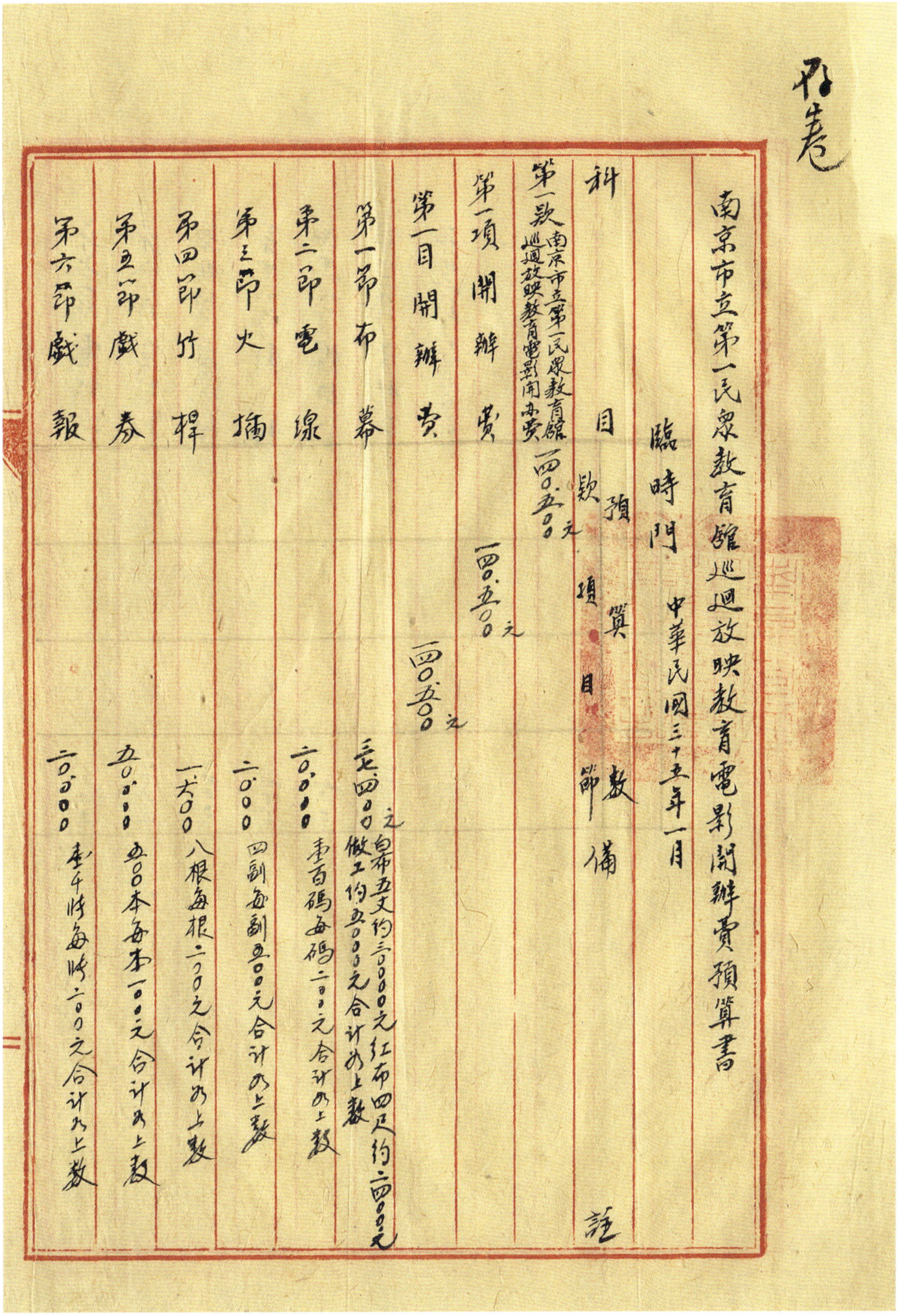

存卷

南京市立第一民衆教育館巡迴放映教育電影開辦費預算書

臨時門　中華民國三十五年一月

科目（款　項　目　節）	預算數	備註
第一款　南京市立第一民衆教育館巡迴放映教育電影開辦費	一四〇,五〇〇元	
第一項　開辦費	一四〇,五〇〇元	
第一目　開辦費	一四〇,五〇〇元	
第一節　布幕	三七,四〇〇元	白布五丈約三〇,〇〇〇元，紅布四尺約二,四〇〇元，做工約五,〇〇〇元，合計如上數
第二節　電線	二〇,〇〇〇	壹百碼每碼二〇〇元，合計如上數
第三節　火插	二,〇〇〇	四副每副五〇〇元，合計如上數
第四節　竹桿	一,六〇〇	八根每根二〇〇元，合計如上數
第五節　戲券	五〇,〇〇〇	五〇〇本每本一〇〇元，合計如上數
第六節　戲報	二〇,〇〇〇	壹千張每張二〇元，合計如上數

南京市立第一民衆教育館巡回放映教育電影開辦費預算書（一九四六年一月）

檔號：1018-1-48

第七節 電灯泡 三二〇〇 四只每只八〇〇元合計如上數
第八節 電灯頭 二〇〇〇 四只每只五〇〇元合計如上數
第九節 老虎鉗 二〇〇〇 一只
第十節 釘 錘 二〇〇〇 一只
第十一節 螺丝起 五〇〇 一只
第十二節 号碼字 一〇〇〇 一只
第十三節 年月日印 六〇〇 一只

南京市政府社會局指令

事由	擬辦	決定辦法	備考
為該館遷移費六萬六千元准予照撥仰即備據來局具領由			
附件			

字第　　號　　年　　月　　日　　時到

收文　　字第　　號

南京市社會局爲準予撥發遷移費六萬六千元給市立第一民衆教育館的指令（一九四六年三月十九日）

附：南京市立第一民衆教育館一九四六年三月遷移臨時費預算書

檔號：1018-1-48

南京市政府社會局指令 社字第2959號

令市立第一民眾教育館

呈乙件為呈送遷移臨時費預算書請核撥由

呈件均悉核尚需要准予照撥仰即備據來局具領 件存

此令

中華民國三十五年三月九日

局長陳劍如

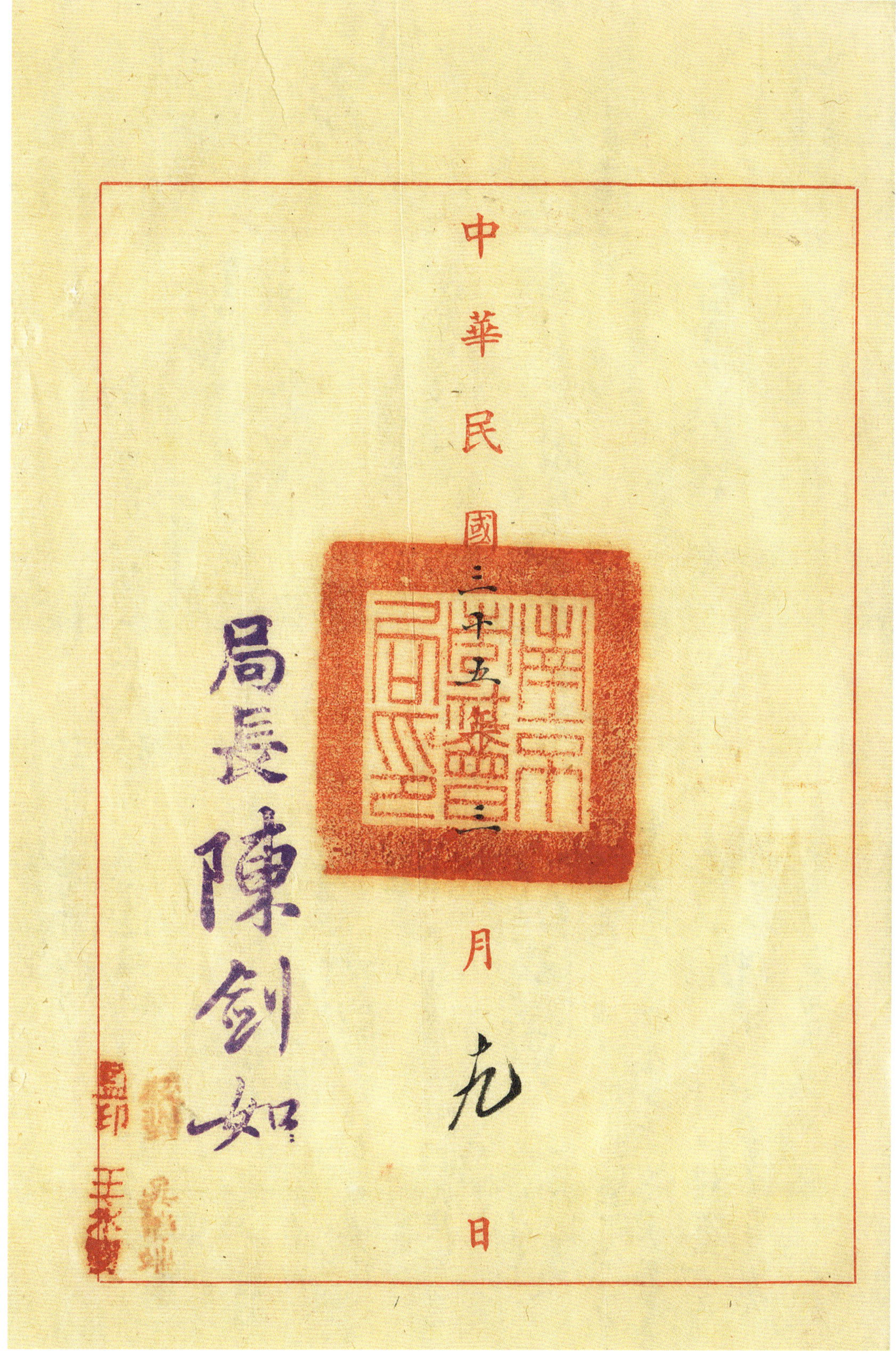

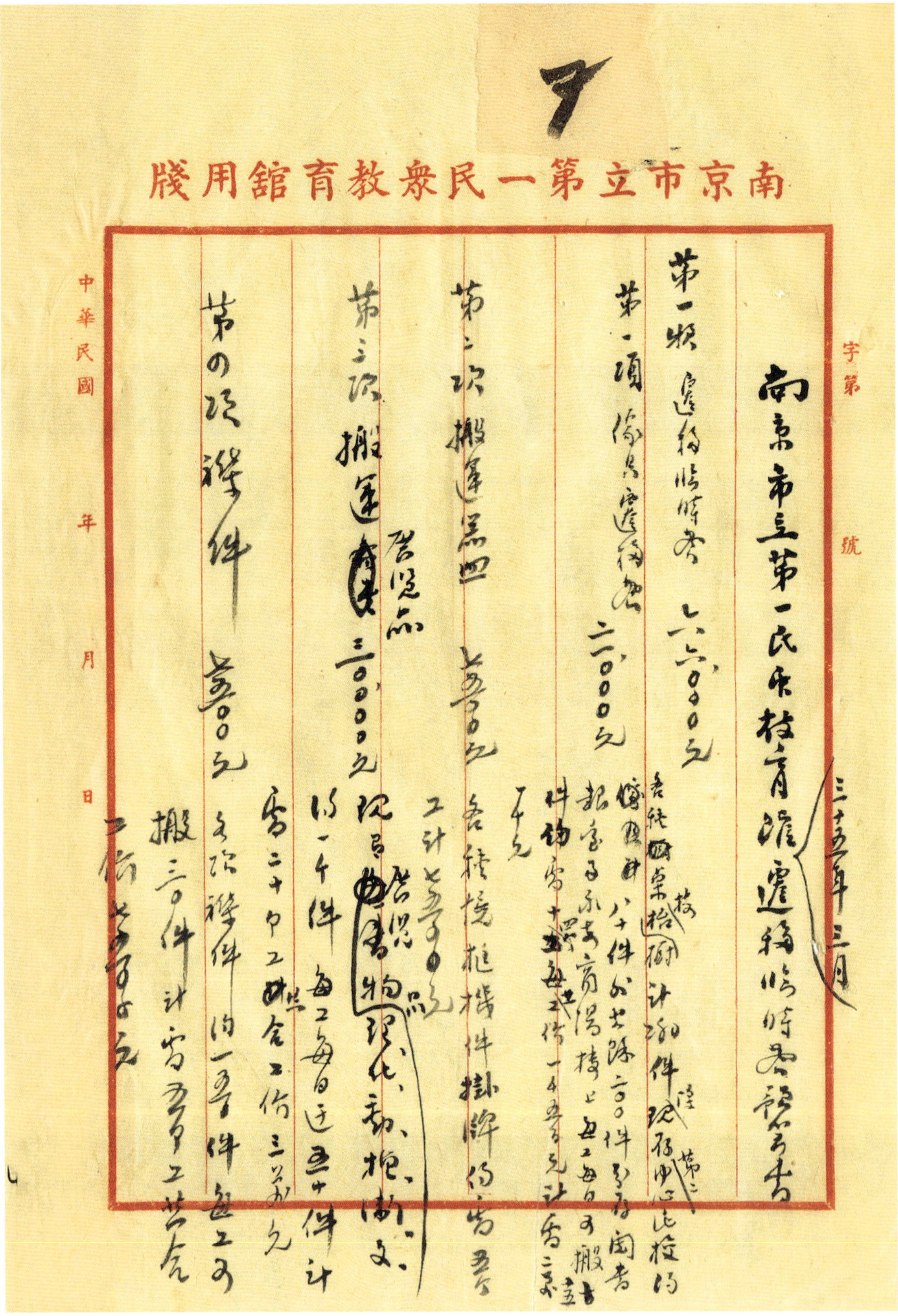

南京市立第一民衆教育館用牋

字第　號

南京市立第一民衆教育館遷移臨時費預算書　三十五年三月

第一款　遷移臨時費　六六〇〇〇元

第一項　修理遷移費　二〇〇〇〇元　各種閱書桌椅計四〇件，移往中正校内

修理約八十件，修去除六〇件另有閱書

報室及教育館樓上每工每日可搬十五

件，約需十五工，每工作價一千五百元，計需二萬二千

五千元

第二項　搬運器皿　五萬元　各種櫥櫃檯件掛牌約需五萬

工，計七萬五千元

第三項　搬運書籍　三〇〇〇〇元　陳列品、書物、理化、動、植、衛文、

約一千件，每工每日運五十件，計

需二十五工，合工價三萬元

第四項　雜件　五萬〇〇元　各項雜件約一萬件，每工可

搬三〇件，計需五百工，共合

工價七萬五千元

中華民國　年　月　日

南京市市立第一民眾教育館 館／學　　第 全 頁

常時部份經費類 現金出納表

中華民國 34 年 10 月 1 日起至 34 年 10 月 31 日止（34 年度第 1 號）

科目及摘要	金額 小計	金額 合計	金額 總計
收項			399000
本期收入		399000	
(1) 領到經費 向社會局領到十月份本館經常費	399000		
~~(2) 代收款 代收員工薪餉所得稅~~			
付項			399000
本期支出		399000	
(1) 俸給費支出	54000		
(2) 辦公費支出	255000		
(3) 特別費支出	40000		
~~(4) 代收款解繳~~			

校長／館長　　會計　　出納

南京市立第一民眾教育館一九四五年十月至一九四六年七月份現金出納表（一九四六年七月三十一日）

檔號：1018-1-46

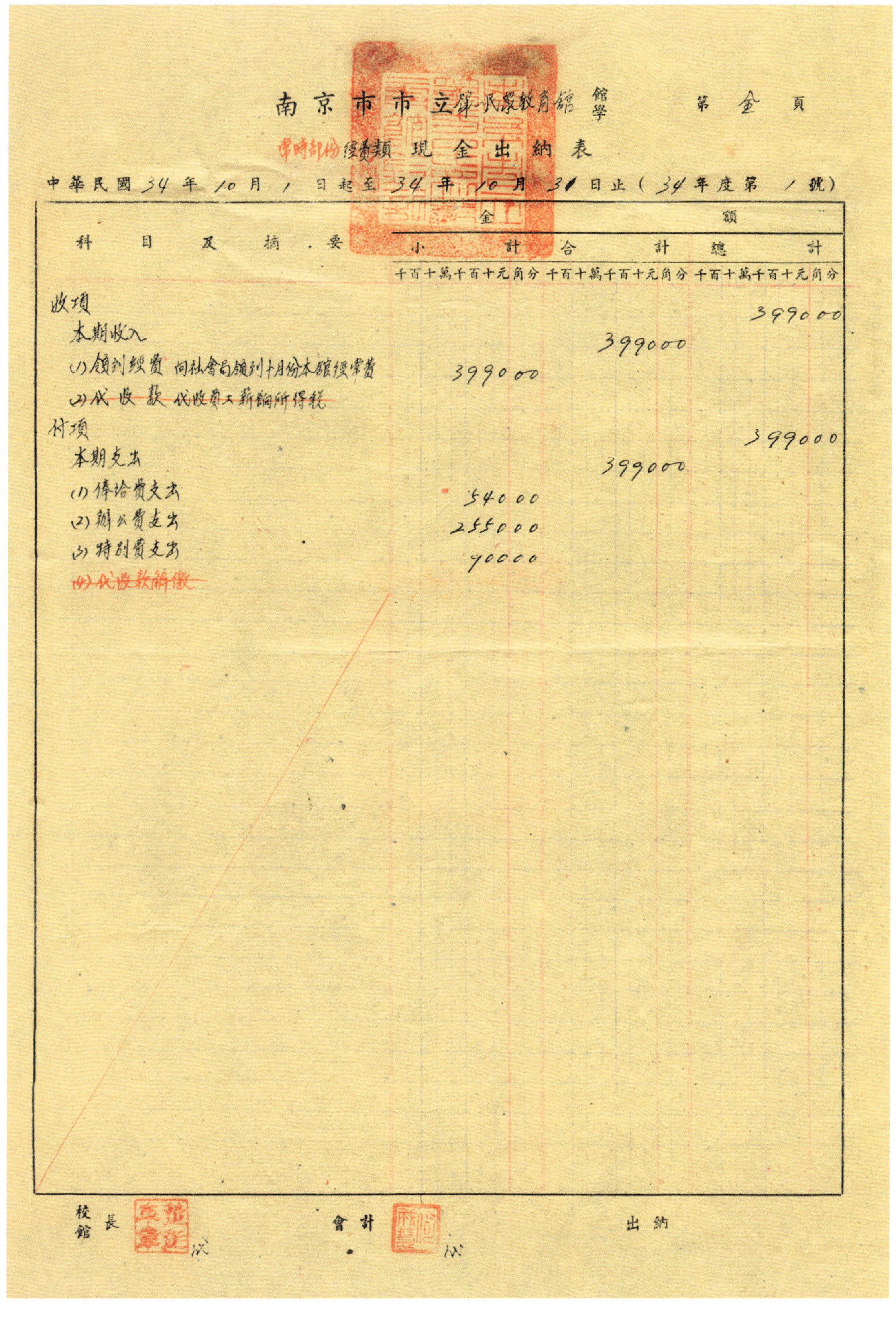

南京市市立第二民眾教育館　　　第全頁

臨時部分經費類現金出納表

中華民國34年10月1日起至34年10月31日止（34年度第1號）

科目及摘要	金額 小計	金額 合計	金額 總計
收項			
本期收入			80780.00
		80780.00	
領到經費 向社會局領到十月份本館失學補助費及公糧代金	80780.00		
付項			
本期支出			80780.00
		80780.00	
(1)失學補助費支出	54380.00		
(2)公糧代金支出	26400.00		

校館長　代　　會計　代　　出納

南京市市立第一民教館（學）　第　1　頁

常時部份經費類 現金出納表

中華民國 34 年 11 月 1 日起至 34 年 11 月 30 日止（34 年度第 2 號）

科目及摘要	金額		
	小計	合計	總計
	千百十萬千百十元角分	千百十萬千百十元角分	千百十萬千百十元角分
收項			1137310
本期收入		1137310	
(1)領到經費 向社會局領到十一月份本館經常費	1137000		
(2)代收款 代收員工薪餉所得稅	310		
付項			1137310
本期支出		1137310	
(1)俸給費支出	82000		
(2)辦公費支出	670000		
(3)特別費支出	378000		
(4)結餘解繳	7000		
(5)代收款解繳 員工薪餉所得稅	310		

校（館）長　　　會計　　　出納

南京市市立第一民教館 館學　　第 全 頁

臨時部份經費類 現金出納表

中華民國 34 年 11 月 1 日起至 34 年 11 月 30 日止（34 年度第 2 號）

科目及摘要	金額 小計	金額 合計	金額 總計
	千百十萬千百十元角分	千百十萬千百十元角分	千百十萬千百十元角分
收項			15630000
本期收入		15630000	
领补贴费　向社会局领补十月份本館生活補助费及公粮代金	15630000		
付項			15630000
本期支出		15630000	
(1) 生活補助费支出	8790000		
(2) 公粮代金支出	5070000		
(3) 结馀解缴	1770000		

校館長　　　會計　　　出納

南京市市立 館/學 第 全 頁

常時部份經費類現金出納表

中華民國34年12月1日起至34年12月31日止（34年度第3號）

科目及摘要	金額 小計	金額 合計	金額 總計
收項			1170150 792150
本期收入		1170150 792150	
(1)領到經費 向社會局領到十二月份本館經常費	1170000 792000		
(2)代收款 代收員工薪餉所得稅	150		
付項			1170150
本期支出		1170150	
(1)俸給費支出	116800		
(2)辦公費支出	670000		
(3)特別費支出	378000		
(4)結餘解繳	5200		
(5)代收款解繳 員工薪餉所得稅	150		

校長/館長　　　　會計　　　　出納

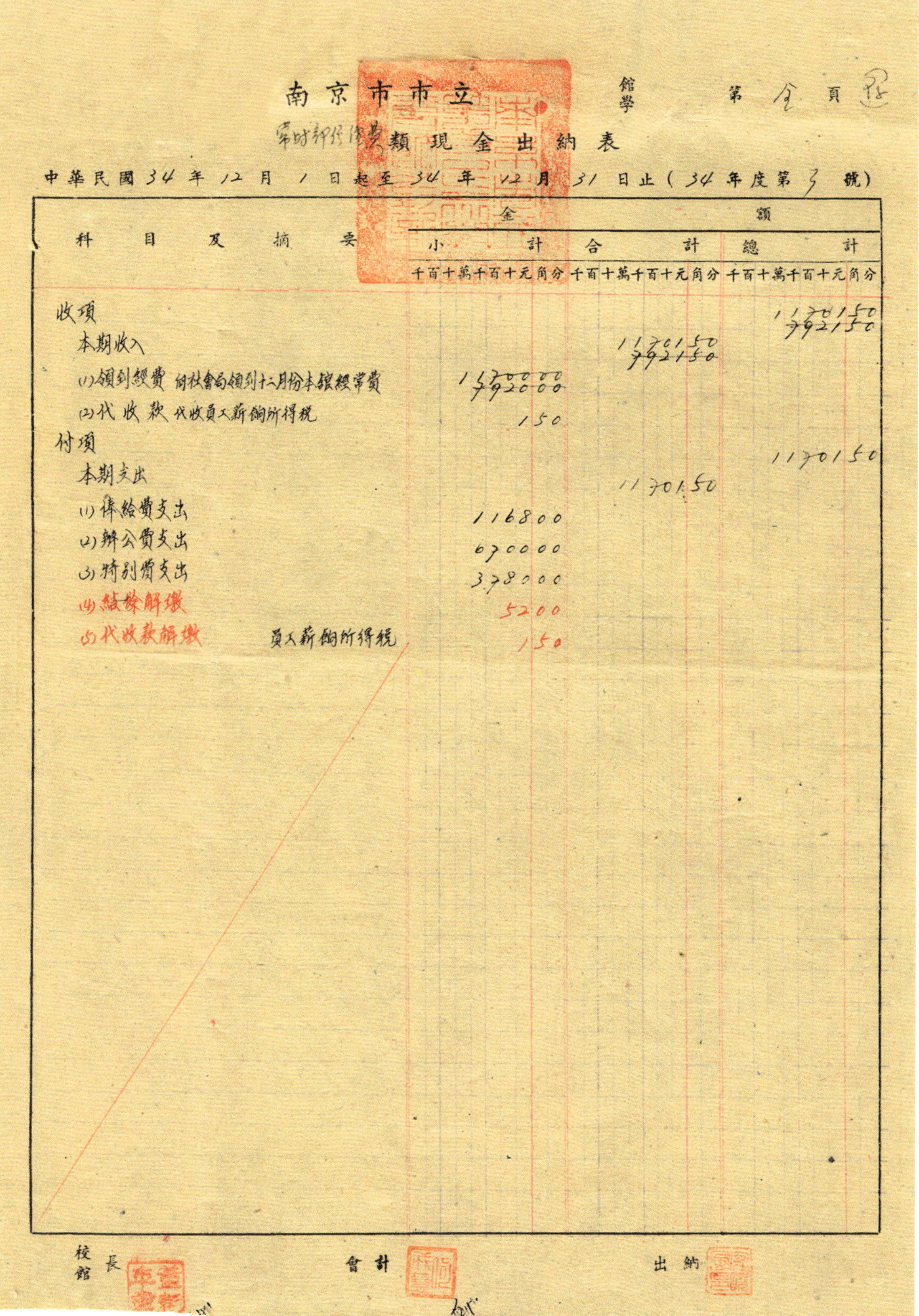

南京市市立第一民眾教育館 館/學　　第 全 頁

臨時部份經費類現金出納表

中華民國 34 年 12 月 1 日起至 34 年 12 月 31 日止（34 年度第 3 號）

科目及摘要	金額 小計	合計	總計
收項			22160000
本期收入		22160000	
領到經費　向社會局領到十二月份本館生活補助費及公糧代金	22160000		
付項			22160000
本期支出		22160000	
(1)生活補助費支出	13358000		
(2)公糧代金支出	8170000		
(3)借除解繳	232000		

校長／館長　　會計　　出納

南京市市立第一民众教育館（學） 第全頁

常时部份经费類現金出納表

中華民國35年1月1日起至35年1月31日止（35年度第1號）

科目及摘要	金額 小計	金額 合計	金額 總計
收項			2222450
本期收入		2222450	
(1)領到经费 向社会局領到一月份本館经常费	2222000		
(2)代收款 代收员工薪饷所得税	450		
付項			2222450
本期支出		2222450	
(1)俸给费支出	122000		
(2)办公费支出	700000		
(3)事业费支出	1400000		
(4)代收款解缴 员工薪饷所得税	450		

校長（館長） 會計 出納

南京市市立第一民众教育馆 館/學　　第全頁

临时部份经费類現金出納表

中華民國35年1月1日起至35年1月31日止（35年度第1號）

科目及摘要	金額 小計	金額 合計	金額 總計
收项			41840000
本期收入		41840000	
领补经费　向社会局领补一月份本馆生活补助费	41840000		
付项			41840000
本期支出		41840000	
(1) 生活补助费支出	41840000		

校/館長　　會計　　出納

南京市市立第一民眾教育館（館/學） 第 全 頁

經常部份經費類現金出納表

中華民國35年2月1日起至35年2月28日止（35年度第2號）

科目及摘要	金額 小計（千百十萬千百十元角分）	合計（千百十萬千百十元角分）	總計（千百十萬千百十元角分）
收項			2926450
本期收入		2926450	
(1) 領到經費 向社會局領到二月份本館經常費	2926000		
(2) 代收款 代收員工薪餉所得稅	6450		
付項			2926450
本期支出		2926450	
(1) 俸給費支出	126000		
(2) 辦公費支出	1400000		
(3) 事業費支出	1400000		
(4) 代收款解繳 員工薪餉所得稅	450		

校/館長 會計 出納

南京市市立第一民教館 館/學　　第 全 頁

臨時部份經費類現金出納表

中華民國35年2月1日起至35年2月28日止（35年度第2號）

科目及摘要	金額 小計（千百十萬千百十元角分）	合計（千百十萬千百十元角分）	總計（千百十萬千百十元角分）
收項			62300000
本期收入		62300000	
領到經費　向社會局領到二月份本館生活補助費		~~62300000~~	
	62300000		
付項			62300000
本期支出		62300000	
(1) 生活補助費支出	62300000		

校長/館長　　　會計　　　出納

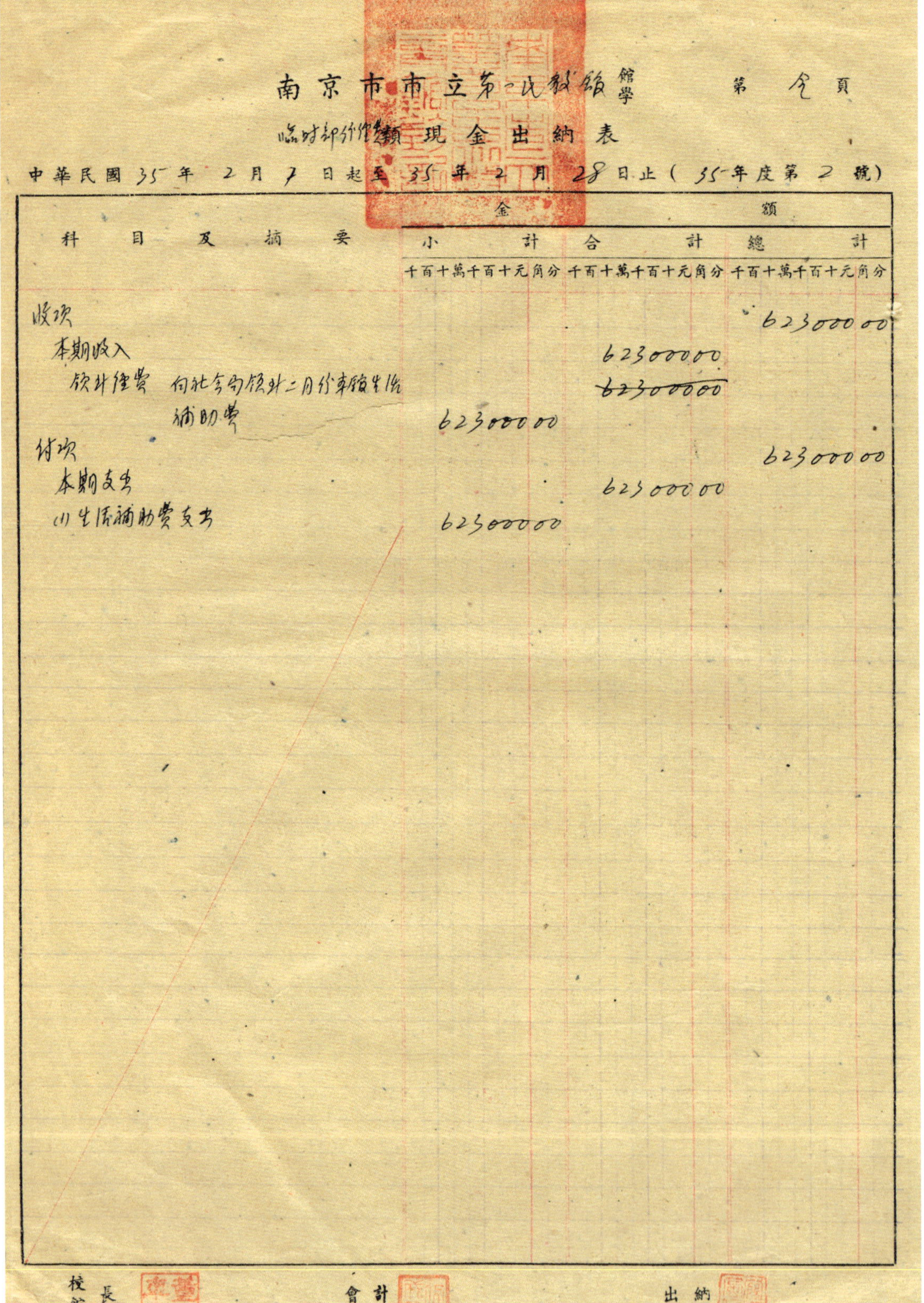

南京市市立第一民眾教育館 第全頁

常時部份經費類現金出納表

中華民國35年3月1日起至35年3月31日止(35年度第3號)

科目及摘要	金額 小計	金額 合計	金額 總計
收項			29264.50
本期收入		29264.50	
(1)領到經費 向社會局領到三月份本館經常費	29260.00		
(2)代收款 代收員工薪俸所得稅	4.50		
付項			29264.50
本期支出		29264.50	
(1)俸給費支出	1260.00		
(2)辦公費支出	14000.00		
(3)事業費支出	14000.00		
(4)代收款解繳 員工薪俸所得稅	4.50		

校館長　　會計　　出納

南京市市立第一民教館 　　第 全 頁

臨時部份經費類 現金出納表

中華民國35年3月1日起至35年3月31日止（35年度第3號）

科目及摘要	金額 小計	金額 合計	金額 總計
收款			77600000
本期收入		77600000	
領到經費 向社會局領到三月份本館生活補助費	77600000		
付款			77600000
本期支出		77600000	
(1) 生活補助費支出	77600000		

校館長 　　會計 　　出納

南京市市立第一民众教育館（館/學） 第 全 頁

常时部份經費類 現金出納表

中華民國 35 年 4 月 1 日起至 35 年 4 月 30 日止（35 年度第 4 號）

科目及摘要	金額 小計	金額 合計	金額 總計
收项			2926450
本期收入		2926450	
(1) 领到经费　向社会局领到四月份事级经常费	2926000		
(2) 代收款　代收员工薪饷所得税	450		
付项			2926450
本期支出		2926450	
(1) 俸给费支出	126000		
(2) 办公费支出	1400000		
(3) 事业费支出	1400000		
(4) 代收款解缴　员工薪饷所得税	450		

館長　　會計　　出納

南京市市立第一民教館（館/學） 第 全 頁

臨时部份性質類 現金出納表

中華民國 35 年 4 月 1 日起至 35 年 4 月 30 日止（35 年度第 4 號）

科目及摘要	金額 小計	金額 合計	金額 總計
	千百十萬千百十元角分	千百十萬千百十元角分	千百十萬千百十元角分
收項			77600000
本期收入		77600000	
額外經費　向社會局領到四月份本館生活補助費		~~77600000~~	
付項			77600000
本期支出		77600000	
(1) 生活補助費支出	77600000		

校館長　　　　會計　　　　出納

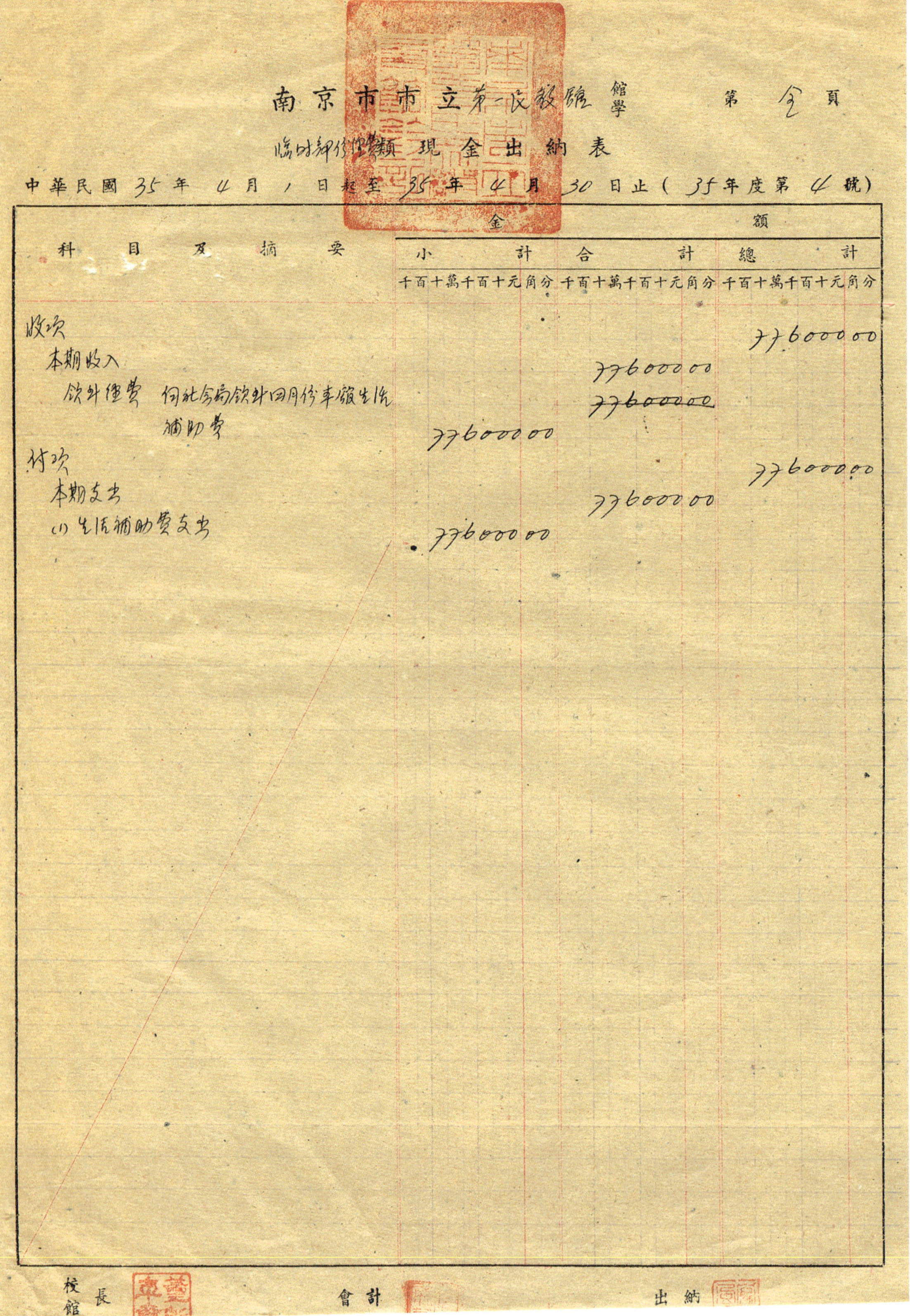

南京市市立第一民众教育館 第全頁

常时部份經費類現金出納表

中華民國35年5月1日起至35年5月31日止（35年度第5號）

科目及摘要	金額 小計	金額 合計	金額 總計
	千百十萬千百十元角分	千百十萬千百十元角分	千百十萬千百十元角分
收項			4926450
本期收入		4926450	
(1)領到經費 向社會局領到五月份本館經常費	4926000		
(2)代收款 代收員工薪餉所得稅	450		
付項			4926450
本期支出		4926450	
(1)俸給費支出	126000		
(2)辦公費支出	1400000		
(3)事業費支出	3400000		
(4)代收款解繳 員工薪餉所得稅	450		

館長 會計 出納

南京市市立第一民教館（館／學） 第 全 頁

臨时部份經費類現金出納表

中華民國35年5月1日起至35年5月31日止（35年度第5號）

科目及摘要	金額 小計	金額 合計	金額 總計
	千百十萬千百十元角分	千百十萬千百十元角分	千百十萬千百十元角分
收項			77600000
本期收入		776000	
領到經費 向社會局領到五月份米貸生活補助費	77600000		
付項			77600000
本期支出		77600000	
(1)生活補助費支出	77600000		

校長／館長 會計 出納

南京市市立第一民衆教育館學　　第 全 頁

常时部分經費類現金出納表

中華民國 35 年 6 月 1 日起至 35 年 6 月 30 日止（35 年度第 6 號）

科目及摘要	金額 小計	金額 合計	金額 總計
收項			6326450
本期收入		6326450	
(1) 領到經費 向社會局領到六月份本館經常費	6326000		
(2) 代收款 代收員工薪餉所得稅	450		
付項			6326450
本期支出		6326450	
(1) 俸給費支出	126000		
(2) 辦公費支出	2800000		
(3) 事業費支出	3400000		
(4) 代收款解繳 員工薪餉所得稅	450		

校長/館長　　　　會計　　　　出納

南京市市立第一民教館 第 全 頁

臨時補助經費類現金出納表

中華民國 35 年 6 月 1 日起至 35 年 6 月 30 日止（35 年度第 6 號）

科目及摘要	金額 小計	金額 合計	金額 總計
收項			128600000
本期收入		128600000	
領到經費 向社會局領到六月份本館生活補助費	128600000		
付項			128600000
本期支出		128600000	
(1) 生活補助費支出	128600000		

校/館長　　　　會計　　　　出納

78

南京市市立第一民衆教育館 第全頁

常時部份經費類現金出納表

中華民國35年7月1日起至35年7月31日止（35年度第7號）

科目及摘要	金額 小計	金額 合計	金額 總計
收項			6326450
本期收入		6326450	
(1)領到經費 向社會局領到七月份本館經常費	6326000		
(2)代收款 代收員工薪餉所得稅	450		
付項			6326450
本期支出		6326450 ~~6326450~~	
(1)俸給費支出	126000		
(2)辦公費支出	2800000		
(3)事業費支出	3400000		
(4)代收款解繳 員工薪餉所得稅	450		

校

南京市市立第一民教館 第 頁 28

臨時部分經費類現金出納表

中華民國35年7月1日起至35年7月31日止（35年度第7號）

科目及摘要	金額 小計	金額 合計	金額 總計
收項			128600000
本期收入		128600000	
領外經費 向社會局領到七月份本館生活補助費	128600000		
付項			128600000
本期支出		128600000	
(1)生活補助費支出	128600000		

會計 出納

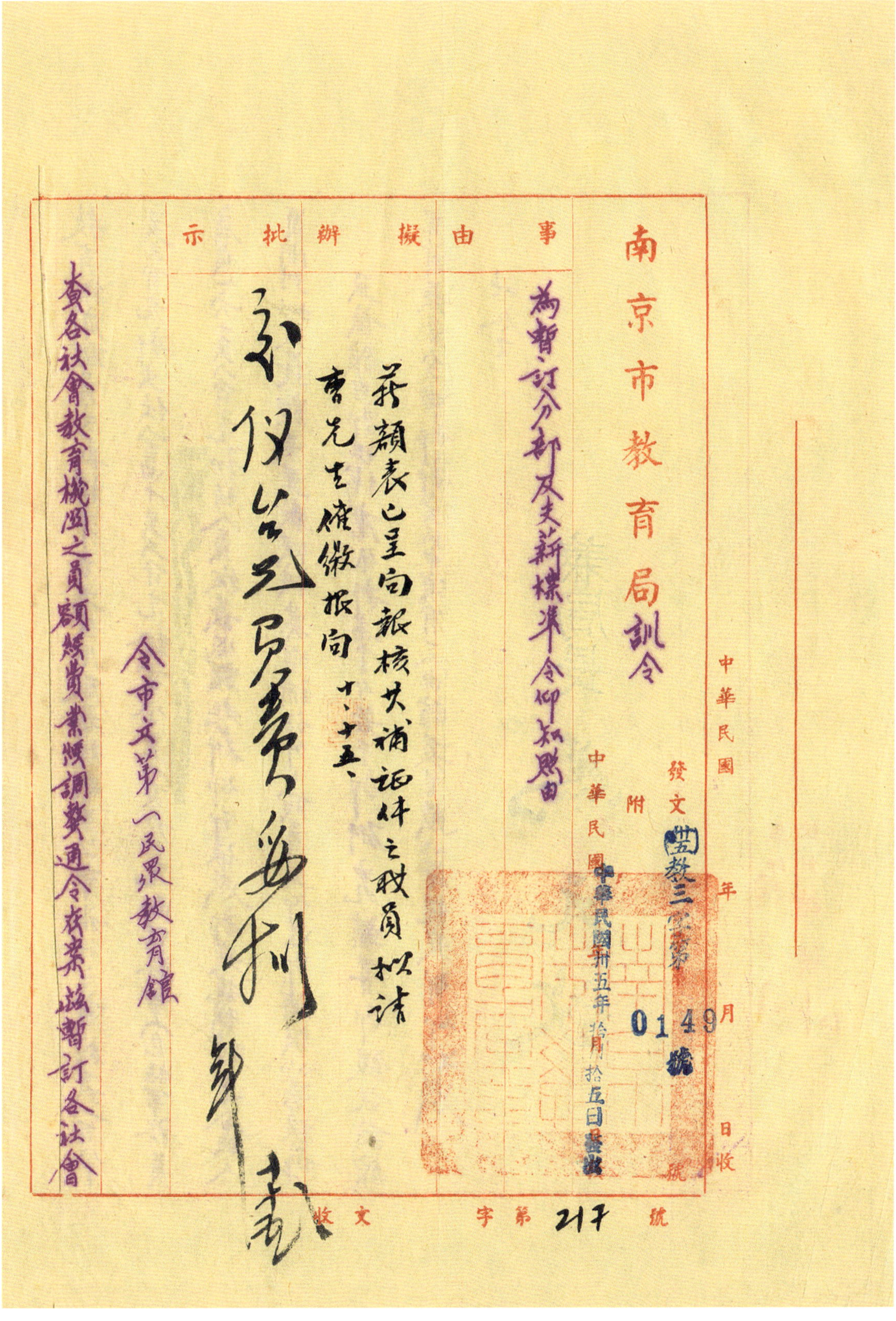
南京市教育局訓令

事由：為暫訂分部及支薪標準令仰知照由

擬辦：薪額表已呈局報核其補證件之職員擬請書先生催繳報局 十、十五

批示：

令市立第一民衆教育館

查各社會教育機關之員額經費業經調整通令在案茲暫訂各社會

中華民國 年 月 日收

發文 附

教三字第0149號

中華民國卅五年拾月拾五日發出

收文 字第217號

南京市教育局爲暫訂分部及支薪標準給市立第一民衆教育館的訓令（一九四六年十月十五日）

檔號：1018-1-6

教育機關職員支薪標準在其任用服務規則未公布施行之前館長一百八十至三百元部主任一百四十至二百元幹事八十至一百六十元助理幹事（包括事務員雇員）六十至八十元初任人員從最低額起薪仰即依照部定規程慎選合格人員開列擬支薪額表呈報候核其須補證件之職員並仰迅即補報以憑核辦至該館內部組織應依部章分若干部研究輔導部緩設該館目前最多分四部各部主任中須有一人由館長自兼以符規定併仰知照

此令

兼局長　馬元放

監印　陶□□
校對　諸韻軒

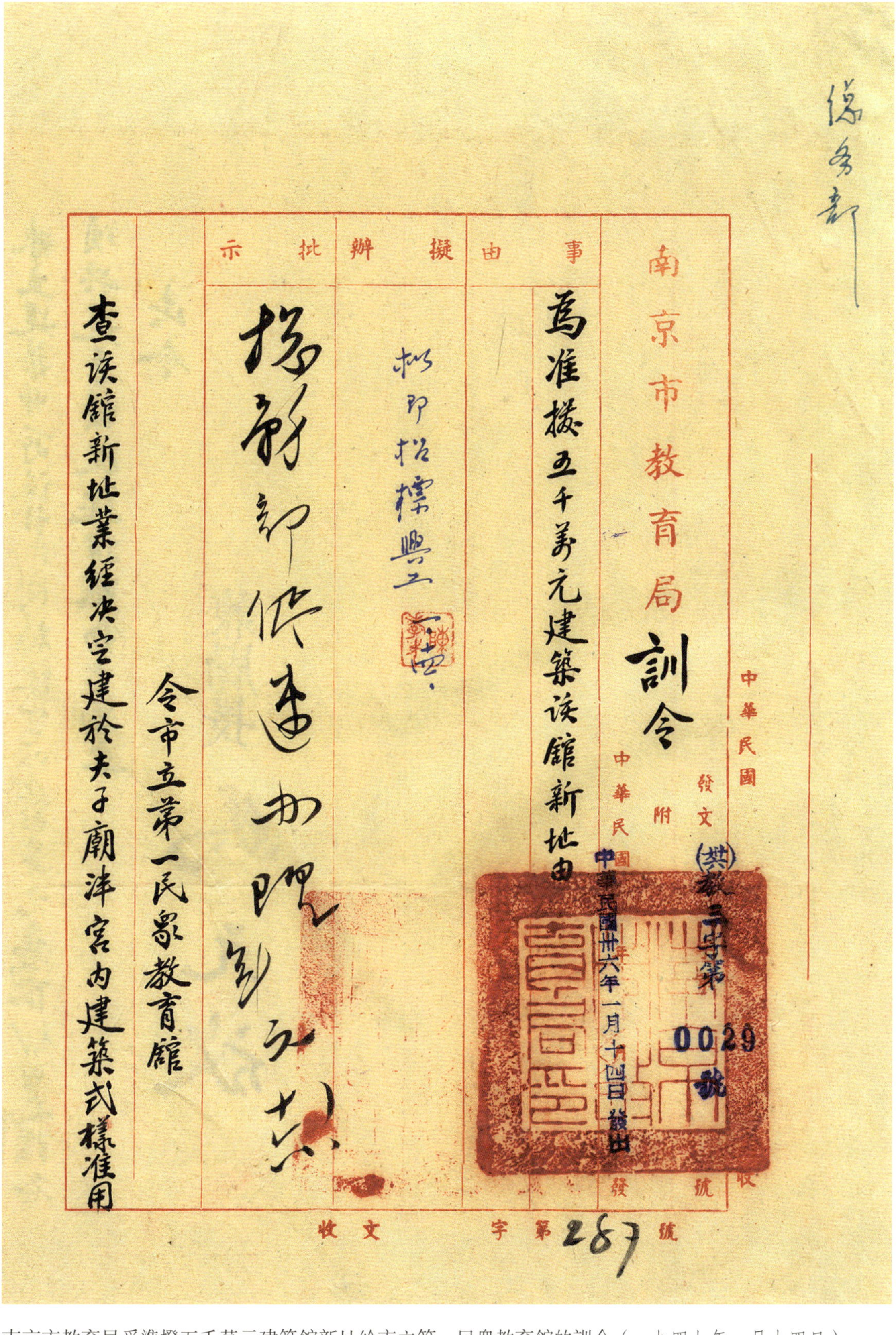

總務部

南京市教育局訓令

事由：爲准撥五千萬元建築該館新址由

擬辦：擬即招標興工

批示：擬辦即依速辦理 劉之□

令市立第一民衆教育館

查該館新址業經決定建於夫子廟泮宮内建築式樣准用

中華民國卅六年一月十四日發出

教三字第0029號

收文 字第287號

南京市教育局爲準撥五千萬元建築館新址給市立第一民衆教育館的訓令（一九四七年一月十四日）

檔號：1018-1-34

永立建築师所设计之图樣經費以五千菶元爲限仰即办理各

項兴建手續從速招標動工爲要

此令

兼局長 馬元放

監印 校對 諸韻軒

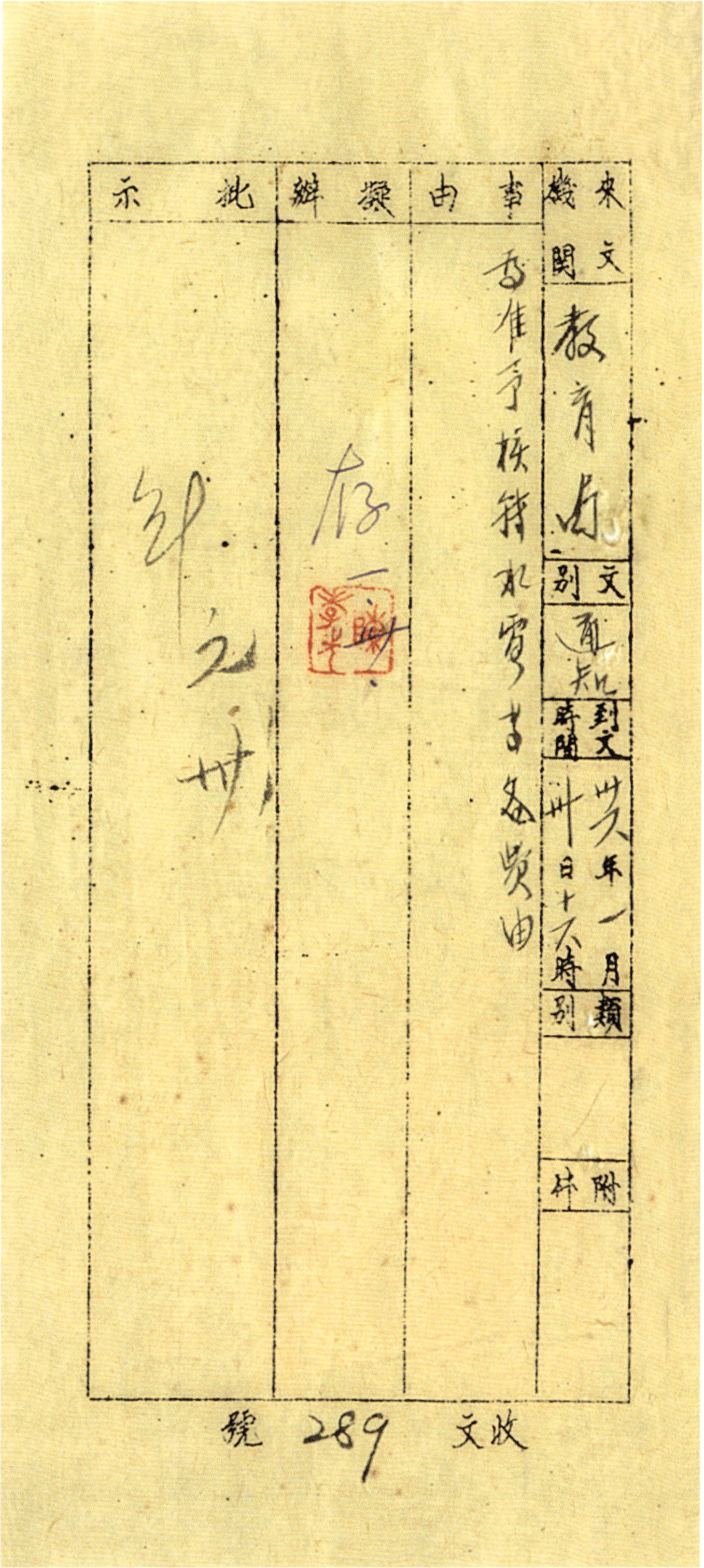

南京市教育局爲準予核轉水電等各費給市立第一民衆教育館的通知

（一九四七年一月三十日）

附：南京市政府教育局核轉通知四份

檔號：1018-1-47

收文

南京市政府教育局核轉通知　　字　　號

機關名稱	第一民教館
來文字號	
據送表單	電灯費
所屬年度	卅五年度　十　月份
預祘	截至本月止分配數
計祘 據報本月支付數	三五七，八〇〇元
准予核轉數	三五七，八〇〇元

右列書類業經查核尚屬相符准予轉報送為特此通知

局長　馬元放

中華民國卅六年　元　月　卅　日

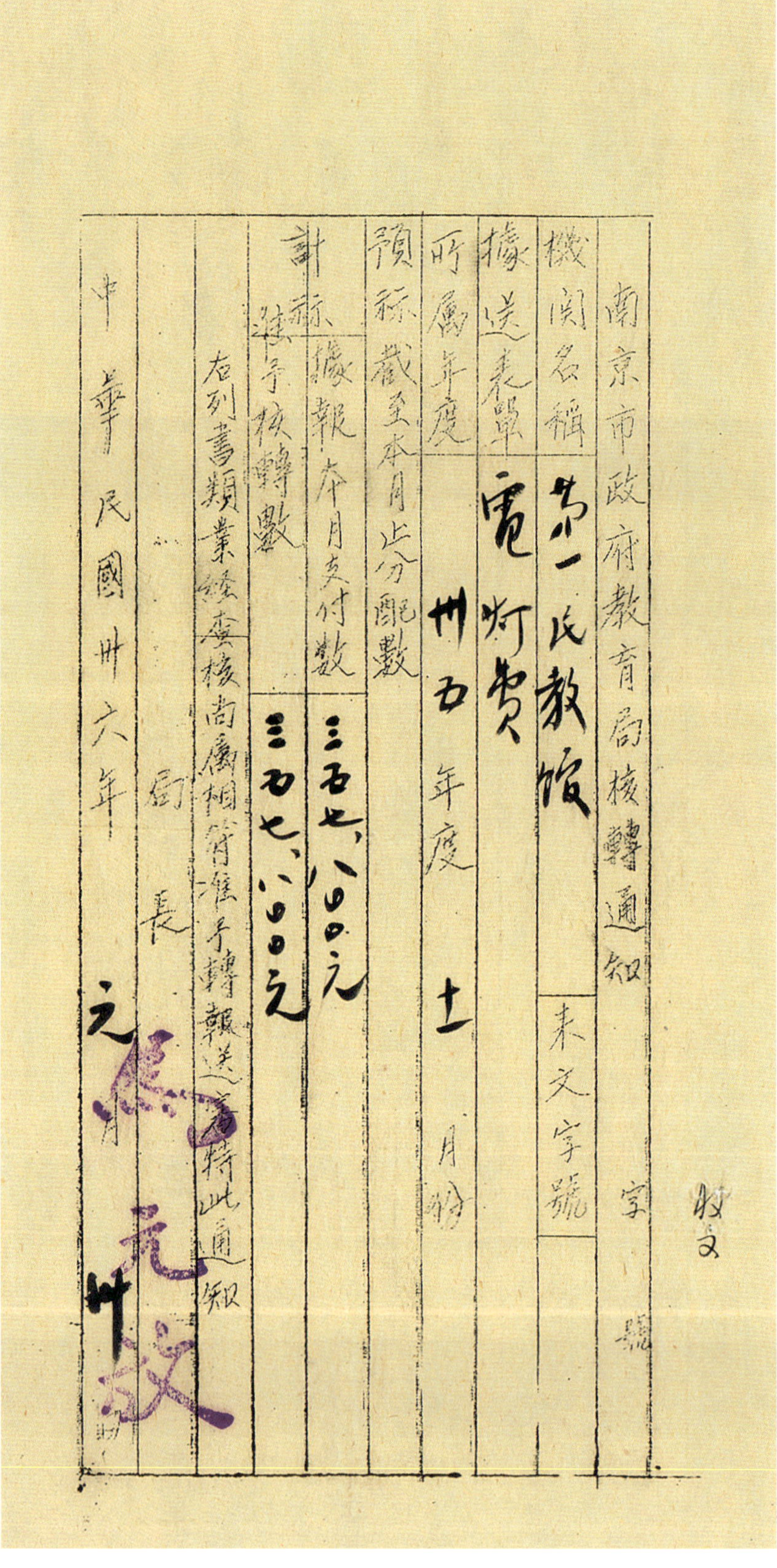

南京市政府教育局核辦通知　　字　　號

機關名稱	第一民教館
摘述表單	電話費
所送年度	卅五年度九月份
預算數　載至本年月止分配數	四0,000元
計算數　據報本月支付數	四0,000元
准予核銷數	四0,000元

右列書類業經查核尚屬相符准予核銷送審計處

局長：馬元放

中華民國三十五年元月卅日

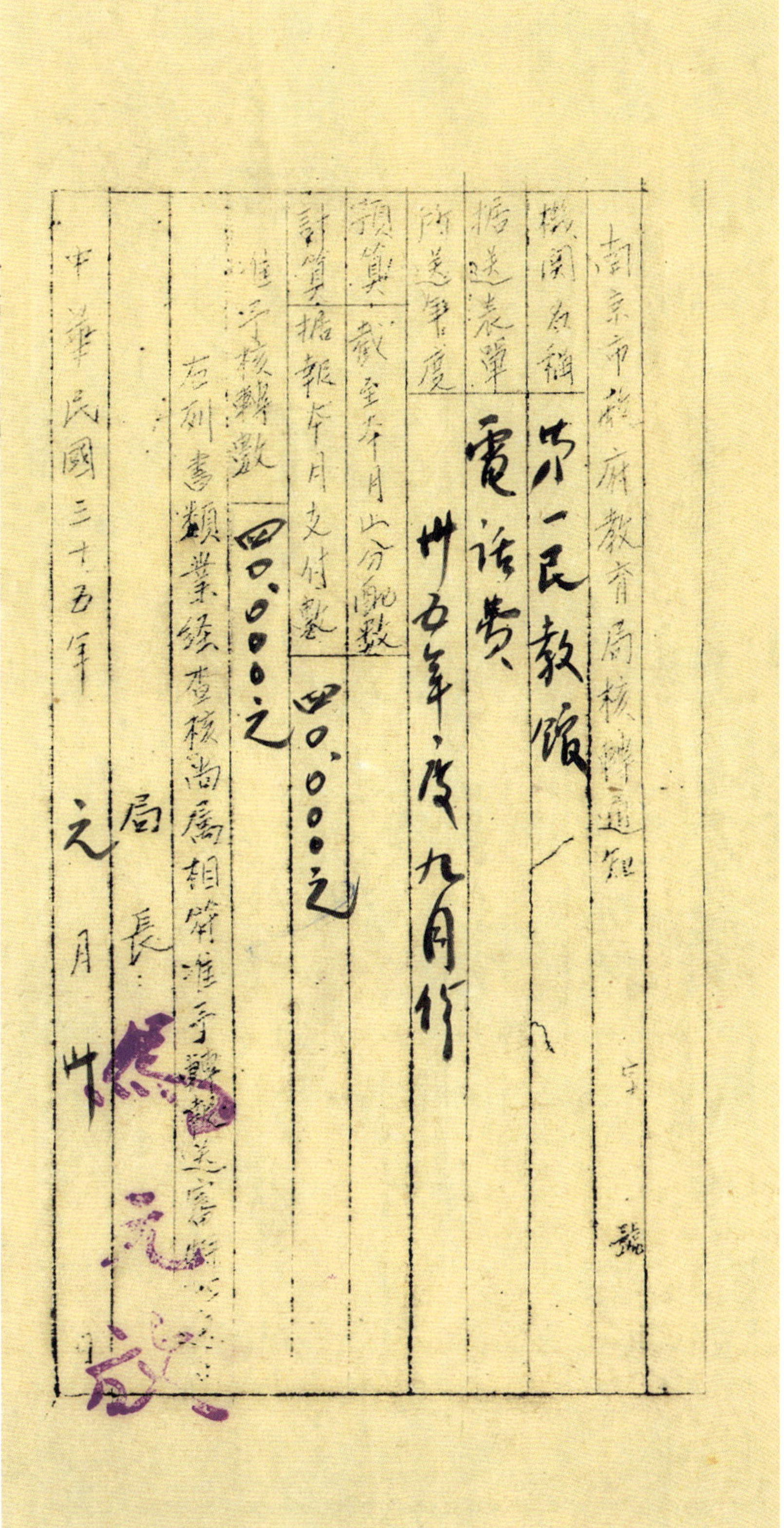

南京市政府教育局核轉通知

字　　號

機關名稱　第一民教館

據送表單　電話費

所送年度　卅五年度十二月份

預算數　至本月止分配數

計算數　據報本月支付數　一六五、〇〇〇元

准予核轉數　一六五、〇〇〇元

右列書類業經查核尚屬相符准予轉報送審特此通知

局長　馬元放

中華民國三十五年元月廿　日

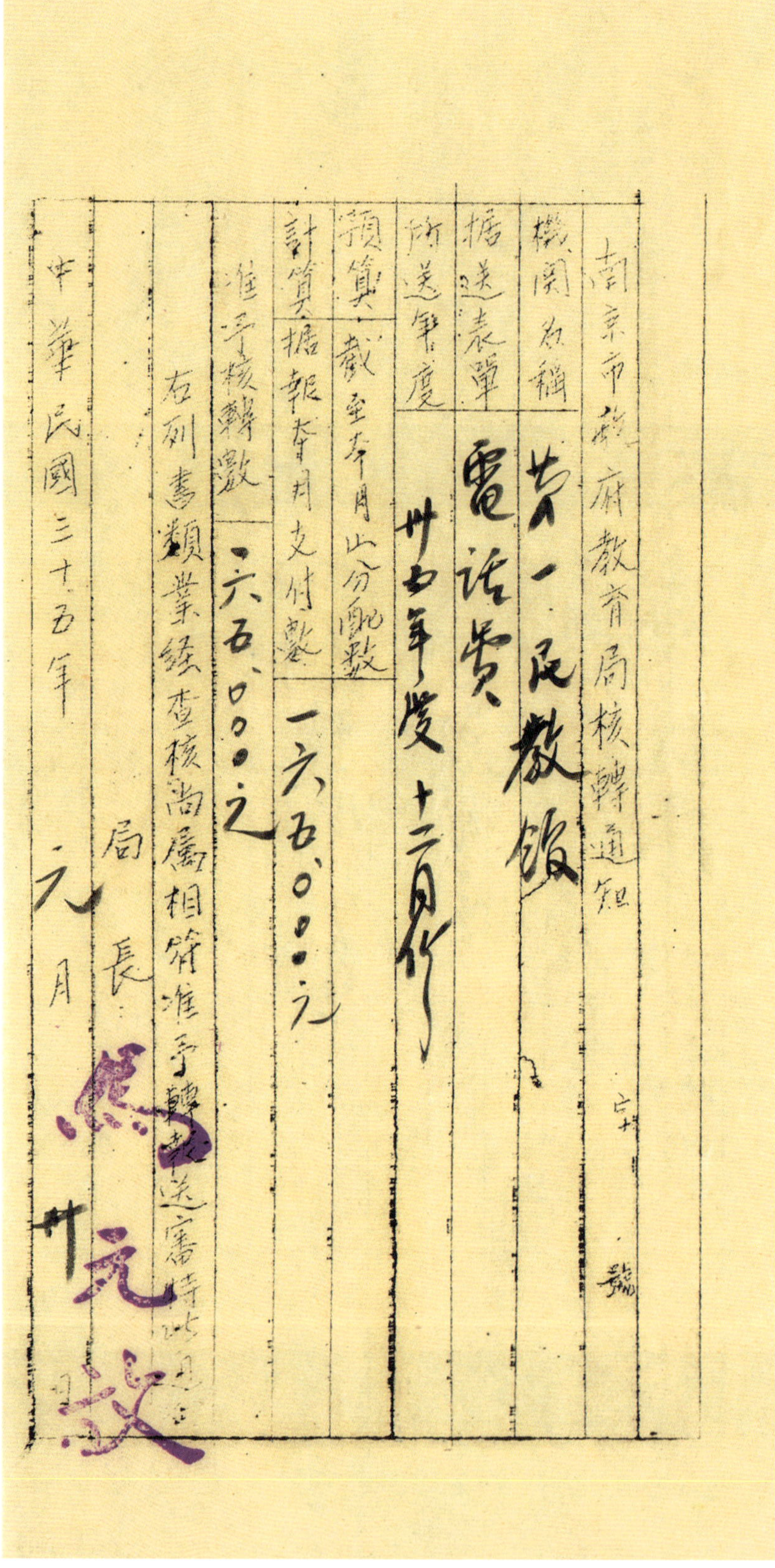

南京市政府教育局核轉通知　字第　號

機關名稱	第一民教館
據送表單	自來水費
所送年度	卅五年十月份
預算數　全年月份分配數	
計算數　據報本月支付數	六〇,〇〇〇元
准予核轉數	六〇,〇〇〇元

右列書類業經查核尚屬相符准予轉送審核此令

局長 馬元放

中華民國三十五年元月廿日

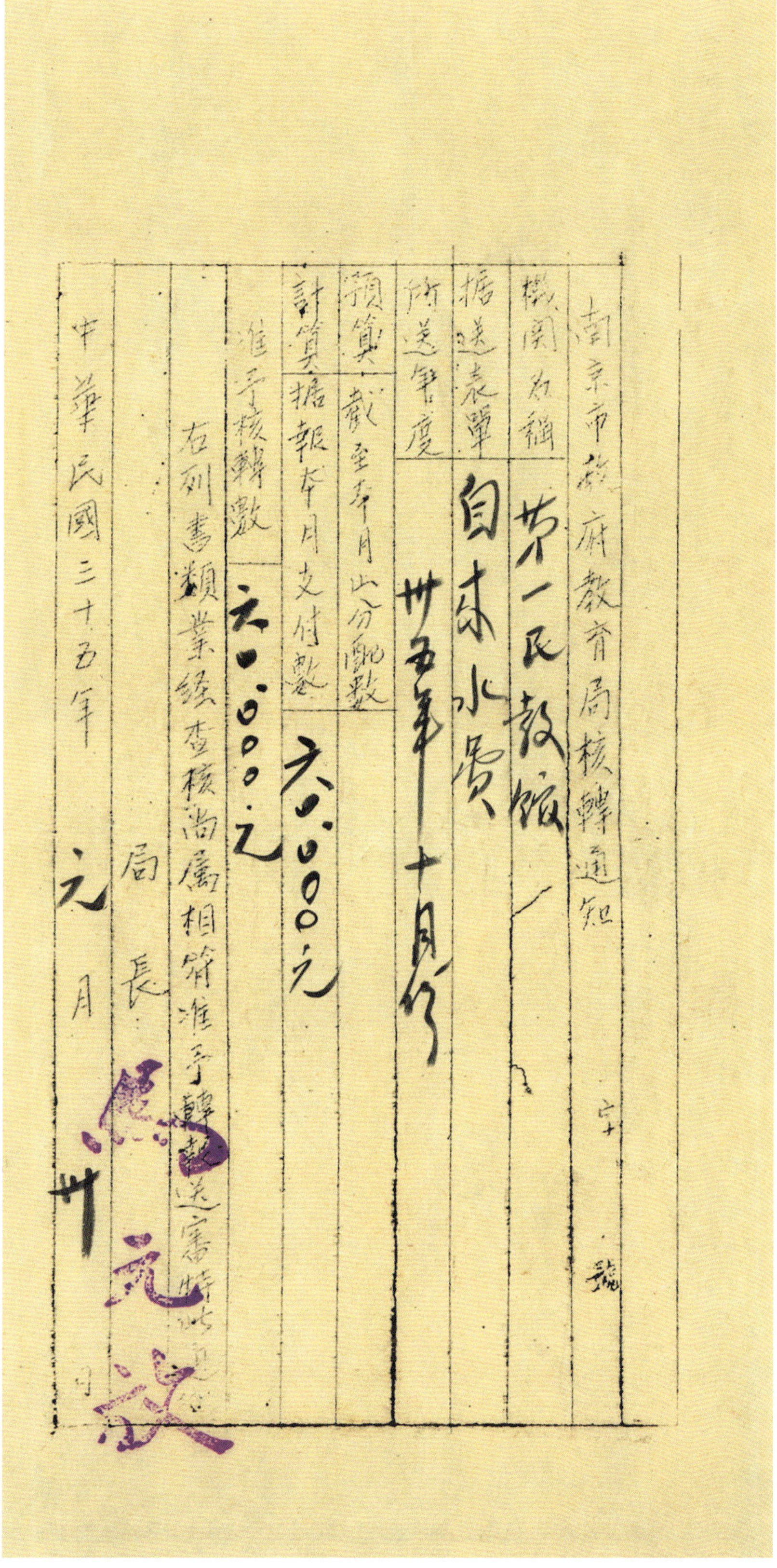

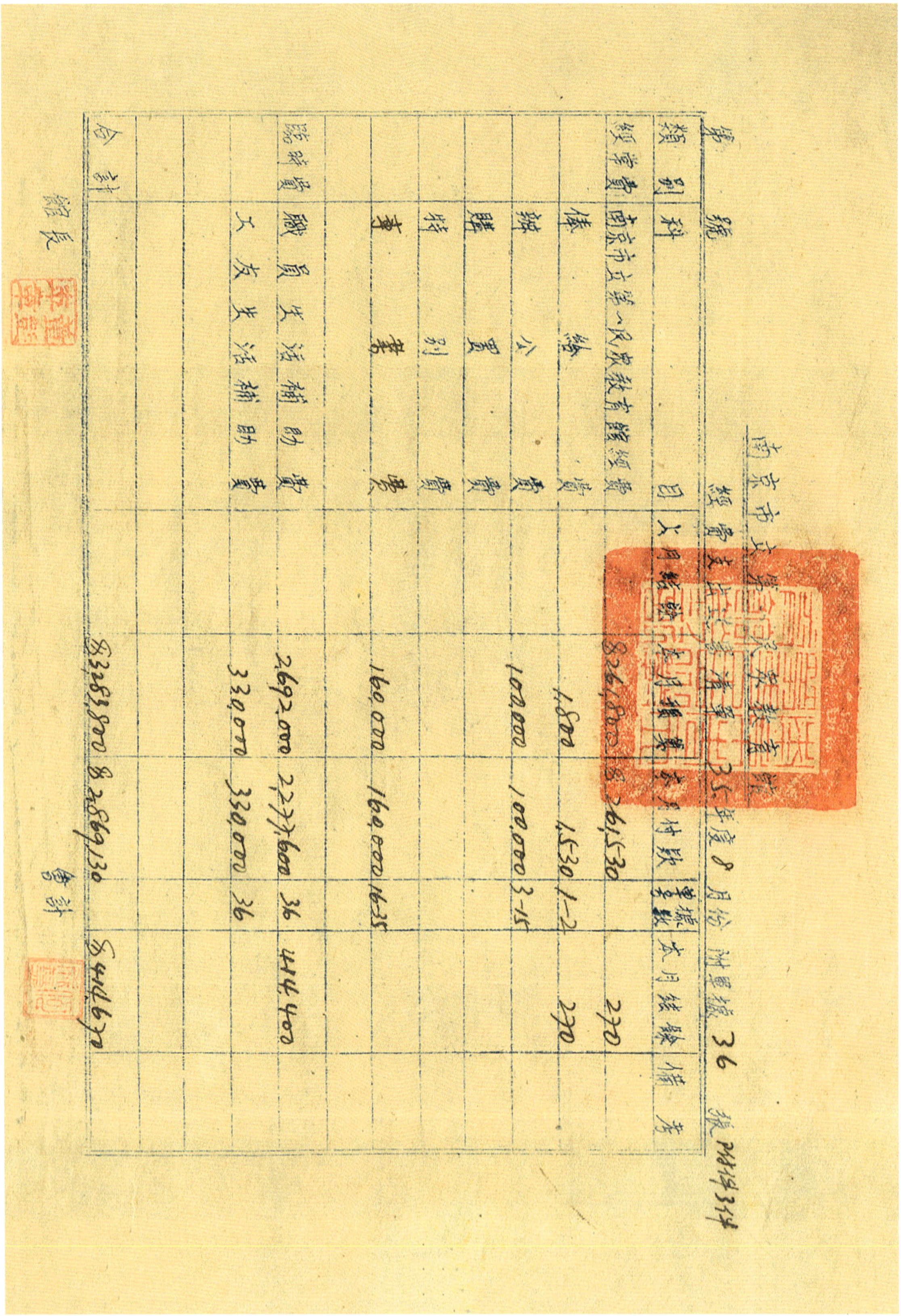

南京市立第一民眾教育館

第　號　　經費支出送審清單　35年度8月份　附單據36張　附件3件

類別	科目	上月結餘	本月預算	本月付款	單據號數	本月結餘	備考
經常費	南京市立第一民眾教育館經費		＄261,800	＄261,530		270	
	俸給費		1,800	1,530	1-2	270	
	辦公費		100,000	100,000	3-15		
	購置費						
	特別費						
	事業費		160,000	160,000	16-35		
臨時費	職員生活補助費		2,692,000	2,277,600	36	414,400	
	工友生活補助費		330,000	330,000	36		
合計			＄3,283,800	＄2,869,130		＄414,670	

館長　　會計

南京市立第一民衆教育館一九四六年八月至一九四七年七月份經費支出送審清單和收支對照表

（一九四七年七月三十一日）

檔號：1018-1-46

南京市立第一民衆教育館

經費收支對照表

35年8月份第　號

收方 合計	收方 小計	摘要	付方 小計	付方 合計
		上月結存		
$3,283,800.00		本月收入		
	$261,800.00	向教育局領到本月份經常費		
	3,022,000.00	向教育局領到本月份生活補助費		
		代收職員薪給所得稅		
		本月支出		3283,800.00 ~~$3,648,000.00~~
		支用本月份經費（詳送審清單）	$261,530.00	
		支用本月份生活補助費	2,607,600.00	
		解繳所得稅		
		解報本月份經常費結餘	270.00	
		解報本月份生活補助費結餘	414,400.00	
$3,283,800.00	$3,283,800.00	合計	$3,283,800.00	$3,283,800.00

館長　　　　會計

南京市立第一民衆教育館

第　號　經費支出送審清單　35年度9月份　附單據26張

類別	科目	上月結餘	本月領款	本月付款	單據號數	本月結餘	備考
經常費	南京市立第一民衆教育館經費		$261,800	261,530		270	
	俸給費		1,800	1,530	1-2	270	
	辦公費		100,000	100,000	3-11		
	購置費						
	特別費						
	事業費		160,000	160,000	12-25		
臨時費	職員生活補助費		2,692,000	2,277,600	26	414,400	
	工友生活補助費		330,000	330,000	26		
合計			$3,283,800	$2,869,130		$414,670	

館長　會計

南京市立第一民衆教育館

經費收支對照表　　35年9月份第　　號

收方 合計	收方 小計	摘要	付方 小計	付方 合計
		上月結存		
$3,283,800.00		本月收入		
	$261,800.00	向教育局領到本月份經常費		
	3,022,000.00	向教育局領到本月份生活補助費		
		代收職員薪給所得税		
		本月支出		$3,283,800.00 ~~2,869,130.00~~
		支用本月份經費(詳送審清單)	$261,530.00	
		支用本月份生活補助費	2,607,600.00	
		解繳所得税		
		解報本月份經常費儲蓄	270.00	
		解報本月份生活補助費儲蓄	414,400.00	
$3,283,800.00	$3,283,800.00	合計	$3,283,800.00	$3,283,800.00

館長　　　　　　會計

南京市立第一民眾教育館

第　號　經費支出送審清單　35年度 10月份　附單據 47 張

類別	科目	上月結餘	本月預算	本月付款	單據號數	本月結餘	備考
經常費	南京市立第一民眾教育館經費		$ 261,800	$ 261,800	1-47		
	俸給費		1,800	1,800	1-2		
	辦公費		100,000	100,000	3-22		
	購置費		/	/			
	特別費						
	事業費		160,000	160,000	23-48		
臨時費	職員生活補助費		2,692,000	2,692,000	49-49		
	工友生活補助費		330,000	330,000	49-49		
合計			$ 3,283,800	$ 3,283,800			

館長　[印]

會計　[印]

南京市立第一民衆教育館

經費收支計算表　35年 10月份第　號

收方		摘要	付方	
合計	小計		小計	合計
		上月結存		
$3,283,80~~7.20~~0.00		本月收入		
	$261,800.00	向教育局領到本月份經常費		
	3,022,000.00	向教育局領到本月份生活補助費		
	~~7.20~~	代收職員薪給所得税		
		本月支出		$3,283,80~~7.20~~0.00
		支用本月份經費（詳送審清單）	$261,800.00	
		支用本月份生活補助費	3,022,000.00	
		解繳所得税	~~7.20~~	
$3,283,80~~7.20~~0.00		合計		$3,283,80~~7.20~~0.00

館長　　　　　　　　會計

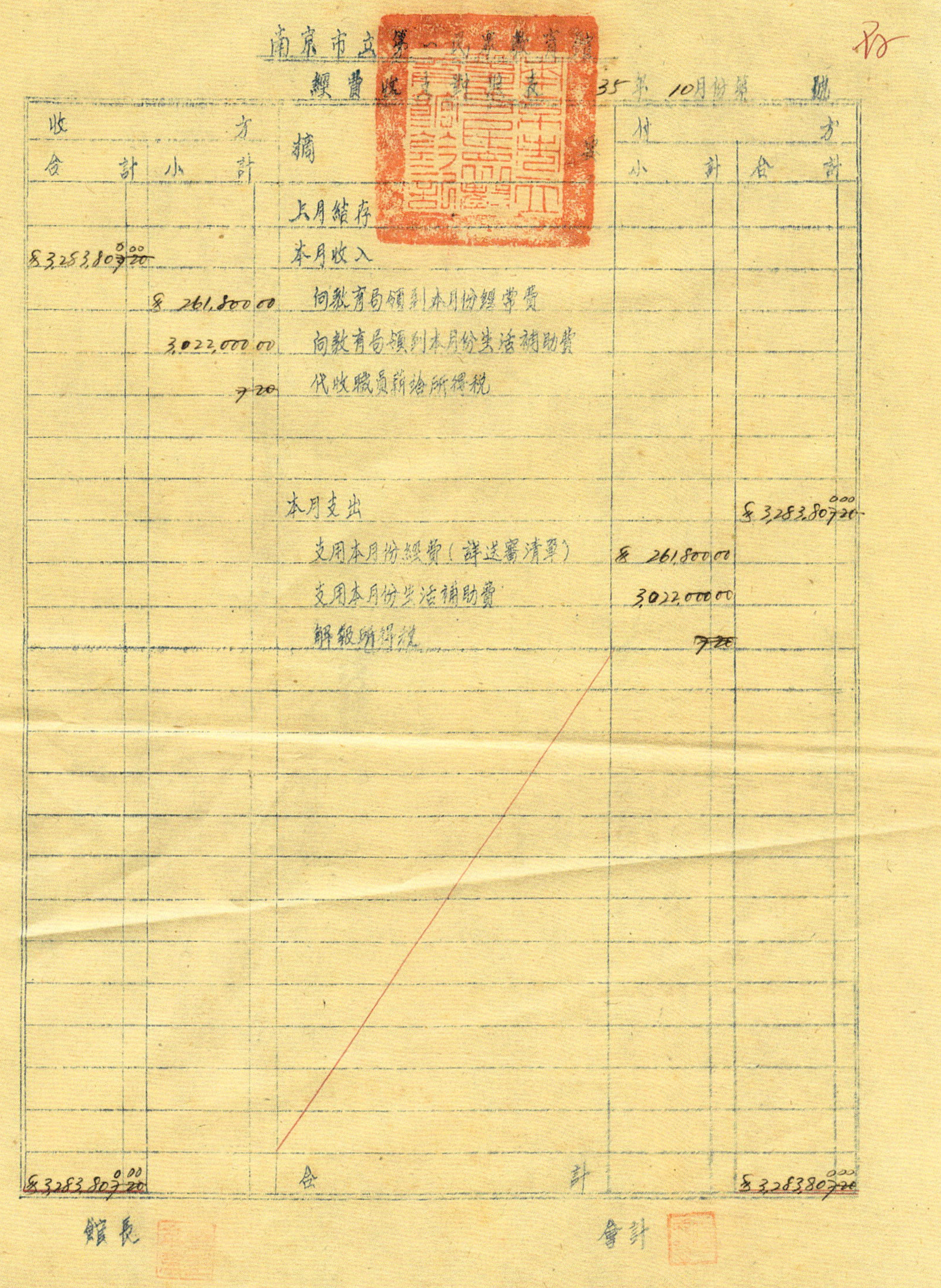

南京市立第一民众教育館

第　號　　經費支出送審清單　35年度11月份　附單據 38 張　[illegible]

類別	科目	上月結餘	本月預算	本月付款	單據號數	本月結餘	備考
經常費	南京市立第一民众教育館經費		$ 261,800	$ 261,480		$ 320	
	俸給費		1,800	1,780	1-2	20	
	辦公費		100,000 ~~260,000~~	99,800	3-18	200	
	購置費						
	特別費						
	事業費		160,000	159,900	19-36	100	
臨時費	職員生活補助費		2,692,000	2,640,930	37	51,070	
	工友生活補助費		330,000	330,000	38		
合計			$ 3,283,800	$ 3,232,410		$ 51,390	

館長　　　　會計

南京市立第一民衆教育館
經常收支對照表　35年11月份第　號

收方 合計	收方 小計	摘要	付方 小計	付方 合計
		上月結存		
$3,283,800.00		本月收入		
	$261,800.00	向教育局領到本月份經常費		
	3,022,000.00	向教育局領到本月份生活補助費		
		代收職員薪給所得稅		
		本月支出		$3,283,800.00
		支用本月份經費（詳送審清單）	$261,480.00	
		支用本月份生活補助費	2,970,930.00	
		解繳所得稅		
		解報本月份經常費結餘	320.00	
		解報本月份生活補助費結餘	51,070.00	
$3,283,800.00		合計		$3,283,800.00

館長　　　　　　會計

南京市立第一民衆教育館

第　　號　　經費支出計算清單　3[illegible]年度12月份　附單據　32　張 91854709

類別	科目	上月結餘	本月預算	本月付欵	單據號數	本月結餘	備考
經常費	南京市立第一民衆教育館經費		$261,800	$261,800	1-32		
	俸給費		1,800	1,800	1-2		
	辦公費		100,000	100,000	3-21		
	購置費						
	特別費						
	事業費		160,000	160,000	22-30		
臨時費	職員生活補助費		4,140,000	4,140,000	31		
	工友生活補助費		510,000	510,000	32		
合計			$4,911,800	$4,911,800			

館長　　　　　　　　　　會計

南京市立第一民眾教育館

經費收付對照表

35年12月份第　號

收方		摘要	付方	
合計	小計		小計	合計
		上月結存		
$4,911,800.00		本月收入		
	261,800.00	向教育局領到本月份經常費		
	4,650,000.00	向教育局領到本月份生活補助費		
		代收職員薪俸所得稅		
		本月支出		$4,911,800.00
		支用本月份經費（詳送審清單）	261,800.00	
		支用本月份生活補助費	4,650,000.00	
		解繳所得稅		
$4,911,800.00	$4,911,800.00	合計	$4,911,800.00	$4,911,800.00

館長　　　　　　　　會計

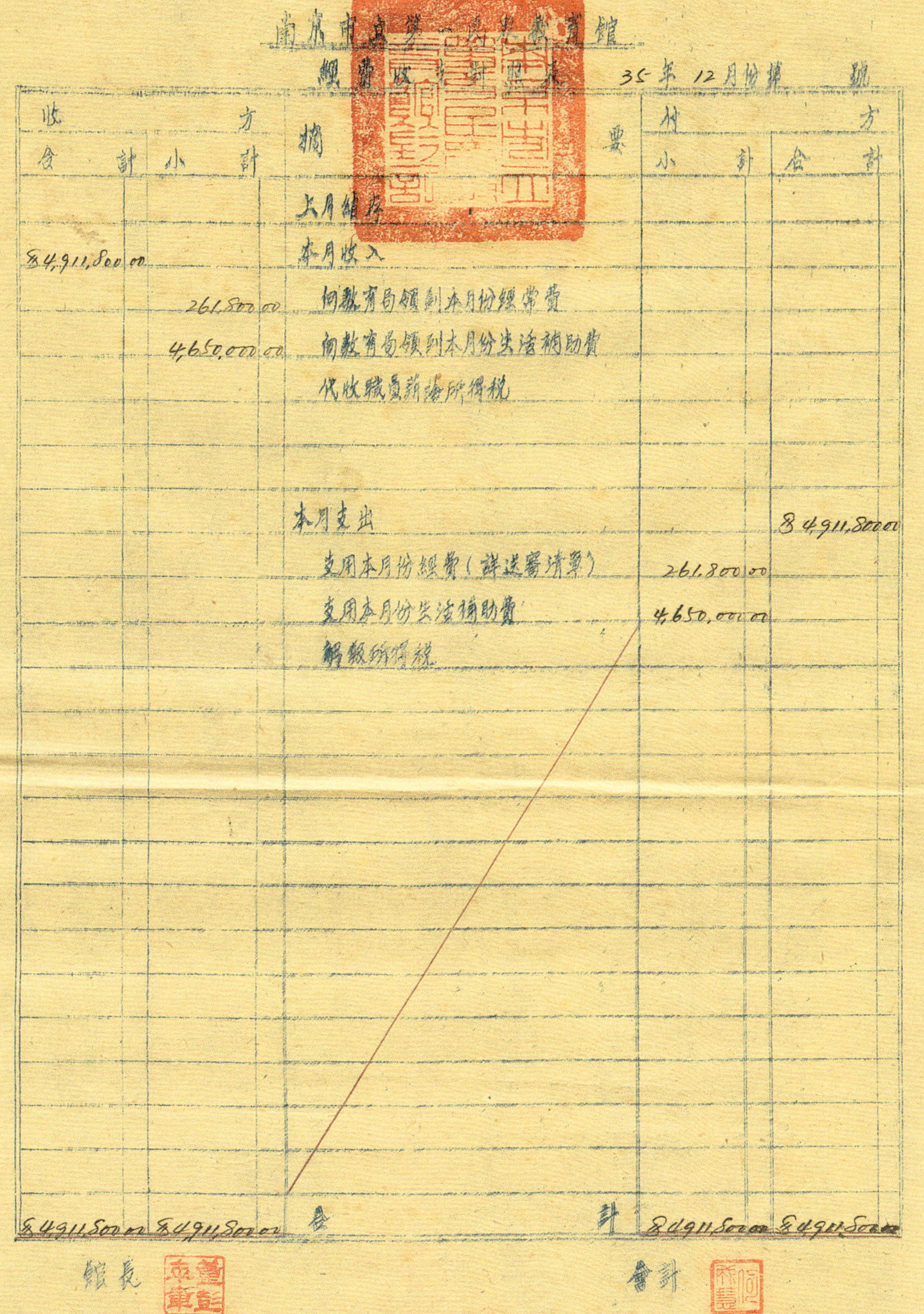

南京市立第一民衆教育館

第　　號　　經費支出計算書清單　36年度　1月份　附單據 34 張　附件一册

類別	科目	上月結餘	本月預算	本月付款	單據號數	本月結餘	備考
經常費	南京市立第一民衆教育館經費		\$ 261,800	\$ 261,800			
	俸給費		1,800	1,800	1-2		
	辦公費		100,000	100,000	3-12		
	購置費						
	特別費						
	事業費		160,000	160,000	13-32		
臨時費	職員生活補助費		4,140,000	4,140,000	33		
	工友生活補助費		510,000	510,000	34		
合計			\$ 4,911,800	\$ 4,911,800			

館長　　　　會計

南京市立第一民衆教育館

經費收支計算表　36年1月份第　號

收方 合計	收方 小計	摘要	付方 小計	付方 合計
		上月結存		
$4,911,800.00		本月收入		
	261,800.00	向教育局領到本月份經常費		
	4,650,000.00	向教育局領到本月份失業補助費		
		代收職員薪給所得税		
		本月支出		$4,911,800.00
		支用本月份經費（詳送審清單）	$261,800.00	
		支用本月份失業補助費	4,650,000.00	
		解繳所得税		
$4,911,800.00	$4,911,800.00	合計	$4,911,800.00	$4,911,800.00

館長　　　　會計

南京市立第一民眾教育館

第　號　經費支出送審清單　36年度1月份附單據2張

類別	科目	上月結餘	本月撥款	本月付款	單據張數	本月結餘	備考
經常費	南京市立第一民眾教育館經費						
	俸給費						
	辦公費						
	事業費						
臨時費	職員生活補助費						
	工友生活補助費						
	實習生津貼		150,000	150,000	1		
合計				¥150,000			

館長　　　　會計

南京市立第二民衆教育館
經費收支對照表

36年1月份第　　號

收方 合計	收方 小計	摘要	付方 小計	付方 合計
		上月結存		
$150,000.00		本月收入		
		向教育局領到本月份經常費		
		向教育局領到本月份生活補助費		
	$150,000.00	向教育局領外實習生津貼		
		本月支出		$150,000.00
		支用本月份經費(詳送審清單)		
		支用本月份生活補助費		
		支用實習生津貼	$150,000.00	
$150,000.00	$150,000.00	合計	$150,000.00	$150,000.00

館長　　　　　　會計

南京市立第一民衆教育館

第　　號　　經費支出送審清單　　36年度　2月份　附單據 26 24張 附件2件

類別	科目	上月結餘	本月領費	本月付款	單據號數	本月結餘	備考
經常費	南京市立第一民衆教育館經費		$ 261,800	$ 261,800			
	俸給費		1,800	1,800	1-2		
	辦公費		100,000	100,000	3-10		
	購置費						
	特別費						
	事業費		160,000	160,000	11-22		
臨時費	職員生活補助費		4,140,000	4,140,000	23		
	工友生活補助費		510,000	510,000	24		
合計			$4,911,800	$4,911,800			

館長　　　　　　會計

南京市立第一民衆教育館

經費收支對照表　36年2月份第　號

收方 合計	收方 小計	摘要	付方 小計	付方 合計
		上月結存		
$4,911,800.00		本月收入		
	$261,800.00	向教育局領到本月份經常費		
	4,650,000.00	向教育局領到本月份生活補助費		
		代收職員薪給所得税		
		本月支出		$4,911,800.00
		支用本月份經費（詳送審清單）	$261,800.00	
		支用本月份生活補助費	4,650,000.00	
		解繳所得税		
$4,911,800.00	$4,911,800.00	總計	$4,911,800.00	$4,911,800.00

館長　　　　會計

南京市立第八民眾教育館
經費支出送審清單　36年度2月份附單據1張

第　　號

類別	科目	上月結餘	本月預算	本月付出	單據號數	本月結餘	備考
經常費	南京市立第八民眾教育館經費						
	俸給費						
	辦公費						
	事業費						
臨時費	職員生活補助費						
	工友生活補助費						
	實習生津貼		160,000	150,000	1		
合計				$150,000			

館長　（印）　　會計　（印）

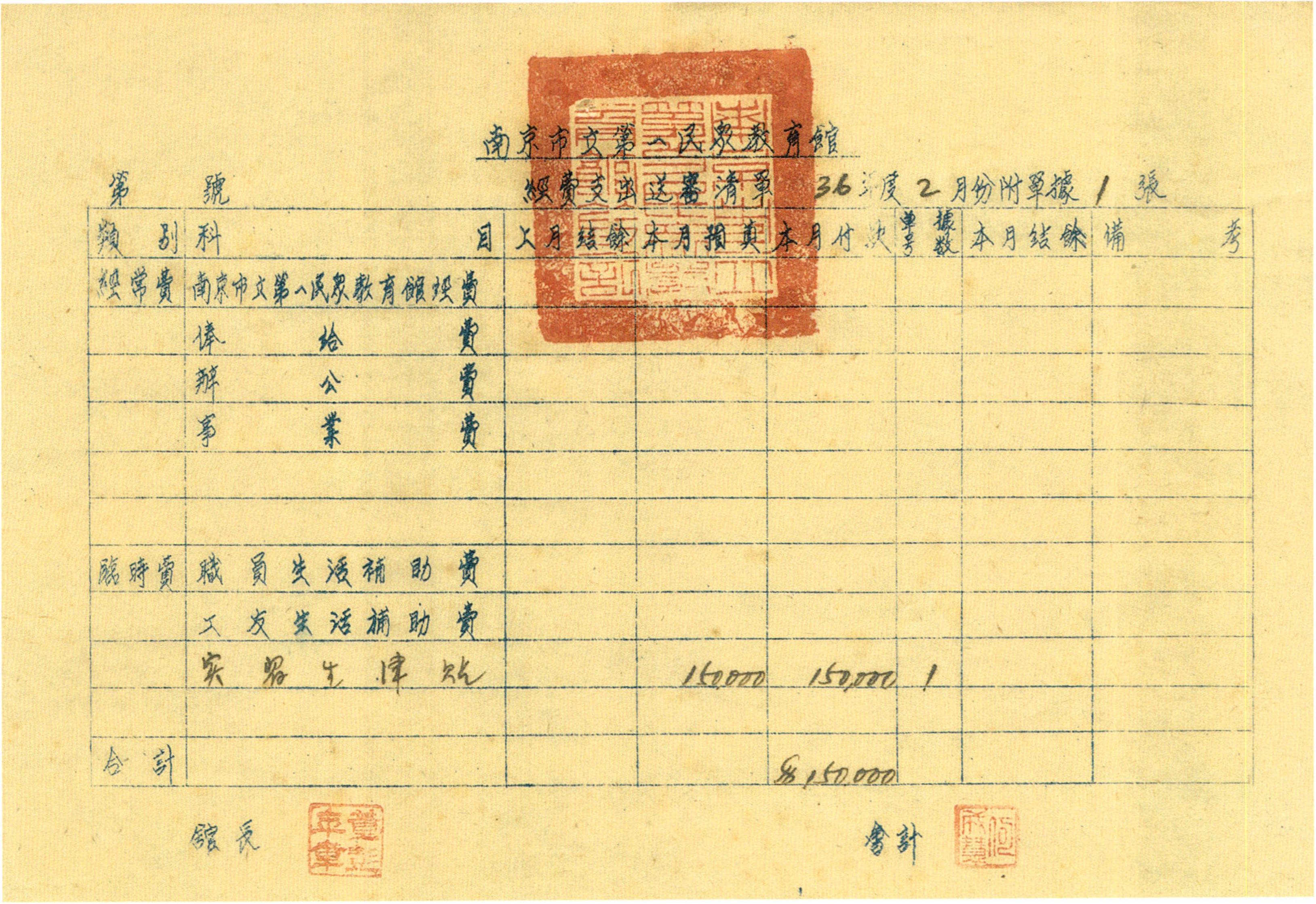

南京市立第一民眾教育館

經費收支對照表　　36年2月份第　號

收方 合計	收方 小計	摘要	付方 小計	付方 合計
		上月結存		
$150,000.00		本月收入		
		向教育局領到本月份經常費		
		向教育局領到本月份生活補助費		
	$150,000.00	向教育局領發實習生津貼		
		本月支出		$150,000.00
		支用本月份經費（詳送單據清單）		
		支用本月份生活補助費		
		支用實習生津貼	$150,000.00	
$150,000.00	$150,000.00	合計	$150,000.00	$150,000.00

館長　　　　　　會計

南京市立第一民眾教育館

第　　號　　經費支出送審清單　　36年度3月份　附單據 24 張 附件1份

類別	科目	上月結餘	本月領款	本月付款	單據號數	本月結餘	備考
經常費	南京市立第一民眾教育館經費		$ 261,800	$ 261,800			
	俸給費		1,800	1,800	1-2		
	辦公費		100,000	100,000	3-6		
	購置費						
	特別費						
	事業費		160,000	160,000	7-22		
臨時費	職員生活補助費		4,140,000	4,140,000	23		
	工友生活補助費		510,000	510,000	24		
合計				$ 4,911,800			

館長　　　　會計

南京市立第一民衆教育館
經費收支對照表

36年3月份第 號

收方		摘要	付方	
合計	小計		小計	合計
		上月結存		
＄4,911,800.00		本月收入		
	261,800.00	向教育局領到本月份經常費		
	4,650,000.00	向教育局領到本月份生活補助費		
		代收職員薪給所得稅		
		本月支出		＄4,911,800.00
		支用本月份經費（詳送審清單）	261,800.00	
		支用本月份生活補助費	4,650,000.00	
		解繳所得稅		
＄4,911,800.00	＄4,911,800.00	合計	＄4,911,800.00	＄4,911,800.00

館長

會計

南京市立第一民衆教育館

第　號　經費支出送審清單　36年度4月份　附單據30張

類别	科目	上月結餘	本月預算	本月付款	單據號數	本月結餘	備考
經常費	南京市立第一民衆教育館經費		401,800	401,800			
	俸給費		1,800	1,800	1-2		
	辦公費		150,000 ~~400,000~~	150,000	3-10		
	購置費						
	特别費						
	事業費		250,000	250,000	11-28		
臨時費	職員生活補助費		4,140,000 ~~510,000~~	4,140,000 ~~510,000~~	29		
	工友生活補助費		510,000 ~~4,140,000~~	510,000	30		
合計				8 5,051,800			

館長　　　　會計

南京市立第一民衆教育館
經費收支對照表　　36年4月份第　號

收方		摘要	付方	
合計	小計		小計	合計
		上月結存		
13,051,800.00		本月收入		
	8,401,800.00	向教育局領到本月份經常費		
	4,650,000.00	向教育局領到本月份生活補助費		
		代收職員薪給所得税		
		本月支出		13,051,800.00
		支用本月份經費（詳送囑清單）	8,401,800.00	
		支用本月份生活補助費	4,650,000.00	
		解繳所得税		
13,051,800.00	13,051,800.00	合計	13,051,800.00	13,051,800.00

館長　　　　會計

南京市立第一民衆教育館

冊號　　　　經費支出送審清單　36年度　4月份附單據　1張

類別	科目	上月結餘	本月領費	本月付款	單據張數	本月結餘	備考
經常費	南京市立第一民衆教育館經費						
	俸給費						
	辦公費						
	事業費						
臨時費	職員生活補助費			314,800	1		
	工友生活補助費						
合計				$314,800			

館長　　　　　　　　　　會計

南京市立第一民衆教育館

經費收支對照表　　36年　4月份第　　號

收方 合計	收方 小計	摘要	付方 小計	付方 合計
		上月結存		
$314.800 00		本月收入		
		向教育局領到本月份經常費		
		向教育局領到本月份生活補助費		
	$314.800 00	向教育局領到職員摩假代理人薪金		
		本月支出		$314.800
		支用本月份經費（詳送賬清單）		
		支用本月份生活補助費		
		支用職員摩假代理人薪金	314.800 00	
$314.800 00	$314.800 00	合計	$314.800 00	$314.800 00

館長　　　　會計

南京市立第一民衆教育館

第　號　經費支出送審清單　36年度4月份附單據1張

類別	科目	上月結餘	本月預算	本月付款	單據張數	本月結餘	備考
經常費	南京市立第一民衆教育館經費						
	俸給費						
	辦公費						
	事業費						
臨時費	職員生活補助費						
	工友生活補助費						
	口琴比賽獎金			10,000	1		
合計				$10,000			

館長　　　會計

南京市立第一民衆教育館

經費收支對照表　36年4月份第　號

收方合計	收方小計	摘要	付方小計	付方合計
		上月結存		
$10,000.00		本月收入		
		向教育局領到本月份經常費		
		向教育局領到本月份生活補助費		
	$10,000.00	向教育局領到口琴比賽獎金		
		本月支出		$10,000.00
		支用本月份經費（詳送審清單）		
		支用本月份生活補助費		
		支用口琴比賽獎金	$10,000.00	
$10,000.00	$10,000.00	合計	$10,000.00	$10,000.00

館長　（印）　　　　會計　（印）

南京市立第一民眾教育館

第　號　經費支出送審清單　36年度5月份　附單據19張　附件1冊

類別	科目	上月結餘	本月預算	本月付款	單據號數	本月結餘	備考
經常費	南京市立第一民眾教育館經費		401,800	401,800			
	俸給費		1,800	1,800	1-2		
	辦公費		150,000	150,000	3-8		
	購置費						
	特別費						
	事業費		250,000	250,000	9-17		
臨時費	職員生活補助費		7,640,000	7,640,000	18		
	工友生活補助費		1,020,000	1,020,000	19		
合計				＄9,061,800.			

館長　　　　會計

南京市立第一民眾教育館
經費收支對照表　36年5月份填報

收方 合計	收方 小計	摘要	付方 小計	付方 合計
		上月結存		
$9,061,800.00		本月收入		
	$8,401,800.00	向教育局領到本月份經常費		
	$660,000.00	向教育局領到本月份生活補助費		
		代收職員薪給所得稅		
		本月支出		$9,061,800.00
		支用本月份經費（詳送審清單）	$8,401,800.00	
		支用本月份生活補助費	$660,000.00	
		解繳所得稅		
$9,061,800.00	$9,061,800.00	合計	$9,061,800.00	$9,061,800.00

館長　　　　　　　　　　會計

南京市立第一民衆教育館

第　號　經費支出送審清單　36年度6月份　附單據19張　附件2份

類別	科目	上月結餘	本月領費	本月付款	單據號數	本月結餘	備考
經常費	南京市立第一民衆教育館經費						
	俸給費		1,880	1,880	1-2		
	辦公費		150,000	150,000	3-10		
	購置費						
	特別費						
	事業費		250,000	250,000	11-17		
臨時費	職員生活補助費		8,124,000	8,124,000	18		
	工友生活補助費		1,020,000	1,020,000	19		
合計			$9,545,880	$9,545,000			

館長　　　　會計

南京市立第一民众教育馆

经费收支对照表　　36年6月份第　　號

收方 合计	收方 小计	摘要	付方 小计	付方 合计
		上月结存		
9,545,880.00		本月收入		
—	401,880.00	向教育局领到本月份经常费		
	9,144,000.00	向教育局领到本月份生活补助费		
		代收职员薪俸所得税		
		本月支出		9,545,880.00
		支用本月份经费（详送審清单）	401,880.00	
		支用本月份生活补助费	9,144,000.00	
		解报所得税		
¥9,545,880.00	¥9,545,880.00	合计	¥9,545,880.00	¥9,545,880.00

館長　　　　　　会計

南京市立第一民眾教育館

第　　號　　經費支出送審清單　　36年度6月份附單據3張

類別	科目	上月結餘	本月預算	本月付款	單據號數	本月結餘	備考
經常費	南京市立第一民眾教育館經費						
	俸給費						
	辦公費						
	事業費						
臨時費	職員生活補助費						
	工友生活補助費						
	修繕六角亭臨時費		82,150,000	82,150,000	1		
合計				82,150,000			

館長　　　　會計

南京市立第一民衆教育館

經費收支對照表　　36年 6月份第　　號

收方 合計	收方 小計	摘要	付方 小計	付方 合計
		上月結存		
$2,150,000.00		本月收入		
		向教育局領到本月份經常費		
		向教育局領到本月份生活補助費		
	$500,000.00	向教育局領到教育部補助費		
	1,650,000.00	向教育局領到修理六角亭臨時費		
		本月支出		$2,150,000.00
		支用本月份經費（詳送冒清單）		
		支用本月份生活補助費		
		支用修理六角亭	$2,150,000.00	
$2,150,000.00	$2,150,000.00	合計	$2,150,000.00	$2,150,000.00

館長　　　　　　　　會計

南京市立第一民眾教育館

號　　經費支出送審清單　36年度　7月份附單據24張　附件401

費別	科目	上月結餘	本月預算	本月付出	單據號數	本月結餘	備考
經常費	南京市立第一民眾教育館經費		841,880	841,880			
	俸給費		1,880	1,880	1-2		
	辦公費		350,000	350,000	3-10		
	事業費		490,000	490,000	11-22		
臨時費	職員生活補助費		8,124,000	8,124,000	23		
	工友生活補助費		1,020,000	1,020,000	24		
合計			9,985,880	9,985,880			

館長　　　　會計

南京市立第一民衆教育館

經費收支對照表　　36年7月份第　　號

收方 合計	收方 小計	摘要	付方 小計	付方 合計
		上月結存		
$36,000.00		本月收入		
		向教育局領到本月份經常費		
		向教育局領到本月份生活補助費		
	$36,000.00	向教育局領到補發本月份生活補助費		
		本月支出		$36,000.00
		支用本月份經費（詳送署清單）		
		支用本月份生活補助費		
		支用補發本月份生活補助費	$36,000.00	
$36,000.00	$36,000.00	合計	$36,000.00	$36,000.00

館長（印）　　會計（印）

南京市立第八民衆教育館

第　號　　經費支出送審清單　36年度　7月份附單據　1張

類別	科目	上月結餘	本月預算	本月付款	單據張數	本月結餘	備考
經常費	南京市立第八民衆教育館經費						
	俸給費						
	辦公費						
	事業費						
臨時費	職員生活補助費						
	工友生活補助費						
	補發職員生活補助費			$36,000	1		
合計				$36,000	1		

館長 ［印］　　會計 ［印］

南京市立第一民衆教育館

經費收支對照表 36年 7月份第 號

收方 合計	收方 小計	摘要	付方 小計	付方 合計
		上月結存		
$9,985,800.00		本月收入		
	$841,880.00	向教育局領到本月份經常費		
	9,144,000.00	向教育局領到本月份生活補助費		
		本月支出		$9,985,800.00
		支用本月份經費（詳送審清單）	$841,800.00	
		支用本月份生活補助費	9,144,000.00	
$9,985,800.00		合計	$9,985,800	$9,985,800.00

館長 〔印〕　　會計 〔印〕

南京市立第一民眾教育館

第　號　　經費支出送審清單　36年度7月份附單據3張

類別	科目	上月結餘	本月預領	本月付出	單據張數	本月結餘	備考
經常費	南京市立第一民眾教育館經費						
	俸給費						
	辦公費						
	事業費						
臨時費	職員生活補助費						
	工友生活補助費						
	装建六角亭欄杆臨時費		$1,000,000	$1,000,000	1		
合計				$1,000,000			

館長　　　　　　　　會計

南京市立第一民众教育馆

經費收支對照表　　36年7月份第　　號

收方 合計	收方 小計	摘要	付方 小計	付方 合計
		上月結存		
$1,000,000.00		本月收入		
		向教育局領到本月份經常費		
		向教育局領到本月份生活補助費		
	$1,000,000.00	向教育局領到裝建六角亭補粉臨時費		
		本月支出		$1,000,000.00
		支用本月份經費（詳送審清單）		
		支用本月份生活補助費		
		支用裝建六角亭補粉臨時費	$1,000,000.00	
$1,000,000.00	$1,000,000.00	合計	$1,000,000.00	$1,000,000.00

館長　　　　　　　　　　會計

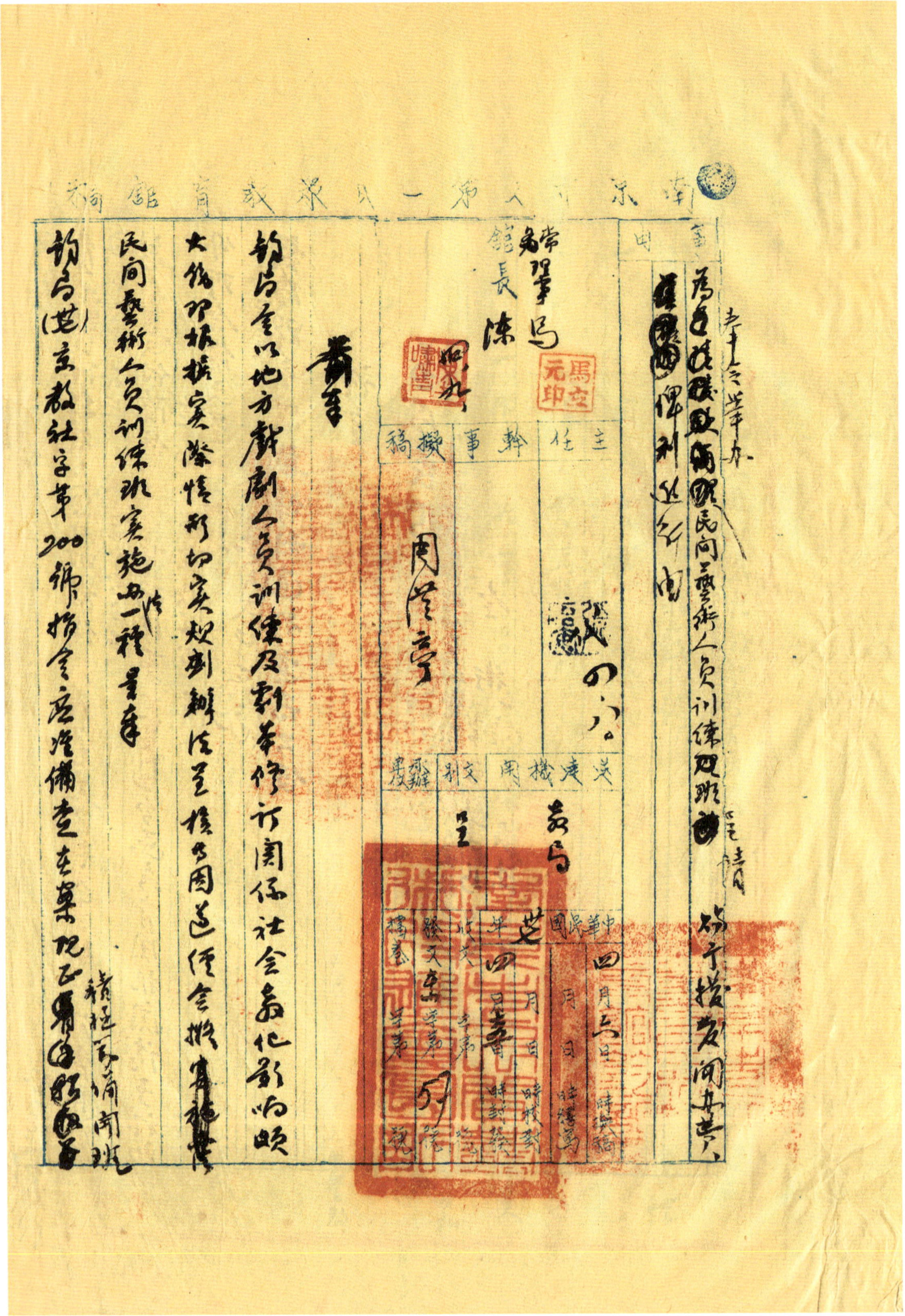

南京市立第一民衆教育館爲奉令舉辦民間藝術人員訓練班請賜予撥發開辦費給市教育局的呈文

（一九四八年四月十五日）

附：民間藝術人員訓練班開辦費支出預算書

檔號：1018-1-8

事由

貴部協限維持各學校教員生活費，另文呈報，惟所需開辦費、經常費一項，尚無的款可供，
館付除籌措外，並請分函各有關機關請予補助
外，理合備文呈請
檢同本館文藝預算書一份
貴部俯賜准予撥款，俾利進行，實為公便
謹呈
教部長馬
附呈本館美術人員訓練班開辦費支出預算書一份
全銜 常務理事馬〇〇
館長陳〇〇

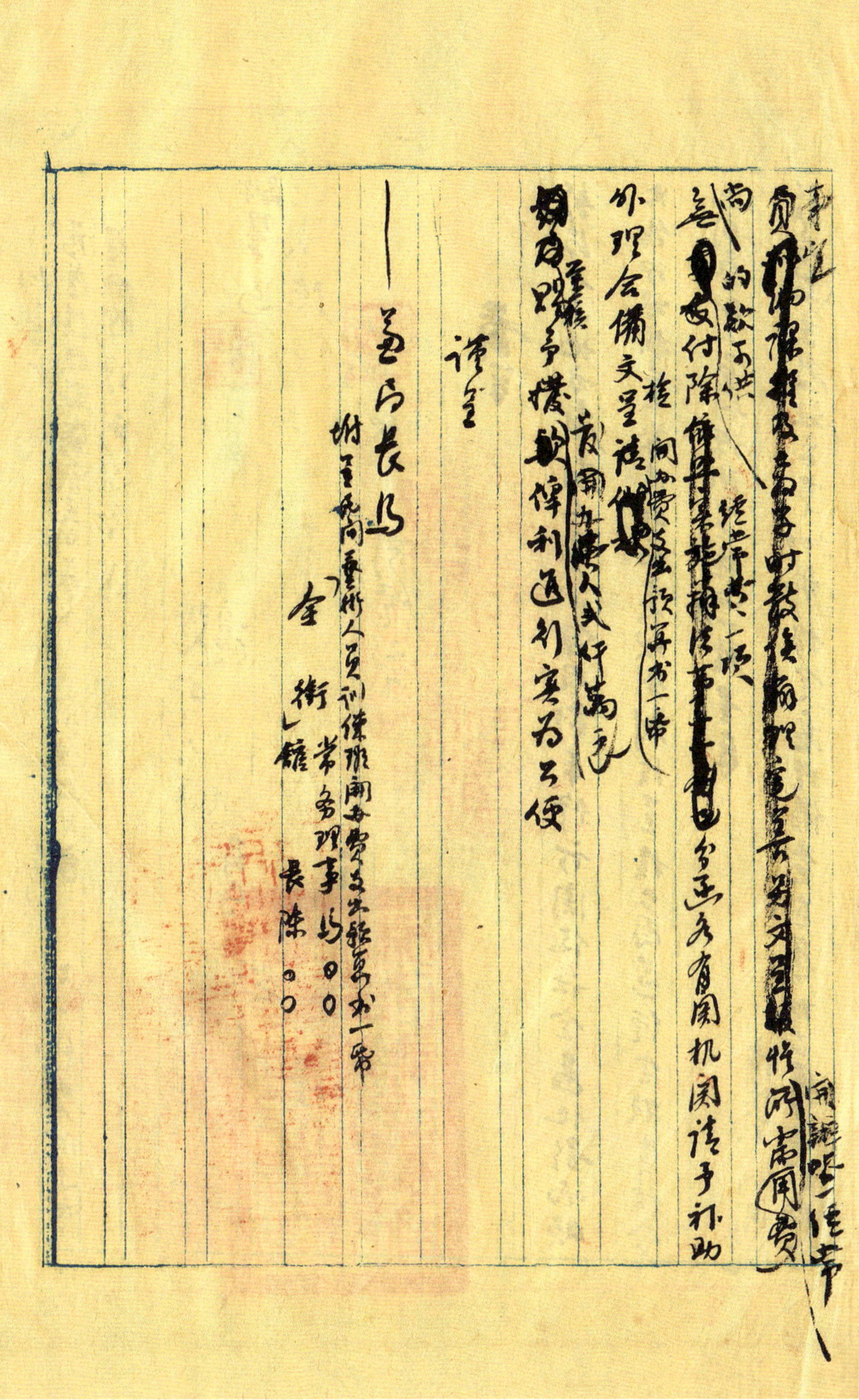

民間藝術人員訓練班開辦費支出預算書

款	項	目	科目	預算數	備註
一			開辦費	貳〇〇〇、〇〇〇元	
	一		購置費	一五六〇〇、〇〇〇	
		一	傢具	一一六〇〇、〇〇〇	黑板兩塊連架約二百四十萬元，九屜桌二張每件約三百萬元約六百萬元，課桌椅四十件每件八十萬約三百廿萬元，合如上數
		二	樂器	四〇〇〇、〇〇〇	南胡五只約壹萬元，揚琴一只約壹萬元，秦琴二把約廿五萬，笛標卅只約七十萬元，夜壺四只每只四十萬約一百六十萬元，合如上數
		三	國器	六六〇〇〇〇〇〇	笙等雜件如上數
	二		津貼	二八八〇、〇〇〇	
		一	教師車馬費	二八八〇、〇〇〇	每週六小時，每小時八萬元，暫定六週約二百八十八萬元，合如上數
	三		文具	一五二〇、〇〇〇	
		一	紙張筆墨	一五二〇、〇〇〇	粉筆、膠水、墨油、毛邊紙、毛筆、紙張、黑墨等估計如上數

南京市立第一民衆教育館

經費收支對照表　　　　三十七年三月份第壹號

收方 合計	收方 小計	摘要	付方 小計	付方 合計
	0	上月結存		
62,467,050—		本月收入		
	7,132,050—	向教育局領到本月份經常費		
	55,335,000—	向教育局領到本月份生活補助費		
		本月支出		61,956,800—
		支用本月份經常費(詳送審清單)	7,131,800—	
		支用本月份生活補助費	54,825,000—	
		本月結存	510,250—	510,250—
62,467,050—	62,467,050—	合計	62,467,050—	62,467,050—

兼館長　　　　總務主任　　　　幹事

南京市立第一民衆教育館一九四八年三月至四月份經費收支對照表、經費支出送審清單及財産增減表（一九四八年五月二十五日）

檔號：1018-1-44

南京市立第一民眾教育館

第　　號　　經費支出送審清單　　三十七年度三月份　附單據卅二張

類別	科目	上月結餘（1）	本月預領（2）	本月付款（3）	單據號數	本月結餘（4）	備考
經常費	本館經費		7,132,050—	7,131,800—			
	俸給費		2,050—	1,800—	1	250	
	辦公費		3,520,000—	3,520,000—	2-29		
	事業費		3,520,000—	3,520,000—	〃		
	特別辦公費		90,000—	90,000—	30		
臨時費	職員生活補助費		5,023,5000—	4,9725,000—	1	510,000	
	工友生活補助費		5,100,000—	5,100,000—	2		
合計			62,467,050—	61,956,800—		510,250	

兼館長　　　　總務主任　　　　幹事

晉吉呈局核

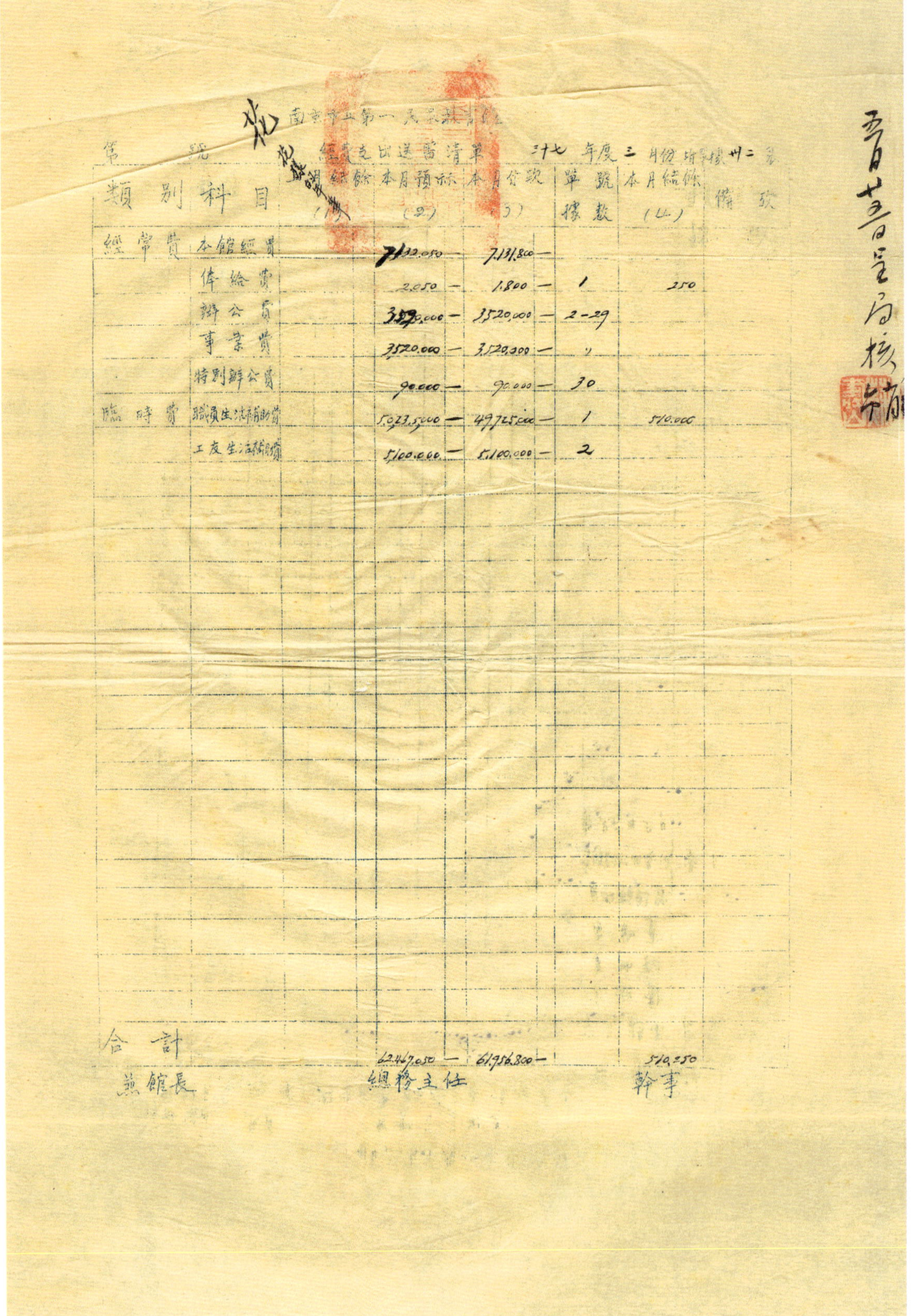

南京市立第一民衆教育館

經費收支對照表

37年 4月份第1號

收方合計（千百十萬千百十元角分）	收方小計（千百十萬千百十元角分）	摘要	付方小計（千百十萬千百十元角分）	付方合計（千百十萬千百十元角分）
100000000		本月收入		
	100000000	向教育局領到補助費		
		本月支出		100000000
		支用兒童節獎品費	100000000	
100000000	100000000	合計	100000000	100000000

南京大石壩街六十九號文成堂發紙印刷號監印

南京市立第一民衆教育館

經費支出送審清單

第 1 號　　　　37 年度 4 月份附單據 2 張

類別	科目	上月結餘（1）	本月預算（2）	本月付款（3）	單據號數	本月結餘（4）	備考
補助費	兒童節補助費		1,000,000元	1,000,000元	2		
合計			1,000,000元	1,000,000元			

南京大石壩街六十九號文成堂牋紙印刷號監印

存

南京市立第一民眾教育館

經費收支對照表　　37年4月份第1號

收方 合計	收方 小計	摘要	付方 小計	付方 合計
		上月結存		
180,762,115—		本月收入		
	14,682,115—	向教育局領到本月份經常費		
	166,080,000— ~~165,000,000—~~	向教育局領到本月份生活補助費		
		本月支出		180,762,115—
		支用本月份經常費(詳送審清單)	14,682,093.33	
		支用本月份生活補助費	165,440,000—	
		本月結存	640,021.67	
180,762,115—	180,762,115—	合計	180,762,115—	180,762,115—

兼館長　　　　總務主任　　　　幹事

序

南京市立第一民眾教育館

第　　號　　經費支出送審清單　　37年度4月份附單據　　張

類別	科目	上月結餘（1）	本月預計（2）	本月付款（3）	單號據數	本月結餘（4）	備攷
經常費	本館經費		10,182,115—	10,182,093.33			
	俸給費		2,115—	2,093.33	1	21.67	
	辦公費		5,000,000—	5,000,000—	2-14		
	事業費		5,000,000—	5,000,000—	15-20		
	特別辦公費		180,000—	180,000—	21		
臨時費	職員生活補助費		148,080,000—	147,140,000—	31	640,000	
	工友生活補助費		18,000,000—	18,000,000—	32		
	四月份補發三月份辦公費		4,500,000—	4,500,000—	22-30		
合計			180,762,115—	180,122,093.33		640,021.67	

兼館長　　　　總務主任　　　　幹事

归卷

南京市立第一民衆教育館
財産增减表

中華民國37年4月　日起至　年　月　日止（　年度第　號第　頁）

增加							减少						
類別	名稱	事由	編號字號	數量	單位價格	金額	類別	名稱	事由	編號字號	數量	單位價格	金額
傢具	乒乓球桌		500	壹件	9310,000	9310,000							

館長　　　　主辦會計　　　　幹事

存

南京市立第一民眾教育館
財產增減表

中華民國37年4月1日起至37年4月30日止（　年度第　號第　頁）

增						加	減						少
類別	名稱	事由	編號字號	數量	單位價格	金額	類別	名稱	事由	編號字號	數量	單位價格	金額
							物	雛形救火器		物/2	1		
								八種助力器		〃/3	1		
								電流斷續器		〃/10	1		
								水力動力試驗器		〃/20	1		
								蒸餾器		〃/24	1		
								熱漲鐵球		〃/32	1		
								離心軌道		〃/36	1		
								水壓力試管		〃/38	1		
								竹製輪船模型		〃/48	1		
								火車模型		〃/51	1		

館長　　　　主辦會計　　　　幹事

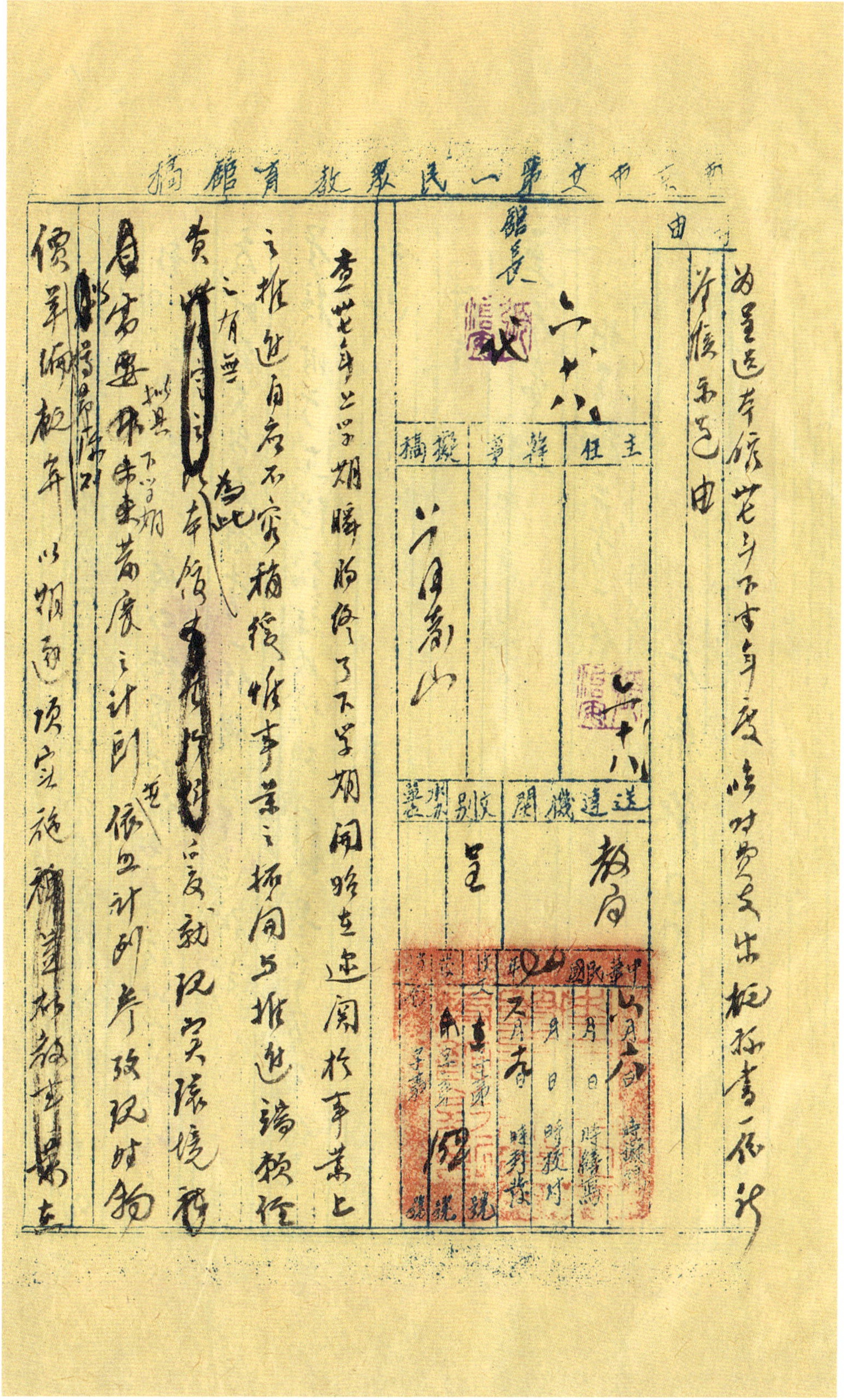

南京市立第一民衆教育館爲送一九四八年下半年度臨時費支出概算書給市教育局的呈文
（一九四八年六月十九日）

附：概算書

檔號：1018-1-50

以往非常設備費均係臨時專案每因請款手續轉費時
新開辦迄數年故不揣冒昧編造本校廿七年下半年
度非常支出概算書一份備文呈送仰祈
鑒核准予在經費預算內增列項目款是否有當伏乞
示遵
謹呈
重慶市長馬
附呈概算書一份
全衛濟〇〇

南京市立第一民众教育馆民国廿七年下半年度（七月至十二月）临时费支出概算书

廿七年十月十五日编造

款	项	目	科目	概算数	备注
一			临时费	三四五二〇〇 元	
	一		设备费	一五二、〇〇〇 元	
		一	民众电影场设备费	三、〇〇〇	白布幕一方竹桿两大根两小根放映机架一个约如上数
		二	音乐演奏会设备费	四〇、〇〇〇	歌本架八只钢琴一架指挥台一架国乐弦乐器三十二件约如上数
		三	民众简易运动场设备费	五[illegible]、〇〇〇	(一)篮球架网一副篮球一个打气筒一个（尺寸另拟）约三〇〇〇〇元 (二)排球网网球网各一副木架各一副排球网球拍约五〇〇〇元 (三)木质棒球间两间球网两副球拍四副棒球两打约一〇〇〇〇元 (四)单双杠架各一副（包括铁件）约三〇〇〇元 其他约一〇〇〇元 合计如上数
		四	民众沐浴间设备费	五〇、〇〇〇	浴盆八只淋浴室两间更换室二间管理室一间约如上数
		五	整製標本設備費	八、〇〇〇	衣展布置标本模型及製作材料所需標簽說明等项约如上数

二	事業經常費	五三、二〇〇 [illegible]	
一	民衆電影放映費	二、四〇〇	包括[illegible]業務招待費廣告費每次約二〇〇萬元每月放映二次半年合如上數
二	音樂演奏大會演出費	三、六〇〇	包括廣告費場地費業務招待費平均每次三〇〇萬元每月演出兩次半年合如上數
三	民衆問訊處	六〇〇	月支業務印刷問訊登記表登記表等項約一〇〇萬元半年合如上數
四	社會服務處	六〇〇	本項服務[illegible]等項印刷標語廣告紙料文具等業務費等項月支一〇〇萬元半年合如上數
五	書報閱覽室	三、〇〇〇	訂購本地報紙兩種雜誌刊物四種月支五〇〇萬元半年合如上數
六	識字班	七二〇	月支粉筆紙張等業務每班六〇萬元兩班計一二〇萬元半年合如上數
七	補清二區文育費	一、二〇〇	訪問記載教學實錄宣傳講稿講義文具紙等項業務等月支二〇〇萬元合如上數
八	館刊	三、〇〇〇	每月一期十六開白報紙八頁印刷排版裝訂每期約五〇〇萬元半年合如上數
九	教育資料室	三、六〇〇	目錄卡片號碼牌訂雜誌年兵紙張等項月支六〇〇萬元半年合如上數

南京金城紙號印

十	民众漫画週刊	六〇〇	包括绘作版料及其事項每月四次約支一〇〇万元零 半年合六百数

南京市立第一民衆教育館

經費收支對照表　　37年5月份第 1 號

收方 合計	收方 小計	摘要	付方 小計	付方 合計
0		上月結存		
224,700,000		本月收入		
	10,180,000	向教育局領到本月份經常費		
	214,520,000	向教育局領到本月份生活補助費		
		本月支出		224,700,000
		支用本月份經常費（詳送審清單）	10,180,000	
		支用本月份生活補助費	214,520,000	
		本月結存		0
224,700,000	224,700,000	合計	224,700,000	224,700,000

兼館長　　總務主任　　幹事

南京市立第一民衆教育館一九四八年五月至十二月份及本年度經費收支對照表、經費支出送審清單及財產增減表（一九四八年）

檔號：1018-1-44

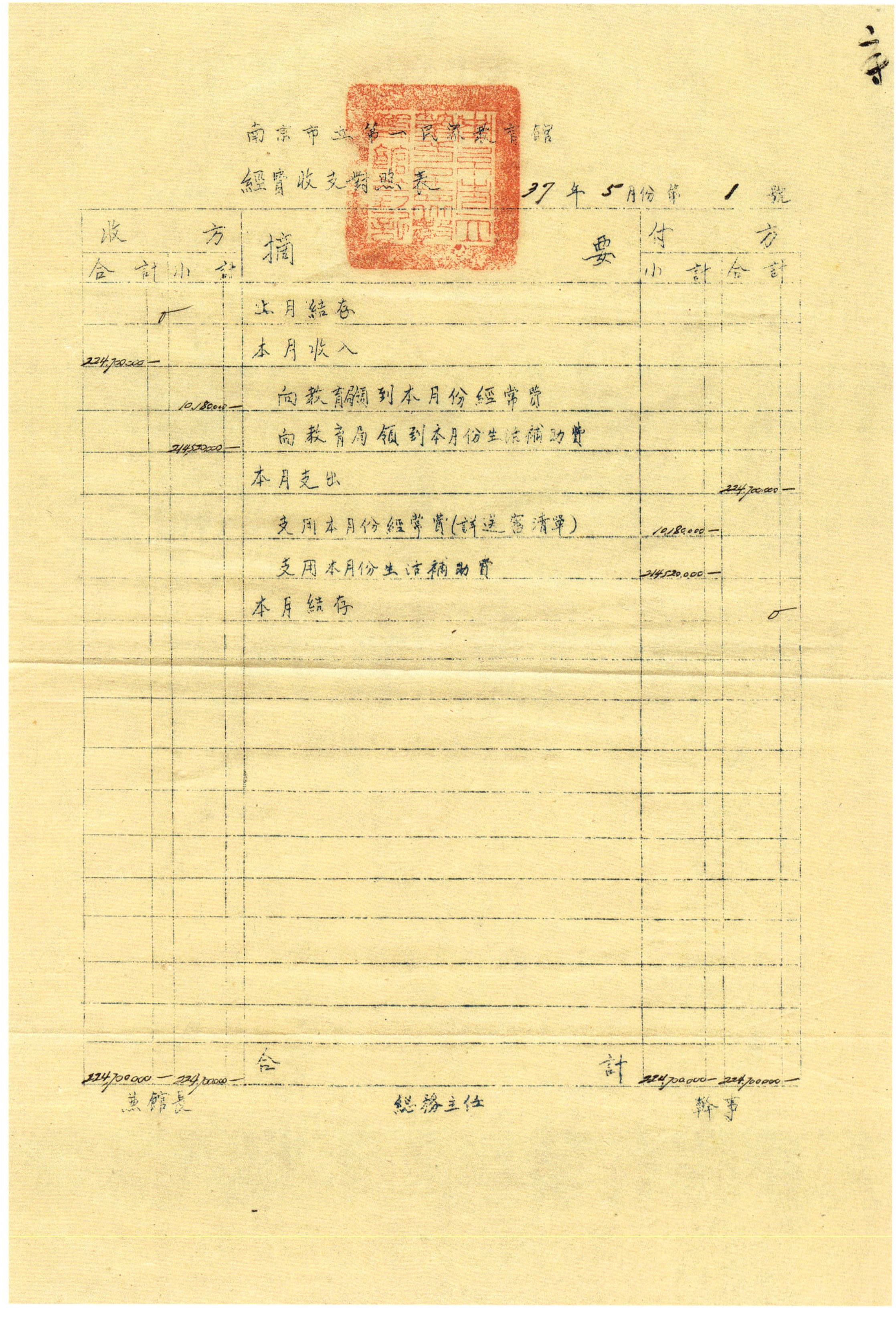

二七

南京市立第一民眾教育館

經費支出憑證清單

第　號　　37年度5月份附單據　表

類別	科目	上月結餘 (1)	本月領款 (2)	本月支款 (3)	單據號數	本月結餘 (4)	備攷
經常費	本館經費		10,180,000—				
	俸給費						
	辦公費		5,000,000—	5,000,000—	1–13		
	事業費		5,000,000—	5,000,000—	14–24		
	特別辦公費		180,000—	180,000—	25		
臨時費	職員生活補助費		191,270,000—	191,270,000—	26		
	工友生活補助費		23,250,000—	23,250,000—	27		
合計			224,700,000—	224,700,000—			

館長　　總務主任　　幹事

南京市立第一民衆教育館
財產增減表

中華民國37年5月1日起至37年5月31日止（37年度第　號第1頁）

增加							減少						
類別	名稱	事由	編號字號	數量	單位價格	金額	類別	名稱	事由	編號字號	數量	單位價格	金額
雜件	德鎖		484	一把	155000.00	155000.00	物	水盤		物/59-60	2		
〃	剪刀		485	〃	130000.00	130000.00	〃	白熱電燈		〃/62	1		
							〃	恒靜力試[illegible]		〃/55	1		
							〃	水下壓力試管		〃/61	1		
							〃	[illegible]		〃/11-12	2		
							化	燒瓶		化/1-6	6		
							〃	試驗用鐵架		〃/7-8	2		
							〃	磁乳鉢		〃/50	1		
							〃	三足鐵架		〃/51	1		
							〃	坩鍋		〃/52	1		
							〃	量杯		〃/53	1		
							〃	曲頸甑		〃/44-45	2		
							〃	水銀		〃/57	4		

館長　　　　主辦會計　　　　幹事

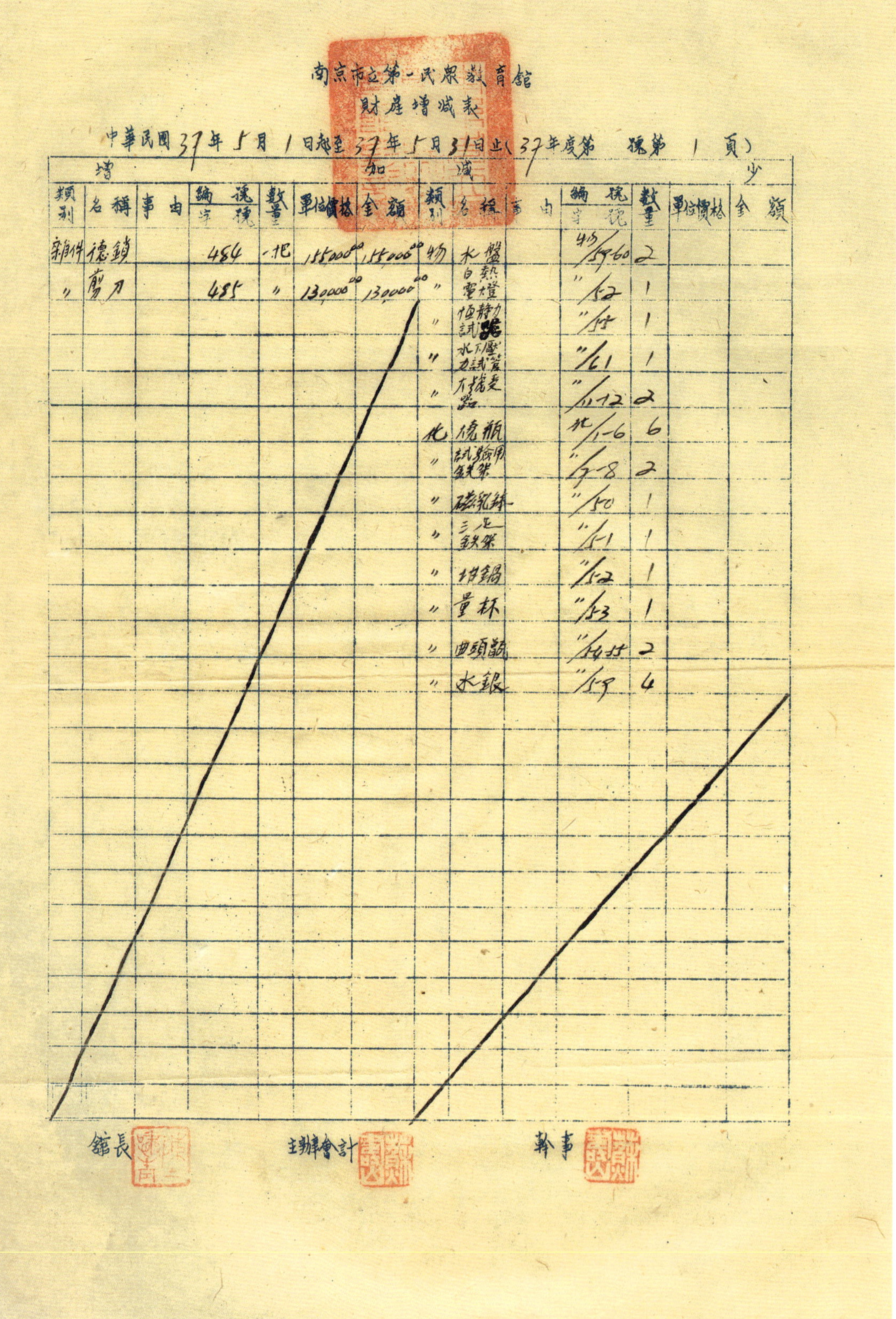

康

南京市立第一民衆教育館

財產增減表

中華民國37年5月份 日起至37年5月份 日止（37年度第1號第1頁）

增加							減少						
類別	名稱	事由	編號字號	數量	單位價格	金額	類別	名稱	事由	編號字號	數量	單位價格	金額
炊具	鍋		炊字1-3	3	100万	300万							
〃	罎		4-5	2	30万	60万							
〃	鍋蓋		6-8	3	50万	150万							

館長　　主辦會計　　幹事

南京市立第一民眾教育館

經費收支對照表

37年6月份第1號

收方 合計	收方 小計	摘要	付方 小計	付方 合計
3258200000		本月收の		
	35180000000	向教育局領到本月份經常費		
	290640000000	〃 生活補助費		
		本月支出		325820000000
		支用本月份經常費（詳送審清單）	35180000000	
		〃 生活補助費	290640000000	
3258200000000	325820000000	合計	325820000000	325820000000

館長 [印]　主任 [印]　稽核 [印]

南京大石橋街六十九號文成堂紙印刷號監印

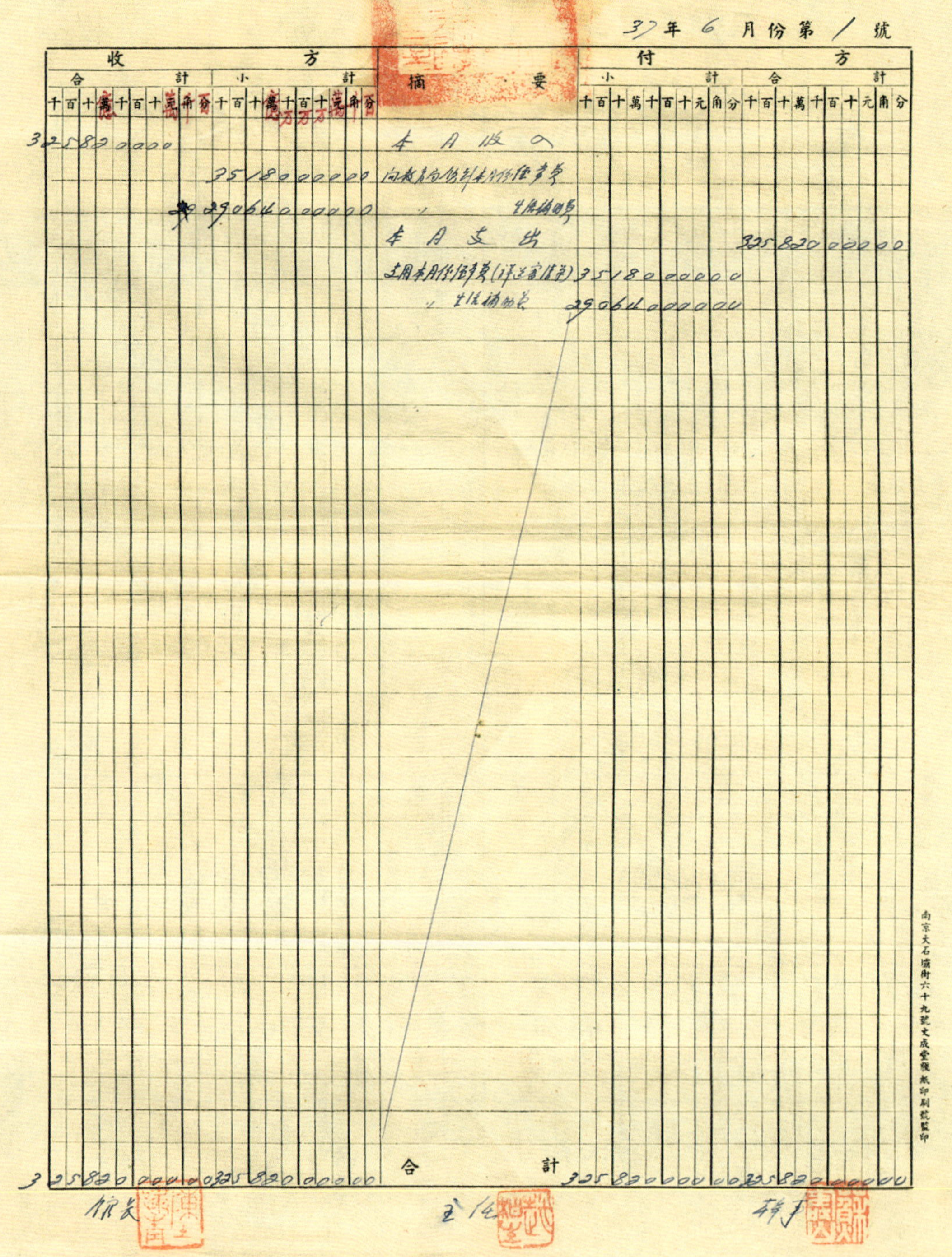

南京市立第一民衆教育館

經費支出送審清單

第　　號　　　　37年度6月份附單據23張

類別	科目	上月結餘（1）	本月預算（2）	本月付款（3）	單號據數	本月結餘（4）	備考
經常費	本俸給費		35,180,000	35,180,000			
	辦公費		5,000,000	5,000,000	1-5		
	事業費		5,000,000	5,000,000	6-16		
	特別辦公費		180,000	180,000	17		
	補發上半年度經常費		25,000,000	25,000,000	18-21		奉（卅七）京教社字第5085號令
臨時費	職員生活補助費		259,140,000	259,140,000	1		
	工友生活補助費		31,500,000	31,500,000	2		
合計			325,820,000	325,820,000			

館長　　　　會計　　　　幹事

南京大石壩街六十九號文成堂箋紙印刷號監印

南京市立第一民衆教育館

經費收支對照表

37年 6月份第 1 號

收方 合計	收方 小計	摘要	付方 小計	付方 合計
1453200		本月收入		
	1453200	向教育局領到六月份生活補助費		
		本月支出		1453200
		支六月份職工生活補助費	1453200	
1453200	1453200	合計	1453200	1453200

（金額欄位：千 百 十 億 千 百 十 萬 千 百 十 元 角 分）

館長　　　主辦會計　　　經手

南京大石壩街六十九號文成堂機紙印刷號監印

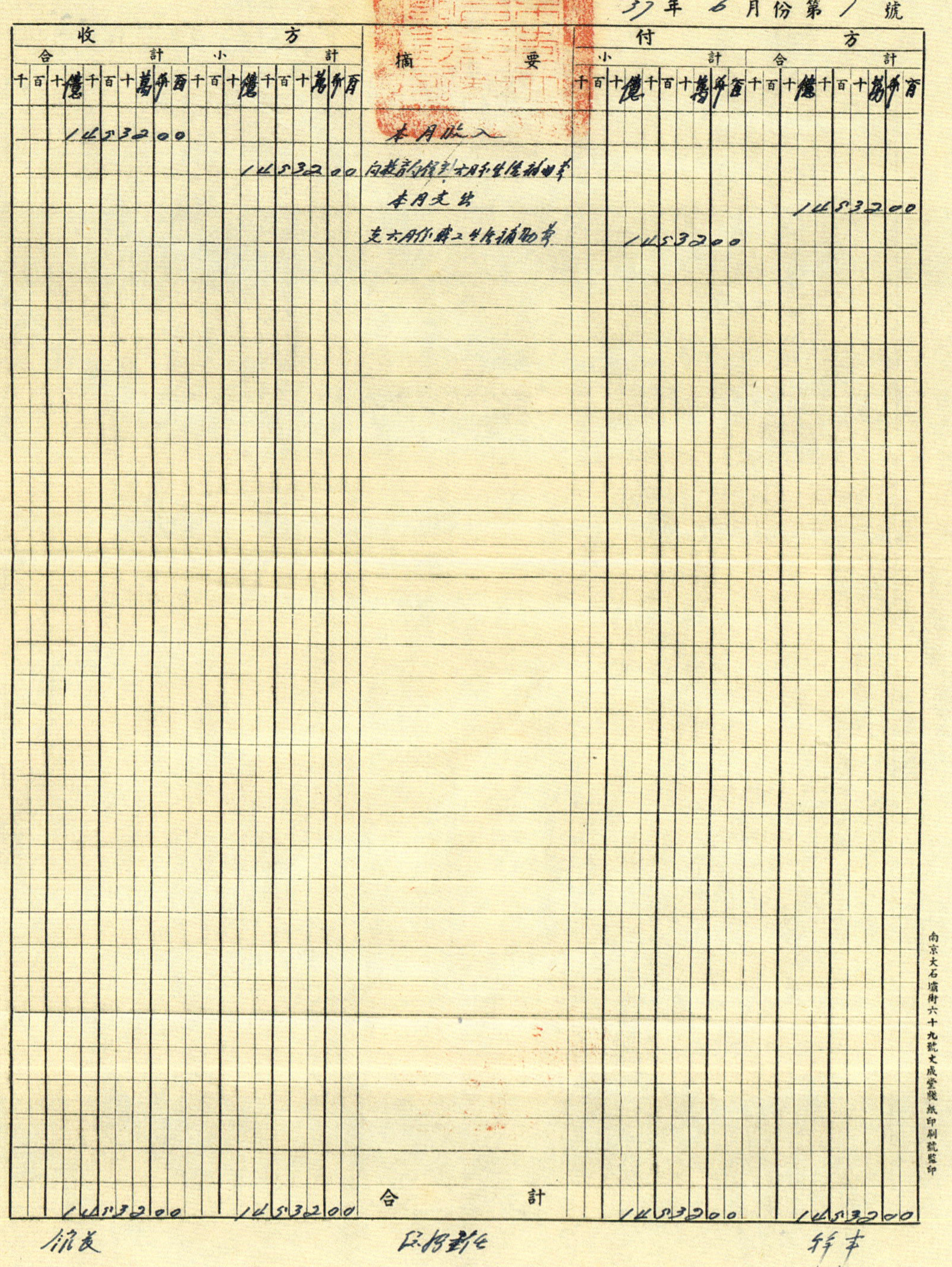

南京市立第一民衆教育館

經費支出送審清單

第　　　號　　　　　　　　　　　37年度 6 月份附單據 2 張

類別	科目	上月結餘（1）	本月預算（2）	本月付款（3）	單號據數	本月結餘（4）	備考
臨時費	六月份職員生活補助費		129,570.00元	129,570.00元	1		
	〃〃〃工友 〃		15,750.00元	15,750.00元	2		
合計			145,320.00元	145,320.00元			

館長　　　　　　經濟主任　　　　　　幹事

南京大石壩街六十九號文成堂箋紙印刷號監印

南京市立第一民衆教育館

經費收支對照表

37年6月份第1號

收方 合計（千百十萬千百十元角分）	收方 小計（千百十萬千百十元角分）	摘要	付方 小計（千百十萬千百十元角分）	付方 合計（千百十萬千百十元角分）
6000000000		本月收入		
	6000000000	向教育局領到37年度補助费		
		本月支出	6000000000	
		支用[illegible]補助费		6000000000
6000000000	6000000000	合計	6000000000	6000000000

南京大石壩街六十九號文成堂賤紙印刷號監印

南京市立第一民衆教育館

經費支出送審清單

第 1 號　　　　37年度 6 月份附單據 1 張

類別	科目	上月結餘（1）	本月預算（2）	本月付款（3）	單號據數	本月結餘（4）	備考
補助費	婦女生活訓練班		6,000,000元	6,000,000元	1		
合計			6,000,000元	6,000,000元			

南京大石壩街六十九號文成

南京市立第一民衆教育館
財產增減表

中華民國37年6月1日起至37年6月30日止（　年度第　號第　頁）

增加							減少						
類別	名稱	事由	編號字號	數量	單位價格	金額	類別	名稱	事由	編號字號	數量	單位價格	金額
							動	鳥		動/7	1		
								山鷄		〃/10	1		
								鴜鷀		〃/12	1		
								火鷄		〃/17	1		
								日本動物腊葉集		〃/75	1		
							植	壓製植物標本		植/6	1		
								油腊植物標本		〃/7	1		
								油菜放大模型		〃/9	1		
								大豆花放大模型		〃/11	1		
								植物莖構造模型		〃/10	1		
								植物標本壓搾器		〃/13	1		
							衛	泌尿器模型		衛/23	1		
							藝	西樂唱片		藝/3-5	3		
								國樂唱片		〃/6-13	8		
								鐵圈		〃/12	1		

館長　　　主辦會計　　　幹事

手

南京市立第一民衆教育館
財產增減表

中華民國37年6月15日起至37年6月15日止（37年度第1號第1頁）

增加							減少						
種類	名稱	事由	編號字號	數量	價值	金額	種類	名稱	事由	編號字號	數量	單價	金額
傢具	課桌凳		紙字 468-517	50套	1.240.000	62.000.000							
〃	板面椅		518-537	20張	400.000	8.000.000							

館長　　　主辦會計　　　幹事

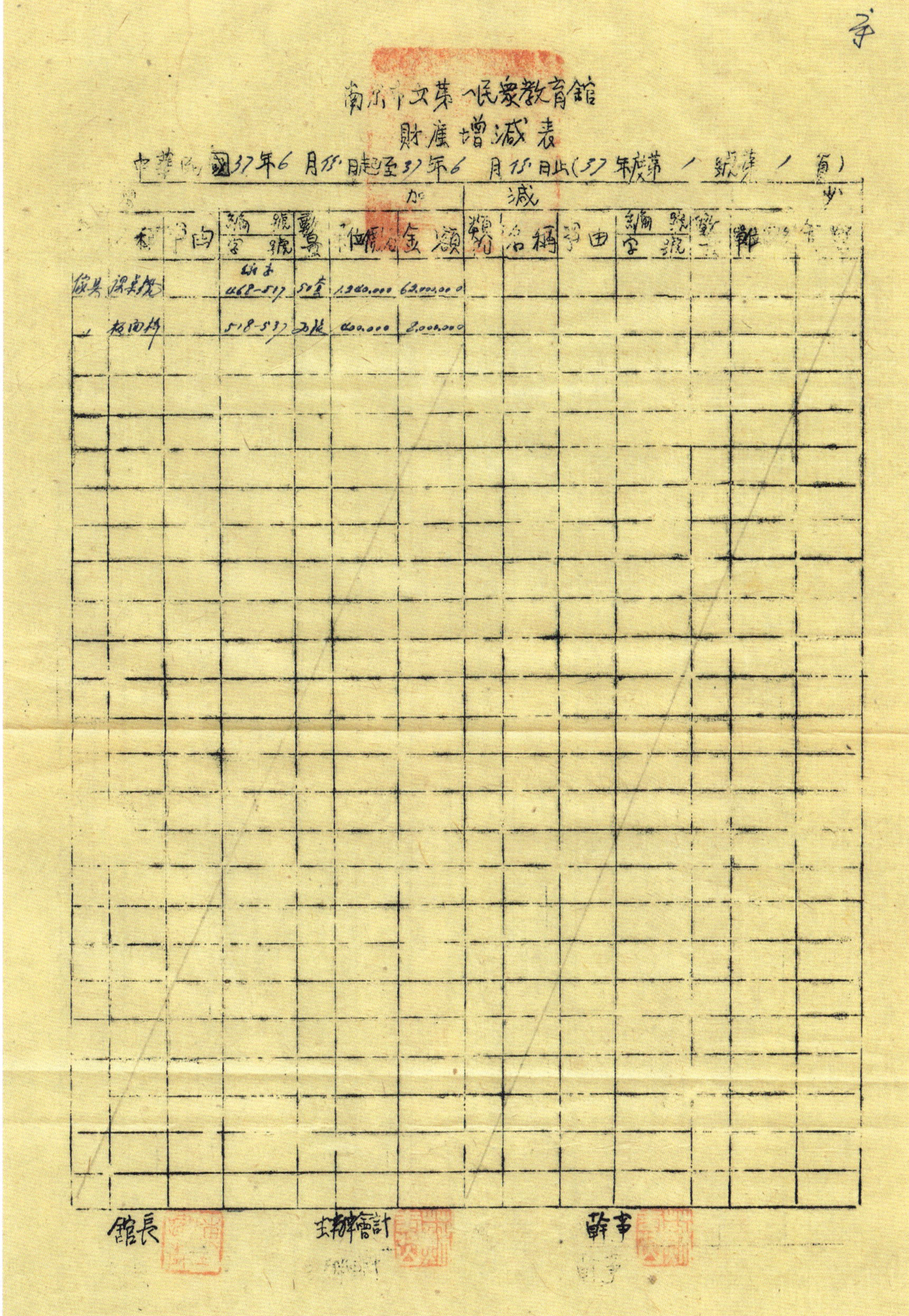

南京市立第一民眾教育館
財產增減表

中華民國37年6月1日起至37年6月30日止（37年度第1號第1頁）

增加							減少						
類別	名稱	事由	編號字號	數量	單位價格	金額	類別	名稱	事由	編號字號	數量	單位價格	金額
器皿	彩花飯碗		炊字9	10	80,000元	800,000元							
	小菜籮		10–11	2	80,000元	160,000元							
	大米〃		12	1	170,000元	170,000元							
	菜板		13	1	100,000元	100,000元							
	鐵勺		14	1	80,000元	80,000元							
	火鉗		15	1	100,000元	100,000元							
	鐵鏟		16	1	40,000元	40,000元							
	煤勺		17	1	180,000元	180,000元							
	鋼精勺		18	1	50,000元	50,000元							
	大菜刀		19	1	400,000元	400,000元							
	二號鉢子		20	1	100,000元	100,000元							
	三〃〃		21	1	70,000元	70,000元							
	洋花大碗		22	10	112,000元	1,120,000元							
	藍邊飯碗		23	10	35,000元	350,000元							
	〃〃碟		24	20	12,500元	250,000元							
	湯匙		25	20	12,000元	240,000元							
	筷子		26	2	50,000元	100,000元							
	大木盆		27	1	420,000元	420,000元							
	紗櫥		28	1	180,000元	180,000元							
	食籃		29	1	160,000元	160,000元							

館長　　　　主辦會計　　　　保管

南京市立第一民衆教育館

財產增減表

中華民國37年6月1日起至37年7月31日止（37年度第1號第1頁）

增加							減少						
類別	名稱	事由	編號字號	數量	單位價格	金額	類別	名稱	事由	編號字號	數量	單位價格	金額
圖書	民衆教育		書字114	1	173,000元	173,000元							
	民衆教育館		115	1	245,000元	245,000元							
	教育雜誌		116	1	140,000元	140,000元							
	〃		117	6	140,000元	840,000元							
	東方雜誌		118	6	140,000元	840,000元							
	乙種世界掛圖		119	1	336,000元	336,000元							
	乙種中國掛圖		120	1	336,000元	336,000元							
	中華教育界		121	6	140,000元	840,000元							
	新中華		122	1	140,000元	140,000元							
	教育界		123	1	140,000元	140,000元							
	新中華		124	6	280,000元	1,680,000元							
	科學畫報		125	6	50,000元	300,000元							
	圖書雜誌		126	6	40,000元	240,000元							
X	報夾		127	6	110,000元	660,000元							
	普及本分省圖		128	1	1,600,000元	1,600,000元							
	南京市地圖		129	1	1,030,000元	1,030,000元							

館長　　主辦會計　　幹事

南京市立第一民众教育馆

經費收支對照表

37 年 7 月份第 1 號

收方 合計	收方 小計	摘要	付方 小計	付方 合計
		本月收入		
44980.00		收入之部		
	4498000	向教育局領到補發七月份生活補助費		
		本月支出		4498000
		支用第二補助7月份生活補助費	4498000	
4498000	4498000	合計	4498000	4498000

館長　　組長主任　　幹事

南京大石壩街六十九號文成堂幾紙印刷號監印

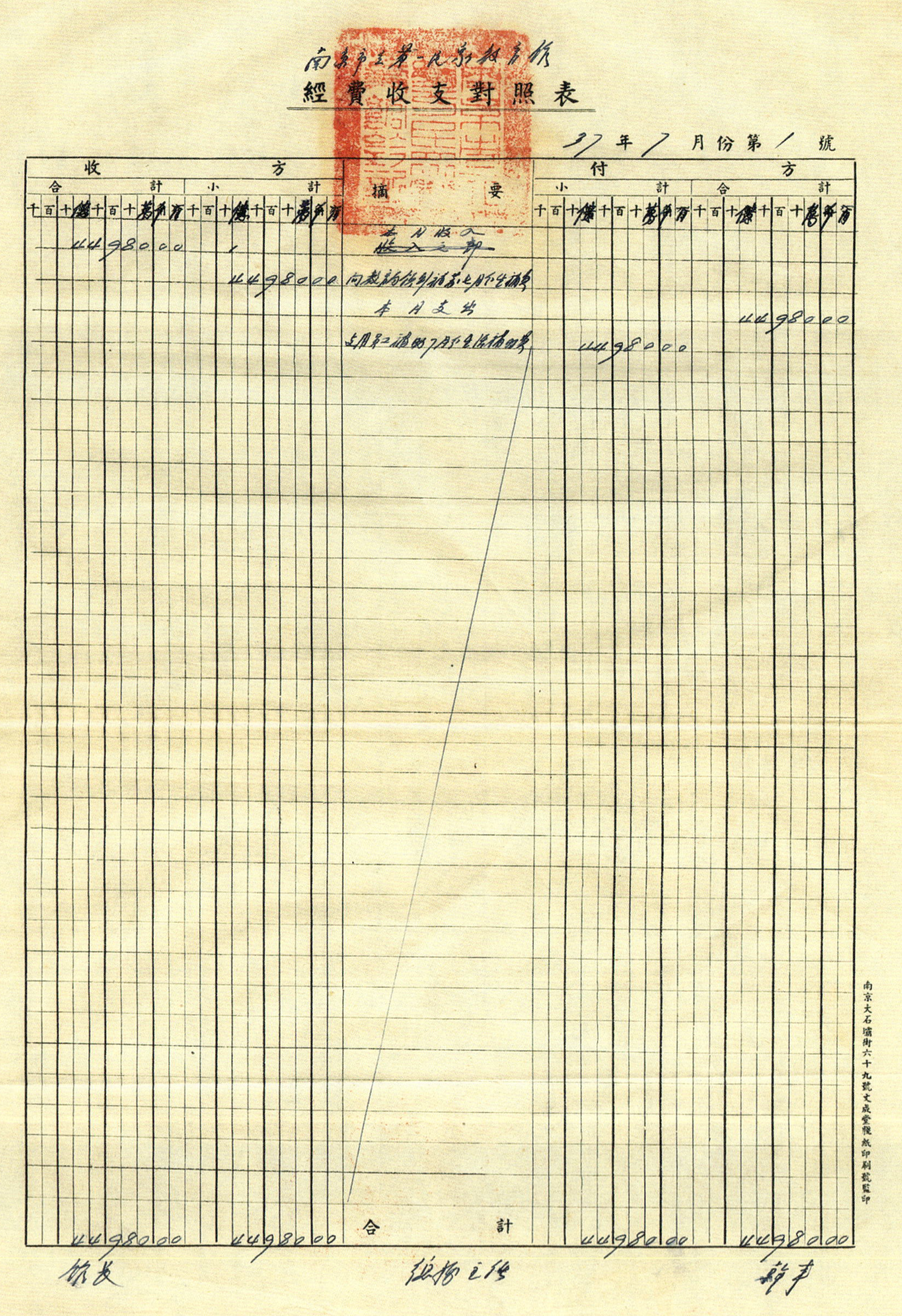

南京市立第一民眾教育館

經費支出送審清單

第 1 號　　　　37年度 7 月份附單據 2 張

類別	科目	上月結餘（1）	本月預算（2）	本月付款（3）	單據號數	本月結餘（4）	備考
臨時費	7月份職員生活補助費		401,050,000元	401,050,000元	1		
	〃工友〃		48,750,000元	48,750,000元	2		
合計			449,800,000元	449,800,000元			

館長　　　　總務主任　　　　幹事

南京大石壩街六十九號文成堂箋紙印刷號監印

南京市立第一民眾教育館

經費收支對照表

37年7月份第1號

收方 合計	收方 小計	摘要	付方 小計	付方 合計
8231000000000		本月收入		
	2038000000 00	向教育局領到本月份經常費		
	億 6574000000 00	〃 生活補助費 補助費		
	億 1453200000 00	〃 補發六月份生活		
		本月支出		億 8231000000 00
		支用本月份經常費(詳見…)	2038000000	[redacted]
		支用本月份生活補助費	億 8102720000	
8231000000000	億 8231000000 00	合計	億 8231000000 00	億 8231000000 00

俞文　　任務主任　　孫聿

南京大石壩街六十九號文成堂箋紙印刷號監印

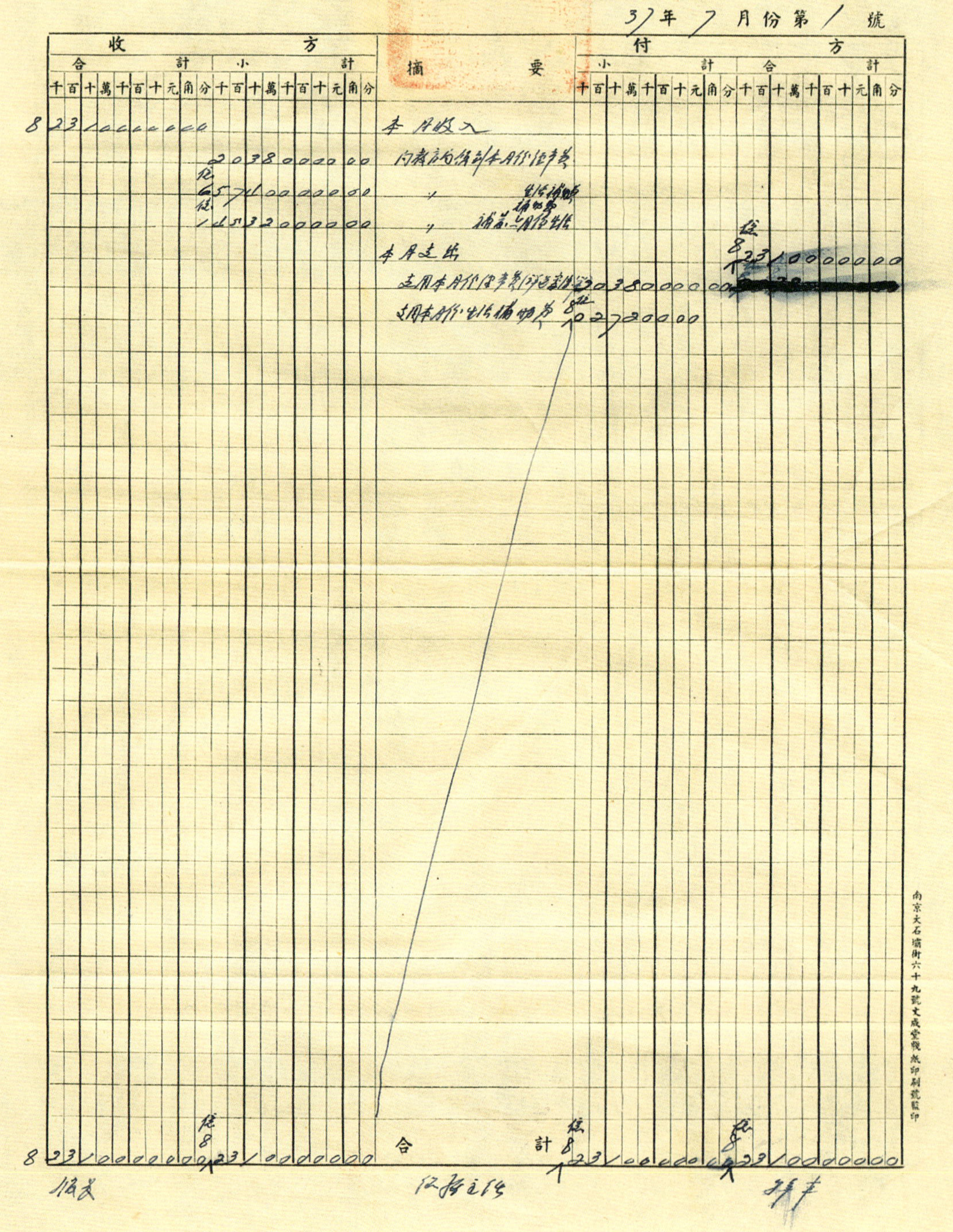

南京市立第一民眾教育館

經費支出送審清單

第　　號　　　　37年度7月份附單據19張

類別	科目	上月結餘（1）	本月預算（2）	本月付款（3）	單號據數	本月結餘（4）	備考
經常費	本館經費		20,380.000元	20,380.000元			
	辦公費		10,000.000	10,000.000	1—4		
	事業費		10,000,000	10,000.000	5—14		
	特別辦公費		380.000	380.000	15		
臨時費	七月份職員生活補助費		586,150,000	586,150,000	1		
	〃工友〃		71.250.000	71.250.000	2		
	補發上月份職員生活補助費		129.570.000	129.570.000	3		
	〃〃工友〃		15.750.000	15.750.000	4		
合計			823,100,000	823,100,000			

館長　　　　總務主任　　　　[illegible]

南京大石壩街六十九號文成堂箋紙印刷號監印

南京市立第一民衆教育館

經費收支對照表

37年8月份第1號

收方合計	收方小計	摘要	付方小計	付方合計
G.Y.975.79		本月收入		
	6.79	向教局領8月份經常費		
	969.00	〃 〃 員工生補費		
		本月支出		G.Y.975.79
		支用8月份經常費（詳另包寄清單）	6.79	
		〃 生活補助費	969.00	
G.Y.975.79	G.Y.975.79	合計	G.Y.975.79	G.Y.975.79

南京大石壩街六十九號文成堂賬紙印刷莊監印

南京市立第一民衆教育館

經費支出送審清單

第 1 號　　37 年度 8 月份附單據 8 張

類別	科目	上月結餘（1）	本月預算（2）	本月付款（3）	單據號數	本月結餘（4）	備考
經常費	本份 八月份經常費		G.Y. 6.79	G.Y. 6.79			
	八月份辦公費		G.Y. 2.62	〃 2.62	1-5		
	〃 事業費		〃 4.—	〃 4.—	6-7		
	〃 特別辦公費		〃 .12	〃 .12	8		
臨時費	八月份 [illegible]		〃 894.—	〃 894.—	1		
	〃 二次 〃		〃 75.—	〃 75.—	2		
合計			G.Y. 975.79	G.Y. 975.79			

南京大〻壩街六十九號文成堂箋紙印刷號監印

經費收支對照表

37年9月份第1號

收方合計	收方小計	摘要	付方小計	付方合計
		收入之部		
	2400	向教育部領到補助八月分經常費		
	1500	〃 七八月分 〃		
	2800	〃 九月分經常費		
	4000	〃 八九月分特別辦公費		
G.Y.107600	G.Y.96900	〃 九月分薪餉		
		支出之部		
		支用八月分經常費（詳送單據）	2400	
		〃 七八月分 〃	1500	
		〃 九月分 〃	2800	
		〃 八九月分特別辦公費	4000	
		〃 九月分薪餉	96900	107600
G.Y.107600	G.Y.107600	合計	G.Y.107600	G.Y.107600

館長　　會計主任　　經手

南京大石壩街六十九號文成堂箋紙印刷號監印

經費支出送審清單

第 1 號　　　　37 年度 9 月份附單據 29 張

類別	科目	上月結餘 (1)	本月預算 (2)	本月付款 (3)	單號據數	本月結餘 (4)	備考
經常費	本館經費 補八月分辦公費		107.— 10.—	107.— 10.—	1		
〃	〃 事業費		14.—	14.—	2-3		
〃	補七八月分辦公費		15.—	15.—	4-17		
〃	9月分辦公費		12.—	12.—	18-19		
〃	〃 事業費		16.—	16.—	20-25		
~~特別辦公費~~ 〃	八月分特別辦公費		20.—	20.—	26		
〃	九 〃 〃		20.—	20.—	27		
薪餉	四号 九月分俸薪		894.—	894.—	1		
〃 〃	二友 八〃 工餉		75.—	75.—	2		
合計			G.Y.1076.—	G.Y.1076.—			

館長　　　　經辦主任　　　　辦事

南京大石壩街六十九號文成堂箋紙印刷號監印

南京市立第一民眾教育館

經費收支對照表

37年10月份第1號

收方 合計	收方 小計	摘要	付方 小計	付方 合計
		本月收入		
	2800	收教育局十月份俸給費		
	2000	〃 〃 特別辦公費		
101700	96900	〃 〃 薪餉		
		本月支出		
		支付十月份俸給費	2800	
		〃 〃 特別辦公費	2000	
		〃 〃 薪餉	96900	101700
G.Y. 101700	G.Y. 101700	合計	G.Y. 101700	G.Y. 101700

館長　　　總務主任　　　[illegible]

南京大石壩街六十九號文成堂賬紙印刷號監印

南京市立第一民衆教育館

經費支出送審清單

第 1 號　　37 年度 10 月份附單據 10 張

類別	科目	上月結餘（1）	本月預算（2）	本月付款（3）	單號據數	本月結餘（4）	備考
經常費	十月份經常費		28.—	28.—			
〃	〃 辦公費		12.—	12.—	1-5		
〃	〃 事業費		16.—	16.—	6-7		
特別辦公費	〃 特別辦公費		20.—	20.—	8		
薪餉	〃 職員薪俸		894.—	894.—	1		
〃	工友餉		75.—	75.—	2		
合計			G.Y. 1,017.—	G.Y. 1,017.—			

館長　　　經辦主任　　　經手

南京大石壩街六十九號文成堂牋紙印刷號監印

南京市立第一民衆教育館

經費收支對照表

37年10月份第1號

收方 合計	收方 小計	摘要	付方 小計	付方 合計
		本月收入		
5900	5900	由教育局領到37年度活動費		
		本月支出		
		支用勤儉建國運動活動費	5900	5900
GY$5900	GY$5900	合計	GY$5900	GY$5900

（各金額欄分千、百、十、萬、千、百、十、元、角、分各位）

館長　　總務主任　　幹事

南京大石壩街六十九號文成堂機紙印刷號監印

經費支出送審清單

第1號　　　　37年度10月份附單據 3 張

類別	科目	上月結餘 (1)	本月預算 (2)	本月付款 (3)	單據號數	本月結餘 (4)	備攷
活動費	勤儉建國活動費		59—	59—	1-3		
合計			G.Y.59—	G.Y.59—			

館長　　　　總務主任　　　　幹事

經費收支對照表

37年10月份第1號

收方 合計	收方 小計	摘要	付方 小計	付方 合計
		本月收入		
120.00	120.00	收到教育局發下補置圖書費		
		本月支出		
		支用圖書費(詳見單據)	120.00	120.00
G.Y. 120.00	G.Y. 120.00	合計	G.Y. 120.00	G.Y. 120.00

館長 總務主任 經手

南京大石壩街六十九號文成堂箋紙印刷號監印

南京市立第一民衆教育館

經費支出送審清單

第 1 號　　　　37年度 10 月份附單據 1 張

類別	科目	上月結餘（1）	本月預算（2）	本月付款（3）	單號據數	本月結餘（4）	備考
圖書費	內政部印美術叢書		G.Y. 120.—	G.Y. 120.—	1		
合計			G.Y. 120.—	G.Y. 120.—			

館長　　　　總務主任　　　　幹事

南京大石壩街六十九號文成堂箋紙印刷號監印

南京市立第一民衆教育館
財產增減表

中華民國37年10月1日起至37年12月31日止（　年度第1號第1頁）

增加								減少							
類別	名稱	事由	編號 字	編號 號	數量	單位價格	金額	類別	名稱	事由	編號 字	編號 號	數量	單位價格	金額
圖書	內科外科叢書				17冊		30元								
〃	美術叢書				20冊		90元								

館長　　　主辦會計　　　[illegible]

南京市立第一民衆教育館
經費收支對照表

37年11月份第1號

收方 合計	收方 小計	摘要	付方 小計	付方 合計
		本月收入		
	38000	收教局十一月份經常費		
	5000	〃 〃 特別辦公費		
779200	736200	〃 〃 薪餉		
		本月支出		
		支用十一月份經常費（詳見附表）	38000	
		〃 特別辦公費	5000	
		〃 薪餉	736200	779200
G.Y.779200	G.Y.779200	合計	G.Y.779200	G.Y.779200

館長　　總務主任　　幹事

南京大石壩街六十九號文成堂發紙印刷號監印

南京市立第一民衆教育館

經費支出送審清單

第 1 號　　　　37年度 11 月份附單據 30 張

類別	科目	上月結餘（1）	本月預算（2）	本月付款（3）	單號據數	本月結餘（4）	備考
經常費	十月份經常費		380.—				
	〃 辦公費		48.—	48.—	1-15		
	〃 〃		32.—	32.—	16-18		
	〃 〃		16.—	16.—	19-20		
	〃 〃		280.—	280.—	21-26		
特別辦公費	〃 特別辦公費		50.—	50.—	27-28		
薪俸	〃 職員薪俸		6912.—	6912.—	1		
〃	〃 工友餉		450.—	45[illegible]	2		
合計			GY.7792.—	GY.7792.—			

館長　　經辦主任　　鍾聲

南京大石壩街六十九號文成堂箋紙印刷號監印

南京市立第一民衆教育館

經費收支對照表

37年12月份第1號

收方合計	收方小計	摘要	付方小計	付方合計
		本月收入		
	30000	收教育局十二月份經常費		
	5000	〃 〃 特別辦公費		
	751200	〃 〃 薪餉		
801200	15000	〃 補十一月工餉		
		本月支出		
		支用十二月份經常費(詳見單據簿)	30000	
		〃 特別辦公費	5000	
		〃 薪餉	751200	
		十一月份補餉	15000	801200
GY.801200	GY.801200	合計	GY.801200	GY.801200

館長　　　　總務主任　　　　幹事

南京大石壩街六十九號文成堂騰紙印刷號監印

南京市立第一民衆教育館

經費支出送審清單

第 1 號　　　　37年度 12 月份附單據 13 張

類別	科目	上月結餘（1）	本月預算（2）	本月付款（3）	單號據數	本月結餘（4）	備考
經常費	十二月份經常費		300.—	300.—			
〃	〃 辦公費		180.—	180.—	1—6		
〃	〃 事業費		120.—	120.—	7—9		
特別辦公費 ~~薪餉~~	〃 特別辦公費		50.—	50.—	10		
薪餉	十二月份職員薪俸		6912.—	6912.—	1		
〃	〃 工友餉		600.—	600.—	2		
〃	補十一月份工友餉		150.—	150.—	3		
合計			G.Y. 8012	G.Y. 8012.—			

館長 [印]　　總務主任 [印]　　幹事 [印]

南京大石壩街六十九號文成堂牋紙印刷號監印

南京市立第一民衆教育館

經費收支對照表

37年12月份第　　號

收方合計	收方小計	摘要	付方小計	付方合計
		本月收入		
G.Y.10000	G.Y.10000	向教育局領到37年設備費		
		本月支出		
		支用購置紅布	G.Y.10000	G.Y.10000
G.Y.10000	G.Y.10000	合計	G.Y.10000	G.Y.10000

依芸　　[illegible]　　梓声

南京大石壩街六十九號文成堂牋紙印刷號監印

南京市立第一民衆教育館

經費支出送審清單

第 1 號　　　37 年度 12 月份附單據 1 張

類別	科目	上月結餘（1）	本月預算（2）	本月付款（3）	單號據數	本月結餘（4）	備考
設備費	紅布橫幅		G.Y. 100.-	G.Y. 100.-	1		
合計			G.Y. 100.-	G.Y. 100.-			

館長　　　總務主任　　　幹事

南京大石壩街六十九號文成堂機紙印刷號監印

四份

南京市立第二民衆教育館
財產增減表

中華民國37年12月1日起至37年12月31日止（　年度第1號第1頁）

增						加	減						少
類別	名稱	事由	編號字號	數量	單位價格	金額	類別	名稱	事由	編號字號	數量	單位價格	金額
新增	紅布	橫幅		15尺	7.50	112.50							

館長　　　　主辦會計　　　　幹事

經費收支對照表

37年度 月份第 1 號

收方 合計	收方 小計	摘要	付方 小計	付方 合計
千百十萬千百十元角分	千百十萬千百十元角分		千百十萬千百十元角分	千百十萬千百十元角分
		收入之部		
15024.00	15024.00	向教育局領到37年度第二季份[illegible]費		
		支出之部		
		支用本館37年度第二季份[illegible]費	15024.00	15024.00
a.y.15024.00	a.y.15024.00	合計	a.y.15024.00	a.y.15024.00

館長 [illegible] [illegible]

經費支出送審清單

第 1 號　　37年度　　月份附單據 2 張

類別	科目	上月結餘（1）	本月預算（2）	本月付款（3）	單據號數	本月結餘（4）	備考
臨教費	37年度第二季臨教費		15,024.—	15,024.—			
	本份教職員臨教費		13,824.—	13,824.—	1		
	〃工友〃		1,200.—	1,200.—	2		
合計			G.Y. 15,024.—	G.Y. 15,024.—			

校長　　會計主任　　幹事

南京大石壩街六十九號文成堂牋紙印刷號監印

南京市立第一民衆教育館

經費收支對照表

37年度月份第1號

收方 合計（千百十萬千百十元角分）	收方 小計（千百十萬千百十元角分）	摘要	付方 小計（千百十萬千百十元角分）	付方 合計（千百十萬千百十元角分）
		本年度收入		
9900000000	9900000000	向教育局領到37年度修建費		
		本年度支出		
		砌三元巷社工屋	9900000000	9900000000
9900000000	9900000000	合計	9900000000	9900000000

館長　　總務主任　　幹事

南京大石壩街六十九號文成堂箋紙印刷號監印

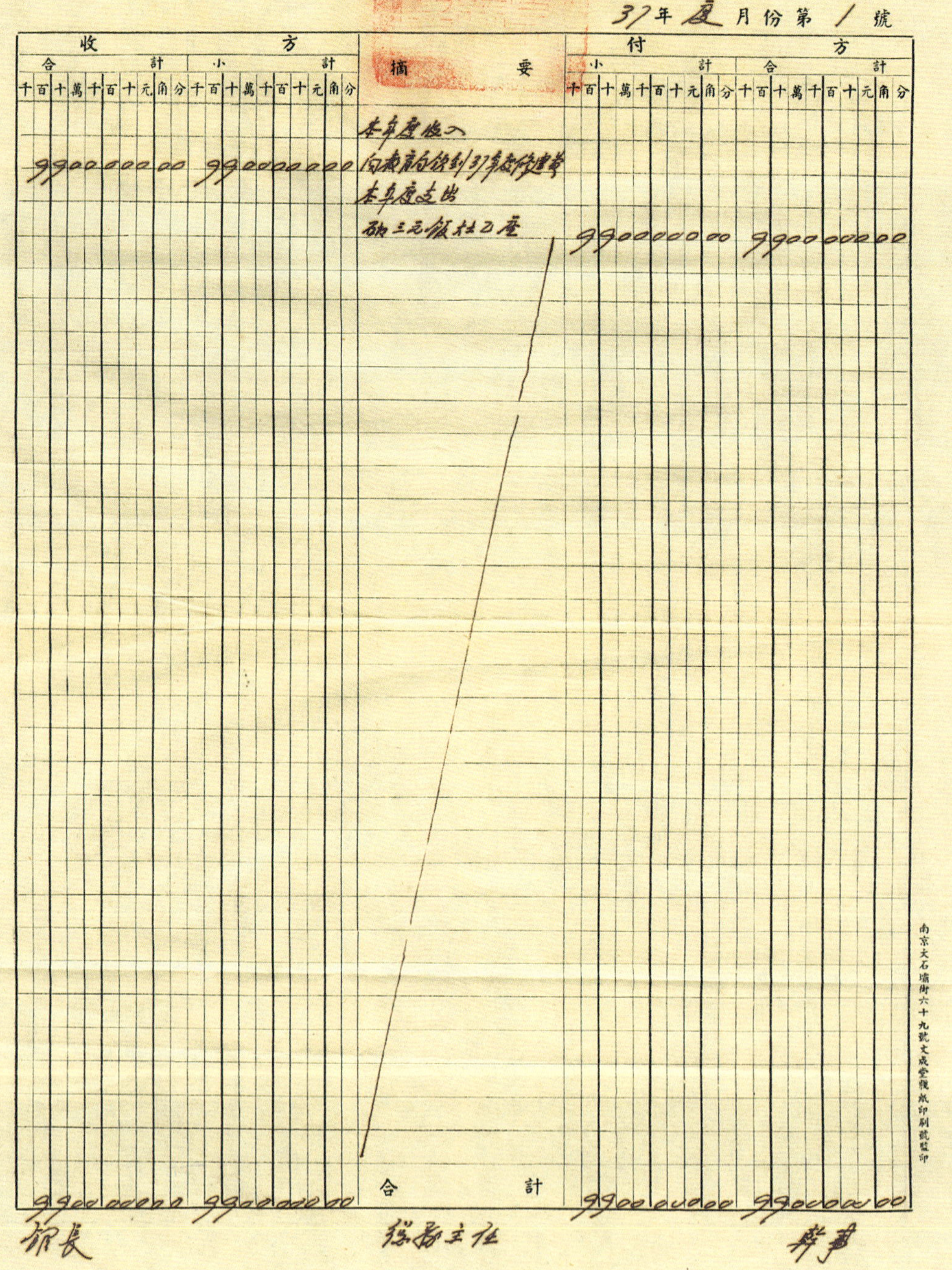

南京市立第一民衆教育館

經費支出送審清單

第　　號　　　　37年度度月份附單據1張

類別	科目	上月結餘（1）	本月預算（2）	本月付款（3）	單據號數	本月結餘（4）	備考
修繕費	砌三元巷社口廁		9,900,000元	9,900,000元	1		
合計			9,900,000元	9,900,000元			

館長　　　　　　總務主任　　　　　　幹事

南京大石壩街六十九號文成堂箋紙印刷號監印

[illegible]存

南京市立第一民眾教育館

經費收支對照表

37年度　月份第1號

收方 合計（千百十萬千百十元角分）	收方 小計（千百十萬千百十元角分）	摘要	付方 小計（千百十萬千百十元角分）	付方 合計（千百十萬千百十元角分）
		本年度收入		
7000000000	7000000000	向教育局領到37年度設備費		
		本年度支出		
		添置[illegible]	7000000000	7000000000
7000000000	7000000000	合計	7000000000	7000000000

館長　　總務主任　　幹事

南京大石壩街六十九號文成堂紙號印刷號監印

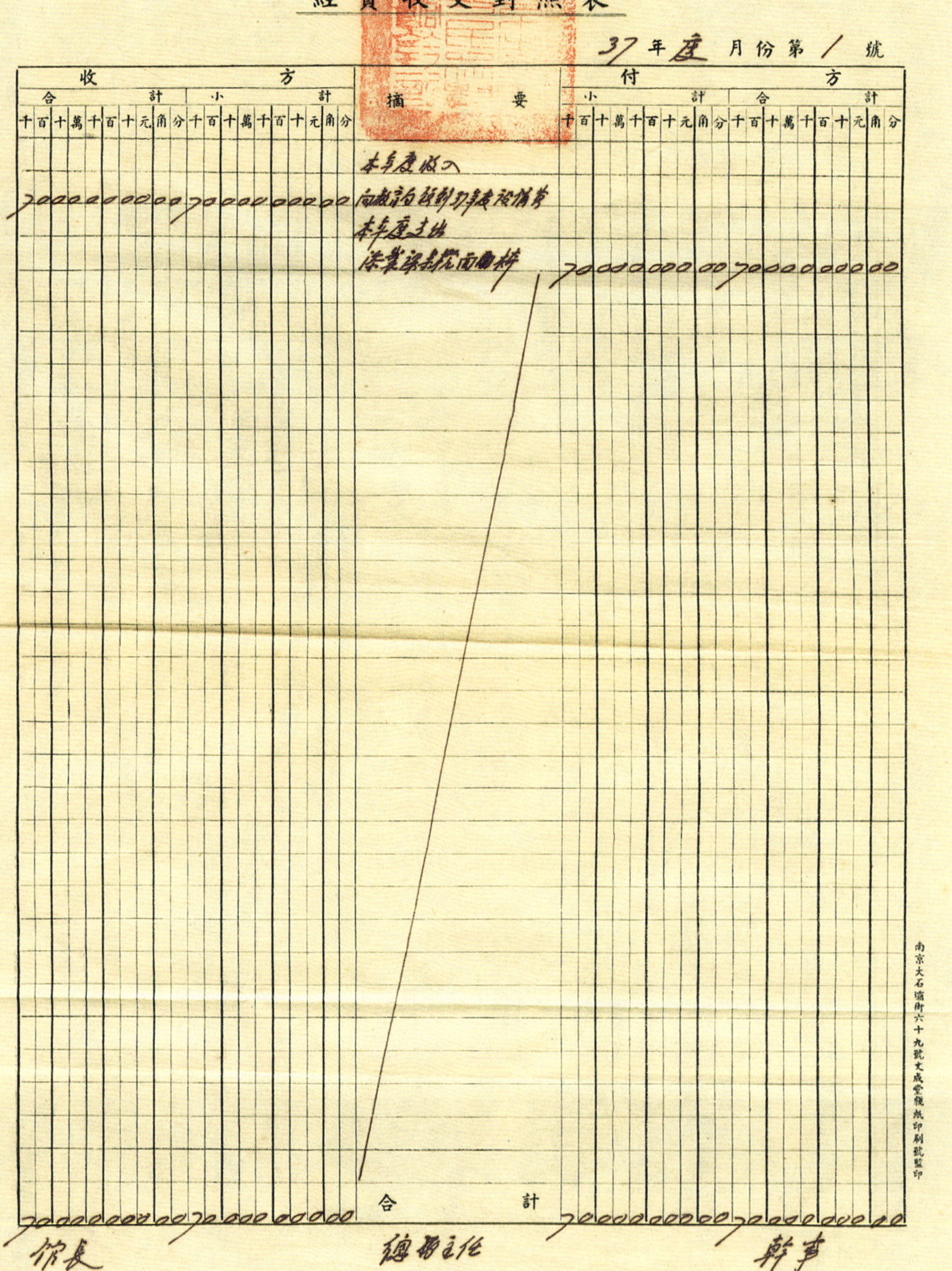

另存

南京市立第一民众教育館

經費支出送審清單

第 1 號　　37 年度　　月份附單據 1 張

類別	科目	上月結餘 (1)	本月預算 (2)	本月付款 (3)	單號據數	本月結餘 (4)	備考
設備費	添置課桌櫈板面椅		70,000.00元	70,000.00元	1		
合計			70,000.00元	70,000.00元			

館長　　總務主任　　幹事

南京大石壩街六十九號文成堂箋紙印刷號監印

南京市立第一民眾教育館

經費收支對照表

37年度　月份第　　號

收方																				摘要	付方																					
合計										小計											小計										合計									
千	百	十	萬	千	百	十	元	角	分	千	百	十	萬	千	百	十	元	角	分		千	百	十	萬	千	百	十	元	角	分	千	百	十	萬	千	百	十	元	角	分
																				本年度收入																				
1	5	0	0	0	0	0	0	0	0	1	5	0	0	0	0	0	0	0	0	向教育局領到37年度設備費																				
																				本年度支出																				
																				支辦事用具費	1	5	0	0	0	0	0	0	0	0	1	5	0	0	0	0	0	0	0	0
1	5	0	0	0	0	0	0	0	0	1	5	0	0	0	0	0	0	0	0	合計	1	5	0	0	0	0	0	0	0	0	1	5	0	0	0	0	0	0	0	0

南京大石壩街六十九號文成堂帳紙印刷號監印

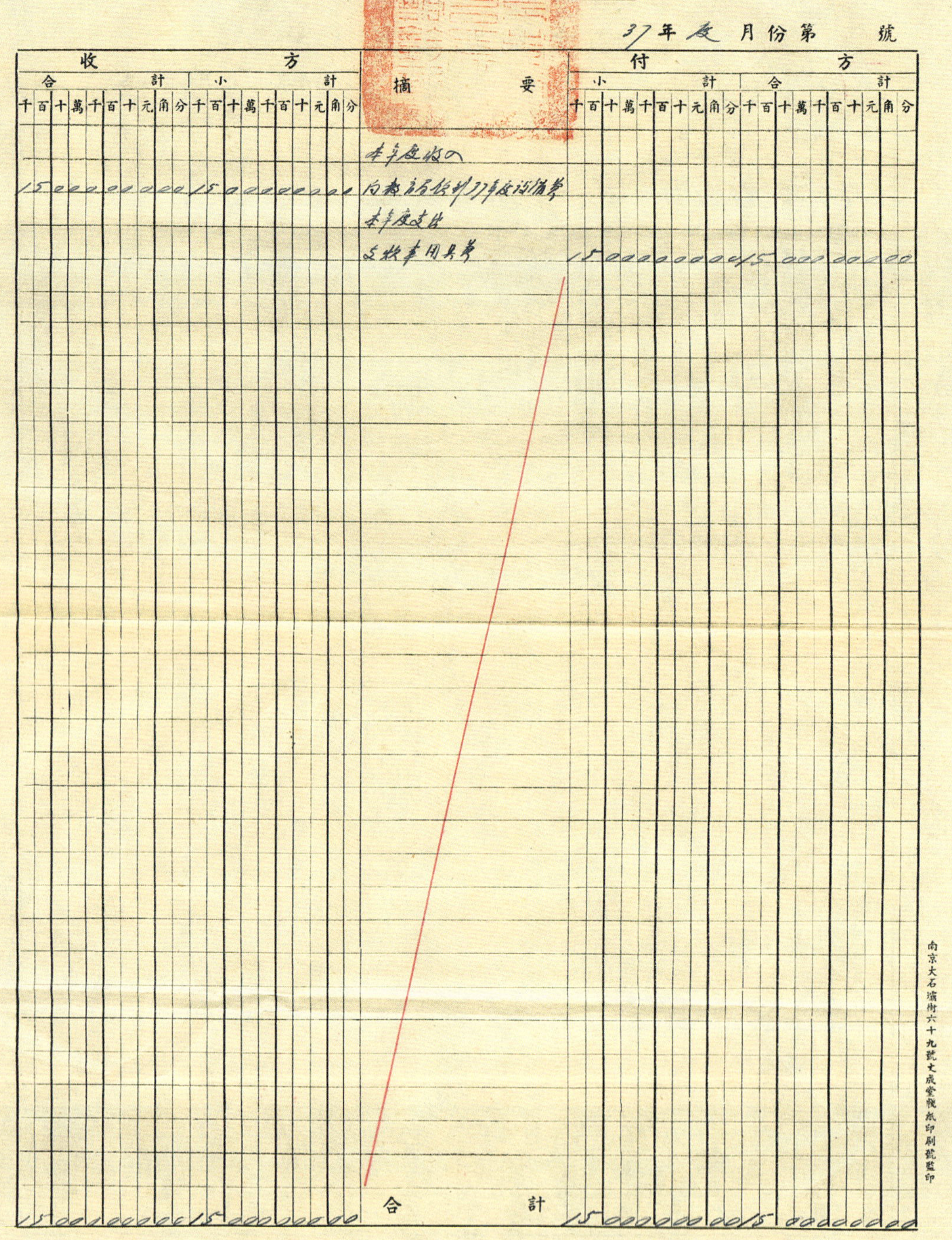

南京市立第一民眾教育館

經費支出送審清單

第 1 號　　37 年度　　月份附單據 10 張

類別	科目	上月結餘（1）	本月預算（2）	本月付款（3）	單據號數	本月結餘（4）	備考
設備費	辦事用具費		15,000,000元	15,000,000元	10		
合計			15,000,000元	15,000,000元			

南京大石壩街六十九號文成堂牋紙印刷號監印

經費支出送審清單

第　　號　　　　37年度　　月份附單據15張

類別	科目	上月結餘（1）	本月預算（2）	本月付款（3）	單號據數	本月結餘（4）	備考
設備費	添購參考費		10,000,000元	10,000,000元	15		
合計			10,000,000元	10,000,000元			

南京大石壩街六十九號文成堂發紙印刷號監印

南京市立第一民眾教育館

經費收支對照表

37年度 月份第1號

收方合計（千百十萬千百十元角分）	收方小計（千百十萬千百十元角分）	摘要	付方小計（千百十萬千百十元角分）	付方合計（千百十萬千百十元角分）
		收入之部		
1200000000	1200000000	向教育局領到[illegible]補助費		
		支出之部		
		支[illegible]補助費	1200000000	1200000000
1200000000	1200000000	合計	1200000000	1200000000

館長　　主任　　經手

費支出送審清單

第 1 號　　37 年度　　月份附單據 3 張

類別	科目	上月結餘（1）	本月預算（2）	本月付款（3）	單據號數	本月結餘（4）	備考
補助費	民間藝術人員訓練班		12,000,000元	12,000,000元	3		
合計			12,000,000元	12,000,000元			

館長　　主任　　經手

南京大石壩街六十九號文成堂鐫紙印刷號監印

南京市立第一民众教育馆

經費收支對照表

37年度月份第1號

收方 合計（千百十萬千百十元角分）	收方 小計（千百十萬千百十元角分）	摘要	付方 小計（千百十萬千百十元角分）	付方 合計（千百十萬千百十元角分）
		本年度收入		
1300000000	1300000000	向教育局领到37年度临时费		
		本年度支出		
		支本馆临时费	1300000000	1300000000
1300000000	1300000000	合計	1300000000	1300000000

南京大石橋街六十九號文成堂牋紙印刷號監印

南京市立第一民衆教育館

經費支出送審清單

第 1 號　　37 年度　　月份附單據 3 張

類別	科目	上月結餘（1）	本月預算（2）	本月付款（3）	單號據數	本月結餘（4）	備考
臨時費	遷移費		13,000,000元	13,000,000元	3		
合計			13,000,000元	13,000,000元			

南京大石壩街六十九號文成堂箋紙印刷號監印

南京市立第一民眾教育館

經費收支對照表

37年度月份第　　號

收方 合計（千百十萬千百十元角分）	收方 小計（千百十萬千百十元角分）	摘要	付方 小計（千百十萬千百十元角分）	付方 合計（千百十萬千百十元角分）
		本年度收入		
6000000000	6000000000	由教育局發到37年度臨時費		
		本年度支出		
		支[illegible]費	6000000000	6000000000
6000000000	6000000000	合計	6000000000	6000000000

南京大石壩街六十九號文成堂箋紙印刷號監印

南京市立第一民眾教育館

經費支出送審清單

第 1 號　　　　37年度　　　　月份附單據 2 張

類別	科目	上月結餘（1）	本月預算（2）	本月付款（3）	單號據數	本月結餘（4）	備考
臨時費	夏令衛生展覽會活動費		6,000,000元	6,000,000元	2		
合計			6,000,000元	6,000,000元			

南京大石壩街六十九號文成堂箋紙印刷號監印

南京市立第一民眾教育館

經費收支對照表

37年度月份第1號

收方 合計（千百十萬千百十元角分）	收方 小計（千百十萬千百十元角分）	摘要	付方 小計（千百十萬千百十元角分）	付方 合計（千百十萬千百十元角分）
		本年度收入		
2000000000	2000000000	向教育局領到37年度修繕費		
		本年度支出		
		新刷山牆工料	2000000000	2000000000
2000000000	2000000000	合計		

館長　　總務主任　　幹事

南京大石壩街六十九號文成堂機紙印刷號監印

南京市立第一民衆教育館

經費支出送審清單

第　　號　　　　37年度　　月份附單據 1 張

類別	科目	上月結餘 (1)	本月預算 (2)	本月付款 (3)	單據號數	本月結餘 (4)	備考
修建費	粉刷山牆		20000,000元	20000,000元	1		
合計			20,000,000元	20,000,000元			

館長　　　　總務主任　　　　幹事

南京大石壩街六十九號文成堂牋紙印刷號監印

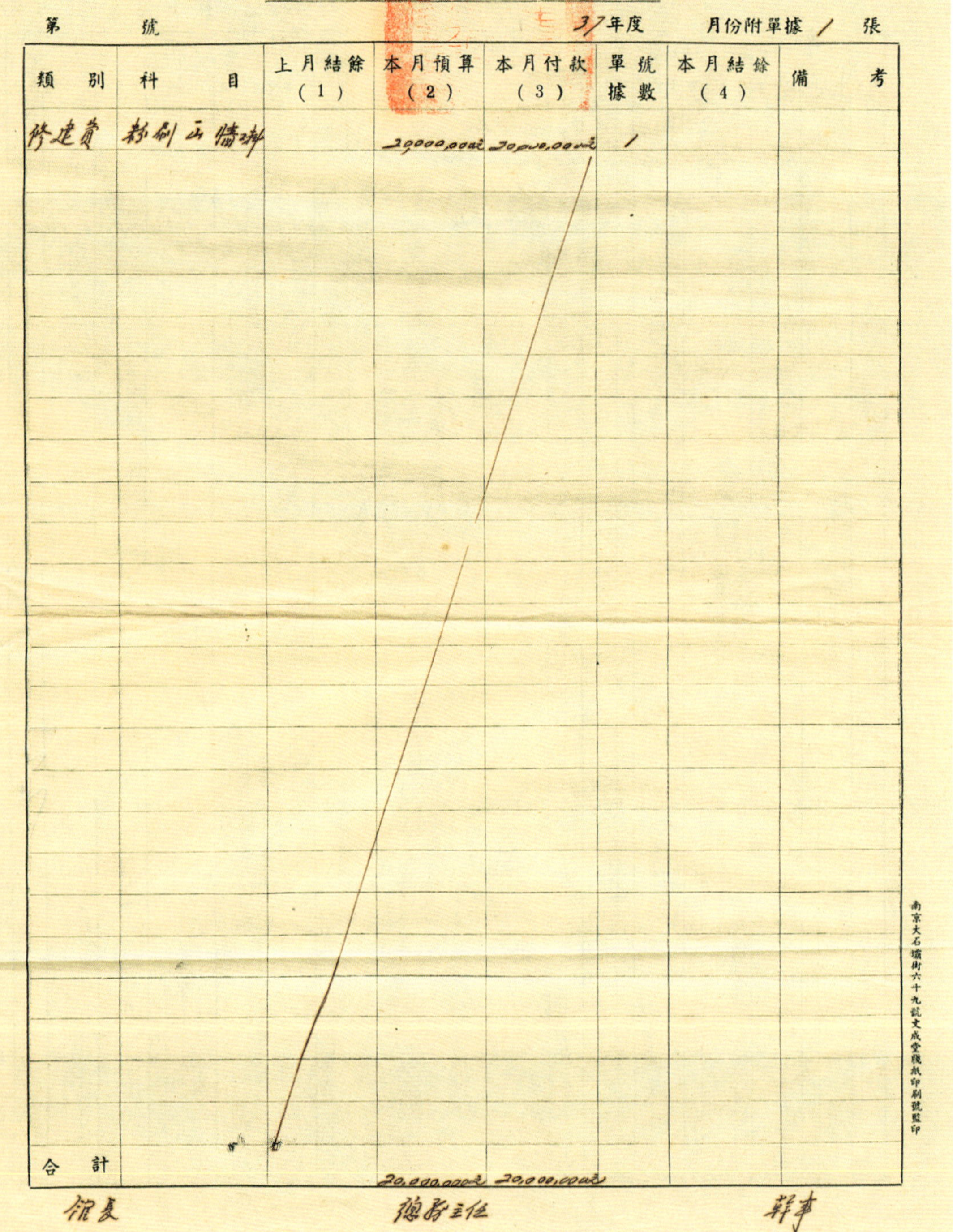

留存

南京市立第一民衆教育館

經費收支對照表

37年度月份第　號

收方 合計（千百十萬千百十元角分）	收方 小計（千百十萬千百十元角分）	摘要	付方 小計（千百十萬千百十元角分）	付方 合計（千百十萬千百十元角分）
		本年度收入		
5520000000	5520000000	向教育局領到37年度修建費		
		本年度支出		
		租借蓆棚費	5520000000	5520000000
5520000000	5520000000	合計	5520000000	5520000000

館長　　　　總務主任　　　　幹事

南京大石壩街六十九號文成堂箋紙印刷號監印

留存

南京市立第一民衆教育館

經費支出送審清單

第　　號　　37年度七月份附單據 1 張

類別	科目	上月結餘（1）	本月預算（2）	本月付款（3）	單據號數	本月結餘（4）	備考
修建費	租借涼棚費		5,520,000元	5,520,000元	1		
合計			5,520,000元	5,520,000元			

館長　　總務主任　　幹事

南京大石壩街六十九號文成堂機紙印刷號監印

南京市立第一民衆教育館

經費收支對照表

37年度月份第1號

收方合計（千百十萬千百十元角分）	收方小計（千百十萬千百十元角分）	摘要	付方小計（千百十萬千百十元角分）	付方合計（千百十萬千百十元角分）
		本年度收入		
5400000000	5400000000	向教育局領到37年度修建費		
		本年度支出		
		發給南椒補修窗等工料	5400000000	5400000000
5400000000	5400000000	合計	5400000000	5400000000

館長　　　　總務主任　　　　幹事

南京大石壩街六十九號文成堂牋紙印刷號監印

南京市立第一民眾教育館

經費支出送審清單

第　　號　　37年度[illegible]月份附單據 1 張

類　別	科　目	上月結餘（1）	本月預算（2）	本月付款（3）	單據號數	本月結餘（4）	備　考
修建費	裝隔間板玻璃窗等		54,000,000元	54,000,000元	1		
合　計			54,000,000元	54,000,000元			

館長　　保管主任　　幹事

南京大石壩街六十九號文成堂箋紙印刷號監印

南京市立第一民眾教育館
經費收支對照表

37年度　月份第1號

收方 合計	收方 小計	摘要	付方 小計	付方 合計
		本年度收入		
	2500000	由教育局領到37年度修建費		
2806700	306700	〃　〃		
		本年度支出		
		修理圍牆75丈高7尺工料	2500000	
		追加修理圍牆10丈工料	306700	2806700
2806700	2806700	合計	2806700	2806700

館長　　　　總務主任　　　　辦事

南京大石壩街六十九號文成堂賬紙印刷號監印

南京市立第一民眾教育館

經費支出送審清單

第　　號　　37年度　　月份附單據 2 張

類別	科目	上月結餘（1）	本月預算（2）	本月付款（3）	單據號數	本月結餘（4）	備考
修建費	修理圍牆7丈高7尺		250,000,000元	250,000,000元	1		
〃	追加修理圍牆10丈		30,670,000元	30,670,000元	2		
合計			280,670,000元	280,670,000元			

館長　　總務主任　　録事

南京大石壩街六十九號文成堂箋紙印刷號監印

南京市立第一民眾教育館

第　　號　　經費支出送審清單　　三十七年度　　月份　附單據 1 張

類別	科目	上月結餘 (1)	本月領款 (2)	本月付款 (3)	單據號數	本月結餘 (4)	備考
修繕費	本館修繕費		43,000.00—	43,000.00—	1		
	俸給費						
	辦公費						
	事業費						
	特別辦公費						
臨時費	職員生活補助費						
	工友生活補助費						
合計			43,000.00—	43,000.00—			

兼館長　　　　總務主任　　　　幹事

五月廿四日呈局核銷

南京市立第一民眾教育館

第　　號　　經費支出送審清單　　卅七年度　　月份　附單據九張

類别	科目	上月結餘（1）	本月領款（2）	本月付款（3）	單號據數	本月結餘（4）	備考
臨時費	本館臨時費		40,000,000—	39,997,000—	1—9	3,000—	
	俸給費						
	辦公費						
	事業費						
	特別辦公費						
臨時費	職員生活補助費						
	工友生活補助費						
合計			40,000,000—	39,997,000—		3,000—	

兼館長　　總務主任　　幹事

五月廿五日呈局核銷

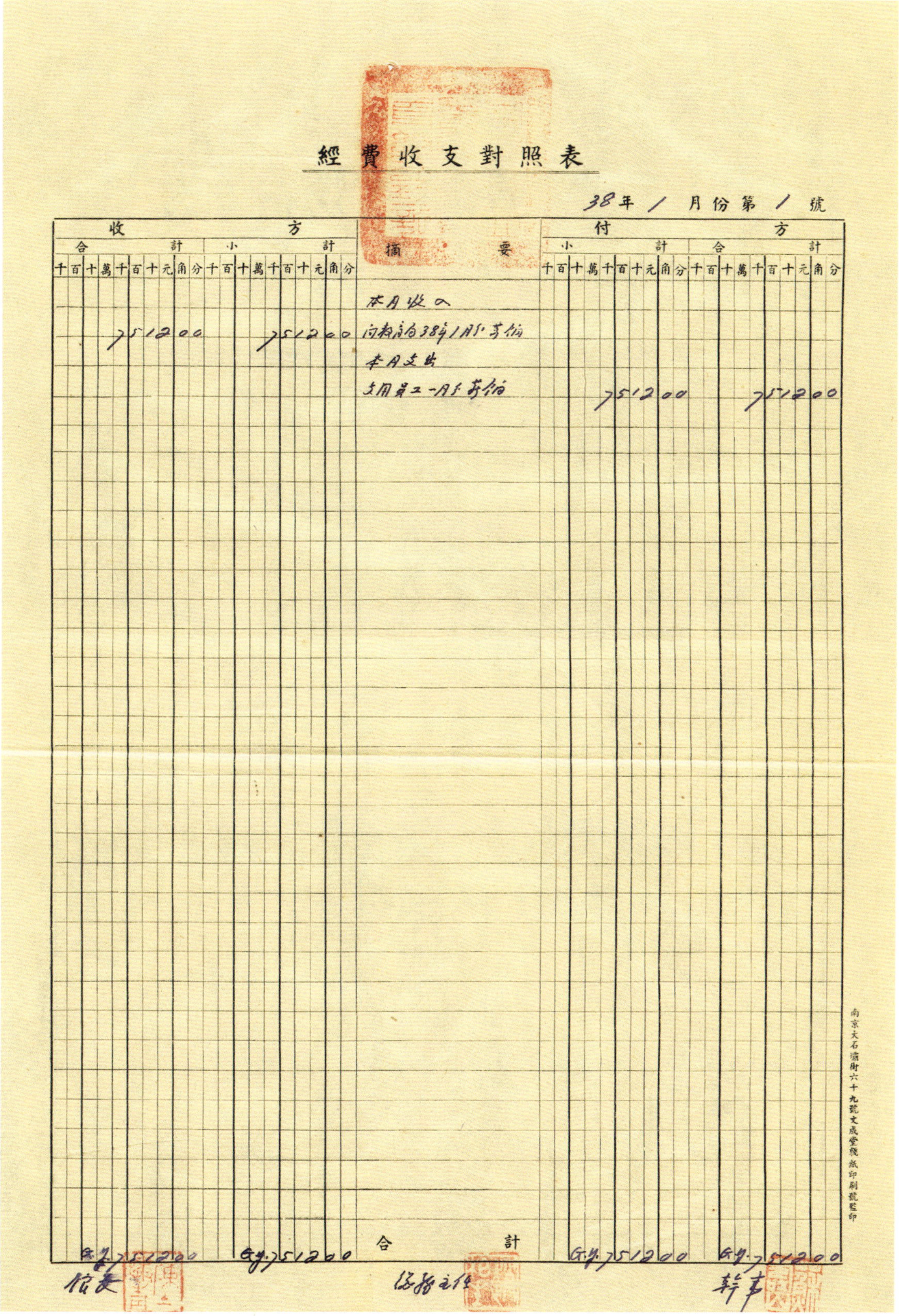

經費收支對照表

38年 1 月份第 1 號

收方 合計	收方 小計	摘要	付方 小計	付方 合計
		本月收入		
751200	751200	向教局領38年1月份薪俸		
		本月支出		
		支用員工一月份薪俸	751200	751200
G.Y.751200	G.Y.751200	合計	G.Y.751200	G.Y.751200

館長　　總務主任　　幹事

南京大石壩街六十九號文成堂牋紙印刷號監印

南京市立第一民衆教育館一九四九年一月份經費收支對照表及經費支出送審清單（一九四九年一月）

檔號：1018-1-44

經費支出送審清單

第 1 號　　　　38 年度 1 月份附單據 2 張

類別	科目	上月結餘（1）	本月預算（2）	本月付款（3）	單據號數	本月結餘（4）	備考
薪俸	38年一月份薪俸		7.512.—	7.512	—		
	職員薪給		6.912.—	6.912	1		
	工友餉		600.—	600.—	2		
合計			G.Y.7.512—	G.Y.7.512—			

南京大石壩街六十九號文成堂牋紙印刷號監印

校長　　　　總務主任　　　　幹事

後記

隨着近代中國逐漸對外開放，西風東漸中的社會大衆教育活動開始在華夏大地興起。一九一五年，由江蘇省政府組織籌建的江蘇省通俗教育館在南京城東南的半邊街（今公園路）韜園舊址正式創建，這是近代中國設立最早、影響頗大的通俗教育機構。民衆通俗教育館主要以『開通民智，改良風俗』爲宗旨，進行綜合性的公共大衆教育，傳播科學文化知識，開展社會實踐，借以喚起廣大國民的意識，不斷提高其整體素質，逐步改善民生狀况，力圖改變當時中國封建社會的落後面貌。

據檔案記載，南京市市區自一九二七年七月即有通俗教育館設立，一九三二年春改設首都實驗民衆教育館，館址設于三牌樓，以鼓樓爲總館，三牌樓爲分館，并于一九三四年起改稱鼓樓民衆教育館。抗日戰争期間，館舍被占。一九四五年十二月復員，接收貢院街三十九號之一僞民衆教育館設施，設立南京市立第一民衆教育館，以夫子廟五十七號及貢院街原址爲館址，利用欞星門前六角亭及播音臺爲施教之用。該館隸屬于南京市教育局，設總務部、教導部、藝術部和生計部，内有書報閲覽室、棋藝室、民衆茶園，以供人們讀書、看報、弈棋，培育種植技能。同時還開辦口琴訓練班、婦女識字班、聾啞補習班、商業補習夜校、附設中級補習學校等，舉辦全市踢毽比賽、乒乓比賽等，讓越來越多的民衆學習文化、國術及演奏技藝，提高自身素質，改善不良習慣，陶冶個人情操。作爲官方社會教育機構，南京市立第一民衆教育館在改良民衆文化、改善民衆生計、塑造公民觀念等方面，發揮了積極作用。

本書由南京市檔案館編纂，朱美、華雲、王青等同志在檔案數據審核、提供等方面給予大力支持，在此一并感謝！

編者